COMPLIANCE EMPRESARIAL

O GEN | Grupo Editorial Nacional – maior plataforma editorial brasileira no segmento científico, técnico e profissional – publica conteúdos nas áreas de concursos, ciências jurídicas, humanas, exatas, da saúde e sociais aplicadas, além de prover serviços direcionados à educação continuada.

As editoras que integram o GEN, das mais respeitadas no mercado editorial, construíram catálogos inigualáveis, com obras decisivas para a formação acadêmica e o aperfeiçoamento de várias gerações de profissionais e estudantes, tendo se tornado sinônimo de qualidade e seriedade.

A missão do GEN e dos núcleos de conteúdo que o compõem é prover a melhor informação científica e distribuí-la de maneira flexível e conveniente, a preços justos, gerando benefícios e servindo a autores, docentes, livreiros, funcionários, colaboradores e acionistas.

Nosso comportamento ético incondicional e nossa responsabilidade social e ambiental são reforçados pela natureza educacional de nossa atividade e dão sustentabilidade ao crescimento contínuo e à rentabilidade do grupo.

Anna Carolina Faraco Lamy | Eduardo de Avelar Lamy

COMPLIANCE EMPRESARIAL

■ Os autores deste livro e a editora empenharam seus melhores esforços para assegurar que as informações e os procedimentos apresentados no texto estejam em acordo com os padrões aceitos à época da publicação, e todos os dados foram atualizados pelo autor até a data de fechamento do livro. Entretanto, tendo em conta a evolução das ciências, as atualizações legislativas, as mudanças regulamentares governamentais e o constante fluxo de novas informações sobre os temas que constam do livro, recomendamos enfaticamente que os leitores consultem sempre outras fontes fidedignas, de modo a se certificarem de que as informações contidas no texto estão corretas e de que não houve alterações nas recomendações ou na legislação regulamentadora.

■ Fechamento desta edição: *10.09.2021*

■ Os Autores e a editora se empenharam para citar adequadamente e dar o devido crédito a todos os detentores de direitos autorais de qualquer material utilizado neste livro, dispondo-se a possíveis acertos posteriores caso, inadvertida e involuntariamente, a identificação de algum deles tenha sido omitida.

■ **Atendimento ao cliente:** (11) 5080-0751 | faleconosco@grupogen.com.br

■ Direitos exclusivos para a língua portuguesa
Copyright © 2022 by
Editora Forense Ltda.
Uma editora integrante do GEN | Grupo Editorial Nacional
Travessa do Ouvidor, 11 – Térreo e 6º andar
Rio de Janeiro – RJ – 20040-040
www.grupogen.com.br

■ Reservados todos os direitos. É proibida a duplicação ou reprodução deste volume, no todo ou em parte, em quaisquer formas ou por quaisquer meios (eletrônico, mecânico, gravação, fotocópia, distribuição pela Internet ou outros), sem permissão, por escrito, da Editora Forense Ltda.

■ Capa: Fabricio Vale

■ **CIP – BRASIL. CATALOGAÇÃO NA FONTE.**
SINDICATO NACIONAL DOS EDITORES DE LIVROS, RJ.

Lamy, Anna Carolina Faraco

Compliance empresarial / Anna Carolina Faraco Lamy, Eduardo de Avelar Lamy. – 1. ed. – Rio de Janeiro: Forense, 2022.

Inclui bibliografia
ISBN 978-65-596-4203-8

1. Programas de compliance. 2. Cultura organizacional. 3. Governança corporativa. 4. Avaliação de riscos. 5. Sociedades comerciais – Corrupção – Brasil. 6. Proteção de dados. I. Lamy, Eduardo de Avelar. II. Título.

21-72999 CDU: 347.19(81)

Camila Donis Hartmann – Bibliotecária – CRB-7/6472

Dedicamos esta obra aos talentosos
e dedicados profissionais com os quais temos o privilégio
e a alegria de desenvolver e aprimorar programas
e rotinas de *compliance*.

AGRADECIMENTOS

Agradecemos imensamente aos nossos parceiros de escritório sem os quais a troca de experiências e o desenvolvimento dos textos, além da execução dos cuidados aqui descritos, não seriam possíveis em face do nosso rico cotidiano profissional, especialmente a Hamilton Zardo Neto, Lucas Carlin, Samir Alves dos Santos Junior, Marco Antonio Ferreira Pascoali e Thiago da Veiga Ferreira.

SOBRE OS AUTORES

Anna Carolina Faraco Lamy

Advogada. Consultora em *Compliance* Empresarial. Doutora em Direito pela UFPR e Mestre pela UFSC.

Eduardo de Avelar Lamy

Advogado. Consultor em *Compliance* Empresarial. Pós-doutor em Direito pela UFPR, Doutor e Mestre em Direito pela PUC/SP. Professor dos cursos de Graduação, Mestrado e Doutorado da UFSC. Professor Visitante da Humboldt Universitat. Membro da Associação Internacional de *Compliance*. Presidente da Comissão de Conformidade e *Compliance* da OAB/SC.

APRESENTAÇÃO

Editores sempre são vozes silenciosas por trás dos livros. Estão ali, escondidos nas entrelinhas, mas é preciso muita atenção e experiência para percebê-los. Alguns editores foram tão grandes que claramente se pode ouvi-la, tais como José Olympio, Monteiro Lobato, Conselheiro Saraiva, Jorge Zahar... Não é o meu caso. Todavia, hoje, deixo esse confortável e silencioso *locus* para falar com os leitores desta obra.

Devo, contudo, deixar claro meu dúplice conflito de interesses. O primeiro – e mais óbvio – é que, sendo editor de livros, leitores poderão pensar que eu não falaria mal de alguma obra. Embora nem sempre seja verdade, é quase isso. Editores vivem de fazer escolhas, algumas vezes baseadas em dados, evidências (quase que num ofício científico), outras baseadas em um *feeling* inexplicável que decorre de alguma sinapse neural perdida, e que quase sempre se comprova acertada.

No caso desta obra, dos diversos motivos que eu ressaltaria para sua apreciação, seria a linguagem. Quem me lê agora poderá notar que, apesar de escrita por dois autores com sólida experiência na linguagem jurídica e formação acadêmica impecável – ambos são doutores, circulam por centros de excelência e desenvolvem pesquisas com real impacto no pensamento jurídico contemporâneo –, a obra está escrita com redação fluida, acessível, compreensível, harmônica, o que prenderá a atenção dos leitores para que avancem cada vez mais nas técnicas e análises feitas pelos autores.

Muito embora vivenciemos um tempo estético, fazendo que escritores confundam complexidade de conhecimento com complexidade da linguagem que transmite tal conhecimento, este é um belo exemplo em que seus autores estão conscientes do que precisam transmitir e o fazem com a didática de quem já ensinou a muitos e já executou o que ensinou inúmeras vezes. A teoria e a prática, nesta obra, compõem-se como elementos constitutivos essenciais, dos quais os leitores poderão dispor nas páginas a seguir, tendo seus autores uma confiável referência para a práxis profissional.

Citei há pouco a formação dos autores, mas não basta para referendar o conteúdo desta obra. É preciso que os leitores se atentem aos fundamentos dela, às belas notas de rodapé que demonstram a pesquisa séria, ampla e imersa que os autores promoveram para escrever este livro. A experiência acadêmica internacional que ambos possuem permitiu que consultassem bibliotecas mundo afora, e dialogassem com professores e profissionais de diversas culturas para que pudessem refletir o que agora nos ensinam. Li esta obra imaginando que em suas páginas se condensavam caminhos diversos de incontáveis bibliotecas para, enfim, ter em mãos a melhor composição sobre o tema.

Há um ponto importante na mensagem da obra: a transformação cultural. Mais do que "seguir as regras", os autores propõem mecanismos de efetiva implementação de uma cultura de sustentabilidade do negócio por meio do *compliance*. É a superação do procedimentalismo para o essencialismo, ou, como Bobbio bem apontava no direito, a transformação da estrutura à função. E isso não ocorre apenas com um discurso, uma narrativa, uma superficialidade, mas sim com apropriação e desenvolvimento conjunto.

Quero lhes contar uma história que tomarei por metáfora do que tento expressar acima: Alguns missionários cristãos relatam que, ao entoarem seus cânticos de louvores a famílias indígenas brasileiras, eles perguntavam por que as músicas eram tão tristes – para espanto dos missionários, vez que eram os mais alegres hinos que possuíam. Por sua vez, as famílias indígenas também entoavam seus cânticos e soavam tristes aos missionários. Após analisar a estrutura musical basilar de cada grupo, uma diferença cultural curiosa se manifestou: as melodias cristãs usavam campos harmônicos maiores e as indígenas, campos harmônicos menores para expressar felicidade. Uma harmonia feliz para uns soaria triste para outros, e o contrário também ocorreria. Então, para expressar felicidade, cada grupo adaptou seus campos harmônicos e suas melodias, permitindo um diálogo cultural adequado e transformador.

Conto isso para dizer que, muitas vezes, alguns enxertos culturais ocorrem em determinados temas – eu, que pesquiso ética aplicada, constantemente vejo isso em Bioética. Aqui, estamos diante de uma dessas áreas temáticas. Não é o caso do presente livro, que tão bem dialoga com as culturas e cria pontes transformadoras.

O segundo motivo de potencial conflito de interesses que preciso contar é que Anna e Eduardo têm de mim profunda admiração e amizade. Eles são um encontro de almas antigas que emanam inspiração, longanimidade e serenidade, sentimentos que compartilham com os que estão por perto. Mesmo com os poucos encontros que a distância que separa a terra da garoa da terra da magia nos permite, não houve uma vez sequer que não lamentei a impossibilidade de transcrever tantas ideias e gravar os duetos de piano e flauta que ocorreram.

Ao terminar de ler esta obra, estou certo de que os leitores me entenderão sobre o quão privilegiado sou de poder dialogar diretamente com seus autores sobre estas e outras tantas ideias, com o encanto e bom humor que lhes é habitual.

Espero que apreciem tanto quanto eu apreciei como primeiro leitor. Boa leitura!

Henderson Fürst

Editor jurídico do Grupo Editorial Nacional. Doutor em Direito pela PUC-SP. Doutor e mestre em Bioética pelo CUSC. Professor de Direito Constitucional da PUC-Campinas. Professor de Bioética da FICSAE/Hospital Israelita Albert Einstein. Presidente da Comissão Especial de Bioética da OAB Nacional.

SUMÁRIO

INTRODUÇÃO: O *COMPLIANCE* E A CULTURA EMPRESARIAL ESTRATEGICAMENTE COMPETITIVA 1

1. **ESTRUTURAÇÃO E DESENVOLVIMENTO DOS PROGRAMAS DE *COMPLIANCE*** 7

1.1 O que é necessário saber sobre *law enforcement* – aplicação efetiva do direito: redundância? 8

1.2 Ferramentas de efetivação do direito – profilaxia e coação 10

1.3 Estímulos ao diálogo institucional – a manutenção de um canal comunicativo constante entre empresas e órgãos de controle externo como fator de *enforcement* 15

1.4 *Compliance* 19

    1.4.1 Direito, ética e *compliance* – primeiras linhas 19

    1.4.2 *Compliance* formal e *compliance* material – a cultura antecede a regra 22

    1.4.3 *Compliance* como cumprimento voluntário de normas externas, internas e de valores éticos 29

    1.4.4 O oficial de *compliance* – funções e limites da sua responsabilidade 32

    1.4.5 *Compliance* na legislação brasileira 40

    1.4.6 A distinção entre *compliance* e advocacia preventiva 45

    1.4.7 Etapas à implantação de programa de *compliance* 46

        1.4.7.1 Compromisso da alta administração (*tone from the top* ou *conduct from the top*) 51

        1.4.7.2 *Due diligence* documental, entrevistas com a alta administração e exame de campo (*in loco*) 53

        1.4.7.3 Confecção de relatório de risco e definição da estratégia para a gestão dos riscos 55

        1.4.7.4 Confecção de código de ética e conduta 60

        1.4.7.5 Treinamentos – a culturalização da política de *compliance* 63

1.4.7.6 Criação de "canal de denúncia" (*report of concern*) 65

1.4.7.7 Comitê de *compliance* 66

1.4.7.8 Procedimentos internos ao comitê de *compliance*: espécie de processo 68

1.4.7.9 Medição e relatório de resultados 74

1.4.7.10 Manutenção da política de *compliance* 74

2. O *COMPLIANCE* DA LIVRE CONCORRÊNCIA 77

2.1 O *compliance* como instrumento de promoção da cultura de livre concorrência empresarial 77

2.2 *Compliance* como ferramenta de *enforcement* concorrencial para o Conselho Administrativo de Defesa Econômica (Cade) 79

2.3 *Compliance* formal, *compliance* material e o Cade 82

2.4 A implantação de um programa efetivo de *compliance* concorrencial sob o monitoramento do Cade 85

2.5 O *case* Febracan 86

2.6 A manutenção das rotinas de conformidade concorrencial 90

2.7 A livre-iniciativa na LGPD 91

2.8 Tratamento dispensado pelo direito concorrencial à dominação de mercado com base na coleta de dados em massa 95

3. *COMPLIANCE* DE DADOS E LEI GERAL DE PROTEÇÃO DE DADOS .. 97

3.1 LGPD em linhas gerais 97

3.2 O ônus da prova na LGPD 98

3.3 Precisa caber a alguém a responsabilidade de fiscalização das rotinas criadas em respeito à LGPD 100

3.4 A atual prevalência da responsabilidade civil sobre a administrativa em decorrência da LGPD 102

3.5 *Compliance* de dados e a governança de dados 103

3.6 A democracia deliberativa como importante referencial teórico para a formação dos comitês de *compliance* e dos comitês de dados 105

3.7 Os comitês de *compliance* e os comitês de dados: comitês de *compliance* de dados 106

4. *CRIMINAL COMPLIANCE* E *COMPLIANCE* ANTICORRUPÇÃO 111

4.1 Corrupção como fenômeno social e global – breve resgate histórico 111

4.2 Corrupção como fator de afetação ao desenvolvimento humano 129

SUMÁRIO | **XV**

4.3 Corrupção e legislação internacional – um tema de importância supranacional 134

4.4 Corrupção como conduta penalmente relevante no Brasil.................. 145

4.5 Sociedade da comunicação e globalização da corrupção – estudo de caso e a corrupção na pauta do Brasil.. 148

4.6 *Criminal compliance* como ferramenta de *law enforcement* anticorrupção 157

    4.6.1 O uso do processo penal como ferramenta de *enforcement* da lei penal – a aplicação da lei penal por meio do processo reduz a incidência de crimes?... 157

    4.6.2 A linguagem preponderante ao modelo processual penal brasileiro – breve elucidação histórica... 162

    4.6.3 Processo penal e os crimes de colarinho branco – a punição do criminoso de colarinho branco diminui a sua incidência em crimes empresariais e, particularmente, no crime de corrupção? ... 168

    4.6.4 Crimes de colarinho branco 169

    4.6.5 Crimes empresariais – a consagração da ordem econômica e da incolumidade da administração pública como bens jurídicos penalmente relevantes e a ressignificação de conceitos em direito e processo penal.. 174

    4.6.6 Um novo criminoso – situação político-social a fomentar a criminalização de sujeitos que fogem ao modelo clássico de criminoso 180

    4.6.7 O criminoso de colarinho branco, a responsabilidade penal objetiva do administrador e a responsabilização penal da pessoa jurídica em cotejo ao *compliance* 183

4.7 *Criminal compliance* como ferramenta de *law enforcement* anticorrupção 198

    4.7.1 *Compliance* anterior à consumação do ilícito de corrupção – prevenção e mudança de cultura.. 198

        4.7.1.1 A valorização da organização em *compliance* como influência a sua projeção e adaptação cultural............ 199

        4.7.1.2 Afetação da ação da acusação – o *compliance* precisa garantir diferença de tratamento............................... 200

        4.7.1.3 Ação penal como movimento da acusação – *compliance* como condição negativa de procedibilidade e necessidade de *fair play* 201

        4.7.1.4 Conscientização dos atores processuais acerca da importância do *compliance* como técnica pedagógica: deixando para trás o cacoete sancionatório – capacitação 205

4.7.2 *Compliance* posterior à consumação do ilícito de corrupção – restauração e mudança prospectiva de cultura 210

4.7.2.1 *Mettere il pubblico ministero a suo posto – ed anche il giudice* 211

4.7.2.2 Justiça restaurativa como alternativa ao modelo penal clássico 215

4.7.2.3 Acordos processuais penais como cenário à utilização do *compliance* posterior à consumação do ilícito – técnica restaurativa 222

4.7.2.4 A Câmara Internacional do Comércio e o Conselho Administrativo de Defesa Econômica – o modelo concorrencial como referencial positivo do uso do *compliance* como ferramenta de *enforcement* prospectivo ... 227

4.7.2.5 Coerência institucional e previsibilidade acerca do que será considerado crime de corrupção 232

4.7.2.6 Propostas legislativas e cartilhas educativas – o *compliance* situado na *civil law* 238

4.7.2.7 Proposta de guia: programa de *compliance* para acordos de colaboração premiada – previsibilidade e concretude de requisitos 240

4.7.2.8 Garantia da eficácia do acordo penal firmado em favor do jurisdicionado que efetivamente cumpriu seus requisitos 243

CONCLUSÕES 249

BIBLIOGRAFIA... 253

INTRODUÇÃO: O *COMPLIANCE* E A CULTURA EMPRESARIAL ESTRATEGICAMENTE COMPETITIVA

Compliance empresarial é o conjunto de práticas e rotinas preventivas que visam a avaliar e gerir riscos, desenvolver governança corporativa e, a partir dos riscos assumidos, promover cumprimento normativo voluntário e efetivo e sustentabilidade à organização.

To comply, em inglês, é um verbo que significa agir de acordo com as regras. O significado da palavra *compliance* tem relação com a conduta da empresa e sua adequação às normas legais e administrativas.

Entretanto, a verdade é que o cumprimento de normas é um objetivo apenas secundário. Sim, caro leitor, o objetivo primordial dos programas de *compliance* não é legal. O mais importante não é apenas cumprir normas, mas sim criar uma cultura organizacional estrategicamente competitiva e, por conseguinte, sustentável.

Os programas de *compliance* visam a gerar valor ao negócio e assegurar a sobrevivência da empresa; servem à prestação de contas para *stakeholders*, à transparência da organização e à sustentabilidade corporativa. Portanto, abrangem, sim, as políticas, as regras e os controles internos e externos que a organização precisa respeitar, mas o fazem num ambiente de criação de condições para que todos os níveis da organização recebam a oportunidade de obter uma curva de aprendizado tal que a empresa esteja preparada para se adaptar estrategicamente de forma ágil às necessidades do seu mercado.

Por conseguinte, o desenvolvimento dos procedimentos e da cultura de *compliance* não provoca conformidade apenas com as regras e as legislações aplicadas aos seus processos. Isso porque todas as pessoas que se relacionam com a organização farão parte desse ambiente de aprendizado, inclusive fornecedores e tomadores de serviços, até mesmo ao fazerem parte das *due diligences* de *compliance*, especialmente as diligências inerentes a operações de M&A e as diligências internas – IDD (*internal due diligences*).

Assim, o *compliance* se transforma num novo canal de leitura das condições da empresa com vistas à tomada de decisões, bem como em um qualificado meio de comunicação e integração entre a alta direção e todos os seus colaboradores, e, também, de criação do conhecimento e do aprendizado necessário à estratégia adaptativa contínua e absolutamente veloz atualmente inerente ao mundo gerencial.[1]

Daí a constatação de que efetivamente estar em *compliance* é, por si só, uma estratégia fundamental de negócios. Os departamentos comerciais adoram utilizar o *compliance* como argumento para vendas, pois suas rotinas demonstram transparência e um elevando grau de maturidade de gestão, por meio da comprovação do-

---

[1] SALIBI NETO, José; MAGALDI, Sandro. *Estratégia adaptativa* – as regras da competição mudaram: você está preparado? São Paulo: Gente, 2020.

cumental de que os gestores e as equipes dominam os processos e os procedimentos, implementando-os e executando-os com efetiva conformidade comercial, contratual, tributária e valorativa.

As políticas de conformidade aumentam a eficácia operacional, evitam perdas e mitigam riscos. Além disso, a compreensão dos processos se torna uma realidade mais consolidada, o que traz maior confiança do mercado de atuação, especialmente se a empresa contrata com o poder público ou possui riscos de caráter concorrencial.

As equipes envolvidas se tornam mais preparadas para aprender e se reinventar. Por conseguinte, aumentam seu desempenho, o que se reflete diretamente na produtividade e na capacidade de adaptação de toda a operação. O fato, enfim, é que a reputação e a boa imagem são um dos reflexos positivos do *compliance*, de modo consequente.

É importante ficar claro que não existe organização juridicamente perfeita nem organização que não corra riscos. Que não se acredite em promessas impossíveis ligadas ao tema.

O que pode existir – e este livro relata como – são processos de integração corporativa, para os quais o *compliance* é a melhor técnica, por atuar de modo transversal e interdisciplinar ao esclarecer os limites legais e os seus motivos.

Assim agindo, as técnicas de *compliance* despertam a criatividade e a identidade organizacional necessárias à criação das condições, da aptidão e da oportunidade para que os diversos níveis da organização possam catapultar as suas curvas de aprendizado, estando estrategicamente preparados para as adaptações exigidas pela realidade de rupturas em que estamos inseridos. Torna-se valioso diferencial competitivo estratégico, não apenas no discurso, mas na velocidade de adaptação.

Desta feita, o *compliance*, não resta dúvida, é um caminho pouco evitável para as empresas, seja de médio, seja de grande porte.

Trata-se de uma evolução na cultura das organizações, que se pode dizer já enraizada na Europa e nos EUA, havendo diversas empresas que exigem um programa semelhante inclusive dos seus fornecedores.

É desafiador, mas absolutamente gratificante implementar *compliance* numa organização. É maravilhoso observar o impacto positivo no desenvolvimento da empresa. É necessário, em primeiro lugar, contar com a ajuda de profissionais independentes, pois o primeiro passo, o mais sensível, será fazer uma análise criteriosa dos riscos do negócio. Essa etapa é muito importante.

A parte mais crítica do programa é o passo seguinte, quando será preciso sensibilizar e engajar a alta direção e os colaboradores, mediante treinamentos, dinâmicas de grupo, promoção de incrementos de reciprocidade e de canais comunicativos. Criar o discurso do *compliance* é simples, mas engajar, sensibilizar e desenvolver a curva de aprendizado é o mais importante.

Compliance e estratégia empresarial caminham juntos, pois não existem mais vantagens competitivas de longa duração. Então, o mais inteligente é aprender continuamente a criar vantagens a todo o tempo. Ao treinar, manter dinâmicas constantes de grupos e dialogar interdisciplinarmente com toda a organização, o *compliance* se torna um elementar diferencial competitivo.

O cumprimento da lei e os valores da probidade normativa são, acima de tudo, a linguagem utilizada pelo *compliance* empresarial. Ao encontrar e amadurecer a

INTRODUÇÃO: O *COMPLIANCE* E A CULTURA EMPRESARIAL ESTRATEGICAMENTE COMPETITIVA | **3**

identidade e a cultura organizacional, revelam-se os conflitos de interesses, inclusive eventuais práticas de corrupção privada.

Na obra *Temas de anticorrupção e* compliance,[2] coletânea de artigos organizada por Bruno Maeda, Carlos Ayres e Alessandra Del Debbio, Helena Regina Lobo da Costa faz uma reflexão sobre a corrupção pública e privada na história do Brasil, especialmente durante o período colonial.

A pesquisa realizada é reveladora. Demonstra, por meio de relatos de historiadores, que as riquezas do Brasil foram sendo surrupiadas ao longo do período por aqueles que viam o País apenas como um atalho para enriquecimento pessoal – gente que tão logo alcançava seus objetivos retornava o mais breve possível para a Corte.

Segundo Sérgio Buarque de Holanda, "pode-se dizer que só excepcionalmente tivemos um sistema administrativo e um corpo de funcionários puramente dedicados a interesses objetivos e fundados nesses interesses. Ao contrário, é possível acompanhar-se, ao longo de nossa história, o predomínio constante das vontades particulares que encontram ambiente próprio em círculos fechados e pouco acessíveis a uma ordenação impessoal".[3]

O pessimista pode dizer, diante desse quadro, que a corrupção é da índole do brasileiro; que o "jeitinho" é inerente à nossa cultura, constituindo antiga realidade de desrespeito à democracia e explicando por que o País não avança mais ou com maior velocidade.

Essa é, entretanto, uma explicação apenas parcial.

Não há notícia de que os conterrâneos carreguem em seu DNA o gene da corrupção. Práticas como o desvio ou o patrimonialismo, diga-se, têm inúmeras manifestações ao redor do globo – tanto nas economias mais poderosas quanto naquelas menos desenvolvidas.

As pesquisas históricas mais recentes do sociólogo Jorge Caldeira, constantes da obra *Nem céu nem inferno*, têm indicado, por exemplo, que nos anos em que o Brasil Colônia não esteve na pauta prioritária de Portugal, praticaram-se procedimentos genuinamente democráticos e bastante distintos tanto da lógica fisiologista quanto da prática de confundir o público e o privado.

O Brasil, enfim, não é lugar para amadores, como disse Vinícius, mas essa realidade não significa que o brasileiro seja um desonesto inato.

Hoje, em verdade, os *controllers* e os oficiais de *compliance* brasileiros são respeitados em todo o mundo por sua criatividade e resiliência, e há componentes econômicos que tornam essencial a adoção de ferramentas de controle e combate a práticas ilegais de gestão e relacionamento com *stakeholders*.

---

[2]   COSTA, Helena Regina Lobo da. Corrupção na história do Brasil: reflexões sobre suas origens no período colonial. In: DEL DEBBIO, Alessandra; MAEDA, Bruno Carneiro; AYRES, Carlos Henrique da Silva (Coord.). Temas de anticorrupção e *compliance*. Rio de Janeiro: Elsevier, 2013; LAMY, Eduardo (Org.). Compliance: aspectos polêmicos e atuais. Belo Horizonte: Letramento, 2018; SILVA, Daniel Cavalcante; COVAC, José Roberto. Compliance *como boa prática de gestão de ensino superior privado*. São Paulo: Saraiva, 2015; GIOVANINI, Wagner. Compliance: a excelência na prática. São Paulo: Edição do Autor, 2014; GREBEY, James F. *Operations due diligence*: an M&A guide for investors and business. Estados Unidos: Mc Graw Hill, 2012.

[3]   HOLANDA, Sérgio Buarque de. *Raízes do Brasil*. São Paulo: Companhia das Letras, 2015.

Com a comunicação global imediata e mecanismos de controle de operações financeiras cada vez mais modernos, o escândalo local é o escândalo mundial – e o impacto de uma denúncia confirmada no rincão do País pode afetar de forma negativa o valor de mercado ou os contratos de uma organização multinacional.

O profissional responsável pela implantação e pelo monitoramento das boas práticas na organização precisa ser também um pouco "psicólogo" – ou ao menos procurar entender o comportamento humano. Vai perceber, então, que toda a empresa precisa estar integrada ao esforço ético e que há necessidade de seriedade na punição de deslizes para que os indivíduos se mantenham íntegros.

O foco dos programas de *compliance* empresarial reside exatamente no desenvolvimento da cultura organizacional conforme e no crescimento da curva de aprendizado de todos os níveis da organização. Seu cerne está no reconhecimento e na criação de uma identidade cultural organizacional respeitadora dos limites legais e capaz de aprender sempre mais rápido e melhor, em todos os seus níveis, posicionando-se estrategicamente de forma adaptável às velozes transformações do mercado.[4]

De fato, ainda há um caminho a percorrer até que a situação da sociedade seja melhor tanto do ponto de vista ético-institucional quanto do ponto de vista do amadurecimento das práticas de controle e aprendizado. Empresas, governo e sociedade necessitam, todos, a fim de garantir sustentabilidade, adotar práticas que coloquem a ética como valor fundante de suas relações, pois não se progride culturalmente de forma antiética.

Cabe aqui um conceito defendido pelo psicólogo Philip Zimbardo, que ficou célebre por estudos de comportamento de grupos e foi um dos inspiradores da chamada teoria das "janelas partidas". Ele defende uma analogia curiosa: em vez de falar na "maçã podre" que contamina os frutos que a cercam, o pesquisador destaca a necessidade de avaliar a existência do "cesto de frutos apodrecido" que contamina alguns frutos. Em outras palavras: o indivíduo tem sim responsabilidade por seus atos, mas quem ignora o caráter essencial de um ambiente saudável aumenta a chance de deslizes individuais.

Nesse cenário, o combate à corrupção é tema que só ganha espaço no Brasil de hoje, ainda que a ausência de um modelo robusto e difundido de conduta ética, vindo das altas administrações, e o mapeamento de riscos feito de forma rasa e como mera formalidade, ainda sejam entraves que necessitam ser enfrentados.

As transformações que a sociedade sofre afetam diretamente o funcionamento das organizações. Uma das principais transformações é a rápida adaptação a mecanismos de participação e de transparência. Todos querem saber quem somos e o que fazemos, o mais rápido possível e da forma mais clara possível.

Como conjunto de práticas e rotinas preventivas e participativas que visam a avaliar e gerir riscos a partir do apetite de riscos de cada organização, bem como de-

---

[4]   A esse respeito, vale citar a analogia descrita por Alden Caribé de Sousa, atual Coordenador-geral de Análise Antitruste do Conselho Administrativo de Defesa Econômica (Cade), entre o futebol e a identidade organizacional, na "Maratona Digital" organizada pela OAB/SC em agosto de 2021: segundo Alden, enquanto a cultura organizacional da seleção brasileira de futebol é identificada pela sua criatividade, a seleção argentina é reconhecida pela raça e entrega em campo, enquanto a seleção alemã se identifica pela cultura da consciência sob o prisma tático.

senvolver governança corporativa e promover cumprimento normativo voluntário, o *compliance* cria condições para que as entidades públicas e privadas se adaptem a essa necessidade de forma ágil.

É natural que a imperfeição das organizações lhe crie riscos. Embora preventivo, o *compliance* decorre exatamente da admissão de que a organização incidiu em erros ou em riscos. As organizações que mais admitem riscos ou erros passados, mais previnem o futuro, aperfeiçoando a cultura das equipes.

Nem todo risco corresponde a um problema a ser defenestrado, mas é importante que as organizações estejam absolutamente cientes de ambos, a fim de traçarem os seus perfis e buscarem o seu desenvolvimento nos temas necessários, de maneira lúcida e coerente. *Enforcement* não apenas legal, mas principalmente cultural.

Este livro versa sobre esses mecanismos, especialmente no tocante aos programas de *compliance* focados nos riscos concorrenciais, de vazamento de dados, de corrupção e criminais em geral, atinentes ao desenvolvimento da atividade empresarial.

1
ESTRUTURAÇÃO E DESENVOLVIMENTO DOS PROGRAMAS DE *COMPLIANCE*

O termo *law enforcement* é frequentemente associado às autoridades que atuam na fiscalização e no controle do cumprimento das leis, como a polícia judiciária.

Porém, o sentido de *law enforcement* é mais amplo, à medida que se refere aos esforços que podem ser empenhados com vistas à promoção do cumprimento normativo e não apenas aos sujeitos incumbidos da fiscalização e do controle do cumprimento das leis.

Para os estudiosos de *compliance*, que é técnica de promoção ao cumprimento normativo voluntário (e, por isso, o *law enforcement* inaugura a reflexão que se propõe no presente texto), o sentido de *law enforcement* pode estar associado a um formato de cumprimento normativo não necessariamente vinculado ao modelo clássico de aplicação da lei.

No modelo brasileiro – dirigido pelos princípios da *civil law* e, portanto, tendo na norma sua fonte de direito primária – o tradicional é que se promova o cumprimento da norma pela expressão pedagógica que a sanção representa àquele que a descumpra.

Se um determinado sujeito de direitos incorre em um ato ilícito no Brasil, ele será processado e, eventualmente (caso se comprovem efetivamente fato, autoria, prejuízo e nexo), punido exemplarmente.

Se uma organização descumprir uma norma trabalhista, ela poderá ser responsabilizada em uma condenação, tendo de reintegrar o empregado ilegalmente desligado ou ressarci-lo.

Com efeito, seja na forma de ato coercitivo (reintegração do empregado desligado ilegalmente), seja no ressarcimento de perdas e danos (pagamento de indenização), a ideia é a de que a punição eventualmente sofrida em decorrência do descumprimento da norma provoque um efeito pedagógico ao sujeito desviante, de modo que o dissuada de voltar a incorrer na conduta ilegal.

A aplicação exemplar da norma em uma sentença condenatória trabalhista teoricamente teria o condão não só de reverter a ilegalidade cometida, mas também de conscientizar o sujeito que agiu contra a lei, fazendo que no futuro ele deixe de agir da mesma maneira pela suposta certeza da responsabilização.

Contudo, é possível cogitar que a simples aplicação da sanção exemplar pode não provocar tal sentido à realidade. Se assim o fosse, não haveria reincidência no campo penal ou organizações que figuram em inúmeras ações trabalhistas e indenizatórias (perdas e danos).

Trata-se, pois, de uma possível conclusão a que se chega ao fazer o caminho inverso. Se a proposta é que havendo o descumprimento normativo, a sanção sirva como ferramenta de dissuasão, se a organização ou a pessoa punida voltarem a incorrer rigorosamente nas mesmas condutas que as levaram a ser condenadas, como supor que a sanção cumpriu o papel de promoção do cumprimento normativo?

Indo além, se a sanção não é certeira e absoluta na promoção do cumprimento normativo, haveria outras ferramentas capazes de provocar a aplicação efetiva do direito, diversa da tradicional instauração/propositura de ação judicial, visando a coagir o sujeito desviante a deixar de cometer a ilegalidade?

Acredita-se que sim e que essa alternativa seria a promoção da implantação de programas de *compliance* efetivos, baseados na atenção à linguagem e no desenvolvimento da cultura e da identidade organizacionais, mediante a utilização de técnicas interdisciplinares de sensibilização em todos os níveis da empresa, com o escopo de conscientizar as organizações quanto à importância do cumprimento normativo voluntário.

Não apenas por questões morais a conduta de cumprir a lei é desejada, mas também para que o *compliance* efetivo – servindo como ferramenta de gestão do risco corporativo – promova a sustentabilidade da organização.

1.1 O QUE É NECESSÁRIO SABER SOBRE *LAW ENFORCEMENT* – APLICAÇÃO EFETIVA DO DIREITO: REDUNDÂNCIA?

Se traduzido à literalidade, o termo *law enforcement* significa 'aplicação da lei'. Porém, no inglês, *law* significa ambos: lei e direito, de modo que a doutrina jurídica o tem tratado como 'aplicação efetiva do direito'.[1]

Inobstante inegável que a aplicação do direito não se resume à aplicação da lei, a não ser do ponto de vista do positivismo jurídico clássico, em que direito e lei são a mesma coisa (assim como no idioma inglês), a doutrina fala de aplicação efetiva do direito a partir da ideia de que o direito estaria sendo aplicado quando efetivamente aplicada a lei.

Quanto a isso, parece necessária uma complementação, ao passo que a aplicação do direito não se resume ao cumprimento de normas, mas à observância da *ratio* que motivou a criação da norma.

Quando se pensa puramente na norma, que é apenas uma fonte do direito, parte-se da premissa de que seu não cumprimento gera a potencialidade de aplicação de uma sanção, de modo que a sanção acaba sendo o motivo imediato ao cumprimento da norma.

Porém, se o indivíduo cumpre a norma apenas (ou mesmo preponderantemente) para evitar a aplicação de uma sanção, mas sem compreender sua essência e sua razão de ser, não estará sinceramente motivado a cumpri-la; seu cumprimento não decorre do aceite e da anuência ao conteúdo da norma, mas apenas da vontade de evitar a sanção.

---

[1]   MENDES, Paulo de Sousa. *Law enforcement* e *compliance*. In: PALMA, Maria Fernanda; DIAS, Augusto Silva; MENDES, Paulo de Sousa (Coord.). *Estudos sobre* law enforcement, compliance *e direito penal*. Coimbra: Almedina, 2018.

Nesse cenário, embora a norma atinja o indivíduo e sua liberdade, ao passo que estabelece uma obrigação positiva ou negativa, o sujeito não se sente parte dela, nem mentor de seu conteúdo, e, por isso, pode acabar menos motivado a cumpri-la.

Usando um exemplo para ilustrar do que se trata, pode-se dizer que o sujeito que utiliza o cinto de segurança apenas para evitar ser multado está menos motivado a continuar cumprindo a regra do que aquele que compreende que o cinto de segurança pode poupar a sua vida na ocasião de um acidente. No primeiro caso, o sujeito apenas usa visando à aplicação da lei, e com temor de que a consequência de seu descumprimento lhe acarrete ônus. No segundo, quando ele efetivamente compreende o sentido do comando, e se sente parte de sua construção (porque seu conteúdo tem o escopo de lhe garantir segurança), aplica o direito apenas como consequência, quando age de acordo com o previsto pela lei.

Do mesmo modo, e situado no contexto do presente trabalho, um sujeito que deixa de oferecer propina para "furar a fila" em um determinado órgão público apenas (ou preponderantemente) porque teme ser punido por corrupção, acabará menos motivado do que o que compreende as consequências desse desvio ao curso natural das coisas, e que, ao favorecê-lo, passa para trás uma pessoa que tem os mesmos direitos. Novamente, no primeiro caso ele apenas cumpre a lei, sem, no entanto, aplicar o direito, já que o fator que o estimula não leva em conta a essência da legislação.

Com efeito, conclui-se que a aplicação do direito não deve ser pensada apenas como aplicação da lei, mas aplicação da razão que motiva a norma.

No caso do cinto de segurança, é querer garantir sua incolumidade em face de um possível acidente, em detrimento de evitar uma multa; e no da corrupção, é rejeitar a ideia de passar alguém para trás, beneficiar-se de maneira escusa, em vez de apenas não querer ser punido por corrupção.

Assim, e independentemente do sentido dado pela doutrina ao termo, aqui se utilizará *law enforcement* como aplicação do direito, para além da simples aplicação da norma. Trata-se da aplicação da *ratio* que motiva a norma, da compreensão da sua essência e de seus motivos, a fim de que se mantenha a motivação dos sujeitos em cumpri-la.[2]

Parece que, quando confrontado com os motivos da norma e quando compreendidas as potenciais consequências negativas da sua inobservância, o sujeito estará muito mais comprometido com seu implemento, e menos suscetível a abrir mão do cumprimento adequado em face de qualquer situação sedutora, como a de obter alguma vantagem ou benefício. Ou, pelo menos, parece que se deve esperar isso quando se

---

2   Possível aqui descrever concretamente o que se dá em um treinamento de *compliance* em uma fábrica de produtos de higiene. Em vez de apenas apresentar aos colaboradores da produção as regras de higiene impostas pela Agência Nacional de Vigilância Sanitária (Anvisa), faz mais sentido explicar qual o motivo das regras. Por exemplo, quando se fala da proibição de ter unhas compridas, ou da exigência de manter o uniforme limpo, há muito mais eficiência em mostrar que a unha comprida junta sujeira, assim como um uniforme eventualmente sujo, e que isso vai infectar o material manipulado que, quando pronto, acessará partes muito íntimas do corpo do consumidor. A *ratio* da norma é: a sujeira pode infectar o consumidor, e essa constatação tem muito mais poder que a simples imposição do cumprimento da norma.

propõe um formato alternativo a motivar indivíduos a não agir de maneira corruptiva ou corrompida.

A pessoa que apreende que o não uso do cinto de segurança pode significar a sua morte, dificilmente deixará de colocá-lo, mesmo quando tiver certeza de que na estrada onde está trafegando não há qualquer policial que a pudesse multar. A multa é o de menos; mais importante é garantir a sua incolumidade. E aqui se tem o cumprimento efetivo do direito.

O sujeito que se convence de que existe um rumo natural às coisas e que não é ideal se colocar perante outras pessoas com iguais direitos, valendo-se de mecanismos escusos, estará cumprindo o direito.

Essa distinção e complementação de conceitos é imprescindível, notadamente porque logo se chegará ao conceito de *compliance*, que a doutrina defende se tratar de cumprimento voluntários de normas.

Porém, no presente trabalho, e partindo da premissa de que a aplicação do direito tem espectro muito mais amplo que a simples aplicação da norma, o conceito de *compliance* também será aprimorado a partir de outras premissas, que vêm igualmente fundamentadas na noção de que o ponto central reside na compreensão e na apreensão da *ratio* da norma.

Além da interpretação de que o sentido do termo *law* é mais amplo e que diz respeito à aplicação do direito, também se deve analisar com cuidado que a doutrina enriquece o conceito incluindo a palavra "efetiva", registrando que "nenhuma lei perfeita garante uma boa aplicação. É por isso que o conteúdo de aplicação efetiva não é redundante".[3]

Não é redundante porque não há certeza de que todo sujeito vivendo em sociedade, mesmo que compreenda a essência da norma e sua razão, vai efetivamente cumpri-la. Existe uma escolha de atender à norma e sua finalidade e muitos irão escolher não o fazer.

Nesse sentido, não se trata apenas da aplicação do direito, mas de fazê-lo de maneira efetiva e de pensar os meios pelos quais se obtém das pessoas o cumprimento do direito.

Para que se possa evoluir na reflexão, parece inexorável que se examine o sentido de "efetividade" para o direito, para que fique mais evidente do que se trata a aplicação efetiva do direito.

1.2 FERRAMENTAS DE EFETIVAÇÃO DO DIREITO – PROFILAXIA E COAÇÃO

Ficou evidenciado no item anterior que *law enforcement* tem sido entendido pela doutrina como aplicação efetiva do direito, por meio da confirmação da cogência do comando que decorre da norma.

Foi consignado, outrossim, que a mera existência de uma norma não lhe garante efetividade. Tanto se reconhece a possibilidade de violação a uma determinação legal,

---

[3]   MENDES, Paulo de Sousa. *Law enforcement* e *compliance*. In: PALMA, Maria Fernanda; DIAS, Augusto Silva; MENDES, Paulo de Sousa (Coord.). *Estudos sobre* law enforcement, compliance *e direito penal*. Coimbra: Almedina, 2018.

que são previstas sanções como respostas a tal fenômeno, tanto na esfera penal quanto nas esferas cível e administrativa (de modo que a inobservância de uma ordem legal possui uma série de desdobramentos paralelos e cumulativos).

Aliás, todo o sistema jurídico é pensado a partir da afronta à norma. O processo decorre, necessariamente, da potencial inobservância de um comando legal, e os índices de acesso ao Judiciário no Brasil dão sinais de como essa ferramenta é utilizada na perseguição de direitos.

Com efeito, parece necessário atentar para as ferramentas que se prestam a estimular a aplicação efetiva do direito, que perpassam, inevitavelmente (e principalmente quando se está tratando de um modelo de *civil law*), pelos meios de convencimento ao jurisdicionado quanto à importância do cumprimento das normas.

Não significa dizer que a efetivação do direito se dá apenas pelo cumprimento das normas. Mas que também depende disso, especialmente em modelos que têm a norma como fonte primária do direito, que é precisamente o caso do Brasil.

As normas podem ser cumpridas em razão da conformação natural, em que o sujeito naturalmente compreende a importância do comando e cumpre seu conteúdo. Mas também pode-se estimular o cumprimento das normas a partir de meios coercitivos.

Assim, parece ser possível afirmar que existem dois meios preponderantes de efetivação da norma: medidas preventivas e pedagógicas, que atuam na formação da percepção dos motivos do proibido; e coação, que serve para forçar uma pessoa a cumprir determinado comando.

O incentivo por meio da coação se denota com mais evidência no que concerne à efetivação de decisões judiciais.[4] Justamente porque aqui já se tem a potencial inobservância da norma, que gera a obrigatoriedade de cumprimento e que precisa ser conduzida pelo Judiciário.

Quando se fala em cumprimento da norma por meio de coação, parte-se da premissa de que será exigido a partir do devido processo legal e, naturalmente (em tutela exauriente), atendendo ao contraditório.

Não se trata, contudo, da aplicação de sanção. A sanção decorre da confirmação do desvio, é uma punição. Também não se pode confundir com a sub-rogação, quando o Estado se imiscui e simplesmente executa a obrigação em nome do obrigado (como ocorre quando em execuções é feito o bloqueio de valores com o auxílio do Sistema de Busca de Ativos do Poder Judiciário – Sisbajud). A coação é um incentivo, é a aplicação de força sobre o sujeito para que ele cumpra uma exigência.

Pensando em um exemplo: uma decisão judicial que determina o pagamento de uma dívida e estabelece um prazo. Caso o sujeito obrigado não execute a ordem no prazo

---

[4]   "Dispensa demonstração a afirmação de que um processo judicial que careça de instrumentos para a efetiva e adequada implementação dos direitos reconhecidos é ainda mais injusto que um sistema que sequer disponha de um modelo de processo civil. Com efeito, pior que um Estado que simplesmente abandona seus cidadãos à sua própria sorte, desinteressando-se pelo reconhecimento e pela proteção de direitos, é conviver com um Estado que, embora reconheça explicitamente que alguém teve um direito violado ou ameaçado, seja impotente para corrigir essa injustiça." ARENHART, Sérgio Cruz. Tutela atípica de prestações pecuniárias. Por que ainda aceitar o "É ruim, mas eu gosto?". *Revista de Processo*, ano 43, v. 281, p. 142, jul. 2018.

previsto e tenha meios de fazê-lo, o juízo pode se valer de técnicas de coação, que servem para efetivar o conteúdo da decisão, mas também da norma que se encontra violada.

Muitas dessas ferramentas coercitivas acabaram popularizadas pelo advento do Código de Processo Civil de 2015 (Lei 13.105/2015), que prevê, inclusive, a possibilidade de serem utilizadas ferramentas atípicas ao cumprimento não voluntário,[5] aumentando o poder do juiz em forçar o cumprimento da ordem por ele emanada.

A jurisprudência tem dado eficácia a essa nova disciplina por meio de decisões como a retirada de passaporte,[6] a suspensão de CNH,[7] a impossibilidade de participação em processos licitatórios e outras; todas voltadas a provocar o sujeito a cumprir a exigência que lhe incumbe.[8]

Trazendo essa realidade para o direito processual penal, pode-se pensar em uma cautelar da Lei 11.340, em que fica o acusado proibido de se aproximar da vítima. O risco caso seja descumprida a ordem é a coação por meio da prisão. Poder-se-iam utilizar, assim como no processo civil, meios coercitivos atípicos, e que estivessem mais coadunados com a situação concreta, como a suspensão da CNH, a proibição de frequentar determinados locais etc.

Embora eficiente em algumas situações, a coação depende da existência de um desvio. Ela é a resposta à inobservância de um dever legal. Mesmo que consiga forçar o

---

[5]   "Trata-se de preceito contido no art. 139, inc. IV, do CPC, que confere ao juiz o poder de 'determinar todas as medidas indutivas coercitivas, mandamentais ou sub-rogatórias necessárias para assegurar o cumprimento da ordem judicial, inclusive nas ações que tenham por objeto prestação pecuniária.'" ARENHART, Sérgio Cruz. Tutela atípica de prestações pecuniárias. Por que ainda aceitar o "É ruim, mas eu gosto?". *Revista de Processo*, ano 43, v. 281, p. 151, jul. 2018.

[6]   Inobstante não seja possível afirmar pela unanimidade da permissão, o que se denota do RHC 97.876/SP, de relatoria do Min. Luis Felipe Salomão, cujo destaque assim se consolidou: "revela-se ilegal e arbitrária a medida coercitiva de retenção de passaporte em decisão judicial não fundamentada e que não observou o contraditório, proferido no bojo da execução por título extrajudicial". Veja-se, no entanto, que a proibição resulta mais da falta de fundamentação da ordem, do que dela propriamente. Com efeito, não se consolidou posicionamento no sentido de que a retenção do passaporte seja necessariamente ilegal, mas tão somente de que para que se possa cogitar sua legalidade, a decisão que a determina precisa estar suficientemente fundamentada, justamente em razão do gravame da medida e notadamente se for o caso de medida liminar.

[7]   STJ, RHC 99.606/SP, Rel. Min. Nancy Andrighi, j. em 13.11.2018.

[8]   Em contraponto à jurisprudência reticente, pode-se mencionar que a doutrina já concretizou posicionamento mais firme: "são comuns as críticas às decisões que impõem a apreensão de documentos (passaporte, habilitação de dirigir, etc.) sob vários enfoques diferentes. Há desde aqueles que entendem que essas prerrogativas não estão contidas nos poderes oferecidos pelo art. 139, IV, do CPC, até aqueles outros que entendem que o emprego dessas medidas é excepcionalíssimo. Não parece, porém, que essas críticas – ao menos de forma generalizada – encontrem fundamento. Primeiramente, é essencial recordar que há um direito fundamental, decorrente do art. 5º, inc. XXXV, da Constituição, à efetivação judicial dos direitos, o que inclui mecanismos adequados de atuação da decisão judicial. Conclui-se que, independentemente da previsão expressa, em dispositivo legal, dos instrumentos de atuação das decisões judiciais, esse poder-dever é consequência natural da atribuição constitucional dada ao Poder Judiciário para decidir as controvérsias". ARENHART, Sérgio Cruz. Tutela atípica de prestações pecuniárias. Por que ainda aceitar o "É ruim, mas eu gosto?". *Revista de Processo*, ano 43, v. 281, p. 152-153, jul. 2018.

1 • ESTRUTURAÇÃO E DESENVOLVIMENTO DOS PROGRAMAS DE *COMPLIANCE* | 13

sujeito a cumprir, muito mais serventia teriam práticas que evitassem a inobservância desse dever.

É aí que entram as ferramentas de efetivação voluntária da norma, que são preventivas; e a prevenção, em geral, está relacionada à compreensão do caráter proibitivo e à concordância natural com seu conteúdo. Acontece quando a pessoa já anui de antemão com o conteúdo da proibição.

Uma pessoa que compreende os motivos pelos quais existe uma ordem legal no sentido de que não se deve provocar agentes públicos a entregar vantagens e agir de maneira a favorecer alguém em troca de benefícios, e que não aceita os resultados dessa ação como legítimos, provavelmente não descumprirá o preceito legal.

Por outro lado, uma pessoa que não concorda que tal ato deva ser proibido, ou que acha que aquilo não se aplica a si, terá menos incentivos a cumprir a determinação, porque não se sente parte da norma.

Também, existe a situação na qual uma determinada pessoa escolhe descumprir a norma, mesmo compreendendo os motivos da proibição e sabendo que seu descumprimento pode acarretar a imposição de uma sanção.

Aceitar a sanção como resultado naturalístico do descumprimento de uma norma não deixa de ser uma opção ao sujeito de direitos. Conhecendo a proibição, pode optar por assumir o risco de arcar com a sanção; tudo depende da importância que aquela ação tem na sua vida.

Se ele prefere oferecer vantagem a funcionário público para obter uma licença, porque essa autorização é absolutamente central na sua vida, está escolhendo agir contra a lei, mesmo que conheça e concorde com o conteúdo da proibição.

Com efeito, há três cenários possíveis: o sujeito que concorda e cumpre a norma voluntariamente, normalmente porque concorda com seu conteúdo (aqui se tem cumprimento efetivo); o que discorda do seu conteúdo ou entende que é uma exceção a essa regra; e o que concorda com seu conteúdo, entende os motivos da proibição, sopesa suas opções e escolhe assumir o risco de arcar com a sanção (os dois últimos representam descumprimentos).

Apenas no primeiro caso se tem o cumprimento efetivo do direito por meio do reconhecimento e da concordância com o sentido da norma. Nos demais, haverá uma compensação ao descumprimento pela aplicação da sanção, mas a verdade é que os prejuízos decorrentes do ato ilegal já se terão projetado no mundo dos fatos.

Portanto, vantagem alguma deles advém. Mesmo que a sanção ressarça o prejuízo ocasionado, raramente terá o poder de desfazê-lo.

Na hipótese do crime de corrupção, após consolidada a conduta e exaurida pelo resultado naturalístico, a punição do autor do fato não repercutirá em um retorno ao *status quo ante*. A sua punição é apenas uma resposta à inobservância, mas não uma maneira de apagar os efeitos do ato proibido.

Mesmo que parte da sanção pressuponha a devolução de valores ilegalmente recebidos para que fosse dado um benefício, a verdade é que todas as consequências do ato ilegal já se projetaram no mundo dos fatos, ocasionando prejuízos a diversos sujeitos.

Nos cenários indicados, em que (a) o sujeito cumpre a norma e concorda com o conteúdo da proibição; (b) o sujeito conhece a norma e discorda do seu conteúdo; ou (c) o sujeito conhece a norma, concorda com o conteúdo da proibição, mas se considera não afetável por ela ou escolhe assumir o risco do resultado dela decorrente, é elementar o conhecimento do conteúdo e a voluntariedade.

Nas três situações o sujeito precisa ter meios de conhecer e compreender o conteúdo da norma, de modo que, para que se possa cogitar de qualquer dessas opções, é inexorável que fique claro o conteúdo da norma, para que cada um possa decidir se concorda ou não com ela ou mesmo escolher cumpri-la ou não.

Com efeito, o cumprimento efetivo da norma preventivamente depende da compreensão quanto ao conteúdo dela, o que perpassa pela formação intelectual do sujeito e sua percepção de certo e errado ou de em que medida seus atos afetam as liberdades de outrem.

Igualmente, é elementar a escolha, deve-se tratar de algo voluntário. No primeiro caso, o sujeito concorda e decide cumprir; no segundo, ele discorda e decide descumprir; e, no terceiro, ele concorda e decide descumprir. Todas as situações vêm instruídas por uma escolha.

Portanto, deve-se primar pela disseminação da informação quanto ao conteúdo da norma, para que cada sujeito possa definir se concorda ou se discorda de seu conteúdo, do mesmo modo em que deve haver espaço para que tome a decisão voluntária acerca do que fazer.

A voluntariedade é, precisamente, o que vai distinguir a ferramenta preventiva da coercitiva, já que o sujeito coagido ao cumprimento da norma também precisará ter conhecimento quanto ao seu conteúdo, mas aqui não está se dispondo a cumpri-la de antemão.

Pode-se considerar ferramenta preventiva, para a efetivação voluntária da norma, a utilização de programas que incentivem o seu cumprimento, não apenas para evitar a aplicação da sanção decorrente do desvio, mas por meio de outros estímulos, notadamente premiais, como a certificação, o tratamento diferenciado e o aumento da credibilidade de mercado.

Aqui, pode-se inserir a implantação de programas de *compliance*, que servirão, preventivamente, como mecanismo de cumprimento voluntário da norma. Mesmo porque o programa também traz a possibilidade de que a organização tenha mais conhecimento quanto ao conteúdo da norma, o que inclusive é pressuposto ao cumprimento voluntário, como se consignou.

O incentivo institucional para que organizações tenham programas de *compliance* pode ser visto como ferramenta de efetivação do direito. A existência de prêmios, como o selo Empresa Pró-Ética,[9] promovido pelo Ministério da Transparência e pela Controladoria-Geral da União, também é um excelente exemplo de ferramenta de

---

[9]   "O Pró-Ética resulta da conjugação de esforços entre os setores público e privado para promover no país um ambiente corporativo mais íntegro, ético e transparente. A iniciativa consiste em fomentar a adoção voluntária de medidas de integridade pelas empresas, por meio do reconhecimento público daquelas que, independentemente do porte e do ramo de atuação, mostram-se comprometidas em implementar medidas voltadas para a prevenção, detecção e remediação de atos de corrupção e fraude." CONTROLADORIA-GERAL DA UNIÃO. *Empresa Pró-Ética.* Disponível em: <http://www.cgu.gov.br/assuntos/etica-e-integridade/empresa-pro-etica>. Acesso em: 22 maio 2019.

efetivação normativa e está umbilicalmente ligado à propagação de uma cultura corporativa de incentivo positivo à implantação de *compliance*.

O selo Empresa Pró-Ética é um fator positivo, de qualificação da organização, que melhora sua reputação e credibilidade de mercado. Nitidamente uma ferramenta preventiva.

Poder-se-ia cogitar algum tipo de incentivo fiscal às empresas que tivessem programas efetivos de *compliance* e outras medidas premiais (e não coercitivas) para incentivar a criação de rotinas e hábitos que provoquem o cumprimento voluntário da norma e evitem os prejuízos que resultariam do descumprimento.

Mais que isso, o *compliance* pode ser tido como uma ferramenta de reculturalização, quando se está tratando do cumprimento voluntário (que se encontra no aspecto preventivo).

Incentivadas por medidas como abertura institucional ao diálogo, recebimento de selos, qualificadores de mercado e incentivos fiscais, as empresas escolherão a implantação do programa e se ocuparão de verdadeiramente desenvolvê-lo de maneira efetiva.

Como o cumprimento voluntário pressupõe a ciência quanto ao conteúdo da norma, deve-se ater também ao sentido que os operadores do direito a ela dão. De nada adianta focar apenas na interpretação que a organização dá à norma, ou mesmo seu jurídico e seu setor de *compliance*.

De antemão, e já pensando no *compliance*, deve-se atentar para a necessidade de participação dos entes a quem incumbe a análise e a atribuição do desvio, para que se tenha segurança do que será visto como um programa efetivo, ou seja, que está dando efetividade à norma. Sim, pois, e inclusive por força de lei, a existência de programa meramente de fachada não será capaz de garantir ao empresário qualquer benefício.

Parece irremediável que um dos fatores que devem contribuir para a consolidação de ferramentas de *enforcement* preventivo é o diálogo institucional, com a participação dos órgãos que imputam e que julgam no processo de construção de um modelo de conformidade.

1.3 ESTÍMULOS AO DIÁLOGO INSTITUCIONAL – A MANUTENÇÃO DE UM CANAL COMUNICATIVO CONSTANTE ENTRE EMPRESAS E ÓRGÃOS DE CONTROLE EXTERNO COMO FATOR DE *ENFORCEMENT*

Parece coerente a afirmação de que a melhor maneira de se constatar o que é ilegal para fins de *enforcement* é precisamente ouvir a opinião do órgão a quem incumbe a apuração do ilícito. Ao fim e ao cabo, incumbirão a ele a imputação e a indicação de condenação.

Dar *enforcement* à lei pressupõe a compreensão clara do que ela está querendo dizer – não apenas textualmente, mas de maneira contextualizada – e de como ela é interpretada pelo agente a quem incumbe a imputação.

Trata-se, com efeito, de consultar precisamente o sujeito a quem eventualmente incumbiria a condução de investigação, que, no caso da corrupção, seria o Ministério Público.

Porém, para que isso seja viável, é imperioso que se deixe de lado a ideia pré-constituída de rivalidade, de que ao Estado incumbirá derradeiramente prejudicar o jurisdicionado, já que ele detém o monopólio da força, e por isso lhe incumbe a aplicação de sanções no caso de inobservância de um dever legal.

O foco precisa se deslocar da sanção ao prêmio, dando-se ênfase aos benefícios que o sujeito pode ter quando se compromete com a implantação de um programa efetivo, em detrimento de aterrorizá-lo com as potenciais consequências nocivas dos desvios.

Naturalmente, para que isso ocorra, deve haver uma via de mão dupla, em que o Estado não atue no sentido de apenas emparedar o jurisdicionado, pelo que deve ocorrer em um cenário de verdadeiro *fair play*.

Os órgãos devem usar de boa-fé, bom senso e nos limites do que deles se espera, na contramão do que ocorreu, por exemplo, com a leniência concorrencial, em que o Ministério Público só se desincumbiu de processar o leniente quando passou a tomar parte na celebração do acordo. Isso, em contrariedade com o que disciplina literalmente a legislação concorrencial, indo de encontro à vontade do legislador de que o acordo de leniência firmado com o Conselho Administrativo de Defesa Econômica (Cade) tivesse o escopo de, reflexivamente, provocar a extinção da punibilidade do leniente na esfera criminal.

A exemplo do que ocorreu no acordo de colaboração celebrado com Ricardo Pessoa,[10] a Controladoria-Geral da União, ou qualquer órgão que eventualmente se valha da ferramenta de *enforcement*, precisa usá-la com boa-fé, atendendo aos limites do que se espera de qualquer negócio jurídico. Inclusive, para que possa cobrar comprometimento também do jurisdicionado. Se descumprir sua parte da barganha, qual é o exemplo que estará dando à outra parte do acordo?

Com efeito, o diálogo institucional e a disponibilidade dos atores que usualmente operam o sistema de justiça criminal em ter transparência e coerência acerca de seus conceitos parecem ser dois elementos centrais à consolidação do *compliance* como ferramenta de *law enforcement* anticorrupção. Aliás, parece alicerce à criação de parâmetros de *enforcement* de qualquer norma.

A ciência acerca dos limites à conduta, a exemplo do que ocorre em relação ao Conselho Administrativo de Defesa Econômica (Cade),[11] é fulcral para que a ferramenta não caia em descrédito.

Claro que no âmbito do Conselho Administrativo de Defesa Econômica (Cade) se está tratando de algo relativamente mais simples, ao passo que incumbe apenas ao Conselho estabelecer os limites que separam a influência positiva do domínio e a manipulação do mercado.

Desse modo, não existe o risco que ocorre quando se trata do crime de corrupção, em que um determinado membro do Ministério Público pode utilizar um conceito e analisar a ocorrência de crime a partir de determinadas premissas, enquanto outro pode ter uma visão diametralmente contrária.

No que tange ao Cade, que possui apenas um tribunal administrativo e uma demanda significativamente menor do que a que se apresenta no âmbito da jus-

---

[10] Sobre o qual se tratará oportunamente nesta obra, mas, adiantando o que será abordado, é um exemplo de previsão do *compliance* como requisito à obtenção dos benefícios decorrentes da colaboração premiada.

[11] E cujo exemplo será igualmente abordado oportunamente, inclusive em estudo de caso.

tiça criminal, mais segurança existe quando se fala de infração administrativa à concorrência.

Porém, o Ministério Público e o Poder Judiciário podem utilizar alguns elementos positivos, notadamente o incentivo ao diálogo por meio de campanhas, ou mesmo estimulando que advogados procurem o órgão a fim de esclarecer parâmetros a determinadas condutas que seus clientes possam ter.

A Receita Federal do Brasil já pratica algo muito semelhante por meio da possibilidade de submissão de consulta, pelo contribuinte, acerca da legalidade ou não de uma determinada conduta, por exemplo.

Do mesmo modo, o já mencionado Cade também possui prática nesse sentido, exigindo em seus acordos que o signatário demonstre periodicamente o cumprimento dos requisitos e das etapas que compõem o programa de *compliance* concorrencial.

Essa demonstração está sujeita à homologação pela Procuradoria do Conselho, e, caso o Cade entenda que os requisitos não estão sendo observados a contento, poderá prosseguir com o processo administrativo.

Assim, uma das rotinas que podem auxiliar na consolidação do *compliance* como ferramenta de *law enforcement* é a participação dos entes a quem incumbem a interpretação e a catalogação (indexação) do que são atos considerados de corrupção, mantendo-se abertos ao diálogo institucional, e efetivamente informando qual é seu posicionamento quanto às condutas.

Nesse passo, por exemplo, dentro dessa construção em equipe, o Ministério Público pode determinar que a empresa inclua em seu programa de *compliance* a rotina de alimentar uma agenda pública da diretoria, em que constem todos os compromissos havidos com membros do poder público ou pessoas politicamente expostas.

Caso o gestor não cumpra a recomendação do Ministério Público, haverá evidências de que a alta diretoria não está comprometida com o programa, de modo que se pode questionar a sua efetividade.

Veja-se que o ente que fará as sugestões será em regra aquele que se incumbiria da análise da efetividade do programa, de modo que torna mais analíticos e previsíveis os requisitos que podem ser sopesados com o escopo de avaliar a efetividade de tal programa.

Trata-se da criação de uma *checklist* de ações que o ente recomenda porque considera centrais à efetividade do programa e, caso a organização não as implemente, ficará mais fácil apreender que o programa não está efetivando rotinas de combate à corrupção.

Usando um estudo de caso, isso fica ainda mais fácil de constatar.[12] Inclusive, já se teve a oportunidade de conduzir programa de *compliance* para uma pessoa jurídica inclusa no regime de organização social, em que uma das etapas foi precisamente consultar informalmente membros do Ministério Público Estadual (MPE) para que se avaliasse quais as condutas ou as rotinas consideradas mais delicadas do ponto de vista da conformidade em casos que envolveram pessoas jurídicas semelhantes.

---

[12] Trata-se de caso conduzido pelo escritório dos autores desta obra, mas sobre o qual não se fará menção de partes em razão da impossibilidade de solicitação de autorização e porque o processo de implantação não foi finalizado.

Nessa ocasião, foi feito um agendamento de consulta, foram abordados casos concretos que envolviam entes semelhantes (outras organizações sociais) e que geraram condenação, para esmiuçar quais foram os pontos considerados centrais ao Ministério Público Estadual (MPE) a fim de sustentar seu posicionamento e mover a ação condenatória.

Tratava-se de medida operada apenas no âmbito cível naquela oportunidade, já que o caso concreto utilizado para cotejamento das rotinas e das condutas era tão somente de natureza civil, mas do debate institucional foi possível aferir também a percepção do MPE quanto aos limites do que se entende como ato de corrupção (ou uso inadequado da função pública na relação com organizações sociais).

A conversa teve o condão de auxiliar na criação de rotinas que já prevenissem a ação de qualquer funcionário público no sentido de solicitar vantagem e de eliminar qualquer resquício na linguagem da empresa que pudesse ser interpretado como oferecimento de vantagem.

Um dos cuidados para se encontrar mais precisão quanto aos resultados é buscar formular o debate diretamente com a vara a quem incumbiria o eventual processamento na hipótese de descumprimento da regra, de modo que já se tenham elementos para avaliar o posicionamento do Promotor de Justiça que efetivamente se ocuparia de conduzir o processo.

Nesse sentido, busca-se que seja criado um programa de conformidade visando a *enforcement* não apenas da norma em si, mas das condutas e das rotinas consideradas ideais pelo membro do Ministério Público que teria a função de processar o descumprimento.

Veja-se que não se trata apenas de evitar que a empresa e seu gestor sofram medidas judiciais. Trata-se, outrossim, de estabelecer rotinas de cumprimento voluntário da norma, a partir do que os entes a quem incumbe a imputação consideram ideal.

Ademais, para fins de cautela, e visando a dar eficácia também ao ajuste entabulado com o Ministério Público (de modo que não se desonere[13] de considerar os elementos que indicou como ideais na hipótese de desvio interno na organização), parece importante a divulgação do encontro, talvez em uma agenda pública da diretoria (que pode constar do *site* da empresa), bem como a documentação da conversa, por meio da redação de ata.

A realização de eventos para intercâmbio institucional, inclusive com cobertura da mídia, e gravação dos debates, também é fértil à consolidação de uma ferramenta de *enforcement* anticorrupção paralela ao tradicional processamento do ilícito.

O compromisso dos órgãos que se incumbem do processamento (acusação) e aplicação/interpretação da norma (Poder Judiciário), também é essencial ao sucesso da medida.

Para isso, imperioso que se invista em capacitação, adaptando os atores que estão habituados a manejar o processo criminal, para que se sintam seguros em operar essa ferramenta alternativa e a utilizem com lealdade.

---

[13] A respeito do *fair play* na relação entre Ministério Público, Poder Judiciário e jurisdicionado quando da negociação e da interação para a criação de programa efetivo, ter-se-á a oportunidade de tratar em tópico específico no terceiro capítulo.

É indispensável a superação do reflexo de observar a conduta do sujeito buscando desvios que justifiquem a instauração de um processo criminal, devendo haver um reconhecimento efetivo e público da existência de ferramentas alternativas ao processo criminal e que podem ser igualmente eficientes no intuito de fazer respeitar a legislação anticorrupção.

Uma dessas ferramentas possíveis (e como já se introduziu no presente trabalho) parece ser a implantação de programas de *compliance*, que, para a doutrina, é tido como cumprimento normativo voluntário (como se desenvolverá adiante).

Embora seu conceito pareça mais complexo (passando, ademais, pela gestão do risco a partir da definição do apetite ao risco da organização), o cumprimento normativo voluntário definitivamente está contido nele.

Porém, para que se possa cogitar da eficiência do *compliance* como ferramenta de *enforcement*, por meio do cumprimento voluntário da Lei Anticorrupção e em atenção às proibições trazidas pelo Código Penal, deve-se tratar de um programa efetivo; portanto, que não seja apenas *de fachada*, mas que realmente afete a operação e as rotinas da organização. A reflexão quanto a essas premissas será desenvolvida nos próximos itens do trabalho.

1.4 COMPLIANCE

Para se falar de *compliance* não se pode deixar de tratar de suas premissas não diretamente jurídicas, mas que se comunicam com o direito, já que são valores, e é de formação de cultura que se visa a tratar no presente trabalho.

1.4.1 Direito, ética e *compliance* – primeiras linhas

O Ministro Marco Aurélio Mello, da Suprema Corte Brasileira, manifestou-se no sentido de que "não precisamos de leis, mas de um banho de ética".[14] E, embora o *compliance* seja uma ferramenta que opera a partir de diversos elementos, definitivamente a ética é um deles.

Muitos autores se debruçaram sobre a temática da ética e seu sentido, chegando à conclusão de que agir com ética é mover-se para encontrar benefícios coletivos e jamais buscar favorecer a si ou a uma pequena coletividade:

> Podemos afirmar que uma gangue de criminosos respeita alguma espécie de ética? [...] A resposta é negativa, porque a gangue de criminosos pode até conseguir um benefício econômico caso realize um assalto bem-sucedido. Todavia, esse benefício será conseguido à custa do sofrimento de várias outras pessoas, portanto, não será ético. Para a ética, o que importa não é o benefício de um indivíduo, ou de um específico grupo de indivíduos; seu ponto

---

[14] ANTONIK, Luis Roberto. Compliance, *ética, responsabilidade social e empresarial*: uma visão prática. Rio de Janeiro: Alta Books, 2016. Em sua introdução, o autor atribui essa frase ao Ministro do Supremo Tribunal Federal, Marco Aurélio Mello.

de vista não é egoístico, individual ou pessoal, mas coletivo, universal. Ela, portanto, elege as melhores ações com base no interesse de toda a comunidade humana.[15]

Na mesma linha:

Para serem eticamente defensáveis, é preciso demonstrar que os atos com base no interesse pessoal são compatíveis com princípios éticos de bases mais amplas, pois a noção de ética traz consigo a ideia de alguma coisa maior que o individual. Se vou defender a minha conduta em bases éticas, não posso mostrar apenas os benefícios que ela me traz. Devo reportar-me a um público maior.[16]

Também se ocuparam de pensar na ética a partir do ambiente corporativo e de como ela seria essencial para se consolidar uma estrutura efetivamente sustentável.[17]

Programas de *compliance* se ocupam, essencialmente, de criar uma linguagem institucional que leve em conta o benefício coletivo, de modo que o gestor estabeleça regras e parâmetros que garantam sua convivência harmônica com a sociedade.

Ademais, embora a análise de riscos seja feita de fora para dentro, de modo que uma equipe externa à operação se ocupa de analisar como se dá a atuação de cada setor e retratar quais são as rotinas que podem ser consideradas de risco à operação, a construção do manual que vai reger as relações internas é feita com a participação da alta direção.

Não teria como ser diferente, já que as regras devem ser familiares à diretoria e ter sua execução factível. Isso se reporta, em certa medida, à noção de vontade universalmente legisladora, e a atuação da equipe externa tem apenas o intuito de garantir equidistância e neutralidade na análise da operação.

Seria muito mais difícil contar apenas com o senso crítico do gestor que, ao constatar desvios à legislação na operação de sua empresa, teria de admitir uma falha pessoal.

Além disso, os canais de denúncia servem para garantir que todos se sintam representados e assistidos pelo programa, à medida que por meio deles vêm reportes de desvios feitos pelos próprios colaboradores, que compreendem a importância da conformidade.

---

[15] ALMEIDA, Guilherme Assis de. *Ética e direito*: uma perspectiva integrada. 2. ed. São Paulo: Atlas, 2004.

[16] SINGER, Peter. *Ética prática*. 2. ed. São Paulo: Martins Fontes, 1998. p. 18.

[17] "Estruturar uma companhia requer tempo, maturidade institucional e profissionalismo de gestão. A mais adequada estrutura organizacional – regime tributário, tipo de empresa, etc. – não se constrói em um trimestre, ainda que com o auxílio de um consultor. Estruturas organizacionais que funcionam bem são construídas ao longo de décadas e aperfeiçoadas com muito trabalho. Adotar ética, *compliance* e responsabilidade social como tônicas gerenciais é um processo mais difícil ainda e requer maturidade empresarial e solidez de propósitos. Os acionistas têm papel primordial nas formas como o trabalho será conduzido, pois é pela manifestação da vontade deles que será conhecida a direção a se seguir, os objetivos a serem alcançados e, o mais importante, como os propósitos serão atingidos." ANTONIK, Luis Roberto. Compliance, *ética, responsabilidade social e empresarial*: uma visão prática. Rio de Janeiro: Alta Books, 2016. p. 32.

Isso fica claro quando se trata de *compliance* trabalhista e da exigência de que o empregador assegure que seus empregados estejam efetivamente utilizando os equipamentos de proteção individual (EPIs).

Caso haja atraso na entrega de novos *kits* de EPI, os colaboradores terão um canal seguro para reportar diretamente ao setor de *compliance*, garantindo o *enforcement* da regra.

Desse modo, verifica-se tratar de uma vontade coletiva, de modo que todos participam, em alguma medida, da criação das regras que deverão ser seguidas pelos membros da organização.

Por isso, é comum que empresas que se ocupam com a implantação de programas de *compliance* tratem de sustentabilidade, já que a premissa da qual se parte é a criação de bases de convivência que assegurem que a empresa, como organismo que é, não afete a coletividade com suas decisões de gestão e atos. A começar pela preocupação de que a empresa não prejudique o bem-estar dos seus próprios membros, o que ocorre no caso do fornecimento atrasado de EPIs.

Com efeito, parece ser possível afirmar que a ética é um dos princípios do *compliance*, que, embora se preocupe com as eventuais dores da empresa, também se ocupa em garantir que a pessoa jurídica esteja em harmonia com a coletividade, de modo que não afete, com seus atos, direitos alheios.

Isso com a ciência de que a empresa é autônoma e não se confunde com seus sócios ou com seu CEO; linguagem essa que é de difícil incorporação em um país onde 90% das empresas são de gestão familiar,[18] situação em que os valores e as percepções das pessoas físicas que estão por trás da operação se confundem com os da empresa.

Inobstante isso, a *Transparency International* constatou empiricamente uma preocupação coletiva com a corrupção na população brasileira, o que, independentemente de ter como fator propulsor o discurso que se consolidou de *combate à corrupção*, cria a oportunidade de se pensar em alternativas que melhorem a situação posta e que coloquem o Brasil em melhores posições nos *rankings* internacionais.

Desse modo, discussões sobre a ética e, mais especificamente, quanto à ética empresarial, encontram espaço neste momento de construção e devem servir como elementos definidores de ferramentas alternativas, que podem ou não se mostrar eficientes com o decurso do tempo.

O discernimento de certo e errado é central à criação de normas, tanto aquelas postas pelo Estado quanto as que são criadas ou reforçadas em uma organização, pela implantação e manutenção de um programa de *compliance*.

Não se trata apenas de seguir as normas postas pelo Estado, mas de aprimorar o relacionamento social entre os sujeitos da organização. As regras de *compliance* são feitas tanto tendo como referência o certo e o errado do ponto de vista normativo quanto em face dos valores da própria organização.

---

[18] SEBRAE. Os desafios da empresa familiar: gestão e sucessão. Disponível em: <http://www.sebrae.com.br/sites/PortalSebrae/ufs/pe/artigos/os-desafios-da-empresa-familiar--gestao-e-sucessao,fae9eabb60719510VgnVCM1000004c00210aRCRD>. Acesso em: 8 jan. 2019.

Valores esses que não devem ser os do CEO ou da diretoria, mas os do coletivo; que venham também de baixo para cima na pirâmide organizacional, para o que servem os canais de comunicação, sobre o quais se tratará oportunamente.

Trata-se da criação de normas internas com base em questões que sejam eticamente consenso; por exemplo, que um colaborador não deve ser favorecido por questão de afinidade com membros da alta administração.

Pode-se cogitar que seja consenso coletivo que um colaborador não deve ser favorecido por ter uma relação de afinidade com a alta administração, porque isso seria eticamente questionável.

Na prática, a ciência acerca de situações como essa acabam vindo de baixo para cima, pelo uso dos canais de comunicação que servem para disseminar a linguagem de conformidade na organização.

Com efeito, parece ser possível afirmar que programas de *compliance* têm a ética como pilar filosófico, como fator de construção das normas internas que vão dar integridade à empresa, e como identificador de seus valores. Evidentemente, porque todas as regras criadas devem ter como foco o bem coletivo e a retidão com os valores da empresa.

Finalmente, é essencial discernir que existem duas maneiras de se criarem programas de *compliance*. Uma meramente formal, na qual normas abstratas e ineficazes são criadas apenas para forjar uma aura de conformidade.

Existe, outrossim, o modelo que tem em conta as bases éticas das quais se tratou neste item. Trata-se da formulação de um programa de *compliance* material, que efetivamente afete as rotinas e as pessoas da organização e que deve ter sua premissa na condução didática e pedagógica, no convencimento não coercitivo dos membros da organização quanto aos motivos pelos quais determinadas regras existem.

Embora a pedagogia seja o foco, também deve existir um processo interno solidificado e que possibilite a aplicação de sanções aos colaboradores que incorrerem em desvios.

Pela importância do tema, será desenvolvido em um tópico autônomo.

1.4.2 *Compliance* formal e *compliance* material – a cultura antecede a regra

Compliance[19] é palavra de origem anglo-saxã derivada do verbo *to comply*. Entre suas potenciais traduções para o português, optar-se-á por utilizar o termo "conformidade", muito embora qualquer tentativa de descrição do significado a partir das possibilidades de tradução do termo pode deixar espaços a preencher.[20]

---

[19]   Embora alguns autores questionem o uso do termo *compliance* para identificar a ferramenta no Brasil, por entenderem ser um estrangeirismo, os autores desta obra acreditam que deve ser ele utilizado. Trata-se de uma ferramenta que tem o propósito de criar linguagem universal, como a contabilidade, de modo que falar *compliance*, mesmo podendo substituir o termo por "conformidade" ou "integridade", cria um padrão internacional, inserindo a empresa adotante em um panorama global.

[20]   "*Compliance* é um termo oriundo do verbo inglês 'to comply', significando cumprir, satisfazer ou realizar uma ação imposta. Não há uma tradução correspondente para o

Isso significa dizer que não há uma tradução do inglês ao português que corresponda rigorosamente ao significado do que a técnica de *compliance* visa a representar.

O termo "conformidade", assim como outros sinônimos já empregados, são apenas tentativas de significação, mas que não descrevem essencialmente toda a complexidade de sentido que o *compliance* tem.

A questão, pois, não é em si o fato de poder ser representada em português pelo termo "conformidade"; o que interessa, na perspectiva operacional e de resultado, é reconhecer a que se deve estar conforme.

Responde-se: ao sistema jurídico. Estar *compliant* ou ser *compliant* significa estar em conformidade com as normas de um determinado país e/ou as normas internacionais a respeito de um determinado tema, como o *Foreign Corrupt Practices Act* (FCPA), dos Estados Unidos da América do Norte, ou o *Bribery Act*, do Reino Unido.

Com efeito, e quando implantado em uma organização, pode ter diversas ênfases a depender da sua necessidade mais premente. Pode-se enfatizar um viés concorrencial, tributário, trabalhista, consumerista, de responsabilidade civil e tantos outros, entre os quais também o criminal e, especificamente, o *compliance* anticorrupção.

O *compliance* anticorrupção é modalidade de *compliance* criminal, que pode ter outro enfoque, como o ambiental ou o de conformidade às normativas de lavagem de capitais (muitas das quais emitidas por bancos[21]), por exemplo.

Com efeito, não se exaure na modalidade anticorrupção, embora esteja sendo mais divulgado nessa área, provavelmente em razão da tipificação na Lei Anticorrupção da criação de programa de integridade como causa de diminuição da sanção administrativa.

Em virtude do panorama já destacado – discurso do combate à corrupção, projeção e afirmação das instituições em razão da Operação Lava Jato e instabilidade política –, o *compliance* anticorrupção (assim como já ocorreu com a colaboração premiada) passou a ter um inegável destaque na bibliografia de processo penal (e de gestão empresarial[22]).

Se essa perspectiva afirma o *status quo*, a adoção de um programa de *compliance* pode deslocar positivamente o pêndulo do poder.

Já que a Lei Anticorrupção (mesmo que estritamente em esfera administrativa) prevê a possibilidade de redução de penalidades às organizações que demonstrarem ter programa de *compliance* implantado (lá denominado "integridade" – art. 7º, VII, Lei 12.846/2013) e em funcionamento, utilizar esse novo mecanismo de gestão pode representar vantagem em face do Estado persecutor.

---

português. Embora algumas palavras tendam a aproximar-se da possível tradução, como por exemplo, observância, submissão, complacência ou conformidade, tais termos podem soar díspares." GIOVANINI, Wagner. Compliance: a excelência na prática. São Paulo: Edição do Autor, 2014.

[21] Aliás, os próprios bancos têm encontrado no *compliance* uma prioridade. Destaca-se: BB Gestão de Recursos DTVM S.A. *Manual de conformidade*: divisão de conformidade. Disponível em: <http://www.bb.com.br/docs/pub/siteEsp/sitedtvm/dwn/manualconformidade.pdf>. Acesso em: 8 jan. 2019.

[22] *Vide* texto referenciado na nota 48, extraído de livro com enfoque de gestão que trata do *compliance* anticorrupção como estratégia.

Estar em *compliance* pode representar um verdadeiro recurso das organizações em face do Estado. Claro que aqui se deve registrar o que será considerado um programa de *compliance* hábil a ensejar os benefícios previstos pela Lei 12.846/2013.

A questão é: qual *compliance* é capaz de evitar as multas? Ou, ainda melhor, como se implanta um programa de *compliance* capaz de oportunizar os benefícios trazidos pela nova Lei Anticorrupção?

E as respostas a essas incógnitas estão além da simples compreensão do significado semântico ou gramatical; perpassam pelo que o Estado considera exemplar em termos de *compliance*, o que acaba se delineando na prática e a partir de dialética institucional.

Como exemplo, destaca-se a situação do Conselho Administrativo de Defesa Econômica (Cade), que criou uma cartilha de *compliance* concorrencial, com fundamento ideológico do *toolkit* de *compliance* concebido pela *International Chamber os Commerce* (ICC *ToolKit*[23]).

O Cade já estabeleceu minimamente os parâmetros do que considerará um programa de *compliance* hábil a garantir aos negociadores/proponentes de eventual termo de cumprimento de cessação, ou acordo de leniência,[24] o benefício da redução ou da supressão da sanção administrativa.[25]

Para além disso – e em razão da ideia incompleta de que a implantação de um programa de *compliance* culmina apenas com a adoção de um sistema de regras internas que estabeleçam os limites das boas práticas –, deve-se questionar se bastaria a criação de uma estrutura formal ou se é essencial que se demonstre a introjeção da adoção de boas práticas e a rejeição de rotinas que possam representar potencial risco, em se tratando da probabilidade de se consumar situação de corrupção.

A implantação de um programa de *compliance* perpassa pela criação de um arcabouço documental que sustente e demonstre as intenções da organização. Fazem parte disso o relatório de risco, o manual de *compliance* (que pode receber diversas nomenclaturas) e eventuais *mailings* ou outros mecanismos de disseminação do debate institucional.

Contudo, a existência de regulamentos internos não garante que estejam sendo levados a sério pelos envolvidos na organização. O simples fato de existir um manual de *compliance* não confirma que os sujeitos estejam verdadeiramente comprometidos com seu conteúdo.

Por isso, podem-se distinguir duas formas pelas quais o *compliance* se revela: ele pode ser eminentemente formal, quando a organização aparenta conformidade; ou

---

[23] INTERNATIONAL CHAMBER OF COMMERCE. *ICC Antitrust Compliance Toolkit*. Disponível em: <https://iccwbo.org/publication/icc-antitrust-*compliance*-toolkit/>. Acesso em: 8 jan. 2019. A respeito do *ICC ToolKit*, tratar-se-á adiante, quando abordado o modelo concorrencial como referência positiva.

[24] Sobre o termo de cumprimento de cessação e o acordo de leniência, os autores já tiveram a oportunidade de tratar em outro livro (LAMY, Anna Carolina Faraco; LAMY, Eduardo de Avelar. *Reflexos do acordo de leniência no processo penal*: a importância do *compliance* concorrencial. Rio de Janeiro: Lumen Juris, 2018).

[25] O exemplo do Conselho Administrativo de Defesa Econômica será mais bem abordado por ocasião da análise do *compliance* como técnica de justiça restaurativa e pedagógica.

material, quando as boas práticas tiverem sido efetivamente incorporadas pela empresa e as rotinas de risco eliminadas.

Haverá formalmente um programa de *compliance* quando a imagem externa da organização for de conformidade. A empresa terá algumas rotinas documentais que trazem exigências de *compliance*; por exemplo, ao inserir nos contratos com terceiros (fornecedores, parceiros comerciais etc.) que a organização tem uma estrutura de integridade. Poderá haver a exigência de preenchimento de formulários por terceiros contratantes nos quais façam uma radiografia do seu estágio de integridade, ou, ainda, poderá existir a indicação de selos no *website* da empresa, como já ocorria historicamente com as empresas auditadas pela *International Organization for Standardization* – ISO[26] (que inserem em todo seu material de *marketing* a presença da ISO).

Tomando o exemplo da ISO, não se pode afirmar que uma empresa que possui o selo ISO esteja materialmente comprometida com os parâmetros estruturantes do que a ISO quer representar.

Por ocasião da auditoria para certificação, pode a organização apresentar documentos forjados, criados apenas para garantir sua manutenção no programa, e selecionar funcionário-chave para ser entrevistado pela auditoria, ensaiando suas respostas para fazer parecer existir integridade.

No âmbito do *compliance*, especificamente, é importante mencionar o exemplo da Petrobras, que, como autarquia federal com negócios internacionais, se autodescrevia como uma organização em *compliance*, o que não impediu que fosse utilizada como palco a uma sequência de atos supostamente corruptivos e ilegais, posteriormente investigados pelo Ministério Público Federal do Paraná.[27]

Com efeito, somente se pode cogitar da verdadeira implantação e introjeção das boas práticas disciplinadas nas normativas internas quando são materializadas no dia a dia dos sujeitos que compõem o seu corpo institucional.

Criar cultura é muito mais do que impor regras sem esclarecer seus motivos. Como ocorre em uma democracia, os sujeitos que serão afetados pelo conteúdo das normativas de conformidade devem participar do seu processo de construção.

Somente a culturalização de uma organização, com um esforço real que garanta que seus colaboradores incorporem as práticas de conformidade em suas rotinas, é capaz de dar eficiência a um programa de *compliance* e importar em mudanças reais de paradigma.

GHERARDO COLOMBO já ponderou, por ocasião de sua análise dos resultados da Operação Mãos Limpas na Itália, duas décadas após sua conclusão,[28] que a ausência

---

[26] Destaque para a ISO 37.001, que tem precisamente o escopo de traçar estratégias de gestão anticorrupção.

[27] A respeito, a própria Petrobras relata em seu *site* que possui um programa de *renovação organizacional* (PETROBRAS. Nosso ano em *compliance*. Disponível em: <http://www.petrobras. com.br/fatos-e-dados/nosso-ano-em-*compliance*.htm>. Acesso em: 8 jan. 2019).

[28] A Itália é hoje o 54º país mais corrupto do mundo, em um universo de 180 países analisados pela Transparency International (Percepção da Corrupção). TRANSPARENCY INTERNATIONAL. Corruption perceptions index 2017. Disponível em: <https://www.transparency.org/news/ feature/corruption_perceptions_index_2017>. Acesso em: 13 set. 2018.
Em 1995 (registro mais longevo da TI), era o 9º país mais corrupto entre 40 analisados.

de mudança nos índices de confiabilidade internacional da Itália se dá em razão de a Operação não ter importado em qualquer alteração cultural.

Embora retumbante, a Operação Mãos Limpas não tornou a Itália mais confiável, menos corrupta ou mais bem ranqueada em índices internacionais de transparência. COLOMBO atribui isso à ideia de que "a cultura antecede a regra" e, mesmo que sejam utilizados mecanismos coercitivos exemplares, eles não garantem uma mudança a médio e a longo prazo.

É evidente que a Operação Mãos Limpas criou um cenário de apreensão às organizações italianas da época; que havia uma preocupação de gestores, servidores públicos e agentes políticos em serem envolvidos na Operação, processados e presos.

Contudo, anos depois, o ruído provocado pela Operação cessou e aqueles espaços vagos pelo afastamento e pela condenação de pessoas em decorrência da Operação Mãos Limpas foram preenchidos por outras figuras públicas e políticas também controvertidas.

Exemplo atual é que Silvio Berlusconi, figura emblemática e com reputação muito questionável, foi reabilitado pelo *Tribunale di Sorveglianza di Milano*, após ter seus direitos políticos suspensos em virtude de sentença condenatória por fraude, em 2013.[29]

Veja-se que o antigo primeiro-ministro, embora apenado, teve seus direitos devolvidos um ano antes do prazo estipulado em sentença. Esse cenário é absolutamente contrastante quando comparado com o que se passou por ocasião da Operação Mãos Limpas.[30]

Fazendo uma simples regra de três, verifica-se que em 1995 a Itália era 22,5% corrupta e em 2017 30% corrupta. Com efeito, só houve aumento no índice de corrupção.

[29] DEMOCRATICA. Il giudice riabilita Silvio, l'ex Cavaliere è di nuovo candidabile. Disponível em: <https://www.democratica.com/focus/silvio-berlusconi-candidabile/>. Acesso em: 13 set. 2018.

[30] A Operação Mãos Limpas é retratada como um evento magistral, muito bem orquestrado pelas forças de controle. Isso fica evidente da leitura do livro *Operação Mãos Limpas*, de Gianni Barbacetto, Peter Gomez e Marco Travaglio (versão brasileira publicada pela CDG de Porto Alegre, 2016). Os três coautores, todos jornalistas, fazem um relato pirotécnico da Operação, mas não negam que quase todos os investigados "permaneceram ou voltaram rapidamente para a vida pública": "a Operação Mãos Limpas, conduzida em Milão por um *pool* de cinco juízes, entre 1992 e 1994, produziu cerca de 1.300 declarações de culpa, entre condenações e acordos definitivos (os últimos dados oficiais publicados abaixo são de 2002). Mesmo que a vulgata político-jornalística diga que foram quase todos absolvidos, o percentual de absolvições no mérito (isto é, de réus que eram estranhos aos fatos), foi em torno de 5 a 6%. O resto, cerca de 40% dos investigados, salvaram-se graças à prescrição, às sutilezas processuais ou às modificações legislativas, feitas sob medida. Em todo caso, à parte os desapercebidos, quase todos os investigados, de 1992 a 1994 e dos anos seguintes, como quer que tenham sido concluídos os seus processos, permaneceram ou voltaram rapidamente à vida pública" (p. 837).

Veja-se que embora o texto tenha carga visivelmente crítica, tenta isentar o aparato de Justiça dos resultados, falando que os não condenados são fruto da prescrição ou de vias transversas. Admite que quase todos os investigados acabaram voltando à vida pública/política, mas tenta justificar não questionando o formato da operação, mas mencionando supostos favorecimentos, criação de leis encomendadas ou outras teorias conspiracionais.

Também se deve dizer que essa operação é usada como referência pelo magistrado que conduziu o início da Operação Lava Jato no Brasil (um artigo de sua autoria fecha a edição

1 • ESTRUTURAÇÃO E DESENVOLVIMENTO DOS PROGRAMAS DE *COMPLIANCE*

A operação italiana é por vezes retratada como algo eficiente, que teve resultados positivos e, mesmo que se reconheça que boa parte dos investigados retornou à vida pública, isso é atribuído a supostos desvios, a criação de leis encomendadas, mas nunca há uma crítica ao formato da operação.

COLOMBO, na contramão do que se encontra com mais frequência na doutrina a respeito da Operação Mãos Limpas,[31] conclui que a principal razão para a não alteração do contexto nacional no que tange à corrupção se deve ao fato de que, muito embora tenha sido enfática a operação deflagrada na Itália, não teve o condão de afetar diretamente a criação e a introjeção cultural do combate (e rejeição) à corrupção.

Quando analisados os índices de confiabilidade dos países, é possível perceber que aqueles mais bem ranqueados normalmente são mais engajados no desenvolvimento social, notadamente educação e formação dos seus cidadãos.[32]

Isso significa que a configuração social desses países e sua estrutura cultural são diversas daquelas que se revelam no Brasil e que existiam (e permanecem existindo) na Itália. Mesmo que o medo da sanção decorrente da condenação ou o temor da sujeição a um processo criminal sejam eficientes a curto prazo, não se mostram ferramentas concretas de mudança a médio e a longo prazos.

Para COLOMBO, portanto, a razão pela qual a Mãos Limpas não mostra resultados sensíveis de mudança real para a Itália quanto aos índices de corrupção é que "a cultura antecede a regra", de modo que a criação de regras impositivas, proibitivas e ameaçadoras não significa que as pessoas vão se importar com seu conteúdo.

---

brasileira do livro *Operação Mãos Limpas*, com destaque na capa), tendo-se retirado posteriormente para a assunção de carreira política.

[31] Além da obra *Operação Mãos Limpas*, mencionada na referência anterior, também se deve destacar *Mãos Limpas e Lava Jato: a corrupção se olha no espelho*. No texto, do Procurador da República do Paraná, Rodrigo Chemim (que introduz a versão traduzida do livro *Operação Mãos Limpas*), ele conclui que: "[...] analisando os resultados da Mãos Limpas no âmbito penal, vê-se que foram razoáveis, já que em grande parte as absolvições decorreram das leis posteriores para salvar os corruptos. Contudo, a cultura e as práticas de corrupção não mudaram; além disso, as dificuldades legais para alcançar e responsabilizar os malversadores da coisa pública aumentaram. É quase consenso entre os analistas italianos e procuradores do Ministério Público que atuaram na Mãos Limpas que pouca coisa mudou na forma dos italianos lidarem com a corrupção. Os índices de corrupção continuaram os mesmos, e os índices de desconfiança da população nos corruptos também" (CHEMIM, Rodrigo. *Mãos Limpas e Lava Jato: a corrupção se olha no espelho*. Porto Alegre: CDG, 2017. p. 249). Veja-se que a leitura feita é a mesma: a operação foi eficiente do ponto de vista criminal, mas a situação concreta permanece a mesma em face dos favorecimentos trazidos pelas leis "posteriores para salvar os corruptos". Não se fala do procedimento em si, não se faz uma análise técnica, não se demonstra preocupação com a ausência de mudança cultural, apenas se enaltece a operação, também para reafirmar a Lava Jato como algo que tem potencial de provocar qualquer efeito social real no Brasil. Evidência disso é que atualmente a Operação já perdeu seu protagonismo, a estrutura política está sensivelmente alterada, porém o tema "corrupção das instâncias públicas" não foi superado ou amenizado pelos supostos efeitos do processo criminal.

[32] Segundo o Anuário de Percepção da Corrupção de 2017, os países menos corruptos são, em ordem: Nova Zelândia, Dinamarca, Finlândia, Noruega, Suíça, Singapura, Suécia, Canadá, Luxemburgo e Holanda.

Em mais de uma oportunidade COLOMBO explicou (inclusive em entrevistas[33]) que o propósito de seu ensaio *Lettera a um figlio su Mani Pulite* era contar aos jovens o que ocorreu na Operação Mãos Limpas para que se possa torná-los, na base, menos suscetíveis aos desvios e mais intolerantes à corrupção.

Tratou-se, portanto, do enaltecimento da formação de base, da reprogramação cultural, que é viabilizada pela mudança de comportamento em face dos jovens, como ferramenta a efetivamente mudar os índices internacionais de confiabilidade e tornar a Itália um país menos corrupto.

O *compliance* efetivo, portanto, deve ser aquele capaz de reprogramar culturalmente uma organização e provocar mudanças efetivas nas rotinas dos colaboradores e gestores.

Existem dois tipos de *compliance*: o que é bom no papel e o que efetivamente funciona como ferramenta de mudança. O primeiro não será considerado pelos órgãos de controle público (Ministério Público, Fisco, Tribunais de Contas, por exemplo) para fins de abrandamento de pena.

Apenas se ficar evidenciado que a implantação do programa teve, efetivamente, a preocupação de provocar mudanças na organização, unificar rotinas, criar e seguir padrões e processos e atentar para o conteúdo normativo que afeta a operação da organização (cada atividade pode ser regulada por normas específicas[34]), é que será considerado legítimo.

Todo o trabalho ora desenvolvido leva em consideração essa segunda modalidade de *compliance*, que é efetivamente capaz de afetar as rotinas das pessoas e servir como ferramenta de mudança à organização.

Esse *compliance* tem o poder de servir como ferramenta de mudança social, à medida que se ocupa de fomentar a adoção de rotinas exemplares e o abandono de rotinas temerárias.

Para que o *compliance* possa atingir esse resultado, de efetivamente servir como ferramenta de mudança, imperioso que siga alguns passos elementares, que naturalmente partem da seriedade da equipe que vai implantar o programa.

Se os oficiais de *compliance* servirem de mero *bode expiatório* à manutenção de rotinas erradas, o instituto está condenado. Se os gestores começarem a contratar pessoas para servirem de oficial de *compliance* "laranja" (no papel), para que possam seguir com as más práticas e, quando autuados, investigados e/ou condenados, possam culpar o oficial de *compliance* para se esquivar da responsabilidade, não adianta nem tentar levar a ferramenta a sério.[35]

---

[33] COLAPRICO, Di Pietro. Colombo: "Cari ragazzi vi racconto Mani Pulite". Disponível em: <http://www.repubblica.it/cultura/2015/03/20/news/colombo_cari_ragazzi_vi_racconto_mani_pulite_-110052704/?refresh_ce>. Acesso em: 13 set. 2018.

[34] Uma indústria de produtos de higiene pessoal é regulada pela Anvisa, por exemplo; um plano de saúde suplementar é fiscalizado pela Agência Nacional de Saúde Suplementar (ANS). Cada organização pode sofrer regulação específica, de acordo com a atividade que desempenha. Por isso, não existe programa padrão de *compliance*. Todo programa é único, como toda empresa é única nas suas particularidades.

[35] A respeito: BUSATO, Paulo César. O que não se diz sobre o *criminal compliance*. In: MENDES, Paulo de Sousa; PALMA, Maria Fernanda; DIAS, Augusto Silva (Coord.). *Estudos sobre* law enforcement, compliance *e direito penal*. Coimbra: Almedina, 2018.

1 · ESTRUTURAÇÃO E DESENVOLVIMENTO DOS PROGRAMAS DE *COMPLIANCE* | 29

Por isso, as normas que passaram a regular os programas de integridade, a exemplo do que já ocorre no exterior, quiseram destacar o compromisso da alta administração[36] como um dos elementos a serem levados em conta quando se está avaliando a sua eficácia.

Se a alta administração não está efetivamente comprometida, não se tem como cogitar da eficiência do programa, que pode ser *good on paper*, mas não surtir efeitos reais nas rotinas das pessoas envolvidas na operação.

Na mesma linha, o oficial de *compliance* tem autonomia e não está subordinado à alta administração. Entre as tarefas que lhe incumbem, está a de fiscalizar os efeitos do programa e os resultados práticos de mudança nas rotinas internas. Sobre ele, dedicaremos um item específico, para explorar as particularidades da função, e algumas conclusões.

1.4.3 *Compliance* como cumprimento voluntário de normas externas, internas e de valores éticos

O autor português PAULO DE SOUSA MENDES conceitua *compliance* como cumprimento normativo voluntário.[37] Segundo indica em seu texto paradigma, utilizou como referencial teórico a doutrina alemã a respeito de *criminal compliance*.[38]

Neste livro se escolheu usar o seu conceito, embora complementado pela ideia de que estar em *compliance* não seria apenas cumprir voluntariamente as normas de um determinado país, mas também considerar os riscos envolvidos num ambiente de governança corporativa, além dos parâmetros éticos que sustentam o convívio em sociedade, e as regras internas à organização, as quais identificam o seu propósito.

Trata-se, com efeito, de primeiramente avaliar e refletir acerca de quais normas trata o conceito: se diz respeito tão somente às normas postas pelo Estado, de modo que estar em *compliance* significaria observar as regras de um país, estado ou município; ou se podem ser consideradas as normas internas de uma organização.

Tentar-se-á ilustrar com um exemplo: o direito trabalhista brasileiro indica que é indispensável a utilização de alguns equipamentos de proteção individual para operar determinadas máquinas. Isso é uma regra federal, disciplinada pela Consolidação das Leis do Trabalho (CLT).

Suponha-se que, em complemento a essa norma federal, uma organização determine, internamente, que, após o uso do equipamento, cada colaborador deverá guardá-lo em seu armário pessoal, evitando que fique sujo ou exposto.

Ela também pode disciplinar que o colaborador está proibido de levar o EPI para fora do ambiente de produção; enfim, inúmeros exemplos podem ser pensados, todos eles desdobramentos ao cumprimento da regra de utilização obrigatória do EPI.

---

[36] Art. 42, I, do Decreto 8.420/2015, que dispõe acerca da responsabilidade administrativa das pessoas jurídicas pela prática de atos contra a administração. Um item específico do presente trabalho se dedicará a explorar referido Decreto da Controladoria-Geral da União, órgão que tem se empenhado em dar *enforcement* ao *compliance* no Brasil.

[37] MENDES, Paulo de Sousa. *Law enforcement* e *compliance*. In: PALMA, Maria Fernanda; DIAS, Augusto Silva; MENDES, Paulo de Sousa (Coord.). *Estudos sobre* law enforcement, compliance *e direito penal*. Coimbra: Almedina, 2018.

[38] Cf. nota 1 do texto indicado acima; o marco à conceituação foi o livro *Criminal compliance*, do Professor alemão Thomas Rotsch.

Veja-se que nenhuma das normas internas hipotéticas contraria a lei trabalhista. Sim, pois parece ser indiscutível que uma norma interna não pode prever uma conduta contrária ao que disciplina a legislação federal.

As normas internas, todavia, complementam o conteúdo do que quer dizer a CLT quando estabelece o uso dos equipamentos. Aprimoram seu sentido, prevendo regras para utilização adequada do equipamento, a fim de que tenha maior vida útil.

Neste diapasão, parece ser possível dizer que o *compliance* não é somente o cumprimento voluntário das normas de um país, mas também das normas feitas pela própria organização para padronizar e aprimorar sua operação.

Um colaborador que utiliza seu EPI conforme a regra disciplinada pela CLT, mas que, após o uso, deixa ele exposto ou o retira do ambiente de produção, não pode ser considerado em *compliance*.

Ele estará efetivamente em *compliance* quando observar a obrigatoriedade prevista pela legislação federal, e, também, aquela criada pela organização para padronizar e aprimorar sua operação.

O descumprimento de uma norma federal, estadual ou municipal pode repercutir na imposição de uma sanção, naturalmente depois de contemplado o devido processo legal e seus princípios fundantes, e devidamente confirmada a sua ocorrência.

A norma interna à organização também precisará ter a previsão de uma sanção que lhe dê cogência, de modo que, a exemplo do que ocorre quando uma norma federal, estadual ou municipal é descumprida, caso um colaborador ou membro da alta administração aja contrariamente às normas internas da organização, ele sofrerá um processo interno, conduzido por um órgão que precisa ser independente e que observe o devido processo legal; e, confirmada a violação, deverá sofrer uma sanção de caráter exemplar e pedagógico (não necessariamente retributivo).

Assim, parece ser possível afirmar que o *compliance* é o cumprimento voluntário das normas postas pelo Estado, por meio de seus entes, mas também daquelas criadas pela própria organização.

A respeito do espectro do *compliance* como ferramenta, deve-se registrar a contribuição de RIOS e MACHADO:

> Os deveres empresariais advindos dos programas de *compliance* não estão limitados ao simples atendimento de mandamentos jurídicos, revestindo-se de uma postura inerte convertida em um "não fazer". Ao revés, impõem a obrigação de postura ativa perfectibilizada na instauração de um departamento de controle e vigilância eficiente, o qual, ciente dos riscos da atividade empresarial e atento ao organograma funcional por ela adotado, será o responsável por evitar e neutralizar a prática de ilícitos.[39]

No mesmo sentido, cogita-se se além de o *compliance* poder ser considerado o cumprimento voluntário de normas postas pelo Estado e internas à organização (ampliando o conceito de norma), ele também pode servir como uma ferramenta de

---

[39] RIOS, Rodrigo Sanchéz; MACHADO, Allian Djeyce Rodrigues. Criminalidade intraempresarial, sistemas de denunciação interna e suas repercussões na seara penal: o fenômeno do *whistleblowing*. *RBCCRIM*, n. 137, p. 99, 2017.

cumprimento voluntário de atos éticos, que não estejam necessariamente disciplinados pelo sistema jurídico de um país ou pelo manual de conduta de uma organização.

Trata-se de uma conduta considerada eticamente ruim, mas não considerada crime ou contravenção. Um exemplo trará a elucidação do que se almeja demonstrar.

Não existe uma lei que proíba pessoas com grau de parentesco de trabalharem numa mesma empresa do setor privado.[40] Suponha-se que duas irmãs são contratadas para trabalhar em um determinado setor da empresa X.

Com o tempo, uma dessas irmãs se destaca e acaba sendo convidada a ocupar a posição de supervisora do setor, possuindo autonomia e autoridade sobre a atividade de seu segmento e sendo superior hierárquico de todos os colaboradores que lá laboram.

Caso ela passe a favorecer sua irmã, sendo leniente com atrasos e faltas, designando-a para ocupar funções menos onerosas na operação etc., não estará necessariamente violando uma norma.

Porém, estará agindo contrariamente ao que se espera em um ambiente empresarial ético, em que todos devem se tratar com isonomia material e sem favorecimentos pessoais.

Com efeito, parece ser possível cogitar que estar em *compliance* ou ser *compliant* transcende o cumprimento voluntário normativo, ingressando na seara de observância dos hábitos e dos costumes que são eticamente vantajosos e esperados em um ambiente empresarial saudável.

Reconhecendo o aspecto de observância de princípios corporativos éticos, é possível consignar a contribuição de RIOS e ANTONIETTO:

> A própria definição de *compliance*, entendida como um conjunto de medidas pelas quais as empresas buscam garantir o cumprimento das regras vigentes, relacionadas com a sua atividade, bem como observar princípios de ética e integridade corporativa, corrobora esse entendimento inicial.[41]

Notadamente quando se parte da ideia de *compliance* material (analisada no tópico anterior como distinção à implantação meramente formal de um programa), não se pode negar que deve haver a incorporação de uma cultura efetiva de conformidade.

Não se trata, portanto, apenas de cumprir as normas; mas de compreender a importância de seu conteúdo e o porquê da sua existência. Somente assim estar-se-á em um ambiente *compliant*; do contrário, o simples decurso do tempo e o esfriamento da ideia farão que hábitos e rotinas inicialmente eliminados voltem a ser reproduzidos.

Ademais, também se deve reconhecer o papel de gestão que o *compliance* desempenha em uma organização, já que alguns dos principais atos do processo de implantação são a identificação e a graduação dos riscos, a partir de parâmetros como o *Committee of Sponsoring Organizations of the Treadway Commission* (COSO).

Com a ciência dos riscos, o que será mais aprofundado em tópico específico nesta obra, a organização pode estabelecer qual seu apetite ao risco, e o que, embora

---

[40] No setor público há a previsão do nepotismo; portanto, o exemplo não serve para o âmbito público.

[41] RIOS, Rodrigo Sánchez; ANTONIETTO, Caio. Prevenção e minimização de riscos na gestão da atividade empresarial. *RBCCRIM*, n. 114, p. 342, 2015.

arriscado do ponto de vista legal, de mercado, financeiro etc., prefere assumir a partir de seu planejamento estratégico.

O escopo da presente obra, no entanto, é analisar a ferramenta mais do ponto de vista jurídico que de gestão, à medida que se ocupa de estabelecer se o *compliance* pode se consolidar como meio de se dar *enforcement* à legislação de combate à corrupção.

Com efeito, reconhecido o aspecto de gestão, que se apresenta notadamente na consolidação do apetite ao risco (e da tomada de medidas específicas no sentido de combater objetivamente aqueles riscos que decidiu eliminar), deve-se retornar ao aspecto de efetividade normativa que o *compliance*, ao que tudo indica, pode revelar.

Portanto, ampliando positivamente o conteúdo do conceito escolhido como referencial a esta obra, parece ser possível dizer que *compliance* significa o cumprimento voluntário de normas feitas pelo Estado e também daquelas criadas internamente para aprimorar e padronizar a operação de uma determinada organização; e que é o cumprimento dos costumes que são esperados em um ambiente empresarial saudável.

Ademais, deve-se reconhecer que também é uma ferramenta estratégica e de gestão empresarial, ao passo que auxilia na consolidação dos limites da organização quanto ao seu apetite ao risco.

Tudo isso mirando a necessidade de se trabalhar uma efetiva virada de paradigma organizacional, alterando rotinas e hábitos perpetuamente, pela natural mudança cultural que a implantação de um programa efetivo de *compliance* oportuniza.

Uma vez situado o conceito de *compliance* de que se parte, importante identificar os atores que operam essa ferramenta, dando-se destaque ao oficial de *compliance* ou *Chief Compliance Officer* (CCO), que merece muita atenção para que em face dele não se cometam arbitrariedades.

A eventual proliferação de arbitrariedades em face do CCO pode colocar em xeque a consolidação do *compliance* como ferramenta efetivadora do direito. Se for distorcida sua finalidade, dificilmente haverá profissionais que se colocarão efetivamente à disposição para ocupar tal função.

1.4.4 O oficial de *compliance* – funções e limites da sua responsabilidade

Situado o objeto *compliance*, é essencial tratar dos atores que participam da engrenagem da qual brota um programa de conformidade. Além dos membros da diretoria e dos colaboradores, que atuam transmitindo os valores coletivos da organização, o oficial de *compliance* é um personagem absolutamente importante, já que cabe a ele coordenar os trabalhos tanto na implantação quanto na manutenção das bases do programa e de seu aprimoramento constante.

A profissão de oficial de *compliance* não está regulada por norma específica. O exercício da atividade também não depende exclusivamente de nenhuma formação acadêmica.[42] Profissionais de diversas áreas podem desempenhar tal função na estrutura de gestão de uma organização.

---

[42] Alguns autores opinam no sentido de que o oficial de *compliance* deva necessariamente ter formação jurídica (ASSI, Marcos. Compliance: como implementar. São Paulo: Trevisan, 2018). Mas há diversos programas bem-sucedidos de *compliance* implantados no Brasil por profissionais que não são da área jurídica. O programa da Unimed Belo Horizonte, que pode ser conferido no *site* <https://portal.unimedbh.com.br/wps/portal/inicio/home/

1 · ESTRUTURAÇÃO E DESENVOLVIMENTO DOS PROGRAMAS DE *COMPLIANCE* | 33

O setor de *compliance* é um dos elos da estrutura administrativa da empresa, mas o oficial de *compliance* precisa ter autonomia para agir; isso é o que prevê o art. 42, IX, do Decreto 8.420/2015, que regulamenta a Lei 12.846/2013.

Embora seja uma profissão que tem ganhado destaque, vem acompanhada de muita responsabilidade. A começar pelo fato de que se o oficial de *compliance* constatar alguma irregularidade, deve reportar imediatamente à alta administração e solicitar providências e, não encontrando preocupação real na solução do desvio reportado, deve informar o respectivo órgão de fiscalização externa a quem incumbe apurar a ocorrência do ilícito.

Trazendo para um exemplo concreto: constatando a ocorrência (tentativa ou consumação) do crime de corrupção, o oficial deve reportar imediatamente ao comitê de *compliance*[43] e à alta administração.

Não havendo, por parte da diretoria, iniciativa em averiguar os termos em que estaria se dando tal prática ou, pior, existindo reconhecimento e anuência da alta administração, deve o oficial informar o Ministério Público, sob pena de poder ser considerado coautor, na hipótese de a autoridade tomar conhecimento dos fatos por conta própria.

A doutrina já se ocupou em avaliar quais são os limites da função dos oficiais de *compliance*, inclusive apontando que poderiam ser considerados *gatekeepers* (cuidadores dos portões, em tradução livre),[44] como aqueles que "guardam os guardas".[45]

---

conheca_a_unimed/governanca/compliance>, foi coordenado por profissionais da área médica. O oficial de *compliance* da Radix (Fabio Lopes), cujo programa pode ser conferido em <http://www.radixeng.com.br/compliance>, é engenheiro. Ambas são empresas vencedoras do selo Pró-Ética de 2017, o que pode ser confirmado em <http://www.cgu.gov.br/assuntos/etica-e-integridade/empresa-pro-etica>, premiação criada pela Controladoria-Geral da União para: "promover no país um ambiente corporativo mais íntegro, ético e transparente".

[43]   O comitê será tema de tópico específico.

[44]   "Neste contexto, para além da consagração e reforço de mecanismos de imputação de responsabilidade directamente a pessoas colectivas, em particular no contexto da criminalidade dita económico-financeira, as estratégias de controlo de riscos associados à atividade empresarial têm-se concretizado igualmente na criação de novas funções de vigilância e controlo. [...] Entre outras consequências, estas tendências conduziram a uma reconfiguração do estatuto, deveres e fontes de responsabilidade – também na esfera penal – dos chamados *gatekeepers*, quando reportada ao meio empresarial, incluía apenas profissionais independentes, externos à empresa, que prestam serviços auxiliares de interesse público, tendo por função controlar a atividade empresarial com vista a proteger determinados interesses colectivos (*e.g.*, auditores externos). Mais recentemente, porém, em razão da referida crise financeira e da mudança de paradigma que se impôs à realidade empresarial, além do engrossamento de fileiras dos *gatekeepers* externos da empresa (que passaram a abranger, designadamente, a atividade de notação de risco, algumas atividades dos bancos de investimento e ainda a prestação de certos serviços jurídicos por advogados), um novo vértice de análise começou a incidir sobre as empresas e sua estrutura interna, em particular a administração e restantes instâncias orgânicas de controlo, segundo a mesma ideia e lógica fundamental da autovigilância empresarial. É neste quadro que surgem os *gatekeepers* internos da empresa, em que se incluem, nomeadamente, os responsáveis pela fiscalização societária interna, os auditores internos e os mencionados *compliance officers*. A estes últimos, normalmente membros da administração ou seus delegados, compete-lhes controlar riscos legais, incluindo sancionatórios (penais ou contraordenacionais), gerados pela atividade empresarial [...]." GERALDO, Tiago. A responsabilidade penal do *compliance officer*: do dever de vigilância ao *compliance* empresarial. In: MENDES, Paulo de Sousa; PALMA, Maria Fernanda; DIAS, Augusto Silva (Coord.). *Estudos sobre law enforcement, compliance e direito penal*. Coimbra: Almedina, 2018. p. 271-273.

[45]   No mesmo sentido: "em função dos riscos inerentes à atividade empresarial e das oportunidades para as infrações econômicas geradas na própria organização empresarial, as formas

Em face dessa autonomia revelada pelo *compliance officer*, a doutrina também se debruçou em avaliar se seria possível falar de sua responsabilização penal por condutas desviantes da empresa em que atua, como se estivesse em posição de garante.[46]

Há autores que defendem existir três modalidades de responsabilização do *compliance officer*: por omissão pura (violação de deveres gerais de vigilância e controle), por omissão impura (hipótese de violação de deveres de garante) e por comissão por omissão.[47]

Nesse contexto, GERALDO comunga da opinião de que se trataria de hipótese de responsabilidade por omissão imprópria, e descreve o cenário fático em que se deu a decisão da Suprema Corte Alemã, que serve de *leading case* ao reconhecimento do oficial de *compliance* como garantidor:

W., jurista de formação, era Director de Auditoria Interna da BSR, empresa pública responsável pelos serviços de Limpeza de Berlim, que tinha a seu car-

---

jurídicas diferenciaram-se para desenvolver estratégicas que pudessem ir além da mera cisão entre o comportamento proibido e o permitido. O principal desenvolvimento do direito se deve à incorporação de planejamento funcional e gestão de liberdade de ação arriscada, antecipando os focos de perigo no ambiente empresarial pelas vias da antecipação da responsabilidade individual (*individual accountability*), pela posição que se ocupa na hierarquia da organização. É precisamente em função disso que se desenvolveram formas jurídicas do 'vigia', aquele que protege e assegura à empresa de que suas operações não serão vulneradas por suspeitas de ilícitos". SAAD-DINIZ, Eduardo; MARTINELLI, Sofia Bertolini. *Gatekeepers* e soluções de *compliance*. *Revista dos Tribunais*, São Paulo, ano 106, v. 979, p. 70, maio 2017.

[46] Essa atribuição do dever de garante ao *compliance officer* foi afirmada pelo Supremo Tribunal Alemão (BGH) no acórdão BGH 5 StR 394/08, conforme indica GERALDO: "independentemente do que possa dizer-se sobre o (des)acerto deste marco jurisprudencial, certo é que o *compliance officer* se transformou numa função quase omnipresente na generalidade dos organogramas empresariais, concentrando em si (ou na divisão ou departamento que dirige) uma responsabilidade fundamental. Cabe-lhe, em traços gerais, assegurar que o exercício da atividade pela instituição se desenvolve em estrita conformidade com as normas legais e regulamentares aplicáveis, velando pela implementação de sistemas de *compliance* destinados a propiciar tal cumprimento e, por sua via, criando e sedimentando condições estruturais de prevenção do risco (de ocorrência) de resultados lesivos associados à atividade empresarial". GERALDO, Tiago. A responsabilidade penal do *compliance officer*: do dever de vigilância ao *compliance* empresarial. In: MENDES, Paulo de Sousa; PALMA, Maria Fernanda; DIAS, Augusto Silva (Coord.). *Estudos sobre* law enforcement, compliance *e direito penal*. Coimbra: Almedina, 2018. p. 269.

[47] Essa hipótese, a qual o autor afirma adotar, pode se concretizar quando ocorre falta de implementação ou implementação defeituosa do programa de *compliance*, ou falta de reporte ou investigação após conhecimento (indiciário) de crime da empresa. GERALDO, Tiago. A responsabilidade penal do *compliance officer*: do dever de vigilância ao *compliance* empresarial. In: MENDES, Paulo de Sousa; PALMA, Maria Fernanda; DIAS, Augusto Silva (Coord.). *Estudos sobre* law enforcement, compliance *e direito penal*. Coimbra: Almedina, 2018. p. 297-298. Importante destacar, outrossim, que o autor também utiliza um caso concreto como fonte e reflexão: "o presente caso de estudo inspira-se no despacho de pronúncia proferido no âmbito de processo judicial, cujos autos correm atualmente junto do Tribunal Central de Instância Criminal de Lisboa. Foi-nos autorizado o acesso ao despacho pelo Senhor Juiz de Direito atualmente responsável pela tramitação do processo, tendo todos os nomes dos envolvidos, bem como todos demais elementos individualizadores do processo, sido ocultados no presente artigo para prevenir o efeito de '*name-and-shame*'", rodapé, p. 305.

1 • ESTRUTURAÇÃO E DESENVOLVIMENTO DOS PROGRAMAS DE *COMPLIANCE* | 35

go a limpeza das vias públicas da cidade. Nas competências da BSR incluía-se também a limpeza das ruas utilizadas pelos proprietários de terrenos privados contíguos à via pública.

De acordo com a lei aplicável, os proprietários desses terrenos contíguos estavam obrigados a suportar 75% do valor associado à limpeza desses terrenos, sendo os restantes 25% assumidos pelo Estado de Berlim.

O regulamento tarifário para o período de 1999-2000 foi elaborado por uma equipe de projecto coordenada por W., com base numa estimativa de custos, sendo depois aprovado pela administração da BSR, tal como resultava da proposta. Na fixação das tarifas para aquele período, e na rubrica relativa aos mencionados 75% que deveriam ser suportados pelos proprietários de terrenos privados contíguos à via pública, assumiram-se como base de cálculo, por manifesto lapso, os custos de limpeza das ruas que não incluíam terrenos privados contíguos, em muito maior número. O lapso foi, entretanto, detectado, mas não corrigido.

No âmbito da elaboração do regulamento tarifário para o período imediatamente subsequente (2000-2001), a equipa de projecto criada não era integrada por W., sendo coordenada por H., subordinado àquele. O referido W. participou ainda assim em algumas reuniões dessa equipa, no âmbito das quais foi apresentada uma proposta no sentido de corrigir o erro de cálculo do período tarifário anterior. Todavia, e seguindo-se instruções dadas por B., diretor da empresa, não foi feita a correcção do apontado lapso. W., sabendo de tudo, nada fez, não tendo sequer informado o presidente do conselho de administração da BSR, a quem reportava, de que o lapso se mantinha.

Em razão da manutenção do erro de cálculo, foram cobrados 23 milhões a mais aos proprietários dos terrenos privados contíguos à via pública, a maioria dos quais pagou o valor que lhes foi imputado.

Com base nestes factos, o Tribunal Regional de Berlim condenou G. como autor mediato do crime de burla em relação ao período de 2001/2002. Quanto a W., foi considerado cúmplice por omissão do mesmo crime, por não se conseguir provar factualidade necessária à imputação da autoria imediata.

Em recurso, o BGH confirmou na íntegra a decisão do Tribunal Regional de Berlim. Sobre a posição de garante de W. (de acordo com o § 13 do StGB), o BGH afirmou que a mesma decorria do facto de W. ter sido chefe da equipa que se ocupou da fixação de tarifas no período de 2001/2002 e responsável originário pelo erro de cálculo cometido no período anterior. Como tal, W., uma vez detectado o lapso, ficaria constituído na obrigação de corrigi-lo no período tarifário posterior.

Foram igualmente relevadas, para afirmação da apontada posição de garante, as funções de W. enquanto Director da Auditoria Interna, por via das quais, estaria obrigado a garantir o cumprimento da lei também em defesa dos proprietários de terrenos privados obrigados a pagar as tarifas, tendo sido considerada também a circunstância de W. ser jurista especialista em direito tarifário (o que em primeira linha, aliás, teria justificado a sua nomeação para o cargo de Director de Auditoria Interna).[48]

---

[48] GERALDO, Tiago. A responsabilidade penal do *compliance officer*: do dever de vigilância ao *compliance* empresarial. In: MENDES, Paulo de Sousa; PALMA, Maria Fernanda; DIAS, Augusto

Veja-se que extraindo a regra do caso, o auditor foi considerado responsável por omissão porque deveria garantir a precisão da base de cálculo para incidência do tributo pago pelos proprietários de terrenos privados contíguos à rodovia. Foi considerado para fins de conclusão e fundamentação o seu preparo técnico (especialista em direito tarifário) para se confirmar a omissão.

Em sentido diverso, e especificamente no que tange à lei portuguesa de lavagem de capitais, a doutrina também protesta quanto à ideia de que a responsabilidade sempre recairá sobre o setor de *compliance*, e se aprofunda quanto ao atingimento ao *chief compliance officer* (CCO) por dever de resultado (garante):

> O CCO, enquanto responsável pelo departamento de *compliance* da instituição bancária, é o responsável pelo controlo do cumprimento da legalidade (*lato sensu*) na atuação da instituição, competindo-lhe assegurar, entre o mais e num contexto de combate ao branqueamento de capitais, que as operações que o banco processa não configuram este ilícito penal. Não obstante, o CCO, pelo simples facto de o ser, não pode ser responsabilizável por toda e qualquer operação bancária processada que, por ventura, culmine em branqueamento – importando ora sublinhar, e porque tratamos aqui de responsabilidade penal pelo crime de branqueamento a se, que qualquer eventual investigação penal que recaia sobre o CCO ou sobre a instituição de crédito eventualmente em questão, terá que estar em causa o tipo de branqueamento conceptual levado a cabo na Lei nº 83/2017, de 18 de agosto.
>
> [...]
>
> Daqui, cremos resultam duas importantes conclusões: à uma, numa situação em que o crime de branqueamento seja cometido pela própria instituição de crédito em violação aos deveres de prevenção impostos pela Lei nº 83/2017, de 18 de agosto, a responsabilidade não pode ser quase automaticamente imputada ao departamento de *compliance* da instituição; e, à outra, onde haja, de facto, responsabilidade do departamento de *compliance* da instituição bancária, não cremos que a responsabilidade possa recair quase que automaticamente sobre o CCO pelo simples facto de este ser o responsável do departamento. Tal, inclusive, corresponderia a uma situação constitucionalmente vedada de transmissibilidade da responsabilidade penal (art. 30º, nº 3 da CPR).[49]

Conclui-se, pois, que as opiniões da doutrina[50] acerca da possibilidade de imposição de responsabilidade penal ou não do oficial de *compliance* é oscilante. Há quem entenda ser caso de responsabilização sim, inclusive reconhecendo a função de garante,

---

Silva (Coord.). *Estudos sobre law enforcement, compliance e direito penal*. Coimbra: Almedina, 2018. p. 293-294.

[49] COSTA, José Neves da. Responsabilidade penal das instituições de crédito e do *chief compliance officer* no crime de branqueamento. In: PALMA, Maria Fernanda; DIAS, Augusto Silva; MENDES, Paulo de Sousa (Coord.). *Estudos sobre law enforcement, compliance e direito penal*. Coimbra: Almedina, 2018. p. 312-313.

[50] Atualmente, preponderantemente estrangeira, podendo se destacar o Professor Paulo Busato como referência nacional na análise dessa temática.

bem como parte dos autores diverge, apontando que não seria válida a imposição automática de responsabilidade ao setor nem ao oficial de *compliance*.

Ninguém nega, no entanto, que demonstrada claramente a conduta desviante por parte do oficial – seja porque deixou de cumprir sua função, implantando programa falho, seja porque teve a ciência de desvio e não reportou às autoridades –, estará ele sujeito à inclusão no polo passivo de eventual ação penal.

Porém, quando se trata de conduta de terceiro, de membro da alta administração e/ou colaborador, não se pode imputar a responsabilidade automaticamente ao setor de *compliance*, a partir da suposição de que falhou no múnus de assegurar que todos cumpram as regras de *compliance* por ele criadas.

Com efeito, denotam-se dois cenários: um no qual há desvio do próprio oficial, porque conivente com o desvio, ou porque deixa de cumprir a função de reporte que lhe cabe. Essa situação, no entanto, depende de provas que evidenciem a conduta específica do oficial.[51]

Em outro sentido, pode haver desvio de membro da administração ou colaborador da empresa, que foi treinado e teve ciência do conteúdo do código de ética, mas optou por não o cumprir.

É nesse segundo exemplo que se verifica a ênfase da divergência doutrinária, ao passo que uns entendem que o oficial ou o setor de *compliance* falhou porque tem a obrigação de garantir que todos cumpram as regras de *compliance*, enquanto outros entendem que não há nexo entre tal conduta e o oficial.

Há casos concretos documentados em diversos países, como Alemanha,[52] em que houve a responsabilização do oficial em caso no qual ele teve ciência e participação no cálculo que ensejou erro de cobrança de uma taxa municipal, e deixou de tomar providências para revertê-lo e/ou de reportar às autoridades; bem como nos Estados Unidos, em que houve condenação do oficial por perjúrio, porque omitiu irregularidades cometidas pelos caminhões da empresa;[53] e, finalmente, o Brasil também tem seus exemplos.[54]

---

[51] A respeito: "la figura del responsable o encargado de cumplimiento (más conocida por su denominación inglesa 'compliance officer' ha irrompido fuerza en la literatura jurídico-penal alemana a causa de la sentencia de Bundesgerichtshof (BGH) de 17.07.09. A modo de *obiter dictum*, el alto tribunal alemán afirmo que al responsable de cumplimiento le incumbe 'por regla general' un deber de garante jurídico penal en el sentido del § 13 StGB en el contexto de la actividad de impedir delictos que surjan de la empresa por parte de sus miembros". PLANAS, Ricardo Robles. El responsable de cumplimiento ("compliance officer") ante el derecho penal. In: SILVA SÁNCHEZ, Jesús-María (Dir.); MONTANER FERNÁNDEZ, Raquel (Coord.). *Criminalidad de empresa y* compliance. Barcelona: Atelier, 2013. p. 319-320.

[52] *Vide* caso do acórdão BGH 5 StR 394/08, da Suprema Corte Alemã, descrito por GERALDO.

[53] Cassin, Richard L. California compliance officer convicted of perjury. Disponível em: <http://www.fcpablog.com/blog/2017/10/6/california-compliance-officer-convicted-of-perjury.html>. Acesso em: 8 jan. 2019.

[54] No Brasil, pode ser mencionado como referência o caso que envolveu importante banca de advogados, cuja chefe do departamento de *compliance* foi denunciada por corrupção passiva porque teria aliciado membro do Ministério Público Federal, integrante do *Pool* Lava Jato, para compor a banca, atuando especificamente no caso de uma notória empresa do ramo alimentício, que acabou comprometida por interceptações telefônicas coletadas no

Claro que, nesse diapasão, a discussão fez nascer a crítica acerca da potencialidade de as empresas utilizarem os *compliance officers* como bodes expiatórios, destacando-se a contribuição de BUSATO:[55]

> O argumento central deste estudo é que, uma vez implantado o sistema de *compliance*, as responsabilidades de fiscalização de bom funcionamento e prevenção dos delitos do setor de risco a que se refere, transferem-se para os *compliance officers*, que são os que passam a ocupar uma espécie de posição de garante. Expressamente diz-se que "a implantação antecipada de um programa de *compliance* tem, de entrada, um efeito de exclusão da responsabilidade de membros do órgão de administração da pessoa jurídica". No entanto, "surgem novos deveres, cuja infração pode dar lugar à responsabilidade penal. Este é o caso, entre outros, dos *compliance officers*". Defende-se que ao *compliance officer* impõe-se uma responsabilidade omissiva por uma "possível e indevida falta de contenção de um curso do risco que termina por realizar-se no resultado" e que a falta de tal contenção seria indevida porque existe um dever de garantia incumprido de contenção do referido risco, contido na obrigação assumida por ele.

Tratar-se-ia da situação em que uma determinada empresa contrata um especialista apenas para que ele arque com eventuais responsabilidades por desvios, caso se considere que ele tenha o dever de assegurar o cumprimento das normas internas.

Supondo que o profissional X seja contratado, recebendo valores exorbitantes de honorários, para que atue como diretor do setor de *compliance* da empresa Y, que já teve problemas criminais pretéritos à sua contratação.

A empresa utiliza seu nome e divulga em sua página na internet um manual de conformidade, para fazer crer que efetivamente está comprometida com o cumprimento voluntários das leis.

Porém, um novo desvio ocorre com o cometimento de corrupção ativa por integrante da alta administração e, durante a investigação conduzida pela polícia judiciária, constata-se que, embora exista um documento que registre a suposta existência de um programa (manual) e de regras internas que devam ser cumpridas por todos, jamais ocorreu qualquer treinamento e não há canais de denúncia para processamento interno de eventuais desvios.

Nesse caso, parece evidente que a implantação do programa foi falha e que o oficial, ciente dos desvios anteriores, deveria ter se ocupado com a criação de um programa que garantisse efetivamente cumprimento das diretrizes do manual, o que não fez.

---

curso da Operação. A denúncia oferecida pelo Procurador-Geral da República, em junho de 2018, pode ser acessada integralmente na internet, optando-se por não mencionar o nome dos envolvidos a fim de evitar o *name-no-shame*. Nesse caso, não se tratava de desvio de membro da empresa em que a oficial teria implantado o programa. Trata-se de responsabilidade direta pela advogada ou pela firma a que estava vinculada, porque agiu aliciando um servidor público para tentar obter benefícios ilegais aos seus clientes.

[55] BUSATO, Paulo César. O que não se diz sobre o *criminal compliance*. In: MENDES, Paulo de Sousa; PALMA, Maria Fernanda; DIAS, Augusto Silva (Coord.). *Estudos sobre law enforcement, compliance e direito penal*. Coimbra: Almedina, 2018. p. 39.

Difícil não cogitar da possibilidade de sua responsabilidade pessoal no caso concreto, ao passo que, ciente da tendência pretérita, não cumpriu um dos requisitos previstos pela Lei Anticorrupção à perfectibilização de um programa de integridade.

Porém, caso a sua responsabilidade substitua a do gestor, ao argumento de que estaria subsumido na obrigação de garantir que todos cumprissem as regras de *compliance*, poderia haver um movimento empresarial de contratação de pessoas apenas com o intuito de retirar dos diretores a responsabilidade pessoal.

Parece evidente que aqui está se falando da hipótese de responsabilidade da pessoa física pelo crime de corrupção, não considerando a possibilidade (relevante) de que em breve se tenha a responsabilização penal da pessoa jurídica por crimes empresariais, a exemplo do que já ocorre no Brasil com os crimes ambientais e em diversos outros países como Estados Unidos, Portugal e Espanha.

Por fim, há que se fazer um contraponto aos casos de desvios cometidos diretamente por oficial de *compliance*, relatados alhures (em nota de rodapé), devendo-se mencionar o *bom* exemplo do oficial de *compliance* da Siemens® do Brasil, que reportou desvio da alta administração ao Ministério Público Federal do Estado de São Paulo.

Wagner Giovanini, que era o oficial de *compliance* da empresa à época do caso do Metrô de São Paulo, tomou conhecimento do desvio cometido na estrutura organizacional da Siemens® do Brasil, e seu setor reportou tal desvio da própria empresa diretamente ao Conselho Administrativo de Defesa Econômica (Cade), celebrando a partir daí um acordo com o órgão de controle da economia nacional.

Foi utilizado o *self-disclosure* (autorrevelação), uma ferramenta de *compliance* criada pela Siemens® quando precisou reestruturar seu programa, após diversas denúncias de desvios e corrupção, que repercutiram no pagamento de multas suntuosas aos mais diversos órgãos de controle.

A lógica do *self-disclosure* parte da premissa de que nenhum Estado tem condição de investigar e punir todos os casos de corrupção, de modo que as organizações devem participar dessa atividade persecutória, no interesse comum de melhorar o ambiente empresarial, mesmo que isso signifique confessar desvios ocorridos na sua própria estrutura.[56]

Aparentemente uma conduta de boa-fé da empresa, não se pode negar que também tem um caráter de minoração dos danos de mercado e reputacionais que adviriam de uma eventual investigação e condenação no âmbito concorrencial, civil e criminal.

Com efeito, não se nega que a organização teve uma intenção ética ao se autorreportar, porém também medida a partir dos resultados nocivos que viria a ter, e reconhecendo estrategicamente que a realização de um acordo com a autoridade significaria um passivo menor.

No caso da Siemens®, tanto os bons resultados encontrados ao redor do mundo, em suas diversas filiais, após a reestruturação de seu programa de *compliance*, quanto, especificamente, o caso do autorreporte no caso do Metrô de São Paulo, mostram a postura proativa do oficial de *compliance*.

---

[56] BESSA NETO, Luis Irapuan Campelo. *Lei anticorrupção e a promoção ética do programa de compliance efetivo*: um estudo de caso. Dissertação (Mestrado) – Universidade Federal de Santa Catarina, Florianópolis, 2019.

Ainda importante destacar que, fazendo o reporte à autoridade competente, o oficial se desonera da eventual responsabilidade pessoal, ao passo que criou elementos para que fosse rechaçado o desvio.

Nesse caso, o oficial, caso efetivamente considerado como garantidor da conformidade e *gatekeeper* da organização, atuou como fiscal interno e a serviço dos organismos de controle externo.

Dentro da lógica do precedente alemão estudado, haveria a possibilidade de responsabilização pessoal apenas quando o sujeito em posição de garante não agisse no sentido de remediar os resultados nocivos da conduta.

Em suma, parece não haver dúvidas de que o oficial ou o setor de *compliance* dificilmente terá condições de assegurar que todos cumpram as regras, mesmo que conduza treinamentos ostensivos e seja enfático no controle e na repreensão dos desvios reportados.

Isso, notadamente, quando considerada a proporção da organização e a existência de filiais estrangeiras, atingidas por outras regras de outras culturas.

Porém, se o oficial ou o setor de *compliance* tiver ciência de um desvio e não agir no sentido de coibi-lo, haverá elementos para dizer que poderia ser responsabilizado pelo resultado.

Definidos objetos e sujeitos, passa-se à reflexão de como um programa efetivo de *compliance* deve ser implementado. Nessa análise, a alta administração, um dos sujeitos mais relevantes a qualquer programa de *compliance*, revela sua relevância.

1.4.5 *Compliance* na legislação brasileira

Na legislação brasileira, o *compliance* foi introduzido pela Lei 12.846/2013, que "dispõe sobre a responsabilização administrativa e civil de pessoas jurídicas pela prática de atos contra a administração pública, nacional ou estrangeira, e dá outras providências".[57]

Importante destacar três questões pertinentes de antemão: a primeira consiste no fato de que referida lei incorpora a linguagem que diversos tratados internacionais, inclusive subscritos pelo Brasil, adotaram para tratar da corrupção. Note-se, ademais, a menção expressa aos atos contra a administração pública estrangeira, que aparece no final da descrição.

Antes de mais nada, portanto, é natural que a legislação brasileira[58] tenha se ocupado de regular a relação jurídica também havida entre empresas brasileiras e entes e funcionários públicos internacionais.

O segundo ponto é que, embora tenha se tornado tema recorrente na doutrina criminal, referida norma não possui caráter penal,[59] mas apenas civil e administrativo.

---

[57]   BRASIL. *Lei nº 12.846, de 1º de agosto de 2013*. Dispõe sobre a responsabilização administrativa e civil de pessoas jurídicas pela prática de atos contra a administração pública, nacional ou estrangeira, e dá outras providências. Disponível em: <http://www.planalto.gov.br/ccivil_03/_ato2011-2014/2013/lei/l12846.html>. Acesso em: 26 fev. 2019.

[58]   A exemplo do que também se ocupou de fazer o FCPA norte-americano.

[59]   "Aliás, a opção do legislador foi bastante evidente: quis enfrentar a questão a partir do prisma do direito administrativo sancionador, deixando de lado o 'braço armado do Estado',

1 • ESTRUTURAÇÃO E DESENVOLVIMENTO DOS PROGRAMAS DE *COMPLIANCE* | 41

Isso porque as pessoas jurídicas não podem ser rés em ações penais por corrupção no Brasil, o que será analisado oportunamente.

O terceiro registro a ser feito é que, embora popularmente denominada Lei Anticorrupção, o espectro de eficácia da norma transcende esse crime. Segundo HEINEN:

> Trata-se de combater as imoralidades qualificadas, das quais resultam, pois, em malversação da coisa pública. Quer-se, então, coibir o exercício nocivo das funções públicas, que permitem o beneficiamento indevido das pessoas jurídicas de direito privado, seja pela prática de fraudes, de corrupção, de tráfico de influência, etc.[60]

Pois bem. Feito esse registro introdutório e para o que interessa à presente obra, deve-se dizer que o art. 7º, VIII, da Lei 12.846/2013[61] determina que a existência de mecanismos e procedimentos internos de integridade, auditoria e incentivo à denúncia de irregularidades e a aplicação efetiva de códigos de ética e de conduta no âmbito da pessoa jurídica serão levadas em consideração na aplicação das sanções civis e administrativas que podem decorrer do cometimento de atos contra a administração pública.

Destaca-se, novamente, que a norma nada dispõe acerca de eventuais benefícios penais que poderiam ser obtidos pela adoção de programa de integridade. Naturalmente por não possuir, como já se destacou, natureza penal. O crime de corrupção, em suas modalidades, já estava previsto pelo Código Penal desde a década de 40 do século passado.

No que tange ao texto do referido dispositivo, necessário atentar para o termo "aplicação efetiva", que direciona à conclusão de que os benefícios previstos em lei somente serão deferidos àquelas empresas que implementarem materialmente uma política de integridade.

O primeiro questionamento que deve surgir em face dessa previsão é o que será considerada uma *aplicação efetiva* pelos órgãos fiscalizatórios. Quanto a isso, o Decreto 8.420/2015 previu alguns requisitos:

---

ou seja, o aparato que persegue determinadas condutas a partir do viés criminal. De mais a mais, as condutas tipificadas pelo art. 5º da Lei nº 12.846/2013 já são tuteladas, em suma, pelo direito criminal, porque definidas como delitos. Seria repetir aquilo que já está posto, o que é inconcebível, de modo que reforçamos a ideia de que a Lei Anticorrupção não possui natureza penal." HEINEN, Juliano. *Comentários à Lei Anticorrupção*: Lei nº 12.846/2013. Belo Horizonte: Fórum, 2015. p. 36.

[60] HEINEN, Juliano. *Comentários à Lei Anticorrupção*: Lei nº 12.846/2013. Belo Horizonte: Fórum, 2015. p. 41.

[61] "Devemos dizer, nesse contexto, que a prevenção soa como uma prática essencial em termos de corrupção. E justamente é este o principal papel da figura do *compliance*. A pessoa jurídica que adota os mecanismos de *compliance* pretende impedir que se desenvolvam, por meio dela, práticas corruptas, condutas ilícitas ou espúrias, a gerarem efeitos sistêmicos, porque, invariavelmente, atos deste jaez impactam na economia formal, prejudicam os consumidores, o Estado, os trabalhadores, a concorrência." HEINEN, Juliano. *Comentários à Lei Anticorrupção*: Lei nº 12.846/2013. Belo Horizonte: Fórum, 2015.p. 176.

Art. 42. Para fins do disposto no § 4º do art. 5º, o programa de integridade será avaliado, quanto a sua existência e aplicação, de acordo com os seguintes parâmetros:

I – comprometimento da alta direção da pessoa jurídica, incluídos os conselhos, evidenciado pelo apoio visível e inequívoco ao programa;

II – padrões de conduta, código de ética, políticas e procedimentos de integridade, aplicáveis a todos os empregados e administradores, independentemente de cargo ou função exercidos;

III – padrões de conduta, código de ética e políticas de integridade estendidas, quando necessário, a terceiros, tais como, fornecedores, prestadores de serviço, agentes intermediários e associados;

IV – treinamentos periódicos sobre o programa de integridade;

V – análise periódica de riscos para realizar adaptações necessárias ao programa de integridade;

VI – registros contábeis que reflitam de forma completa e precisa as transações da pessoa jurídica;

VII – controles internos que assegurem a pronta elaboração e confiabilidade de relatórios e demonstrações financeiros da pessoa jurídica;

VIII – procedimentos específicos para prevenir fraudes e ilícitos no âmbito de processos licitatórios, na execução de contratos administrativos ou em qualquer interação com o setor público, ainda que intermediada por terceiros, tal como pagamento de tributos, sujeição a fiscalizações, ou obtenção de autorizações, licenças, permissões e certidões;

IX – independência, estrutura e autoridade da instância interna responsável pela aplicação do programa de integridade e fiscalização de seu cumprimento;

X – canais de denúncia de irregularidades, abertos e amplamente divulgados a funcionários e terceiros, e de mecanismos destinados à proteção de denunciantes de boa-fé;

XI – medidas disciplinares em caso de violação do programa de integridade;

XII – procedimentos que assegurem a pronta interrupção de irregularidades ou infrações detectadas e a tempestiva remediação dos danos gerados;

XIII – diligências apropriadas para contratação e, conforme o caso, supervisão, de terceiros, tais como, fornecedores, prestadores de serviço, agentes intermediários e associados;

XIV – verificação, durante os processos de fusões, aquisições e reestruturações societárias, do cometimento de irregularidades ou ilícitos ou da existência de vulnerabilidades nas pessoas jurídicas envolvidas;

XV – monitoramento contínuo do programa de integridade visando seu aperfeiçoamento na prevenção, detecção e combate à ocorrência dos atos lesivos previstos no art. 5º da Lei nº 12.846, de 2013; e

XVI – transparência da pessoa jurídica quanto a doações para candidatos e partidos políticos.

Os requisitos, embora aparentemente objetivos, acabam sujeitos à análise da autoridade a quem incumbe a avaliação da eficácia do programa, de modo que sofrem, irremediavelmente, a subjetividade do observador.

Por exemplo, uma organização pode ter um procedimento interno em que registra as doações que efetua a partidos políticos ou a candidatos, mas, por ocasião da análise pela autoridade processante, esta entenda que o mero registro do valor e do partido receptor não garante transparência (em atenção ao inciso XVI), e que deveria haver uma exposição de motivos a justificar a doação.

Denota-se invariável que a objetividade dos critérios, pois, está sujeita a uma avaliação casuística. E a isso se agrega o fato de que mais nada há em termos de regulamentação da Lei Anticorrupção quanto aos requisitos dos programas de integridade.

O § 4º do art. 42 indica que "caberá ao Ministro de Estado Chefe da Controladoria-Geral da União expedir orientações, normas e procedimentos complementares referentes à avaliação do programa de integridade de que trata este Capítulo". E, efetivamente, a CGU se ocupou de prever algumas regras mais específicas acerca dos requisitos, e isso será logo analisado.

Antes, no entanto, parece indispensável que se analise uma outra questão, que diz respeito a quem incumbe o ônus de provar o cumprimento ou o descumprimento dos requisitos do art. 42 do Decreto 8.420/2015.

Duas respostas parecem possíveis. Em um primeiro cenário, a demonstração do cumprimento efetivo incumbiria à organização, já que é pressuposto à implantação adequada de um programa o registro de todos os seus atos.

Como se trata de uma norma de natureza cível e administrativa, não haveria aqui limites em face da distribuição do ônus de prova que se procede no direito criminal, em que permanece estático à acusação.

Ademais, boa parte dos incisos indica documentos internos, que, se não fossem voluntariamente fornecidos pela organização, teriam de ser coercitivamente obtidos pela autoridade. Ou poder-se-ia cogitar de prova diabólica, a ensejar a presunção de culpa (que no âmbito administrativo e civil se sustenta).

Numa segunda hipótese, poder-se-ia cogitar que caberia à autoridade proceder à investigação interna, que contaria com uma conduta ativa da empresa no sentido de deferir acesso irrestrito à documentação.

Nesse cenário, a autoridade poderia ser seletiva com a documentação e, se estivesse tendenciosa, escolher material formalmente para que apenas justificasse o não cumprimento.

Com efeito, parece mais pertinente que a função de provar a efetividade caiba à organização, o que acabou sendo a escolha estatal, como se denota do disposto no art. 2º da Portaria 909 da Controladoria-Geral da União (CGU) que, cumprindo o que disciplina o § 4º do art. 42 do Decreto 8.420/2015, estabelece que "para que seu programa de integridade seja avaliado, a pessoa jurídica deverá apresentar: I – relatório de perfil; e II – relatório de conformidade do programa".

Desse modo, é indiscutível que um dos pilares de qualquer programa de integridade é a documentação ostensiva dos atos praticados em nome da organização. A Portaria foi mais ilustrativa ao estabelecer, em seu art. 3º, o que deve estar contido no referido relatório:

> Art. 3º No relatório de perfil, a pessoa jurídica deverá:
> I – indicar os setores do mercado em que atua em território nacional e, se for o caso, no exterior;

II – apresentar sua estrutura organizacional, descrevendo a hierarquia interna, o processo decisório e as principais competências de conselhos, diretorias, departamentos ou setores;

III – informar o quantitativo de empregados, funcionários e colaboradores;

IV – especificar e contextualizar as interações estabelecidas com a administração pública nacional ou estrangeira, destacando:

a) a importância da obtenção de autorizações, licenças e permissões governamentais em suas atividades;

b) o quantitativo e os valores de contratos celebrados ou vigentes com entidades e órgãos públicos nos últimos três anos e a participação destes no faturamento anual da pessoa jurídica;

c) a frequência e a relevância da utilização de agentes intermediários, como procuradores, despachantes, consultores ou representantes comerciais, nas interações com o setor público;

V – descrever as participações societárias que envolvam a pessoa jurídica na condição de controladora, controlada, coligada ou consorciada; e

VI – informar sua qualificação, se for o caso, como microempresa ou empresa de pequeno porte.

É possível cogitar, outrossim, que a CGU, ou qualquer que seja o órgão que se incumbir da avaliação do cumprimento efetivo, cotejará o conteúdo do relatório, para que constate se as informações prestadas são verdadeiras. Neste sentido, parece de boa iniciativa que a organização instrua seu relatório com a documentação pertinente, a fim de evitar embaraços.

Para servir de referência à implantação de programas de *compliance* no Brasil, a CGU também se ocupou de editar a cartilha *Programa de integridade*: diretrizes para empresas privadas,[62] que estabelece algumas métricas à criação de um programa ideal.

Entre elas, define os pilares de um programa de *compliance*: comprometimento da alta direção, instância responsável pelo programa de integridade, análise de perfil e riscos e estruturação das regras e instrumentos.

Também define que se deve criar um canal de denúncia que viabilize que sejam implementadas medidas disciplinares em face de desvios e estabelecer ações de remediação.

Por fim, deixa claro que deve haver monitoramento contínuo, de modo que não basta à organização fazer o passo a passo, mas deve manter a política viva, garantindo *enforcement* constante.

Com efeito, o que parece ser possível constatar quanto às empresas que tiverem um programa meramente formal ou que não consigam demonstrar a sua efetividade, é que não poderão gozar dos benefícios previstos pela Lei Anticorrupção e demais normas que a regulamentaram.

---

[62] CONTROLADORIA-GERAL DA UNIÃO. *Programa de integridade:* diretrizes para empresas privadas. Disponível em: <https://www.gov.br/cgu/pt-br/centrais-de-conteudo/publicacoes/integridade/arquivos/programa-de-integridade-diretrizes-para-empresas-privadas.pdf>. Acesso em: 20 ago. 2021.

Pode-se também verificar que será de incumbência da empresa a lavratura de relatório que demonstre o cumprimento efetivo aos requisitos estabelecidos, e que não estará isenta da análise subjetiva acerca do que o órgão fiscalizatório entende por suficiente.

Retorna-se ao exemplo da doação a partido político, que parecia exaurida quando documentado o valor e o destinatário, mas nada impede que seja questionada pelo órgão fiscalizatório caso entenda que é imperiosa a exposição de motivos à doação.

Parece ser possível dizer que o *compliance* que tem mais probabilidade de atender às expectativas do Estado é justamente aquele que busca exaurir todas as eventuais pontas soltas que a organização possa ter.

O CCO, ou o setor responsável pela condução do programa, deverá agir de maneira até mesmo obsessiva, prevendo e antevendo todas as potenciais situações que possam ser questionadas, exaurindo o registro documental de todos os atos desenvolvidos em nome da organização e arquivando as informações de maneira organizada.

Essa é a fisionomia que o *compliance* revela na legislação brasileira, evidentemente sujeito a novas regulações, notadamente em vista do que disciplinou a Lei Anticorrupção acerca da possibilidade de regulamentação prática do procedimento adequado pela CGU.

Feita essa análise, é possível ainda constatar quais são os passos que se esperam de um programa de *compliance* efetivo, sobre o que se discorrerá na sequência.

1.4.6 A distinção entre *compliance* e advocacia preventiva

O *compliance* é um conjunto de técnicas de governança corporativa; portanto, de democratização e de participação corporativa. Para tanto, o desenvolvimento dos programas de *compliance* envolve, necessariamente, a atuação de profissionais de forma preventiva, tanto dentro quanto fora do âmbito jurídico.

Por esses motivos, a principal diferença entre *compliance* e assessoria jurídica preventiva é o fato de o *compliance* consistir no desenvolvimento tanto de uma política atenta de gestão de riscos quanto de uma cultura duradoura de governança corporativa, circunstâncias essas que não são necessárias na prestação do serviço de assessoria jurídica preventiva.

É óbvio que o cuidado jurídico preventivo é essencial em um ambiente de conformidade, mas não se deve limitar, confundir ou identificar a prática da assessoria jurídica de forma preventiva com o desenvolvimento de programas de *compliance*.

Não há proibição na escolha consciente de práticas de conformidade preponderantemente voltadas para um determinado grupo de riscos, como os riscos jurídicos tributários. Entretanto, sem que haja gestão desses riscos, definição de apetite aos riscos identificados e entidades de governança corporativa que respeitem as premissas básicas dessa cultura, não há *compliance*.

Nos casos em que a atividade desenvolvida na organização não trabalha a cultura de governança, o que se está prestando é uma atividade de assessoria jurídica preventiva, apenas intitulada diversamente. Entretanto, ao contrário do que pode parecer, o problema gerado não é apenas de nomenclatura.

Os riscos desse tipo de distorção são a banalização e o menor índice de atendimento das metas assumidas. O Conselho Administrativo de Defesa Econômica (Cade) dificilmente aprovaria um programa de *compliance* concorrencial que não estruturou, por exemplo, nem canais específicos de comunicação nem treinamentos corporativos.

Veja-se o exemplo do *compliance* trabalhista. Trata-se de espécie de risco jurídico em que se tem frequentemente identificado a atuação jurídica preventiva ao *compliance*.

O fato, enfim, é que a confusão preocupa, pois diz respeito a tema estratégico e relativamente novo no Brasil. A sociedade que entende *compliance* como assessoria jurídica preventiva claramente não compreende a essência do tema e tem mais dificuldades para se beneficiar dele.

1.4.7 Etapas à implantação de programa de *compliance*[63]

Esse tópico se propõe a indicar as etapas percorridas para a implantação de um programa de *compliance*. Embora fundamentado em textos científicos e em parâmetros trazidos por regras de espectro nacional e internacional, muito do que será descrito também tem fundamento em programas concretamente implantados pelos autores; portanto, conciliando o viés doutrinário com o empírico.

Não se trata tão somente de uma descrição de casos concretos, mas da exploração dos parâmetros técnicos e da constatação de como têm se concretizado na prática no Brasil.

A implantação de um programa de *compliance* deve ter como referencial as características específicas da organização. Não existe um programa padrão, que possa ser implantado em todas as empresas. O oficial de *compliance* deve se ocupar de conhecer a empresa e, somente a partir disso, conseguirá consolidar um programa que leve em consideração as suas peculiaridades.

Para que se tenha noção da estrutura da empresa, é imprescindível que se averigue seu arcabouço documental e como a alta administração conduz sua atividade. Também é pertinente analisar em campo a maneira como os colaboradores atuam nas suas respectivas funções, para que não receba uma versão montada pela alta administração.

A atividade desempenhada pela organização também deve ser um referencial. Algumas áreas do mercado sofrem maior regulação e isso afeta o programa, à medida que ele será mais ou menos rigoroso a partir de parâmetros reais.

Quanto ao *compliance* anticorrupção, é recomendável que seja implantado em todas as empresas, para que se tenha maior controle interno a repelir atos corruptivos. Isso porque mesmo aquelas empresas que não possuem contratos públicos sofrem controle por parte do Estado: são submetidas a vistorias do Ministério do Trabalho

---

[63] As bases à conclusão quanto às etapas que devem ser cumpridas em um programa de *compliance* eficiente são não apenas a pesquisa bibliográfica, que, em âmbito nacional, infelizmente, acaba adstrita a textos de caráter mais comercial, mas também a experiência pessoal dos autores na implantação de programas de conformidade, em que tiveram a oportunidade de dialogar com os respectivos órgãos de controle externo, como Conselho Administrativo de Defesa Econômica e Ministério Público, acerca dos elementos que entendem relevantes. Não existe atualmente no Brasil nenhuma norma que as preveja dessa forma. Há apenas a alusão a alguns princípios, como compromisso da alta administração e necessidade de criação de manual de *compliance* e canal de denúncia.

ou do Fisco e, irremediavelmente (a partir de 1º de julho de 2018[64]), devem se adequar aos rigorosos parâmetros do e-Social, sistema integrado de controle de empregados criado pelo Decreto 8.373/2014.

Nessas situações, também podem sofrer aliciamento do Fiscal do Trabalho, da Receita etc., de modo que a implantação do programa anticorrupção é indicada a todas as organizações; mas as que contratam com o poder público possuem maior espectro de risco.

Naturalmente, em se tratando de anticorrupção, não se pode negar que as organizações mais visadas serão aquelas que contratam com o poder público ou com pessoas politicamente expostas.

Quanto maior o risco apresentado à corrupção, mais ostensiva deve ser a estrutura de controle. Isso significa dizer que deve haver maior rigor quanto ao registro documental de todos os atos de comunicação e à gestão constante de terceiros (justamente porque serão eles entes públicos), e, também, mais atividades que sirvam a disseminar práticas éticas e etapas de medição mais frequentes.

Os programas de *compliance* também são úteis à medida que protegem a reputação[65] e a individualidade da organização em face de seus integrantes; principalmente porque 90% das empresas são familiares, segundo dados do Sebrae.[66]

Uma empresa familiar[67] guarda hábitos de gerações, que são em regra repetidos pelos sucessores; principalmente, a depender do grau de ingerência que o fundador tem sobre a organização.

Práticas que são consideradas aceitáveis por gerações passam a ter maior reprovabilidade social, notadamente em face de circunstâncias práticas, como a Operação Lava Jato, que coloca o gestor privado e o público no foco da persecução criminal.

Imperioso consignar, entretanto, que os tempos são outros e práticas que eram mais toleradas deixaram de ser. A perda da tolerância quanto a atos corruptivos cria uma tendência ao fortalecimento do *compliance* e de outras ferramentas de controle interno.

---

[64] ESOCIAL. Conheça o eSocial. Disponível em: <http://portal.esocial.gov.br/institucional/conheca-o>. Acesso em: 28 fev. 2019.

[65] "As respostas a essas e outras perguntas facilitarão o encontro da 'chave' para a elaboração do antídoto desejado pelas empresas, a fim de se protegerem contra ações ilegais ou nocivas *à sua imagem*, cometidos pelos seus funcionários." GIOVANINI, Wagner. Compliance: a excelência na prática. São Paulo: Edição do Autor, 2014. p. 47.

[66] SEBRAE. Os desafios da empresa familiar: gestão e sucessão. Disponível em: <http://www.sebrae.com.br/sites/PortalSebrae/ufs/pe/artigos/os-desafios-da-empresa-familiar-gestao--e-sucessao,fae9eabb60719510VgnVCM1000004c00210aRCRD>. Acesso em: 28 fev. 2019.

[67] "Como forma de educar e incentivar a implementação de *compliance* nas pequenas e médias empresas (PME), o Sebrae, em parceria com a Controladoria-Geral da União (CGU), elaborou e disponibilizou na internet, gratuitamente, o guia 'Integridade para pequenos negócios', no qual discorre, em linguagem simples, sobre os principais dispositivos da Lei Anticorrupção. Esclarece o sentido de um programa de integridade, dá exemplos de medidas de integridade que podem ser implementadas nas PME e elenca as vantagens de adotá-las." ASSI, Marcos. Compliance: como implementar. São Paulo: Trevisan, 2018. p. 128. Para acesso à cartilha elaborada pelo Sebrae e pela CGU: SEBRAE. Integridade para pequenos negócios: construa o País que desejamos a partir da sua empresa. Disponível em: <https://www.sebrae.com.br/Sebrae/Portal%20Sebrae/Anexos/Integridade%20para%20pequenos%20neg%C3%B3cios.pdf>. Acesso em: 28 fev. 2019. O subtítulo da cartilha, "construa o País que desejamos a partir da sua empresa", demonstra o interesse das instituições (como a CGU) em fomentar a assimilação da cultura de *compliance*.

GIOVANINI destaca a dificuldade maior na implantação de programas de *compliance* em países onde há mais tolerância a atos corruptivos:

> De início, implementar um programa para mover uma organização inteira no sentido de adotar, de fato, uma postura cada vez mais transparente, lícita, ética e íntegra parece tratar-se de um desafio insuperável. Isto é agravado, em especial, se a empresa estiver alocada num país onde a corrupção, subornos e atitudes ilícitas são, de certa forma, toleradas por um grande número de pessoas.[68]

A respeito das dificuldades que o *compliance* pode encontrar no Brasil para se consolidar como uma ferramenta de controle, mais considerações serão feitas em tópico específico; mas, de largada, se deve registrar a reflexão de que as operações recentes, notadamente a Ação Penal 470 (Mensalão) e a Operação Lava Jato, criaram um discurso coletivo de repulsa à corrupção.

Em face disso inúmeras iniciativas foram tomadas, devendo-se destacar o que o Ministério Público Federal denominou de "10 medidas contra a corrupção",[69] em que, em vez de propor ferramentas que previnam atos corruptivos e fomentem novos referenciais culturais, apenas sugere que sejam reduzidas as garantias do acusado de cometer o crime de corrupção.[70]

Assim, o cenário que se delineia é o seguinte: pode-se constatar uma maior intolerância à corrupção, o que deveria tornar mais fácil a implantação de programas eficientes no Brasil.

Contudo, os órgãos que mais poderiam contribuir com a disseminação do *compliance* como uma ferramenta alternativa e útil à alteração de paradigma estão se ocupando em reduzir o espectro de garantias do processo penal, que não deveria deixar de ser um instrumento de defesa e de confirmação da ordem constitucional.[71]

---

[68] GIOVANINI, Wagner. Compliance: a excelência na prática. São Paulo: Edição do Autor, 2014. nota 90.

[69] Mais informações podem ser obtidas no *site* <http://www.dezmedidas.mpf.mp.br/>, criado especificamente para difundir a ideia.

[70] Em Santa Catarina, o Ministério Público Estadual, já em 2004, deflagrou a campanha "O que você tem a ver com a corrupção?", atualmente conduzida em âmbito nacional pelo Conselho Nacional dos Procuradores dos Estados e da União. A campanha, no entanto, tem uma fisionomia diferente do que propõe as "10 medidas contra a corrupção", apresentando um caráter mais educativo, com tentativas de atingimento de jovens e crianças para fomentar comportamentos éticos e deixar claro o que são atos corruptivos. Mais informações em: MINISTÉRIO PÚBLICO. O que você tem a ver com a corrupção? Disponível em: <https://www.mpsc.mp.br/campanhas/o-que-voce-tem-a-ver-com-a-corrupcao>. Acesso em: 28 fev. 2019.

[71] A respeito da necessidade de confirmação do processo penal como instrumento de adequação constitucional: LOPES JR., Aury. *Introdução crítica ao processo penal*: fundamentos da instrumentalidade constitucional. 5. ed. Rio de Janeiro: Lumen Juris, 2010. p. 1: "diante do 'Direito Penal do terror', implementado pelas políticas repressivistas de lei e ordem, tolerância zero, etc., o processo passou a desempenhar uma missão fundamental numa sociedade democrática, enquanto instrumento de limitação do poder estatal e, ao mesmo tempo, instrumento a serviço da máxima eficácia dos direitos e garantias fundamentais. A questão a ser enfrentada é exatamente (re)discutir qual é o fundamento de existência do processo penal, por que existe e por que precisamos dele. A pergunta poderia ser sintetizada

Para alguns autores, no entanto, a Lava Jato e o Mensalão já tiveram o escopo de consagrar o *compliance*, a respeito do qual pouco ou nada se falava antes das operações:

> Com menções, no Brasil, em anteriores momentos, desde 1998, as noções de *compliance* deixaram o mundo econômico-empresarial e ganharam terreno no campo penal. Já no século XXI, tornou-se ele bastião e palavra de ordem na Europa e também no Brasil. Por aqui, especialmente após um dos mais traumáticos julgamentos já vividos no Supremo Tribunal Federal – o caso do Mensalão (AP 470) –, ganhou destaque particular. Os dias subsequentes, no entanto, reservavam ainda maior espaço para o mesmo.
>
> Livros foram escritos, cursos dados, teses defendidas. Não tardou, contudo, até que novo escândalo, relacionado aos mesmos temas de corrupção, viesse à tona no Brasil. Foi a inicial fase da chamada Operação Lava Jato. Passou-se, então, explicitamente, a destacar o problema relacionado ao tema *compliance*. Algumas das maiores empresas brasileiras, aliás, encontrando-se envolvidas em operações bastante suspeitas, acabaram por elaborar complexos programas de *compliance* pós-delitivos, em busca de evidenciar, ao mercado e à Justiça, sua decisão de ombrear contra qualquer atuação vista como irregular.[72]

Trata-se de uma visão bem otimista do que tem se delineado a partir da Ação Penal 470. Mas a confirmação do *compliance*, mesmo na era Lava Jato, continua incipiente. Embora já regulamentado na Lei Anticorrupção e com um capítulo a ele dedicado pelo Decreto 8.420/2015 (Capítulo IV), não parece seguro afirmar que exista incentivo suficiente à implantação de programas de *compliance*.

Como asseverou o autor citado, as grandes empresas envolvidas em situações de suspeita de corrupção acabaram por implantar programas pós-delitivos; portanto, após ter supostamente se consumado o ilícito.

Naturalmente se trata de progresso, mas quando se compara a realidade que o *compliance* encontra no Brasil com a maneira como é difundido em países da Europa (citados pelo autor em cotejamento), há muitas diferenças.

Em face disso, ainda há pouca certeza quanto a como deve o *compliance* se comportar no Brasil e como efetivamente vai se revelar na realidade das empresas e no trato com o Estado; se, para além da sua previsão legal, efetivamente, será consagrado como uma ferramenta possível à conformação legal sem a necessidade de persecução criminal ou imposição de uma sanção.

Ademais, trata-se de refletir acerca da eficiência da sanção como ferramenta de controle. Embora o crime de corrupção (nas modalidades ativa e passiva) tenha previsão

---

no seguinte questionamento: Processo Penal para que(m)? Buscar a resposta a essa pergunta nos conduz à definição da lógica do sistema, que vai orientar a interpretação e a aplicação das normas processuais penais. Noutra dimensão, significa definir qual é o nosso paradigma de leitura do processo penal, buscar o ponto fundamental do discurso. Nossa opção é pela leitura constitucional e, desta perspectiva, visualizamos o processo penal como instrumento de efetivação das garantias constitucionais".

[72] SILVEIRA, Renato de Mello Jorge. *Compliance* e direito penal na era pós-lava jato. *Revista dos Tribunais*, São Paulo, ano 106, v. 979, maio 2017.

de pena extremamente relevante,[73] não se pode cogitar que os índices de confiabilidade nacional melhoraram desde 1942, quando passou a viger o Código Penal.

Também não é possível afirmar que o agravamento de penas ou a redução de garantias no processo penal servirão como instrumento de efetiva mudança, como parece fazer crer o Ministério Público Federal com a proposição de suas "10 medidas contra a corrupção".

Com efeito, o que ora se propõe é a análise dos programas de *compliance* como ferramenta alternativa ao ilícito, como mecanismo preventivo a ele. Não apenas como um mecanismo de conformação pós-delitivo, mas como uma ferramenta de mudança de paradigma.

Contudo, para que ele se confirme como mecanismo de alteração de cultura, deve-se contar com uma postura institucional proativa, dando-se importância ao que o *compliance* pode fazer como utensílio de mudança.

Também em razão desse cenário inicial do *compliance* no Brasil, não é possível pontuar taxativamente como devem os programas ser implementados. A certeza que se tem é a de que o legislador se ocupou de trazer alguns parâmetros para que se consolide um programa eficaz, e somente esse é capaz de mitigar penas.

Além disso, as etapas que um programa terá podem variar de acordo com o grau de risco a que a organização está exposta: se ela é ou não uma empresa familiar e se está sediada em um país onde o grau de tolerância institucional é maior a atos corruptivos; também de acordo com a atividade que desempenha e o grau de regulação a que está submetida; além da situação em que está concretamente inserida. Uma empresa que já tem em seu currículo uma situação de corrupção terá, necessariamente, um enfoque mais ostensivo na implantação e na manutenção de seu programa.

Diante disso, vale repetir que não há programa padrão, um "pacote" *compliance*. Mas as etapas seguem referências internacionais e serão variações próximas ao que será descrito a seguir.

Muitos dos modelos propostos pela legislação brasileira têm inspiração em normativas internacionais, como o *FCPA (Foreign Corrupt Practices Act)* norte-americano, o *Bribery Act* britânico e o *ICC ToolKit* da *International Chamber of Commerce*.

Contudo, é importante registrar que, embora haja parâmetros internacionais que devam ser aplicados quando se implanta um programa de *compliance* anticorrupção, a formatação que os programas de *compliance* terão no Brasil será, irremediavelmente, diversa daquela que se encontra em outros países.

Isso porque a seriedade que será dada àquilo que ele se propõe fazer é requisito à sua eficácia e, por ora, além do que dispõem a Lei Anticorrupção e o Decreto 8.420/2015, não há muitos sinais de confirmação institucional do *compliance* como ferramenta eficiente.

Por isso, já insta lançar a reflexão da importância do envolvimento de instituições a referendar o *compliance*. A previsão normativa, que acaba sendo pressuposto de eficácia em países que adotam o modelo da *civil law* (caso do Brasil), já está perfectibilizada pela Lei 12.846 e pelo Decreto 8.420. Agora se trata de encontrar comprometimento institucional, pela importância que as instituições têm historicamente no Brasil.

---

[73] Pena de dois a doze anos, não viabilizando qualquer modalidade negocial alternativa (*sursis* ou transação penal) e podendo repercutir em pena de prisão em regime inicial fechado – arts. 317 e 333 do CP. Importante registrar que, com o advento da Lei 13.964/2019, tornou-se possível a realização de acordos de não persecução, em se tratando de crimes cuja pena mínima em abstrato seja inferior a quatro anos.

Para que se elucidem as etapas consideradas essenciais à implantação de um programa efetivo de *compliance*, utiliza-se a experiência prática, enriquecida por algumas considerações da doutrina que se somam à reflexão quanto à importância de cada ferramenta.

1.4.7.1 Compromisso da alta administração *(tone from the top ou* conduct from the top)

Para que seja viável a implantação de um programa de *compliance*, é indispensável que a alta administração esteja efetivamente comprometida com a iniciativa. É o que se extrai dos padrões internacionais de implantação de *compliance*, e não por menos o legislador brasileiro optou por colocar tal requisito em primeiro lugar dos parâmetros que serão considerados para a constatação da eficiência ou não de um programa.[74]

Trata-se da tipificação do postulado *tone from the top*, hoje reconfigurado como *conduct from the top*,[75] e que pode ser traduzido como a negação do "faça o que eu digo, não faça o que eu faço".[76]

---

[74] "Art. 42. Para fins do disposto no § 4º do art. 5º, o programa de integridade será avaliado, quanto a sua existência e aplicação, de acordo com os seguintes parâmetros:
I – comprometimento da alta direção da pessoa jurídica, incluídos os conselhos, evidenciado pelo apoio visível e inequívoco ao programa; [...]."
Observação: o § 4º do art. 5º do Decreto 8.420/2015 faz remissão às causas de diminuição da sanção administrativa.

[75] A respeito: "Há quase um ano, em fevereiro de 2017, a Seção de Fraude do Departamento de Justiça dos Estados Unidos (DOJ) liberou uma avaliação de métricas de *compliance* corporativo. Essa publicação introduziu o termo 'conduta que vem do topo' (como oposto ao frequentemente utilizado 'tom que vem do topo') e também invocou ênfase a assuntos como a importância de operacionalizar o *compliance* e tornar indivíduos responsáveis". Tradução livre de: "Almost one year ago, in February of 2017, the U.S. Department of Justice (DOJ) Fraud Section released the Evaluation of Corporate Compliance Program guidance, which references the FCPA Resource Guide and the Hallmarks of Effective Compliance Programs. This publication introduced the term 'conduct at the top' (as oppose to the often cited 'tone at the top') and also placed emphasis on subjects such as the importance of 'operationalizing' compliance and holding individuals accountable" (MORITZ, Scott. Operationalizing compliance: conduct at the top, accountability are key. *Protiviti*. Disponível em: <https://blog.protiviti.com/2018/01/04/operationalizing-compliance-conduct-top-accountability-key/>. Acesso em: 28 fev. 2019). A normativa do DOJ de que trata esse texto é a seguinte: "Conduta que vem do topo – como líderes seniores, por meio de suas ações e palavras, encorajaram ou desencorajaram o tipo de conduta desviante em questão? Que ações concretas tomaram para demonstrar liderança quanto aos temas de *compliance* e remediação de risco? Como a companhia monitora os comportamentos de seus líderes seniores? Como a liderança transmite comportamentos adequados aos seus subordinados?". Tradução livre de: "Conduct at the top – how have senior leaders, through their words and actions, encouraged or discouraged the type of misconduct in question? What concrete actions have they taken to demonstrate leadership in the company's compliance and remediation efforts? How does the company monitor its senior leadership's behavior? How has senior leadership modelled proper behavior to subordinates?". Trata-se de mais uma métrica para a análise da eficácia do programa implantado: medir as condutas dos líderes seniores, que refletem o DNA da organização. Por isso, trata-se de ir além do simples "dar o tom". Denota-se que a proposta do Departamento de Justiça é a fiscalização e a investigação direta de como estão agindo aquelas pessoas que devem ser exemplares à organização. Um termômetro muito pertinente.

[76] FCPA – COMPLIANCE AND ETHICS. The FCPA: tone at the top and in the middle. Disponível em: <http://fcpacompliancereport.com/2010/08/the-fcpa-and-tone-at-the-top-and-in-the--middle/>. Acesso em: 28 fev. 2019.

De nada adianta a criação de processos e o estabelecimento de rotinas se o topo da pirâmide hierárquica não está levando a iniciativa a sério.

Veja-se que a mudança de terminologia demarca essa preocupação com os resultados práticos do programa. Não se trata mais de a alta administração "dar o tom", mas de agir de acordo com os princípios estabelecidos pela organização por ocasião da implantação do seu programa.

E, por isso, o Departamento de Justiça dos Estados Unidos estabeleceu a análise da conduta dos líderes seniores da organização, que devem, necessariamente, dar o exemplo aos seus subordinados.

É importante destacar que para alguns autores não se estaria tratando diretamente do comprometimento da liderança máxima da organização. GIOVANINI diz que:

> Normalmente, na implantação de programas novos na organização, tais como programas de qualidade, proteção ambiental, redução de custos, ações sociais, entre outros, evidencia-se a ideia de que, se a Alta Administração da empresa não apoiar, o programa não decolará. Isso não caracteriza uma verdade absoluta. É possível se iniciarem tais programas a partir da gerência e, pouco a pouco, obterem o apoio dos níveis mais altos da instituição.
>
> Deste modo, se o mais alto nível da organização não acreditar no programa de qualidade de um departamento, que esteja interessado na implementação desses conceitos, pode iniciar um programa circunscrito nos seus domínios. Pouco a pouco convencerá seus superiores, através de resultados positivos sugeridos.[77]

Embora indiscutivelmente otimista a visão do autor, parece pouco viável sua operabilidade. A ideia de que a postura proativa de líderes setoriais pode afetar uma tomada de decisão pela alta administração é difícil de aceitar. Notadamente, quando se considera o cenário do Brasil, onde 90% das empresas são de gestão familiar.

Assim, parece mais pertinente o posicionamento de que o verdadeiro compromisso dos sócios, do CEO e dos demais líderes seniores da organização é essencial à efetividade do programa. Para que se possa implantar materialmente uma estrutura de *compliance*, deve haver participação positiva da alta administração.

Com efeito, a legislação brasileira que versa sobre o tema (Decreto 8.240/2015) previu o compromisso da alta administração como elemento a ser avaliado para a confirmação da efetividade do programa. Acompanhou, portanto, a ideia do FCPA, regulamentado pelo DOJ, embora encontrem-se vozes dissidentes.

Trata-se, pois, do primeiro passo à implantação de um programa. E, para que se possa confirmar o comprometimento da alta administração, é importante que haja conversas e entrevistas dos gestores promovidas pela equipe de *compliance*.

A participação de equipes multidisciplinares também tem encontrado bons resultados na prática,[78] pois a identificação do gestor é essencial para que seu relato seja sincero e transparente.

---

[77] GIOVANINI, Wagner. Compliance: excelência na prática. São Paulo: Edição do Autor, 2014. p. 53.

[78] Os autores atuam na implantação de programas de *compliance* e já optaram por, em determinadas circunstâncias, trazer profissionais do ramo da psicologia para auxiliar na leitura

1 · ESTRUTURAÇÃO E DESENVOLVIMENTO DOS PROGRAMAS DE *COMPLIANCE* | 53

A utilização de dinâmicas de grupo também pode ser uma ferramenta eficiente para a constatação real da pretensão e do grau de comprometimento dos membros da administração com a implantação do programa.[79]

Lembramos que o oficial de *compliance* tem o dever de relatar à autoridade competente atos desviantes de integrantes da alta administração. Se não, do ponto de vista criminal, pode ser interpretada a participação na conduta ilegal.

Não se concorda com a ideia de que o oficial se subsome na responsabilidade, substituindo o gestor, mas apenas que se pode cogitar haver participação na conduta, à medida que, embora tendo ciência do desvio, o oficial não tomou medidas para elidir seus resultados.

Após sentir o grau de comprometimento da alta administração, parte-se à análise de como a atividade da empresa se desenvolve. Para isso, é essencial o estudo da sua documentação estrutural, dos contratos e da relação com terceiros. Tudo isso se faz por meio de diligências.

É importante destacar que o compromisso da alta administração se confirma como requisito de eficácia ao programa, ao passo que, não havendo interesse dos gestores em aprimorar as rotinas, não haverá de quem cobrar a documentação.

Imagine-se o cenário em que, embora tenha havido recorrentes solicitações da equipe de *compliance* para a remessa de documentos, os colaboradores não o fazem. Quem poderá servir como palavra de autoridade a garantir a entrega? Espera-se que os gestores tenham essa função de contribuir para o comprometimento de todos os colaboradores com a iniciativa da implantação do programa.

1.4.7.2   Due diligence *documental, entrevistas com a alta administração e exame de campo (*in loco*)*

Como já sinalizado, a implantação de um programa de *compliance* parte necessariamente da percepção de como a empresa desenvolve sua atividade. Além de se prestar a averiguar o grau de comprometimento da alta administração, as entrevistas com os diretores, os CEOs e os gerentes também auxiliam na obtenção de informações acerca da operação ou de como esperam que ela seja.

Juntamente com as entrevistas, cuja extensão também será definida caso a caso, o oficial de *compliance* procederá a diligências para constatar como a gestão é feita, quais são os princípios e a essência da empresa.

A primeira ferramenta é a *due diligence* documental, consistente na análise dos documentos estruturantes, como contrato social, alterações e estatutos. A respeito da *due diligence* documental e sua finalidade:

> A *due diligence* é uma viagem à descoberta. É um processo de procura além dos produtos, analisando e relatando por meio de três facetas distintas do negócio

---

comportamental dos gestores durante as entrevistas. A técnica pode ser a de apresentar o profissional de antemão ou omitir se tratar de psicólogo, para avaliar a reação do empresário quando é informado. Na prática, e pela sua experiência, tem se demonstrado uma ferramenta muito eficiente, principalmente em se tratando de empresas familiares.

[79] Os autores também já utilizaram a aplicação de dinâmicas como método de constatação do grau de comprometimento de membros da alta administração.

– molduras financeira, legal e de operações – para descobrir pistas que possam prever sua sustentabilidade a longo prazo.

O processo de *due diligence* vai ajudar a descobrir riscos desconhecidos ou oportunidades que podem existir para o investidor. Cada uma das três facetas representa uma visão separada do negócio, e cada uma deve ser avaliada para determinar o verdadeiro valor do negócio antes do investimento.[80]

A diligência também serve para constatar o grau de organização interna e de comunicação entre setores e pessoas. Por isso, além de analisar os documentos que estruturam a empresa, o setor de *compliance* também se ocupará de analisar os documentos que retratam as avenças da empresa com terceiros.

Contratos de trabalho, com prestadores de serviços, representantes comerciais, parceiros comerciais, fornecedores e tudo aquilo que compuser o arcabouço documental da organização deve ser analisado.

A ausência de registro documental também é um dado relevante na implantação de programas de *compliance*. Empresas que não têm o hábito de registrar suas relações jurídicas podem ter transições menos sutis.

Isso porque uma das regras de base para uma empresa em *compliance* é manter registro de todas as suas relações que possam operar efeitos jurídicos, contábeis, fiscais etc.

O exame *in loco* também pode ter bastante serventia, notadamente a depender do tipo de atividade desempenhada pela empresa. Numa fábrica, por exemplo, podem-se fazer rondas preventivas para avaliar o nível de comprometimento dos colaboradores com o uso de EPI, quando o foco do programa é a conformidade trabalhista.

Ou, em uma companhia aérea, pode-se acompanhar o serviço de atendimento ao cliente nos balcões, para avaliar como se procede a tal serviço, para que se possa avaliar o grau de conformidade com a legislação consumerista.

O setor jurídico tem uma participação decisiva nessa etapa de coleta de informações estruturais, à medida que a ciência acerca do grau de *liability* no que tange a ações em curso também é importante para que se tenha noção da estrutura da empresa.

Para que seja possível fazer uma radiografia dos pontos de risco da organização é imperioso que se tenha informação suficiente quanto às ações em curso e à probabilidade de sucesso.

Após diligenciar a estrutura interna da organização, passa-se ao exame da situação organizacional das empresas com as quais ela mantém negociações frequentes. Como a empresa está se comprometendo com a implantação do programa, deve também se proteger de parceiras comerciais ou clientes que não estejam em conformidade.

---

[80] Tradução livre de: "Due diligence is a Voyage of Discovery. It is a process for searching beyond the products and venturing, by analyses and assessment, through three distinct facets of the business – its financial, legal and operations frameworks – to discover clues for predicting it's long term sustainability.
The due diligence process will help you discover unknown risks or opportunities that might exist for the investor. Each of these three facets represents a separate view of the business, and each must be assessed to determine the true value of the business prior to investing" (GREBEY, James F. *Operations due diligence*: an M&A guide for investors and business. McGraw Hill, 2012. p. 5).

A diligência é feita tanto pela análise de ações em curso em face das parceiras comerciais, a fim de constatar se há potencialidade de inadimplemento (o que afeta o caixa da empresa), quanto no sentido de buscar informações claras quanto à existência de programa de conformidade, para que efetivamente se exima de eventuais desvios cometidos por empresas parceiras.

Para exemplificar a utilidade da diligência dos terceiros: suponha-se que uma empresa faz a logística habitual de entrega dos produtos da empresa X. Quando a empresa X se torna alvo de investigações que constatam a possibilidade de ocorrência do crime de corrupção, é um movimento natural que sejam também analisadas as atividades das empresas que possuem relações negociais com ela.

Nesse cenário, se a empresa de logística possuir um programa de *compliance*, e tiver submetido a empresa X a uma diligência de terceiros, terá registrado em face da cliente X o seu compromisso com a conformidade.

Uma das ferramentas de diligência de terceiros é um questionário de autopercepção, em que se questiona, por exemplo, se a empresa tem algum histórico criminal e se contrata ou tem relação com pessoas politicamente expostas.

A própria empresa diligenciada deve respondê-lo como pressuposto à evolução das negociações. A negativa em fornecer tais informações deve acender uma luz vermelha ao setor de *compliance*.

Caso a empresa X tenha respondido negativamente ao questionário, afirmando falsamente que sua atividade é hígida e, posteriormente, venha a ser investigada por corrupção, fica mais fácil demonstrar a boa-fé da empresa de logística para os órgãos investigativos e sua preocupação em manter relações apenas com organizações que estejam igualmente comprometidas com o cumprimento da lei.

Também se tem utilizado, para a obtenção de informações sobre terceiros, programas de *big data* que centralizam dados de domínio público, tais como faturamento, documentação dos sócios e a existência de ações tramitando contra si.

A equipe de *compliance* pode ser criativa e caso a caso pensar em ferramentas úteis à obtenção de tais dados, levando em consideração sempre a atividade desenvolvida pela empresa e o grau de regulação que ela e seus parceiros comerciais e clientes sofrem.

Tanto a coleta de informações por meio de entrevistas com a alta administração e eventuais pessoas consideradas estratégicas à organização quanto as diligências documental interna e de terceiros servem para constatar os riscos inerentes à atividade e aqueles a que a empresa tenha se exposto pela condução de rotinas ineficazes.

As conclusões que a equipe de *compliance* obtém a partir daquilo que averigua nas entrevistas e no estudo documental devem ser registradas em um relatório, a ser apresentado à alta administração, já com a sugestão de medidas que possam ser implementadas para eliminar tais rotinas de riscos.

1.4.7.3 Confecção de relatório de risco e definição da estratégia para a gestão dos riscos

Todo esforço de coletar informações que revelem a atividade da organização serve justamente para que a equipe de *compliance* tenha elementos para constatar quais são os principais pontos de risco à atividade.

Para GIOVANINI:

> No mundo corporativo, risco está associado à incerteza do cumprimento de algum objetivo ou à probabilidade de perda de algo material ou intangível. A gestão adequada dos riscos é condição fundamental para o sucesso da organização, e, por isso, passou a ocupar lugar de destaque na gestão da empresa.[81]

E, como cada ramo de atividade vai sofrer um determinado tipo de regulação,[82] as rotinas e as práticas que podem ser potencialmente arriscadas do ponto de vista da conformidade são igualmente diversas.

A implantação de programas de *compliance* tem, justamente, o escopo de criar ferramentas que viabilizem a gestão dos riscos, e isso pressupõe conhecimento e aceitação acerca daquilo que pode ser considerado um desvio.

Para que se constate quais são os principais riscos a que a organização está exposta, deve-se analisar a documentação amealhada pela diligência interna e as entrevistas realizadas com os gerentes, os diretores e as demais pessoas-chave na organização e na operacionalização da empresa.

Para isso servem a *due diligence* e as demais ferramentas indicadas no tópico anterior: obter informações precisas acerca de como se conduz a atividade e, a partir daí, conseguir avaliar quais são os principais pontos de fragilidade jurídica que a organização apresenta.

Também ajuda analisar algumas questões como: quais são as legislações que afetam a atividade da empresa;[83] com quem a empresa está sujeita a se relacionar interna ou externamente;[84] se há pessoas na organização que podem ser consideradas potenciais focos de risco;[85] como está a reputação da empresa para o público externo;[86] quais são os princípios da organização e se todos estão comprometidos com eles.[87]

---

[81] GIOVANINI, Wagner. Compliance: a excelência na prática. São Paulo: Edição do Autor, 2014. p. 61.

[82] "Os riscos de *compliance* diferem de acordo com as empresas, seus mercados de atuação, tipos de produtos, serviços e soluções, 'stakeholders' com quem se relacionam, etc." GIOVANINI, Wagner. Compliance: a excelência na prática. São Paulo: Edição do Autor, 2014. p. 61.

[83] Uma companhia aérea pode se preocupar mais com a legislação trabalhista e consumerista, enquanto um escritório de advocacia estará mais suscetível a limitações legais impostas pelo Código de Ética e Disciplina. Ou, ainda, uma clínica médica que pode estar mais sujeita a intercorrências na área da responsabilidade civil.

[84] Se a empresa tem relação com o poder público, se presta serviços ou fornece produtos a órgãos públicos, está mais exposta a atos corruptivos que uma empresa que só atua em mercado *business to business*.

[85] A contratação de uma pessoa politicamente exposta, por exemplo, um ex-deputado, senador, prefeito ou governador. Ou, ainda, alguém que compõe o quadro de gestão já esteve envolvido em algum problema jurídico grave, como processos por crime tributário, corrupção, tomadas de contas conduzidas pelo TCE etc.

[86] A visão e a percepção que as pessoas têm da organização são um importante fator de autoconhecimento. Por vezes, a fisionomia que a empresa está passando não condiz com seus princípios e seus valores.

[87] Embora as empresas tenham o hábito de definir missão, visão e valores quando estabelecem um planejamento estratégico, por vezes não se esforçam para efetivamente

O uso de técnicas de reconhecimento do risco também pode ajudar. Alguns autores sugerem os métodos propostos pelo *Committee of Sponsoring Organizations of the Treadway Commission* (COSO).[88]

O COSO é uma iniciativa conjunta de cinco organizações privadas norte-americanas que atuam com controles internos. Periodicamente, o COSO divulga apostilas com técnicas de controles internos.[89]

Para o COSO:

> O gerenciamento de riscos corporativos é um processo conduzido em uma organização pelo conselho de administração, diretoria e demais empregados, aplicado no estabelecimento de estratégias, formuladas para identificar em toda a organização eventos em potencial, capazes de afetá-la, e administrar os riscos de modo a mantê-los compatíveis com o apetite a risco da organização e possibilitar garantia razoável dos seus objetivos.[90]

A confecção da matriz serve para que a diretoria conheça os riscos, compreenda quantitativa e qualitativamente seu grau e tome decisões acerca de seu apetite ao risco; em outras palavras, quanto ao que vai assumir, o que vai eventualmente eliminar de suas rotinas e o que vai, por exemplo, assegurar.[91]

Na prática, e embora haja algumas opções de guias, o oficial ou a equipe de *compliance* irá proceder com criatividade e a partir do que passou a conhecer a respeito da organização pela diligência documental e pelas conversas com membros da administração.

No que tange ao *compliance* anticorrupção especificamente, alguns autores defendem que a preocupação com a implantação desses programas se deve ao rigor adotado pelas novas regras de combate à corrupção,[92] além do interesse dos gestores em dar um "bom exemplo", em face das circunstâncias atuais no Brasil.

---

sensibilizar seus colaboradores a respeito desses princípios, de modo que pode acontecer de não haver concisão de objetivos, inclusive internamente, ao primeiro escalão da estrutura hierárquica.

[88] COSO. *Welcome to COSO*. Disponível em: <https://www.coso.org/Pages/default.aspx>. Acesso em: 8 maio 2019.

[89] A apostila dos *frameworks* de 2017 pode ser acessada por aqui: COSO. *Guidance on enterprise risk management*. Disponível em: <https://www.coso.org/Pages/erm.aspx>. Acesso em: 8 maio 2019.

[90] COSO. *Gerenciamento de riscos corporativos*: estrutura integrada. Disponível em: <https://www.coso.org/Documents/COSO-ERM-Executive-Summary-Portuguese.pdf>. Acesso em: 8 maio 2019.

[91] Alguns riscos reconhecidos no processo de implantação do programa podem ser submetidos a seguros especiais.

[92] "Mais do que o reconhecimento do papel fundamental da iniciativa privada na prevenção da corrupção e na manutenção de um ambiente corporativo e competitivo pautado por princípios éticos e de integridade, este movimento crescente e de tendência irreversível foi impulsionado, ao menos em um primeiro momento, pela aplicação rigorosa de legislações anticorrupção ao redor do mundo, particularmente nos Estados Unidos". MAEDA, Bruno Carneiro. Programas de *compliance* anticorrupção: importância e elementos essenciais. In:

A partir da hipótese avençada no parágrafo anterior, pode-se cogitar que o rigor da norma acaba por intensificar os riscos de *compliance* da organização, a justificar o investimento na implantação de programas que têm o propósito de criar meios de reduzir ou eliminar eventuais sanções decorrentes de condutas de membros da organização.

O risco que se visa a combater, portanto, pela implantação de programas de *compliance* anticorrupção, é o de aliciamento da organização para que ofereça/forneça benefício a servidor público para obter um resultado ilícito, ou o de que se crie uma prática interna (rotinas) de já fazer tais ofertas quando se vai negociar com o poder público.

Pode-se cogitar, também, que a organização que procura, preventivamente à ocorrência do fato delituoso, a implantação de um programa, está ao menos reconhecendo sua suscetibilidade ao envolvimento em situações de corrupção, não porque se vê ou se reconhece como uma empresa que age de maneira ilegal, mas porque sua atividade pressupõe a relação com o poder público, o que se intensifica quando parcela significativa do seu faturamento vem de tais relações contratuais.

Se 80% do faturamento de uma empresa advêm de contratos públicos, ela tem um grau de necessidade muito alto à manutenção das avenças, de modo que seu poder de barganha fica afetado pelo seu instinto de sobrevivência no mercado. Assim, acaba concluindo que, se não concordar com as condições impostas pelo ente contratante, isso poderá afetar sua estrutura, de modo que se coloca em uma situação de inexigibilidade de conduta diversa (o que já foi abordado anteriormente).

Com efeito, a implantação do programa parte do reconhecimento dos riscos havidos na relação com o poder público, que já é desequilibrada, para a criação de métodos que possam diminuir tais riscos.

O relatório de risco, portanto, é o registro do resultado encontrado em face das diligências documentais, entrevistas com a alta administração, inspeção *in loco* e percepção genérica acerca da atividade.

Registrados os riscos no relatório, deve ele ser apresentado à alta administração, para que ela possa avaliar em que medida concorda com tais conclusões. Reconhecidos os riscos e aparadas as arestas, havendo absoluta sintonia da equipe de *compliance* com a administração acerca daquilo que espera seja a sua atividade, pode-se passar para a etapa de criação de mecanismos que ilidam a configuração dos riscos. Traça-se uma estratégia de alteração e adaptação de rotinas e hábitos.

Nessa etapa fica bem evidente a importância do compromisso da alta administração com o projeto. Caso os gestores primários da empresa não estejam comprometidos com a implantação do programa terão bastante dificuldade de reconhecer os riscos, e isso pode empacar o desenvolvimento do trabalho.

Não é nada fácil ao gestor se deparar com um diagnóstico externo à sua organização; e se já existir (de largada) resistência sua à implantação do programa, a probabilidade do insucesso da proposta de mudança é muito maior.

DEL DEBBIO, Alessandra; MAEDA, Bruno Carneiro; AYRES, Carlos Henrique da Silva (Coord.). *Temas de anticorrupção e* compliance. Rio de Janeiro: Elsevier, 2013. p. 168.

1 · ESTRUTURAÇÃO E DESENVOLVIMENTO DOS PROGRAMAS DE *COMPLIANCE* | 59

O relatório é uma fotografia de como a equipe de *compliance* percebeu a organização, suas rotinas e seus hábitos. Colocado em debate, poderá haver argumentos da alta administração que rechacem as percepções inicialmente tomadas pela equipe de *compliance*, o que é natural, porque se trata de um momento de reconhecimento mútuo.

Por isso, a apresentação e o debate do relatório são essenciais, momento em que, reconhecidos os riscos reportados pelo *compliance*, a organização vai estabelecer sua estratégia de gestão dos riscos, o que alinhará com os demais setores envolvidos no processo (como contabilidade, jurídico e assessoria de imprensa, a depender do que ficará definido como plano de ação).

O relatório é um documento interno, para arquivamento e para servir de referência ao monitoramento do controle de riscos. Ele reflete a realidade da empresa antes da implantação do programa; portanto, é o marco zero à percepção de melhorias decorrentes das adaptações provocadas pelo *compliance*.

Por ser um documento interno, ele não precisa ser divulgado. Será eventualmente entregue a auditores ou a outros profissionais que venham a avaliar a atividade da empresa (*stakeholders*, investidores etc.).

A partir da percepção trazida pelo relatório, é possível definir quais são as rotinas que merecem ser revisadas, porque acarretam potencial risco à organização.

A título de exemplo, e no contexto da implantação de um programa anticorrupção, pode-se concluir que o hábito de fazer reuniões com servidores públicos ou pessoas politicamente expostas, sem que tais encontros sejam gravados, pode significar risco de sofrer aliciamento.

Essas soluções propostas comporão um documento público, que será a personificação da empresa e de seus princípios; conterá as métricas de boas práticas anticorrupção, bem como as infrações disciplinares e suas penalizações.

Esse documento pode receber diversas nomenclaturas a depender da abordagem que a empresa quer dar ao seu programa. Se a ideia é mostrar uma fisionomia mais restritiva e sancionatória, pode-se usar "código de conduta". Se a ideia é enaltecer o viés preventivo e de qualidade da medida, pode-se denominar "manual de boas práticas", "de excelência" etc.

Não se trata, pois, do nome; mas, sim, do conteúdo e ao que se presta a ferramenta. Serve esse documento para tornar público o compromisso da organização com a conformidade, elucidar seus princípios basilares e mostrar a eventuais parceiros e potenciais clientes seus limites.

Para fins deste trabalho, vamos chamá-lo de "código de ética e conduta", nomenclatura escolhida pela Controladoria-Geral da União, conforme se infere do art. 41, *caput*, e art. 42, II e III, do Decreto 8.420/2015.

Estabelecer a estratégia de gestão do risco significa definir quais serão as medidas tomadas pela alta administração a partir da ciência dos focos de *liability* da empresa. A simples consciência a respeito do risco existente em uma determinada rotina pode ser considerada gestão do risco.

O gestor passa da ignorância para a ciência plena de que uma determinada prática não está de acordo com as diretrizes legais, as normas internas e os princípios éticos da organização.

Conhecendo o risco, ademais, a alta administração poderá definir se pretende arcar com ele – o que não é uma possibilidade quando se está diante de uma ilegalidade –,[93] se deseja segurá-lo,[94] minorá-lo ou eliminá-lo.

Dependendo da gravidade do risco, o que será graduado na matriz que deve acompanhar o relatório, a única solução possível é a eliminação. Em outras situações menos gravosas, medidas podem ser tomadas apenas no intuito de reduzir o eventual prejuízo decorrente da consolidação do risco.

Com efeito, o relatório de risco dá subsídio à alta administração para que maneje os riscos encontrados, de modo a garantir transparência e integridade. O código de ética e conduta será a ferramenta de confirmação das soluções encontradas à gestão do risco.

Assim, por exemplo, se na implantação de um programa de *compliance* anti-corrupção ficar evidente que as reuniões da alta administração com o poder público devem ser acompanhadas pelo oficial de *compliance*, essa regra de conduta constará do manual, e os treinamentos darão publicidade às regras.

1.4.7.4 Confecção de código de ética e conduta

Como analisado no item anterior, as diligências documental e pessoal (por meio de entrevistas) resultam na consolidação de um relatório, que deve ser apresentado a toda a alta administração com as sugestões de medidas de gerenciamento e administração dos riscos encontrados.

Essas medidas, que nada mais são que práticas de aperfeiçoamento da operação para mantê-la conforme, devem ser públicas, tanto a terceiros que almejem negociar com a empresa em *compliance* quanto aos próprios colaboradores, que se espera deem *enforcement* ao seu conteúdo.

Para tornar públicas as rotinas ideais e as regras internas criadas para garantir conformidade à empresa, a equipe de *compliance* deve estabelecer um código interno, que preveja as práticas ideais e explique quais são as rotinas consideradas de risco iminente em face da investigação conduzida. Esse código interno foi chamado de "código de ética e conduta" pelo legislador brasileiro.

---

[93] Riscos de operação podem ser administrados. Por exemplo, quando uma determinada prática repercute em dispêndio financeiro maior que o necessário, a alta administração pode escolher mantê-la em detrimento da recomendação do setor de *compliance*. Isso porque a não eliminação não afeta diretamente terceiros, mas apenas o caixa da própria organização, e a manutenção estratégica de uma iniciativa mais dispendiosa financeiramente não é ilegal. Porém, quando se está diante de uma violação ao sistema jurídico, não há opção da empresa em manter a prática ilegal. Nesse caso, ingressa-se na questão de qual deve ser a iniciativa e qual a postura do setor de *compliance*, já que, conforme analisado alhures, a ciência da manutenção de práticas ilegais pode tornar o oficial coautor dos eventuais atos ilícitos dela decorrentes. É o que já se observa da jurisprudência estrangeira e o que deve se revelar à medida que situações ligadas ao *compliance* chegarem ao Judiciário brasileiro.

[94] O risco inerente à função de gestor de uma organização pode ser segurado mediante a contratação de um D&O, por exemplo. O CEO, ciente dos riscos que integram sua função (como chefe de operação da organização) pode escolher contratar um seguro que cubra qualquer *liability* havida.

Aliás, e conforme disposto pelo Decreto 8.420/2015, um elemento que será observado para fins de confirmação da existência de programa eficiente de integridade é a aplicação efetiva de um código de ética e conduta da organização.

Embora o legislador tenha se ocupado em prevê-lo, não estabeleceu requisitos específicos ou um formato que seja considerado ideal, deixando à prática a consolidação de parâmetros de excelência a esse importante documento.[95]

Sua relevância, como já estabelecido no tópico anterior, deve-se ao fato de que ele será um documento público, que deve retratar com fidelidade a operação da empresa e indicar aos potenciais clientes e parceiros seus limites e parâmetros de atuação.

O relatório de risco é um documento interno, que serve para retratar quais são os potenciais riscos encontrados e dosá-los de acordo com sua probabilidade de concretização e o grau de *liability* para a organização.

Trata-se de um instrumento de autoconhecimento, que serve para que a alta administração se enxergue a partir daquilo que pode dar errado na sua condução.

O manual é um documento externo, ele deve ser amplamente divulgado e propagado, para que potenciais investidores, clientes, parceiros e prestadores de serviços tenham acesso aos princípios que regem a organização, e ciência, de antemão, acerca de como almeja conduzir sua operação.

Trata-se de uma importante ferramenta de transparência, de modo que apresenta a empresa ao público em geral e a descreve para os que compõem seu quadro de colaboradores.

Isso porque uma das finalidades da implantação de um programa de *compliance* é agregar valor à organização, e um dos elementos utilizados para o cálculo do EVA (*Economic Value Added*), por exemplo, é justamente o risco do negócio.[96]

Se um investidor constata a existência de um programa maduro e consistente de *compliance*, ele provavelmente vai concluir pela integridade da operação e entender que o valor agregado à organização é maior em face da pequenez do risco de sua operação.[97]

---

[95] Sobre o código de ética, pode também ser chamado "código de conduta". COLNAGHI NEVES oportunamente registrou: "o código de conduta é uma norma interna fundamental de um programa de *compliance* e integridade. Se não é a parte mais importante, eis que se insiste que esse posto cabe ao tom da liderança, pois é o conjunto de normas internas que servirá de guia para todo o questionamento que tiver em termos de *compliance*. E vai mais além, eis que ali estão os princípios e valores morais que nem sempre constam da legislação, mas que ela permite que sejam normatizados conforme a empresa". COLNAGHI NEVES, Edmo. Compliance *empresarial*: o tom da liderança. São Paulo: Trevisan, 2018. p. 38.

[96] "Estes métodos de avaliação da criação de valor no universo corporativo são relativamente recentes e levam em consideração algumas variáveis muito importantes, como o custo financeiro do capital aplicado, o risco do negócio e também a remuneração do custo do dinheiro através do tempo." CARLIN, Everson Luiz Breda. *Criando valor nas organizações*: do *compliance* à proteção patrimonial – como tornar uma empresa um atrativo. Curitiba: Juruá, 2017. p. 92.

[97] "No meio empresarial, quando uma empresa está seguindo as regras de *compliance*, dizemos que ela está em conformidade com leis e regulamentos externos e internos. Portanto, manter uma empresa dentro das regras de *compliance*, ou regras de conformidade, significa que ela estaria atendendo aos normativos dos órgãos reguladores, de acordo com as atividades desenvolvidas e regulamentos internos, ou, melhor ainda, que a empresa estaria seguindo

A respeito no código de ética, discorre GIOVANINI:

> As instituições atuais definem políticas internas de conduta, com o objetivo de estabelecer parâmetros de referência a nortear as pessoas, principalmente quando estas encontram problemas éticos em seu dia a dia. Elas devem refletir os princípios e valores da organização, de modo claro e inequívoco. Conforme a cultura, podem ser documentos simples, diretos ou detalhados, com exigências específicas. Importante, todavia, é promover as questões éticas em todos os níveis de indivíduos a abranger as situações mais comuns do cotidiano. Esse código de conduta necessita do apoio de todos, mas cabe ao mais alto escalão cumpri-lo e dar o exemplo, iniciando o processo de convencimento de cima para baixo.[98]

Deve-se destacar, outrossim, a ênfase dada pelo autor na importância de que os valores contidos nesse manual sejam disseminados em toda a organização. Trata-se da retomada do princípio do "tom ou conduta vindos de cima" (*tone* ou *conduct from the top*), que é um dos pilares da implantação de programas de *compliance* no Brasil e no exterior (*vide* exemplo dos Estados Unidos da América).

O código de ética será, portanto, uma legislação interna, criada e executada pela própria organização. Uma norma feita pela e para a empresa; por isso é uma ferramenta de controle interno.

Como toda normativa, deve conter os princípios e as regras, as proibições e as sanções[99] a que estão sujeitos aqueles que descumprirem suas premissas. Contém, portanto, normas positivas (princípios) e negativas (infrações).

---

o seu manual de procedimentos na plenitude, e isto agrega muito mais valor na companhia, pois o mercado reconhece este procedimento como fator que divide as categorias de empresas, ou seja, as que estão em (ou tem) '*compliance*', e as que não estão em (não têm) '*compliance*'". CARLIN, Everson Luiz Breda. *Criando valor nas organizações*: do *compliance* à proteção patrimonial – como tornar uma empresa um atrativo. Curitiba: Juruá, 2017. p. 120, nota 119.

[98] GIOVANINI, Wagner. Compliance: a excelência na prática. São Paulo: Edição do Autor, 2014. p. 137.

[99] Embora a sanção não deva ser o cerne do código, já que a ideia trazida por este trabalho é a de criação de cultura, a existência de sanções dá seriedade ao conteúdo do documento. A respeito da sanção, insta destacar a lição de BRITO MACHADO quando se manifesta a respeito do que a doutrina denominou "sanção premial", que visa a abordar e enfatizar o aspecto positivo que vem embutido na sanção. Também insta destacar sua percepção acerca de não ser a sanção essencial para o cumprimento da regra: "realmente, alguns juristas sustentam que a palavra sanção abrange também o prêmio. Qualificam o prêmio como espécie de sanção, que denominam sanção premial. A sanção para eles não seria uma consequência da não prestação, mas uma 'consequência, boa ou má, agradável ou desagradável, de uma atitude perante o Direito [...]. A consideração do prêmio como sanção teria o mérito de demonstrar que o Direito não é coativo, no sentido de que prescinde de coação para existir. Tal argumento, porém, é de validade apenas aparente, porque em última análise poderia ser suscitada a questão de saber como se deveria proceder diante da conduta daquele que deve entregar o prêmio e não faz". BRITO MACHADO, Hugo de. A denominada sanção premial no âmbito do direito tributário. *Revista Interesse Público*, Belo Horizonte, ano 12, v. 64. p. 227, 2010.

O destaque ao conteúdo positivo do manual é de suma importância à consolidação do programa, porque apostar as fichas apenas no poder da ameaça de sanção é um dos fatores que colocam o modelo penal em crise.[100]

Se não isso, qual seria a explicação para o crescimento exponencial de fatos criminosos, mesmo em uma realidade que torna mais clara a possibilidade de punição, e para o deslocamento do pêndulo do controle estatal dos sujeitos que este trabalho descreveu como criminosos habituais, para empresários e sujeitos politicamente expostos?

Por que, embora a clientela criminal tenha se expandido, para fazer constar dessa categoria também pessoas que não seriam o público-alvo do controle do Estado, ainda se constata a ocorrência habitual de ilícitos com importância criminal?

Entende-se que um dos fatores para esse cenário é a falência da sanção como mecanismo de mudança. A respeito disso será dedicado um item específico no quarto capítulo da presente obra.

Com efeito, o investimento na rigidez da conduta pode ser menos eficiente do que o investimento na criação de novos valores pautados na percepção dos benefícios advindos da incorporação das regras de *compliance*.

O código de conduta, portanto, serve como uma ferramenta de divulgação do programa de *compliance*, de transparência e revelação da empresa aos seus potenciais investidores, clientes, parceiros e prestadores de serviço.

Serve como um mecanismo de demarcação de limites preventivo, um aviso à empresa que não guarda semelhança principiológica para que desista de contratar, porque ela não terá espaço a qualquer irregularidade nessa relação jurídica.

Também tem o escopo de deixar documentados os mandamentos da empresa, para que cada novo colaborador também tenha noção clara de como se espera que seja sua participação na engrenagem da organização.

Finalmente, serve como roteiro para os treinamentos que devem ser conduzidos a todos os envolvidos com a organização.

Os treinamentos trazem para o dia a dia as premissas documentalmente registradas pelo código de conduta. São complementares.

1.4.7.5   *Treinamentos – a culturalização da política de* compliance

Já na introdução deste trabalho se fez menção à inspiração representada pela conclusão do juiz aposentado da Corte de Cassação Italiana, Gherardo Colombo, quando diz que um dos fatores que, na sua opinião, atuaram para evitar que a Itália melhorasse seus índices de percepção da corrupção é que "a cultura antecede a regra".

Diz ele acreditar que o problema foi que, embora a lei tenha se tornado mais rígida em face do crime de corrupção, não foram tomadas medidas que afetassem a formação do caráter coletivo do povo, de modo a criar uma cultura de rejeição à corrupção.

Na linha do que também já foi ponderado no tópico anterior, embora a sanção pareça servir como garantia à vigência de uma norma, ela sozinha se provou insuficiente

---

[100]   A respeito da crise do processo penal: CHOUKR, Fauzi Hassan. *Processo penal de emergência*. Rio de Janeiro: Lumen Juris, 2002.

para reduzir os índices de corrupção, tanto na Itália (por ocasião da Operação Mãos Limpas) quanto atualmente no Brasil (no curso da Operação Lava Jato).

No que concerne à implantação de programas de *compliance*, a legislação brasileira, que previu a possibilidade da obtenção de benesses às organizações que se ocupassem de criar programas eficientes, enfatizou que não será qualquer programa que ensejará os benefícios.

Para que seja apta a gozar de redução ou isenção de multas administrativas em decorrência de atos de corrupção levados a cabo por pessoas que compõem sua estrutura, o programa implantado deve ser eficiente, no sentido de garantir cumprimento às premissas estabelecidas pela equipe de *compliance*.

Trata-se de operacionalizar e concretizar as regras contidas no código de conduta, trazê-las para as rotinas dos colaboradores.[101] A questão dos treinamentos complementa o que já se desenvolveu acerca das diferenças entre programas meramente formais e programas materiais.

Sempre que se fecha o ciclo de implantação inicial, que culmina com a documentação dos princípios e das regras criados pelo manual, deve-se treinar os colaboradores, porque se trata de um momento de mudança de paradigma na organização.

Os treinamentos também são um espaço essencial de comunicação com todos os segmentos da organização, de modo a assegurar a disseminação da mensagem e explicar o funcionamento das ferramentas de *compliance*.

Um programa de *compliance* não é um projeto, mas sim um processo, que se repete e se consolida com o tempo. Isso porque serve como mecanismo de gestão, sendo que sua confirmação e sua eficiência dependem do amadurecimento de suas premissas.

Ademais, é a oportunidade que se tem de divulgar as ferramentas que serão utilizadas para manter viva a cultura de *compliance* na organização. Não se pode estagnar o processo após os treinamentos, porque estar em *compliance* depende da atuação de cada um na estrutura da empresa.

Deve-se contar com todos os colaboradores para melhorar rotinas, inclusive no quesito reporte de desvios. São eles que estão fisicamente vivendo o dia a dia da empresa e quem têm mais condições de presenciar condutas desviantes.

Para que tais condutas possam ser revertidas e controladas, é imperioso que cheguem à ciência da equipe de *compliance* (ou de quem esteja incumbido da função de manter a estrutura de *compliance* operacional). Somente chegarão se reportadas pelas pessoas que estão vivendo o dia a dia da operação da empresa.

---

[101] "A comunicação, como tratado até o momento, assume um papel mais voltado para conscientizar e formar uma cultura permanente de acordo com os objetivos do Programa de *Compliance*. [...] Todavia, existem situações exigindo uma comunicação mais profunda, quando surgem necessidades como: mudança de paradigma; implementação de novos procedimentos ou alteração significativa nos processos já existentes; alteração de comportamento ou forma de atuar das pessoas, individualmente ou em grupo; disseminação de diretrizes e requisitos específicos mais complexos; implantação de novas políticas, ferramentas, ou sistemas; reforço na conscientização geral; estabelecimento de um novo programa; etc. Nesse contexto, surgem os treinamentos, ministrados em diferentes formatos." GIOVANINI, Wagner. Compliance: a excelência na prática. São Paulo: Edição do Autor, 2014. p. 332.

Para que elas possam reportar desvios, no entanto, precisam saber quais são as proibições que incidem na atividade desempenhada, e somente os treinamentos serão capazes de disseminar e elucidar.

Se a organização contar apenas com a exigência de que todos leiam o manual, estará sujeita a interpretações diversas daquela que se deu quando a regra foi criada. Isso é um problema que afeta qualquer sistema normativo, mesmo interno.

O sentido que se dá a uma ordem depende de diversos fatores de percepção do intérprete, e a empresa não pode ficar à mercê de compreensões equivocadas do sentido que quis dar às determinações contidas no manual.

A documentação dos treinamentos é essencial a fim de comprovar para os órgãos de controle externo que todas as premissas contidas no manual foram transmitidas aos colaboradores.

Como dito, os treinamentos servem para dar informação e garantir a efetividade das ferramentas de *compliance* pelos colaboradores. Nos próximos itens vai-se discorrer acerca dos mecanismos de manutenção e propagação da cultura de *compliance*, a começar, justamente, pelo canal de reporte.

1.4.7.6 Criação de "canal de denúncia" (report of concern)

Canal de denúncia foi a nomenclatura escolhida pelo legislador na Lei 12.846/2013, inspirada no termo *Report of Concern*, encontrado no *UK Bribery Act* e no *Foreign Corrupt Practices Act* (FCPA). Trata-se de ferramenta usada para se fazerem reportes de eventuais desvios cometidos por colaboradores aos parâmetros trazidos pelo manual e concretizados pelos treinamentos.

Naturalmente, outros nomes podem ser empregados na prática, desde que se demonstre que a finalidade da ferramenta é servir como elo de conexão entre a equipe e o comitê de *compliance* e os colaboradores, para que, na eventualidade de se constatar o descumprimento de uma regra trazida pelo manual, seja possível reverter os prejuízos dele decorrentes.

Também em razão da sua natureza de ferramenta de reporte de irregularidades, deve-se preservar a identidade do interlocutor. A necessidade de identificação pode provocar resistência ao uso da ferramenta, ao passo que o medo de represálias desestimula a outorga da informação.

Em função da recomendação de que seja garantido o anonimato, a apuração do fato relatado deve ser conduzida com muita cautela e atendendo ao contraditório material.

O canal de denúncia pode ser digital – utilizadas ferramentas de criptografia para a proteção da identidade de quem reporta – ou físico – com a aposição de urnas em locais de baixo movimento de pessoas e que não tenham monitoramento por câmeras de segurança.[102]

---

[102] Para atender a esses requisitos, recomenda-se sejam utilizados os banheiros, que, por lei, não podem ser monitorados por câmeras de segurança. Pode-se mencionar como exemplo o caso do Processo 0000473-47.2014.5.03.0014, com acórdão de lavra da 8ª Turma do Tribunal Regional do Trabalho da 3ª Região (MG), que condenou uma empresa fabricante de bebidas a pagar indenização de R$ 6.000,00 a um ex-funcionário, porque mantinha câmeras de se-

Na prática, é possível concluir que haverá maior eficiência em um ou outro modelo de canal a depender da atividade desenvolvida pela organização. Em *startups* deve-se verificar preponderância do uso de ferramentas digitais; enquanto em fábricas, principalmente entre os colaboradores da linha de produção, pode-se constatar maior uso das urnas físicas, apostas nos banheiros.

A Controladoria-Geral da União (CGU) estabeleceu algumas diretrizes para a criação e a utilização dos canais de denúncia pelas organizações que possuem programas de *compliance* (o que vai ser considerado para fins de avaliação de sua efetividade):

> Para garantir a efetividade de seus canais, é necessário que a empresa tenha políticas que garantam a proteção ao denunciante de boa-fé como, por exemplo, o recebimento de denúncias anônimas e a proibição de retaliação de denunciantes. A empresa pode também prever regras de confidencialidade, para proteger aqueles que, apesar de se identificarem à empresa, não queiram ser conhecidos publicamente. O bom cumprimento pela empresa das regras de anonimato, confidencialidade e proibição de retaliação é um fator essencial para conquistar a confiança daqueles que tenham algo a reportar. Além disso, é desejável que a empresa tenha meios para que o denunciante acompanhe o andamento da denúncia, pois a transparência no processo confere maior credibilidade aos procedimentos.[103]

Como a CGU exige o anonimato, a seriedade na manutenção de sigilo e a proteção da identidade do relator, é imperioso que se desenvolva uma estrutura isenta, que possa processar os reportes, munindo-se dos princípios que regulam o direito processual.

1.4.7.7   *Comitê de* compliance

Para processar os reportes trazidos pelo canal de denúncia, bem como fomentar o debate institucional acerca da política de *compliance*, é importante a criação de um órgão interno, composto por sujeitos dos mais variados setores, e do qual tomem parte também o oficial de *compliance* e, pelo menos, um dos membros da diretoria.

O comitê tem função dupla.

A primeira é processar os reportes de desvios advindos do canal de denúncia, procedendo ao cumprimento de um processo interno, inclusive com respeito ao contraditório, a fim de elucidar a veracidade da informação.

Como o canal de denúncia pode ser utilizado de maneira anônima, o comitê tem a tarefa de assegurar que o fato relatado efetivamente ocorreu, e que não está sendo feito uso indevido da ferramenta.

Para isso, vale-se de investigações internas e processos privados, que, no entanto, parecem preceder a utilização do contraditório material. A respeito das investigações

---

gurança nos banheiros. Os Tribunais do Trabalho têm entendido que isso viola a dignidade e a intimidade dos empregados.

[103]   CONTROLADORIA-GERAL DA UNIÃO. *Programa de integridade*: diretrizes para empresas privadas. Disponível em: <https://www.gov.br/cgu/pt-br/centrais-de-conteudo/publicacoes/integridade/arquivos/programa-de-integridade-diretrizes-para-empresas-privadas.pdf>. Acesso em: 20 ago. 2021.

internas empresariais, BATISTA discorre que: "uma investigação interna pode ser entendida a partir do conceito de ato administrativo interno, e difere-se do ato administrativo da seara pública com o ato jurídico privado – este utilizado nas investigações de *compliance*".[104]

E, sobre a imprescindibilidade do contraditório, bem como da presença de todas as garantias fundamentais que instruem o processo, complementa:

> O primeiro ponto de questionamento tem a ver com a investigação de *compliance* ter caráter interno e sigiloso, ou seja, as primeiras investigações partem de um setor de dentro da empresa instituição.
>
> Nesse sentido, as primeiras investigações – que elaborarão um dossiê – podem ser comparadas resumidamente com os inquéritos policiais, que antecedem o processo. E, para que as garantias constitucionais sejam preservadas, necessária se faz a compreensão de que somente pessoas capacitadas devem "investigar" as condutas.
> [...]
> O maior cuidado a se pensar, trata-se de que as investigações e *compliance* possuem uma linha tênue entre o novo método alternativo de investigação e a arbitrariedade – caso mal formulada a investigação.[105]

O anonimato protege o relator, fomentando o uso do canal. Por outro lado, acobertados pelo anonimato, os colaboradores podem utilizar o canal apenas com intuito pessoal de prejudicar um colega com o qual não têm relação positiva ou mesmo a fim de tentar destituir membros da diretoria.

Com efeito, na prática, é imperioso que haja resguardo do comitê no sentido de estabelecer previamente um processo interno, que se ocupe da coleta de informações para a confirmação do reporte de irregularidade e que oportunize a defesa do reportado.

Para isso, deve-se valer dos princípios constitucionais que regem o processo, quiçá até mesmo com a seriedade que devem ser considerados no âmbito do processo criminal, notadamente no que tange ao ônus da prova e do estado de inocência.

Trata-se, pois, de não reavivar por meio da investigação interna um modelo de imputação medieval e superado, eis que isso em nada auxiliaria no panorama atual da crise do processo no Brasil.

A segunda finalidade do comitê é fomentar o debate institucional acerca da política de *compliance* e provocar os membros da organização à reflexão constante, por meio de treinamentos periódicos e/ou boletins mensais nos quais se abordem temáticas do *compliance*.

Por exemplo, em uma fábrica, pode-se abordar em um boletim mensal a importância do reporte de irregularidades quanto ao uso de EPI, ou, de não utilizar adesivos ou cartazes de candidatos a cargos políticos nos veículos da empresa.

Pode-se, outrossim, e na temática deste trabalho, fomentar a negação de pequenas corrupções, como "furar fila" no trânsito ou no mercado, utilizar a proximidade com órgãos públicos para obter vantagens etc.

---

[104] BATISTA, Quetilin de Oliveira. *Investigações internas*. Florianópolis: Habitus, 2018. p. 40.
[105] BATISTA, Quetilin de Oliveira. *Investigações internas*. Florianópolis: Habitus, 2018. p. 98-99.

Ainda, e voltado ao setor administrativo, criar manuais ou fluxos de processo interno para o relacionamento com agentes públicos ou pessoas politicamente expostas (ou influentes).

Trata-se de criar eventos e iniciativas que disseminem as boas práticas contidas no código de ética e que tornem o assunto corriqueiro, criando novos hábitos e eliminando aqueles que violam o sistema jurídico e os princípios da organização.

1.4.7.8 Procedimentos internos ao comitê de compliance: espécie de processo[106]

Os procedimentos internos aos comitês de *compliance* constituem espécie de processo.

Isso porque o processo é ato jurídico complexo resultante da operação das garantias do devido processo legal e do contraditório "sob uma base procedimental, tanto dentro quanto fora da jurisdição, com ou sem sub-rogação, e não apenas para declarar os direitos, mas principalmente para satisfazê-los no mundo dos fatos, na vida dos litigantes".[107]

Independentemente de se estar ou não no âmbito da jurisdição estatal, desde que haja procedimento e que se respeite esse núcleo de direitos processuais fundamentais, haverá processo.[108]

Daí a conclusão de que pode haver processo nos comitês de *compliance*, e de que pode haver empréstimo judicial ou arbitral da prova produzida nesses procedimentos,

---

[106] Um exemplo de norma interna de processo no âmbito do comitê de *compliance* poderia ser: 1. O Comitê de *Compliance* é o órgão competente para efetuar o processamento dos reportes do Canal de Denúncias. 2. 2 (duas) horas antes da reunião mensal do comitê, a equipe de *compliance* acessará o canal digital e efetuará o *upload* dos reportes para a pasta digital da reunião. 3. No momento da reunião, um membro do comitê acessará o conteúdo dos canais físicos, se houverem. 4. Os membros do Comitê poderão participar das reuniões por meio de sistemas de transmissão digital (GoogleMeet® e similares). 5. Os reportes, advindos do canal de denúncias, serão lidos em voz alta pelo secretário da reunião e incluídos em ata, com a definição de um plano de ação e indicação de um membro do comitê mais apto a resolvê-los. 6. Cabe aos membros do Comitê exercer um prévio juízo de admissibilidade dos reportes apresentados, quanto a autoria e materialidade. 7. O indivíduo, a quem está sendo atribuída conduta em desacordo com este manual, será notificado para oferecer resposta escrita no prazo de 10 dias úteis, podendo produzir provas. O Comitê poderá convocá-lo para prestar esclarecimentos. 8. Se houver testemunhas indicadas pelos envolvidos, o Comitê poderá ouvi-las, se for o caso, permitindo a produção das provas solicitadas. 9. Após a análise das provas, o Comitê procederá ao julgamento de mérito, cabendo a cada membro declarar a sua posição, oralmente, a qual será gravada. 10. A decisão a respeito do reporte será proferida na própria reunião ou em reunião subsequente e o acesso ao seu conteúdo é restrito aos membros do Comitê e ao sujeito envolvido. 11. Os reportes feitos pelo canal digital terão ferramenta de *follow up* por meio de protocolo, para que a pessoa que o fez tenha conhecimento de seu processamento pelo Comitê. 12. Caso o reporte contenha sugestão ou consulta, será definido, se for o caso, um plano de ação e distribuída, entre os membros do Comitê, a responsabilidade de tomar as medidas que se mostrarem adequadas. 13. As decisões do comitê são irrecorríveis, sejam de admissibilidade ou de mérito.

[107] LAMY, Eduardo de Avelar; RODRIGUES, Horácio Wanderlei. *Teoria geral do processo*. 6. ed. São Paulo: Atlas, 2019. p. 9.

[108] FAZZALARI, Elio. *Istituzioni di diritto processuale*. 7. ed. Padova: Cedam, 1996.

desde que, mais uma vez, repise-se, sejam efetivamente respeitados os princípios e garantias constitucionais do processo.[109]

1.4.7.8.1 Natureza do procedimento investigatório interno no âmbito do programa de *compliance*

Para que o programa de *compliance* atinja os seus objetivos, é muito importante o desenvolvimento de canais de comunicação eficazes, tanto na transmissão das denúncias quanto na preservação do sigilo da fonte, evitando o temor por atos de retaliação; adequado tratamento dos dados, por meio de procedimentos que garantam a investigação dos dados de uma maneira eficaz e que ao mesmo tempo garanta o respeito aos direitos individuais dos investigados; e, até mesmo, uma adequada destinação das informações daí resultantes, o que só se mostra possível diante do comprometimento da alta direção e do treinamento periódico dos usuários e responsáveis pelo programa de integridade.[110]

É essencial compreender que, para o respeito dos princípios constitucionais do processo e a validade da decisão do comitê de *compliance*, os seus membros não podem receber poderes investigatórios. São os reportes que desde já devem descrever os fatos relatados e conter as provas e indícios apenas confirmados – ou não – por meio do efetivo contraditório e da ampla defesa, inclusive com a participação de advogado, se assim a pessoa ou ente envolvido desejar.

Há que se considerar, por outro lado, que o sucesso de um programa de *compliance* está diretamente ligado a um trabalho multidisciplinar que vai além do correto assessoramento jurídico. Embora necessário, o assessoramento jurídico não pode ser considerado como o principal elemento nessa equação. Isso decorre da compreensão de que além dos riscos jurídicos, existem riscos de outras ordens que devem ser analisados em conjunto no processo de tomada de decisão.[111] Assim, ainda que determinada informação relevante seja obtida pelo comitê de *compliance*, nem sempre a decisão dominante será a de aproveitá-la em feitos judiciais, decisão esta que demandará a análise conjunta dos riscos de todas as ordens.[112]

---

[109] LAMY, Eduardo de Avelar; OLIVEIRA, Rafael Niebhur Maia. Requisitos para o empréstimo judicial ou arbitral da prova colhida em procedimento interno de *compliance*. *Revista de Processo*, São Paulo, n. 317, p. 57-72, jul. 2021.

[110] VASCONCELOS, Priscila Elise Alves; FERNANDES, Sanny Bruna Oliveira. Correlação entre os princípios constitucionais e o programa *compliance*. *Revista do Curso de Direito da Uniabeu*, v. 12, n. 1, p. 169, 2019.

[111] MARTIN, Nilton Cano; SANTOS, Lílian Regina dos; DIAS FILHO, José Maria. Governança empresarial, riscos e controles internos: a emergência de um novo modelo de controladoria. *Revista Contabilidade & Finanças*, v. 15, n. 34, 2004.

[112] "Após o conhecimento dos riscos corporativos, são identificados aqueles aos quais seus ativos e atividades estão efetivamente expostos. Conforme Culp (2002), a governança deve conhecer a probabilidade da ocorrência de cada risco e saber o impacto que sua materialização poderá causar nos ativos empresariais ou em sua capacidade de produzir resultados. A combinação da probabilidade de ocorrência com o impacto resulta na mensuração do risco final, base para o planejamento anual de auditorias internas." LÉLIS, Débora Lage Martins; MARIO, Poueri do Carmo. Auditoria interna com foco em

Nesse ponto, vale destacar que a prova não pertence à parte que a produz, nem à autoridade que a colhe. A prova, uma vez produzida, não pertence a ninguém. Pode ser utilizada por qualquer sujeito, desde que respeitados os limites legais.[113] Justamente por isso que a necessidade de análise profunda da atividade probatória, desde a admissibilidade até a sua valoração, merece ser contemplada no rol dos direitos fundamentais.[114]

É justamente a possibilidade de o resultado da investigação interna alcançar efeitos *extra muros* que dota de elevado relevo a questão acerca do respeito aos direitos fundamentais do investigado envolvido nesse procedimento, não apenas para que seu direito seja protegido, mas também para que a informação obtida no procedimento não fique à mercê de futura declaração de invalidade, colocando em risco todo o trabalho desenvolvido pelo comitê interno.[115]

1.4.7.8.2 O empréstimo judicial ou arbitral da prova colhida em procedimento interno de *compliance*

A prova emprestada é a prova atípica que, tendo sido originalmente produzida – em qualquer formato: documental, oral, pericial, e assim por diante – em um processo diverso do feito sob análise, neste outro processo atual ingressa e é aproveitada, desta vez como prova documental.

Disso se conclui, antes de mais nada, que deve haver alguma identidade subjetiva, bem como que a valoração da prova emprestada é natural e absolutamente independente da valoração que a prova recebeu no processo de origem.[116]

O CPC de 2015 prevê expressamente a possibilidade de empréstimo da prova. Para que a prova possa ser emprestada de um processo para outro, o essencial é que haja dois processos e que seja respeitado o contraditório a respeito dessa prova, independentemente de se tratar de feitos judiciais, administrativos ou privados.

O primordial, portanto, é fazer que o processo de julgamento nos comitês de *compliance* seja um "processo": respeite, portanto, o devido processo legal e o contraditório, especialmente no que tange à adequação da forma pela qual se produziram as provas que mais tarde vieram a ser apresentadas em juízo. Assim agindo, tais provas poderão ser emprestadas e utilizadas em juízo, podendo se transformar, inclusive, em importantíssima fonte de convicção para os respectivos julgamentos.

---

governança, gestão de riscos e controle interno: análise da auditoria interna de uma empresa do setor energético. *Anais do Congresso de Controladoria e Contabilidade*. São Paulo: USP, 2009. p. 5-6.

[113] FERREIRA, William Santos. *Princípios fundamentais da prova cível*. São Paulo: RT, 2014. p. 128.

[114] FLACH, Daisson. Motivação dos juízes fático-probatórios no novo CPC brasileiro. In: JOBIM, Marco Félix; FERREIRA, William Santos (Coord.). *Direito probatório*. Salvador: JusPodivm, 2015. p. 754-756.

[115] CAMARGO, Rodrigo Oliveira de. *Compliance* empresarial e investigação preliminar. In: SOUZA, Bernardo de Azevedo e; SOTO, Rafael Eduardo de Andrade (Org.). *Ciências criminais em debate*: perspectivas interdisciplinares. Rio de Janeiro: Lumen Juris, 2015. p. 403.

[116] FERREIRA, William Santos. *Princípios fundamentais da prova cível*. São Paulo: RT, 2014. p. 143.

Isso porque se o procedimento administrativo ou privado respeitar o contraditório e o devido processo legal, tratar-se-á, conforme ensina FAZZALARI,[117] de espécie de "processo", ainda que não tenha se desenvolvido no seio da jurisdição estatal. E, tratando-se do aproveitamento da prova de um processo para o outro, não há por que se afastar a aplicação do art. 372 do CPC/2015.

Veja-se que o STJ, nesse sentido, já afirmou inclusive a possibilidade do empréstimo, para o processo civil, da prova produzida em procedimentos administrativos, bem como em meros inquéritos policiais.[118]

No mesmo sentido, TERESA ARRUDA ALVIM leciona que "embora se admita o empréstimo de prova de um processo para outro de natureza distinta, isto é, entre ramos do direito cuja disciplina probatória seja diversa, deve-se atentar para o fato de que a prova emprestada, em muitos casos, passa a ter outro *nomen iuris* no processo que a recebeu, em razão do *standard* cognitivo e dos princípios próprios que o regem. Não se poderia, por exemplo, transportar o depoimento da parte produzido no Processo Civil, para o Processo Penal, como se de interrogatório se tratasse".[119]

Veja-se que o art. 421 do CPC português de 2013 dispõe que se a prova emprestada for transportada para outro processo junto ao qual o padrão cognitivo for mais elevado, aquele meio de prova passa a ser mero princípio de prova.

Assim agindo, e desde que se respeite o contraditório, tais provas poderão ser emprestadas e utilizadas em juízo, podendo se transformar, inclusive, na principal fonte de convicção para os respectivos julgamentos, mas desde que o *standard* cognitivo e o regime jurídico probatório sejam os mesmos tanto no processo de origem quanto no processo de destino. Caso os regimes probatórios sejam diferentes (ex.: processo civil para processo penal) em cada processo, tal prova merecerá ser considerada apenas como mero princípio de prova.

Portanto, na hipótese, apenas o grau de aproveitamento para a construção da convicção poderá ser alterado conforme o regime jurídico probatório, seja ou não o mesmo, tanto no processo de origem quanto no processo de destino.

1.4.7.8.3 Respeito aos princípios constitucionais do processo no âmbito do procedimento interno

O desrespeito aos direitos fundamentais dos indivíduos não merece ser visto como a regra dos procedimentos de *compliance*, mas é importante admitir a possibilidade de que práticas como essa existam, com o fim de investigar se as provas dali advindas poderiam repercutir na esfera judicial.

Nesse ponto, as investigações empresariais devem respeitar os direitos fundamentais, citando com especial relevo os direitos ligados à intimidade e à honra,[120]

---

[117] FAZZALARI, Elio. *Istituzioni di diritto processuale*. 7. ed. Padova: Cedam, 1996.

[118] STJ, AgInt no RMS 45.718/RS, Rel. Min. Herman Benjamin, *DJe* 19.04.2017.

[119] ARRUDA ALVIM, Teresa. Provas – novidades recentes. In: VV.AA. *La prueba en el proceso*: II Conferencia Internacional & XXVI Jornadas Iberoamericanas de Derecho Procesal. Barcelona: Atelier, 2018. p. 625-636.

[120] LEITE FILHO, José Raimundo. *Corrupção internacional*, criminal compliance *e investigações internas*: limites à produção e valoração dos interrogatórios de empregados suspeitos rea-

verificando-se contudo algum déficit com relação aos direitos individuais ligados ao devido processo legal e seus consectários.

Não se pode olvidar que até mesmo processualistas como PORTANOVA[121] admitem quem o devido processo legal não pode ser compreendido de maneira estanque, eis que produto da história, tornando-se mais um processo do que um elemento estático.

O princípio cooperativo, que adquire maior relevo com o CPC/2015,[122] encontra ligação estreita com o princípio do contraditório, especialmente quando observados os deveres acessórios de esclarecimento, consulta, prevenção e auxílio.[123] Nesse modelo cooperativo de processo, o que se busca é a instalação de uma espécie de comunidade de trabalho,[124] cujos envolvidos comunguem esforços para a resolução das lides, sob a coordenação de um juiz.

Assim, considera-se que, para que o elemento colhido internamente possa ser considerado válido no âmbito do procedimento judicial, é essencial que se esclareça ao indivíduo, no mínimo, a natureza do ato, sua finalidade, a possibilidade de compartilhamento da prova com as autoridades e o risco daí decorrente.[125]

Além disso, existe a necessidade de observância de direitos outros, todos ligados ao devido processo legal. CAMARGO[126] cita como essencial o respeito à presunção de inocência, o acesso aos elementos colhidos durante a apuração dos fatos e, até mesmo, a própria oitiva do investigado, o direito de ser acompanhado por advogado e o direito ao silêncio.

FRANÇA JÚNIOR,[127] por seu turno, entende que direitos como a intimidade da vida privada, o *nemo tenetur se ipsum accusare*, a presunção de inocência, o contraditório, a ampla defesa, bem como demais direitos historicamente conquistados

---

lizados em investigações empresariais no âmbito da Lei Anticorrupção (Lei nº 12.846, de 1º de agosto de 2013). Dissertação (Mestrado) – Universidade de Lisboa, Lisboa, 2018. p. 168.

[121] PORTANOVA, Rui. *Princípios do processo civil*. 8. ed. Porto Alegre: Livraria do Advogado, 2013. p. 145-147.

[122] THEODORO JÚNIOR, Humberto; NUNES, Dierle; BAHIA, Alexandre Melo Franco; PEDRON, Flávio Quinaud. *Novo CPC*: fundamentos e sistematização. 3. ed. Rio de Janeiro: Forense, 2013. p. 72.

[123] MACÊDO, Lucas Buril de; PEIXOTO, Ravi. *Ônus da prova e sua dinamização*. 2. ed. Salvador: JusPodivm, 2016. p. 36.

[124] MACÊDO, Lucas Buril de; PEIXOTO, Ravi. *Ônus da prova e sua dinamização*. 2. ed. Salvador: JusPodivm, 2016. p. 73.

[125] LEITE FILHO, José Raimundo. *Corrupção internacional*, criminal compliance *e investigações internas*: limites à produção e valoração dos interrogatórios de empregados suspeitos realizados em investigações empresariais no âmbito da Lei Anticorrupção (Lei nº 12.846, de 1º de agosto de 2013). Dissertação (Mestrado) – Universidade de Lisboa, Lisboa, 2018. p. 207.

[126] CAMARGO, Rodrigo Oliveira de. *Compliance* empresarial e investigação preliminar. In: SOUZA, Bernardo de Azevedo e; SOTO, Rafael Eduardo de Andrade (Org.). *Ciências criminais em debate*: perspectivas interdisciplinares. Rio de Janeiro: Lumen Juris, 2015. p. 400.

[127] FRANÇA JÚNIOR, Francisco. Pessoas coletivas e os programas de *compliance*: a problemática da prova compartilhada com o processo penal de pretensão democrática. *Revista Brasileira de Direito Processual Penal*, v. 4, n. 3, p. 1.295, 2018.

como consectários do respeito aos direitos humanos, devam ser preservados durante a investigação interna no âmbito do programa de *compliance*.

Diante de todas essas questões, é que a instrumentalização da empresa pelo Estado como órgão de investigação de ilícitos não pode ser admitida sem a observância das regras constitucionais democráticas, sob pena de transformarem-se os sujeitos de direitos em meros objetos de investigação, em nome da adoção de "valores tradicionais da ordem econômica, como a livre-iniciativa e a propriedade privada, mas que se devem necessariamente conjugar com vetores humanos e sociais, enquanto limites constitucionais ao poder econômico".[128]

Portanto, desde a regulamentação até e aplicação prática do programa de *compliance*, para que este atinja seus fins, não se pode olvidar do respeito aos "princípios constitucionais, desde a criação das leis que determinam o *compliance* até o programa de integridade que será regulamentado, posteriormente, pela empresa",[129] respeitadas, naturalmente as limitações pragmáticas inerentes a um procedimento interno, de modo que não se pode admitir que se estabeleça o mesmo grau de formalidade que aquele exigível do Estado, no âmbito de um procedimento judicial.

O que parece recomendável, dentro das possibilidades e especificidades de cada organização, é que o programa de *compliance* busque adequação ao Estado de Direito – escopo ético/moral –, ao mesmo tempo que atinja os fins esperados por todos os envolvidos no processo, desde a corporação até o Estado, passando pelos colaboradores e terceiros envolvidos de algum modo nessa relação – escopo utilitarista –, o que se mostra viável, quando construído, desde sua gênese, a partir de um modelo que respeite os marcos constitucionais, especialmente aqueles ligados aos princípios constitucionais do processo.

Assim, pode-se afirmar que um programa de *compliance* que respeite esses princípios é aquele que garante a livre comunicação de ilícitos/irregularidades de forma livre, sem qualquer forma de coerção aos denunciantes; que recebe e trata as informações de forma adequada, seguindo as regras previstas; que garante aos envolvidos que tenham conhecimento das acusações que lhes são apontadas, para que com isso consigam exercer a ampla defesa e o contraditório, inclusive com a companhia de advogado próprio; que esclarece para o investigado qual o papel claro de cada ator envolvido no processo, bem como a possibilidade de compartilhamento das provas ali produzidas com organizações externas; que informa e garante ao investigado o direito de não produzir prova contra si. É dentro desse ambiente instrutório que se poderão extrair as provas que, quando compartilhadas com o Estado, auxiliem, sem o arrepio das garantias constitucionais, ao combate à corrupção no País.

---

[128] LEITE FILHO, José Raimundo. *Corrupção internacional, criminal compliance e investigações internas*: limites à produção e valoração dos interrogatórios de empregados suspeitos realizados em investigações empresariais no âmbito da Lei Anticorrupção (Lei nº 12.846, de 1º de agosto de 2013). Dissertação (Mestrado) – Universidade de Lisboa, Lisboa, 2018. p. 210.

[129] VASCONCELOS, Priscila Elise Alves; FERNANDES, Sanny Bruna Oliveira. Correlação entre os princípios constitucionais e o programa *compliance*. *Revista do Curso de Direito da Uniabeu*, v. 12, n. 1, p. 169, 2019.

1.4.7.9 Medição e relatório de resultados

A fim de avaliar a introjeção dos princípios e das regras disciplinados pelo programa de *compliance*, é interessante que a equipe de *compliance* desenvolva ferramentas de medição de resultados.

Essas ferramentas serão criadas a partir da criatividade das equipes de *compliance*, e não há um formato padrão e predeterminado. Uma ideia é a avaliação por meio de dinâmicas guiadas por profissional habilitado, que sirvam para determinar o grau de introjeção das premissas do programa, ou, fazer questionários que possam ser comparados em perspectiva (e ao longo do tempo), utilizando os mesmos sujeitos como amostragem, a fim de avaliar qualitativamente a evolução da percepção e da aceitação das premissas do programa.

1.4.7.10 Manutenção da política de compliance

A medição de resultados – vista no item anterior – tem muita importância à medida que serve para que se averigue que medidas e rotinas estão efetivamente sendo cumpridas, quais são os hábitos considerados de risco pelo relatório, e que ainda persistem na estrutura orgânica da empresa, além de diagnosticar novos riscos, ou alguns preexistentes, mas desconhecidos na primeira etapa de implantação.

É necessário haver autonomia e independência para que se fiscalizem as regras e as rotinas de *compliance* (Decreto 8.420/2015, art. 42, IX).

Trata-se de ter condições de aprimorar constantemente o programa, adaptar-se ao movimento natural da organização, que é viva, bem como de não deixar esmorecerem a preocupação e a atenção de todos os segmentos da empresa com as regras estabelecidas pelo manual.

Com efeito, e em face disso, é possível afirmar que os programas de *compliance* têm ciclos reptícios; concluída a medição, deve-se retomar a diligência documental, o aprimoramento dos documentos de *compliance* (relatório, matriz e manual), fazer novos treinamentos que contemplem novidades captadas pela equipe e aprimorar os canais de comunicação, sempre com independência pela entidade responsável.

A respeito da necessária internalização das políticas e das rotinas de *compliance*, transmitidas pelo manual, e, mais ainda, pelos treinamentos, destaca-se a contribuição de CANDELORO, DE RIZZO e PINHO:

> [...] Uma vez internalizada a cultura, o funcionário passa a pensar no que faz, por que o faz e se poderia fazer diferente. Começa a refletir sobre a forma como são identificadas as falhas operacionais, as queixas dos clientes e a forma como são entregues os produtos e serviços.[130]

Todavia, uma organização em *compliance* não está isenta de perder o foco na conformidade e acabar reportada por seu oficial ou, eventualmente, investigada e auditada

---

[130] CANDELORO, Ana Paula Pinho; DE RIZZO, Maria Balbina Martins; PINHO, Vinicius. Compliance *360º*: riscos, estratégias e vaidades no mundo corporativo. 2. ed. São Paulo: Edição do Autor, 2015. p. 21.

pelos organismos de fiscalização e controle externo, e sofrer sanções em decorrência do cometimento de ilegalidades.

Quando se configura tal cenário, entra-se na seara de análise de graduação da eventual responsabilidade que o oficial tem (ou teve, concretamente) em razão dos desvios do topo da pirâmide. Aqui está se tratando de situação de desvio que tenha vindo da alta diretoria, já que a ideia é que o programa se desenvolva em um formato *top down*, em razão da diretriz do *tone* ou *conduct from the top*.

Nesse sentido, apenas se pontua que não se concorda com a premissa segundo a qual o desvio da diretoria seria de responsabilidade do oficial, à medida que o efetivo comprometimento da diretoria depende somente dela.

Isso é essencial quando se trata de avaliar a efetividade do programa, ou, se diante da hipótese de descumprimento de políticas e normas internas pela diretoria, não se estaria perante um programa inefetivo – mas parece que não. Porém, não é válido o entendimento segundo o qual o desvio deva ser atribuído ao oficial de *compliance*, que supostamente não exerceu de maneira adequada sua função, porque afastada a hipótese de que seria ele um *gatekeeper*.

O oficial de *compliance* pode estar conduzindo todos os atos do programa, manejando com adequação as ferramentas, e, mesmo assim, não conseguir controlar o desvio de membro da diretoria. Com efeito, não parece ser o caso de sua responsabilização em razão disso, sob pena de serem contratados oficiais de *compliance* apenas para servir de "escudo" aos diretores, a fim de que possam descumprir normas e atribuir isso à má atuação do oficial de *compliance*.

Mais delicado, no entanto, é avaliar se não existe situação na qual se possa atribuir responsabilidade, pelo menos concorrente, do oficial de *compliance*; questão que parece estar umbilicalmente ligada ao fato de ter ele reportado ou não a conduta desviante da empresa para o órgão competente.

Com efeito, em um cenário no qual, constatando o desvio, o oficial imediatamente reporta à autoridade, dando a ela elementos a proceder à investigação, e eventual atribuição da responsabilização decorrente, parece inexorável que não se possa atribuir a ele qualquer participação, independentemente de o programa não ter sido efetivo ou eficiente.

Todavia, na situação em que o oficial toma conhecimento e se abstém de reportar o desvio à autoridade, parece que a fixação de algum grau de responsabilização concorrente não seria de todo incoerente.

2

O *COMPLIANCE* DA LIVRE CONCORRÊNCIA

2.1 O *COMPLIANCE* COMO INSTRUMENTO DE PROMOÇÃO DA CULTURA DE LIVRE CONCORRÊNCIA EMPRESARIAL

Este capítulo tem uma função prescritiva. Não se propõe necessariamente à consecução de uma crítica, mas à constatação de uma virada de paradigma por meio da identificação do programa de conformidade concorrencial como ferramenta que passou a ser utilizada pelo Conselho Administrativo de Defesa Econômica (Cade), uma das primeiras instituições brasileiras[1] a dar enfoque, atenção, valor e efetividade ao *compliance*.

Analisando a fisionomia do atual Cade, não se pode negar sua inclinação ao uso de outros mecanismos colaborativos, além da leniência e do termo de compromisso de cessação. Aqui se aponta especificamente para a frequência com que tem abordado a utilização do *compliance* como alternativa na busca de conformidade concorrencial.

O Cade, que possui funções preventiva (quando opera análise prévia sobre atos de concentração) e repressiva (quando pune exemplarmente a conduta considerada anticoncorrencial após apuração em processo administrativo), inclui em sua "caixa de ferramentas"[2] mais um utensílio em prol da livre concorrência. E o faz por meio de normativos próprios e incentivos institucionais à celebração de acordos que prevejam o *compliance* como requisito. Assim agindo, complementou o paradigma então utilizado pela instituição, acrescentando algo que não compunha sua linguagem originária.[3]

Adotou o *compliance* como mais um mecanismo – e extremamente eficiente – à medida que tem como corolário entregar conformidade e operar alterações sensíveis (embora sutis) à estrutura da organização que o adota.

Mesmo em havendo processo administrativo instaurado, o Cade tem utilizado o *compliance* como aparato pedagógico, levando a instituição autuada a criar algo que vai além de controle interno. Fomenta nas organizações a criação de uma cultura de conformidade, que pode até ser, num primeiro momento, impositiva.

---

[1] Podendo-se citar, também, o Tribunal de Contas da União e a Controladoria-Geral da União, entre outras.

[2] Na sequência, ficará mais evidente a escolha do termo ora utilizado. Mas apenas em sucinta introdução, insta consignar que o modelo utilizado pelo Cade aos critérios de excelência dos programas de *compliance* concorrencial foi o *ICC Toolkit*, que, traduzido para o português é "caixa de ferramentas da Câmara Internacional do Comércio".

[3] Embora o Cade já se valesse de mecanismos de direito premial, passou a usar o *compliance* recentemente.

Mas acaba sendo incorporada à organização, porque à medida que o programa é implantado, torna-se impossível ignorar os benefícios que proporciona.

Os autores escolheram dar ênfase a esse instrumento, porque acreditam estar em construção um novo paradigma processual penal, que exige a adoção de novos mecanismos, já que os conhecidos não foram suficientemente capazes de melhorar o sistema criminal brasileiro.

A falência da pena corporal é indiscutível,[4] e a virada paradigmática inegável. Na clientela criminal, composta estritamente por pessoas apontadas pela criminologia crítica como excluídos sociais, vem se robustecendo a presença de sujeitos que nada têm de excluídos.

Não se nega que ainda prevalecem como clientes do sistema o negro e o pobre, como conclama o paradigma crítico da criminologia. Mas não se pode ignorar que o número de gestores, dirigentes políticos, empresários e membros de cargos destacados absorvidos pelo sistema é dia a dia crescente – notadamente em razão da famigerada Operação Lava Jato.

A prisão do proprietário de uma das empresas mais consolidadas no setor empreiteiro, ou do presidente da Confederação Brasileira de Futebol (CBF) conduzido a prestar esclarecimentos, ou mesmo do ex-Presidente da República são apenas algumas das situações que confirmam essa virada de paradigma, porque inimaginável tal cenário há alguns anos.

Quando se diz que existe uma virada de paradigma, mas que não se nega a predominância da clientela clássica no sistema penal, isso ocorre porque a cada novo paradigma não é necessário rechaçar o anterior.

Segundo THOMAS KHUN,[5] um novo paradigma surge sempre que aquele então colocado não suprir uma crise. O paradigma de que a clientela é composta apenas por pessoas negras e pobres – ou que majoritariamente por elas – deve ser adaptado, para que se reconheça como novos "usuários" do sistema penal pessoas que não se acreditava viriam a fazer parte dele.

Aliás, tal virada paradigmática não pode ser desconsiderada ou mesmo negada de pronto, porque as prisões de pessoas que cometeram (ou supostamente cometeram) crimes funcionais, fraudes, corrupção e outros crimes classificados como de "colarinho branco" estão servindo e muito à manutenção do *status quo*, que é precisamente ao que serve o sistema penal.

Delegados, membros do Ministério Público e magistrados estão aderindo à "onda lava jato" e tentando encontrar seu *case* de destaque. E a mídia segue alimentando egos e vaidades.

Além disso, é evidente a falência do sistema criminal, que continua não passando de um "moinho de moer gente".[6] E a questão que provoca a presente reflexão é, precisamente, por que tais problemas se reproduzem em nosso modelo de justiça. E quanto a isso, os autores têm defendido que é porque "a cultura antecede a regra".

---

4   FOUCAULT, Michel. *Vigiar e punir*. Rio de Janeiro: Vozes, 1987.

5   KHUN, Thomas. *A estrutura das revoluções científicas*. São Paulo: Perspectiva, 1991.

6   BATISTA, Vera Malaguti. *Introdução crítica à criminologia brasileira*. Rio de Janeiro: Revan, 2011.

Tal conclusão foi expressa pelo magistrado italiano GHERARDO COLOMBO, em relato pessoal acerca da Operação Mãos Limpas.[7] Ele disse que a situação da Itália em termos de corrupção, e seus índices de confiabilidade internacionais só pioraram, mesmo mais de vinte anos após concluída a operação que tinha como missão livrar a Itália da corrupção.

Com efeito, não se trata de criar novas regras repressivas, prever novos tipos penais ou aumentar as penas já previstas aos crimes. Isso não vai mudar o sistema a ponto de garantir uma melhor imagem do Brasil para fins negociais.

E será agravado pelo sistema penal falido, porque não adianta nada a previsão de regras se elas não são materializadas pelas pessoas a quem servem e a quem atingem.

O interesse, pois, em dedicar um capítulo ao tema se deve à crença que se tem de que o *compliance* é um mecanismo de criação de cultura. E o lugar onde está mais consolidado esse instrumento é precisamente o Conselho Administrativo de Defesa Econômica (Cade), que já possui, inclusive, uma cartilha (*Guia para programas de compliance*) a respeito do assunto, desde janeiro de 2016.

Trata-se, pois, de analisar o formato que o *compliance* assume no Cade, refletir sobre a melhora efetiva que eventualmente provocou do ponto de vista de garantia da conformidade concorrencial, e pensar em como incorporá-lo e disseminá-lo como meio à gestão de um novo paradigma, primado na culturalização, para que se atendam às regras.

Este capítulo da obra se divide, portanto, em três etapas: uma primeira, na qual se fala do *compliance* no Cade; na segunda, tratar-se-á do *compliance* como mecanismo de criação de cultura; e, finalmente, apresentar-se-á um estudo de caso que confirma o poder do *compliance* como ferramenta de mudança.

2.2 *COMPLIANCE* COMO FERRAMENTA DE *ENFORCEMENT* CONCORRENCIAL PARA O CONSELHO ADMINISTRATIVO DE DEFESA ECONÔMICA (CADE)

Inspirado na Câmara Internacional de Comércio (*International Chamber of Commerce*), o Cade tem adotado como mecanismo de abrandamento de sanção, ou condicionante ao termo de cessação de conduta, o instituto do *compliance*.

Trata-se de um mecanismo de conformidade que compõe o gênero governança corporativa, muito disseminado e discutido atualmente no Brasil pela vigência da Lei 12.846/2013.

Previsto pelo art. 7º, VIII, da referida norma federal, tem o escopo de reduzir a punição administrativa de organização flagrada a cometer atos de corrupção, mas que tenha "procedimentos internos de integridade, auditoria e incentivo à denúncia de irregularidades e a aplicação efetiva de códigos de ética e de conduta no âmbito da pessoa jurídica".

Por isso, tem encontrado destaque nos debates jurídicos do país. Visto como uma ferramenta que pode melhorar o cenário de corrupção que se instaurou,[8] já

---

[7]   COLOMBO, Gherardo. *Lettera a un figlio su Mani Pulite*. Milano: Garzanti, 2015.

[8]   A respeito: "no Brasil, o tema da corrupção nunca foi tão debatido, em especial após o que se convencionou chamar 'Operação Lava Jato'. Nesse sentido, foi ela, verdadeiramente, um

é reconhecido como um dos principais investimentos das grandes organizações,[9] notadamente aquelas que sofrem maior regulação (por exemplo, contratantes com o poder público).

Originalmente concebido em países anglo-saxões (no que se assemelha aos institutos concorrenciais já estudados neste livro – leniência e termo de cessação de conduta) –, o *compliance* (ou "a" *compliance*: para alguns, tratar-se-ia de um substantivo feminino) traduzido livremente ao português significaria algo como "fazer respeitar".

Respeitar o quê? As normas e, no caso do Cade, as regras da boa concorrência, concebidas e aperfeiçoadas a partir da interpretação dada pelo plenário do Conselho.

O *compliance* pode ser jurídico, contábil, estrutural etc., a depender da área na qual se busca maior conformidade (e mais suscetível à regulação). No caso do *compliance* jurídico, pode ser implantado com enfoque anticorrupção (a partir dos parâmetros da norma já destacada), consumerista (visando à adequação a regras de defesa da relação de consumo), trabalhista (com o intuito de garantir maior conformidade com a legislação trabalhista), tributário (a fim de garantir integridade tributária) e, no que concerne ao Cade, concorrencial.

Pode-se cogitar que o *compliance* concorrencial é, pois, uma ferramenta de conformação concorrencial, que já foi abordada e, inclusive, disciplinada pelo Cade. Adepto da linha de atuação a partir de mecanismos de direito premial, o Cade, já em janeiro de 2016, editou o que denominou de *Guia para programas de* compliance.[10]

Nas palavras do Cade: "*compliance* é um conjunto de medidas internas que permite prevenir ou minimizar os riscos de violação às leis decorrentes de atividade praticada por um agente econômico e de qualquer um de seus sócios ou colaboradores".

Esse guia, como ocorre com todos os demais documentos oficiais editados pelo Cade (inclusive a cartilha *Combate a cartéis e programa de leniência*, a ser estudada mais adiante), tem um caráter pedagógico e incentivador, indicando os pontos fortes em aderir à ideia de investir em uma organização que tenha como pilar a preocupação em se adequar à Lei de Defesa da Concorrência.

Não há dúvidas, então, de que, para o Cade, o *compliance* se tornou um mecanismo eficiente na busca pela conformação concorrencial. Ou, pelo menos, que ele aposta que o *compliance* tenha esse papel. E, nesse sentido, pode ser utilizado tanto preventivamente quanto com caráter compensatório.

---

divisor de águas. Muito sucintamente, descobriu-se a partir de situações pontuais de corrupção na maior empresa petrolífera brasileira, uma complexa trama, envolvendo boa parte das grandes empreiteiras nacionais. A partir daí empresários foram presos, consolidou-se o instituto da colaboração premiada e, destacadamente, passou-se a falar em sistema de *compliance* em um sistema de balanços empresariais. Propositadamente ou não, o próprio firmamento empresarial nacional mostrou-se abalado, o que impõe maiores reflexões". SILVEIRA, Renato de Mello Jorge. *Compliance* e direito penal na era pós-lava jato. *Revista dos Tribunais*, São Paulo, ano 106, v. 979, p. 33-34, maio 2017.

[9] Disponível em: <https://www.istoedinheiro.com.br/noticias/investidores/20160624/compliance-nao-custo-investimento/386772>.

[10] Disponível em: <http://www.cade.gov.br/acesso-a-informacao/publicacoes-institucionais/guias_do_Cade/guia-*compliance*-versao-oficial.pdf>.

Se a organização já possui a preocupação de manter um programa de conformidade, e isso denota a publicidade de tal interesse, tal fator será sopesado pelo Cade para fins de responsabilização da pessoa jurídica.

Lembramos que, perante o Cade, os papéis da empresa e do gestor estão muito bem definidos e delimitados. A começar pelo fato de que a pessoa jurídica é objetivamente responsabilizada (sendo a lesão do mercado mero exaurimento) e a pessoa física apenas responderá na medida de seu dolo/culpa (portanto, subjetivamente).

Para que isso se conclua, basta uma leitura superficial do art. 36 da Lei 12.529/2011, que disciplina, em seu *caput*, que haverá infração à livre concorrência na hipótese de cometimento dos atos previstos em um dos seus incisos, independentemente de culpa.

Aqui, a norma se refere à pessoa jurídica, responsabilizada, segundo a regulação concorrencial, mesmo que seus atos não estejam voltados a fraudar a concorrência. O Cade, portanto, não se preocupa com a intenção do agente (empresa), bastando a ele a potencialidade lesiva de um ato.

Já no que tange à pessoa física (aqui pensando no gestor, administrador etc.) a Lei de Defesa da Concorrência se manifesta de maneira diversa. Diz, em seu art. 37, III, quando determina o percentual de multa ao administrador, que a comprovação de dolo e/ou culpa é essencial à sua responsabilização legítima.

Com efeito, à organização basta o potencial de infração à concorrência (pouco importando a sua intenção quando cometeu uma das condutas previstas pelos incisos do art. 36); já no que tange à pessoa física do administrador, deve-se demonstrar dolo ou culpa, e tal ônus compete ao Cade, como condutor e titular do processo administrativo.

Não custa dizer que, para fins penais, o cometimento de uma infração à concorrência com carga criminal (enquadramento do crime de cartel), pressupõe a demonstração da responsabilidade do sujeito, pois, no processo penal e na interpretação dada pelo Supremo Tribunal Federal, repudia-se a responsabilidade penal objetiva.[11]

Também não custa consignar que não há previsão de criminalização da pessoa jurídica no que tange aos crimes concorrenciais e de truste. Pelo princípio da legalidade, interpretado de maneira absolutamente restritiva em matéria criminal (e quando contrário aos interesses do acusado), não havendo previsão expressa, impossível interpretação analógica que aumente o espectro de atuação do Estado persecutor.

Ainda quanto a isso, importante consignar a crescente onda de adeptos à extensão do regime já adotado aos crimes ambientais, que prevê a criminalização da pessoa jurídica (em concurso de agentes com o gestor denunciado), para outros setores do direito criminal – caso dos crimes financeiros, em que se incluem os de cunho concorrencial.

Contudo, enquanto não houver um posicionamento do legislativo nesse sentido, prevendo expressamente tal possibilidade – o que se espera jamais ocorra – impossível que se aplique a linguagem dos crimes ambientais[12] extensivamente ao regime dos crimes contra a ordem econômica.

---

[11] Quanto a isso, a vastidão de precedentes é significativa, citando-se exemplificativamente: STF, AP 1005 QO, AP 912, AP 953; STJ, HC 283.610/ES, HC 388.374/SC.

[12] Não se nega que também seria o caso de analisar a eventual possibilidade de os tribunais fazerem uma interpretação diversa, entendendo cabível a responsabilização da pessoa jurídica em um espectro mais amplo, além dos crimes ambientais, dentro da realidade de

Importante, ademais, lembrar que já há relevância da conduta quando atestada a potencialidade de se atingir o resultado. Por isso, é possível dizer que os crimes concorrenciais se enquadram na categoria meramente formal e de perigo abstrato.

Voltando aos reflexos do *compliance* para uma organização, cogita-se que pode ser tido como técnica que aproveita a ambos: pessoas jurídica e física.

Isso porque, quando demonstrado haver programa de integridade voltado à conformação com a livre concorrência, tanto não se pode atribuir o ilícito à empresa – já que se preocupou e investiu na implantação do programa – quanto se torna inviável apontar para o administrador (se não foi ele o responsável direto pelo ato anticoncorrencial).

Claro que aqui deve estar evidente o comprometimento da alta administração com as premissas trazidas pelo oficial de *compliance*. Se, inobstante haja programa em curso, o gestor insiste em ignorar as recomendações feitas, não será eximido de responsabilidade subjetiva pelo ilícito, seja no âmbito administrativo (quanto à imposição de multa), seja no criminal (em que apenas ele pode ser réu).

Mas no que consiste um programa de *compliance*? Ou, acima de tudo: quais parâmetros o Cade considera ideais num programa de *compliance*?[13]

O *compliance* pode se apresentar de maneira estritamente formal (quando apenas espelhado nos documentos da organização) ou material/substancial (quando efetivamente incorporado por todos os sujeitos às suas rotinas).

Para o Cade, a existência de um manual de condutas e demais mecanismos formais e normativos da estrutura de *compliance* é menos importante que a introjeção da cultura concorrencial, a culminar com a repetição e a confirmação de atos tidos como bons à concorrência e a eliminação daqueles potencialmente lesivos.

Tal reflexão merece algumas linhas complementares.

2.3 *COMPLIANCE* FORMAL, *COMPLIANCE* MATERIAL E O CADE

A implantação de um programa de *compliance* nasce, em regra, da percepção de que se tornou necessário investir em mecanismos de conformidade.

---

hipertrofia da função do Judiciário em face das demais estruturas estatais. Os autores, embora de maneira superficial, tendem a negar tal possibilidade, por entenderem que seria hipótese de negativa de vigência ao princípio da legalidade, que possui carga de cláusula pétrea. Em outras palavras, entendem que a interpretação extensiva, para justificar a punição de empresas em casos criminais não afetos ao bem jurídico meio ambiente seria inconstitucional, e que, mesmo que o Supremo se posicionasse nesse sentido, estaria ele, então, afrontando a Constituição. A discussão acerca de a Corte de guarda constitucional poder incorrer, ela própria, em suas decisões, em afronta à Constituição dependeria de um trabalho acadêmico inteiro. Ou vários trabalhos acadêmicos. Inesgotável na estreita via do exercício especulatório que ora se propõe.

[13] Isso porque só interessa estar em conformidade a partir dos parâmetros do órgão regulador, pouco importando, na prática, se a organização se considera em conformidade ou não. Em nada interfere a organização se sentir em *compliance* se o órgão que tem o poder de puni-la não concorda. Assim, sempre é importante atentar para os parâmetros do programa de *compliance* ideal do ponto de vista do ente regulador. Por isso, é possível afirmar que não existe programa padrão de *compliance*, não se trata de algo que possa ser livremente transplantado de uma organização para outra. Trata-se, outrossim, de um processo artesanal, que deve levar em conta as características da organização, seu DNA e seu intuito particular com o programa.

2 · O COMPLIANCE DA LIVRE CONCORRÊNCIA | 83

Seja pelo excesso de regulação sofrida pela organização (e aqui se pode pensar em empresas aeroportuárias, de logística, de transportes e todas as que mantêm contratação massiva com o poder público), seja porque está sujeita à punição pela conclusão (mesmo que preliminar e sumária) de que cometeu um ato potencialmente lesivo à livre concorrência.[14]

De uma forma ou de outra, implantar um programa de *compliance* é uma escolha de gestão, necessariamente relacionada a uma preocupação real de que haja potencialmente consequências negativas à organização.

Embora exista, em regra, algum grau de percepção do gestor de que a falha na implantação do projeto pode acarretar más consequências à organização (senão teria ele investido em outra prioridade), por vezes não compreende exatamente no que consiste estar, efetivamente, em *compliance*.

O simples uso de palavras estrangeiras pode gerar perplexidade, inobstante recomendável que seja usado o termo *compliance* para fins de divulgação do programa, ao passo que se torna um selo internacional para a empresa.[15]

Falar em *compliance* é usar um termo mundial, que não encontrara barreiras de compreensão. Qualquer termo em português (mesmo integridade, utilizado pela Lei Anticorrupção) pode criar barreiras comunicacionais no aspecto multicultural e no mercado mundial, mesmo que seja esclarecedor do ponto de vista da compreensão do que consiste no Brasil.

O *compliance* pode parecer ao gestor uma invasão em sua autoridade, à medida que pressupõe, irremediavelmente, uma análise crítica das rotinas já consolidadas na empresa, o que pode soar como admoestação às práticas por ele disseminadas em sua organização.

Por isso, para que se tenha sucesso na implantação de um programa de *compliance*, é imperioso que haja engajamento da alta administração, a fim de que perceba que as medidas tomadas pela equipe de *compliance* visam apenas a aperfeiçoar e melhorar as rotinas existentes, sem que tome isso como um questionamento à sua liderança.

Assim, os pilares de uma estrutura de *compliance* são: reconhecer o risco e administrá-lo. No entanto, o seu coração está na materialização da cultura, o que proporciona que não ajam as pessoas de maneira lesiva à concorrência.

De nada adianta existir uma roupagem formal para se dizer que se está em *compliance*, se, na hora de uma investigação de ofício, o Cade facilmente verifica a prática reiterada de rotinas anticoncorrenciais.

Assim, para que se evitem punições administrativas perante o Cade, é imperioso que se implante um programa de *compliance* material, que afete as rotinas da empresa e altere seu paradigma comportamental.

---

[14] Estudos de caso serão oportunamente abordados com o escopo de ilustrar essas duas situações.

[15] Se uma organização indica em seu *site* que possui um programa de integridade (*integrity*) ou conformidade (*conformity*) para uma eventual parceira internacional, isso pode gerar confusão, já que o termo global é *compliance*. Ajustar-se a uma ideia de mercado mundial é certeiro a organizações de vanguarda. Não se trata de algo enfadonho, mas apenas da adaptação à linguagem de mercado global.

A simples confecção de documentos – como relatório de risco e manual de *compliance* – é mera formalidade, que não vai proteger a organização de, em uma nova investigação, ser pega na malha do Cade.

Pense numa organização que sofreu processo administrativo por suposta conduta anticoncorrencial consistente em dominar mercado por meio da imposição de tabelas remuneratórias.

Ela lavra um termo de cessação de conduta com o Cade, em que se compromete a implantar um programa de *compliance* que garanta seja cessada a conduta considerada potencialmente lesiva à concorrência.

O Cade a insere em um cronograma de implantação e num período de prova, após o qual ela deve relatar os progressos ocorridos nas rotinas que, de fato, garantiram o controle interno.

A organização cria um manual de conformidade no qual reconhece que as tabelas remuneratórias não podem ser impostas pelo órgão representativo de classe, por exemplo. No entanto, na prática (materialmente), os gestores da organização continuam a, informalmente, impor os valores da tabela.

Se o Cade fizer uma nova averiguação (e isso na hipótese de já não ter reprovado o plano de *compliance* pela sua ineficiência), facilmente verificará que ainda há imposição de tabela remuneratória e que se mantém a potencialidade lesiva à concorrência, muito embora os normativos prevejam sua proibição.

Formalmente, é possível dizer que a organização tem um programa de *compliance*, porque reconheceu a proibição à imposição da tabela remuneratória. Contudo, materialmente, não há conformidade, porque a beneficiária do termo de compromisso de cessação (TCC) não teve o cuidado de assimilar uma "cultura de *compliance*".

Como a cultura antecede a regra, de nada adianta a criação de normativos que são letra morta e servem meramente como acobertamento à realidade da organização. Porque na hora em que houver uma nova apuração pelo Cade, ele não vai se limitar a analisar se existe ou não um manual de *compliance*, mas em como são as práticas diárias da organização e se podem afetar a concorrência.

Acima de tudo, vai atentar para em que medida as previsões trazidas pelo manual estão de fato sendo replicadas dentro da organização e qual o grau de percepção de seus limites pelos gestores e funcionários.

Vale dizer que nesse caso hipotético – utilizado como exemplo –, a nova incursão da organização em mais um quadro investigativo de infração à concorrência já a coloca em posição de absoluta fragilidade perante o Cade, que é, em regra, um órgão extremamente aberto ao diálogo e nitidamente simpatizante de medidas alternativas à solução do conflito.[16]

Até porque seu principal escopo é garantir que haja maior integridade de mercado, sem que empresas sejam defasadas pela atuação de outras e sem que o consumidor se veja sem opção de vitrine (oferta).

Não se trata, pois, de uma instituição arrecadatória, embora a celebração dos termos de compromisso de cessação, em regra, venha acompanhada de uma contri-

---

[16]   Basta ler a Lei 12.529/2011, que prevê dois mecanismos negociais: leniência e TCC.

buição pecuniária ao fundo de direitos difusos (FDD), cujo caráter contributivo pode ser amplamente questionado.

Caso seja novamente enquadrada em uma infração concorrencial, estará sujeita aos rigores que a reincidência representa, não sendo realista acreditar que o Cade vai simplesmente parar de fiscalizar uma organização já enquadrada na Lei Antitruste, pelo fato de que lavrou acordo no qual se comprometeu a criar um programa de integridade.

A suma do que aqui se defende é que não basta tenha havido compromisso por parte da empresa, sem que ela esteja efetivamente interessada em adotar as medidas materiais para agir em benefício da livre concorrência.

O Cade não vai parar sua investigação na leitura de um manual de *compliance*, preocupando-se, outrossim, em como estão se projetando tais disposições no dia a dia da organização – o que realmente importa em termos de higidez de mercado.

Naturalmente, quando o Cade aceita que seja consigo lavrado acordo que traga como premissa a implantação de programa de *compliance*, ele já sabe o que espera em termos de resultados.

Implantar um programa que não atinja os resultados almejados pelo Cade é o equivalente a não o fazer. Aqui reside a principal preocupação que se deve ter: não interessa o que a organização considera ser um modelo ideal de *compliance*. Deve-se pensar e criar o modelo a partir do que o Cade entende ser ideal em termos de *compliance*.

Mas como o Cade quer que seja implantado o programa de *compliance* ideal? Usando como parâmetro um *case* considerado modelar pelo próprio Cade,[17] os autores trazem algumas ferramentas pertinentes.

2.4 A IMPLANTAÇÃO DE UM PROGRAMA EFETIVO DE *COMPLIANCE* CONCORRENCIAL SOB O MONITORAMENTO DO CADE

A norma é inanimada, sendo muito mais importante ao operador do direito atentar e adaptar-se àquilo que a jurisprudência tem extraído dela em termos interpretativos.

Por isso, conhecer o seu interlocutor é absolutamente indispensável em direito, notadamente, quando ele é uma instituição sofisticada e cheia de nuanças como o Cade.

O Cade estabeleceu as diretrizes que espera de um programa de *compliance* concorrencial no seu já mencionado guia, inspirado na "caixa de ferramentas" da Câmara Internacional do Comércio.

Contudo, pragmaticamente, deve-se atentar ao que o Cade tem concebido como um programa de qualidade e que atende sua finalidade, que é, precisamente, projetar e materializar a cultura da livre concorrência no dia a dia das organizações.

O Cade, embora reconheça a importância de se ter um manual de boas práticas concorrenciais, não tem tratado a mera existência formal de um manual como o corolário de um programa de excelência.

---

[17] Trata-se de programa de *compliance* considerado modelar pelo Cade em março de 2017, implantado pelo escritório do qual a autora foi sócia nos anos de 2016 e 2017. Ele será abordado em concreto no estudo de caso do próximo tópico.

Já foi dito que um dos pilares de um bom programa de *compliance*, e seu fundamento, é reconhecer o risco e administrá-lo. O que fazer com o risco deve ser decidido pela alta administração, que precisa estar comprometida com o projeto.

Sem o comprometimento efetivo da alta administração, provavelmente se acabará criando um *compliance* meramente formal e, com isso, a provável reprovação do Cade ao programa adotado, que repercute na imposição das sanções equivalentes.

A intenção de implantar o programa nada significa quando há falha do ponto de vista do respeito à batuta do Cade.

A equipe de *compliance* deve fazer um diagnóstico documental e de rotinas para apontar quais são os comportamentos que podem ser interpretados pelo Cade como potencialmente lesivos à concorrência – sempre lembrando que a lesão efetiva é mero exaurimento da conduta anticoncorrencial, bastando a simples possibilidade de prejuízo à concorrência para que se tenha uma condenação no Cade.

Apresentadas as rotinas de risco e os pontos delicados da estrutura contratual da organização, cabe à equipe de *compliance* sugerir medidas que eliminem o risco ou o assegurem.

A contratação de um seguro pode ser uma medida eficiente em algumas situações. O leitor vai se deparar com essa alternativa em algumas áreas do *compliance*. No âmbito do antitruste, porém, é menos eficiente, já que a responsabilidade do órgão é objetiva e a simples potencialidade de lesão já configura infração à concorrência, sendo que, transferir a responsabilidade pelo resultado a uma seguradora não elimina completamente os efeitos de uma eventual condenação da organização.

A seguradora compensa a consumação do ato lesivo, mas não impede que sua potencialidade se projete. Muito embora possa arcar com eventual multa, há outros efeitos da condenação administrativa que pesam irremediavelmente sobre os ombros da condenada.

A redução de sua credibilidade, a auditoria recorrente e ostensiva que o Cade passará a fazer, por exemplo, são consequências da punição administrativa que não podem ser seguradas.

Com efeito, é possível cogitar que, para se implantar um programa de *compliance* de excelência do ponto de vista do Cade (a quem se pretende satisfazer, a fim de afastar a punição administrativa), deve-se conhecer o que o Cade espera de um programa ideal.

Feitas essas considerações iniciais e que servem como fundamento, deve-se atentar a cada etapa da implantação do projeto, não sem antes utilizar como referencial um caso considerado pelo Cade como exemplar.

2.5   O *CASE* FEBRACAN

Em 2014, o Cade procedeu a investigações da atividade de cooperativas de médicos anestesiologistas, da Federação Brasileira das Cooperativas de Médicos Anestesiologistas e da Sociedade Brasileira de Anestesiologia, a culminar com a instauração do Processo Administrativo 08700.001830/2014-82.

Não se procedeu de ofício, como é comum ao Cade, mas em virtude da notícia de que estaria se operando domínio de mercado pelas cooperativas por meio da imposição do uso da tabela CBHPM, editada pelo Conselho Federal de Medicina, e porque estavam se negando a continuar a prestação de serviços em estabelecimentos públicos quando ocorria inadimplemento.

Também havia preocupação porque a maioria dos médicos anestesiologistas era filiada à sua cooperativa local e porque, aparentemente, havia um controle concentrado dessas cooperativas estaduais pela Federação.

A influência de mercado era indiscutível, havendo estados da federação em que 100% dos médicos da especialidade estavam vinculados à cooperativa, de modo que se mitigava a concorrência, como o Cade entendia ser o panorama ideal. Nas suas palavras:

> Cabe lembrar, com base no que restou aqui exposto que, de início, médicos individualmente considerados concorrem entre si; médicos concorrem com as cooperativas médicas que também são competidoras entre si. Sendo assim, o contratante de um serviço médico – seja ele um paciente particular, um plano de saúde ou o SUS – a princípio possui uma série de opções entre médicos, clínicas e cooperativas. A existência dessas diferentes opções concorrentes é que garante que o consumidor particular ou de um plano de saúde, ou mesmo do SUS, possa escolher entre vários, e não apenas um prestador, levando em consideração diferentes qualidades, preços ofertados e outros fatores (fls. 16, Processo Administrativo 08700.001830/2014-82).

Em 27 de fevereiro foi assinado o Parecer da Superintendência-Geral, opinando pela instauração do processo epigrafado e apresentando indícios de enquadramento das organizações investigadas nas condutas previstas pelo art. 36, I, II e IV, c/c § 3º, I, II e IV, da Lei 12.529/2011.

E dois eram, portanto, os atos considerados potencialmente lesivos à concorrência: (1) imposição da tabela remuneratória; (2) interromper a prestação de serviço a estabelecimentos públicos como medida de coerção a forçar o pagamento.

Os demais eram decorrências dessas premissas maiores, como a eventual ameaça de descredenciamento do cooperado pessoa física que não operasse irredutivelmente o valor da tabela.

Tudo isso num cenário de influência de mercado, ao passo que em alguns estados 100% dos médicos da especialidade eram cooperados, supostamente inexistindo concorrência entre médico-médico.[18]

No curso da instrução processual, a Federação Brasileira de Cooperativas de Anestesiologia optou por celebrar termo de cumprimento de cessação com o Cade, por intermédio da Superintendência-Geral (órgão que conduz as negociações com o Cade). As cooperativas, representadas pela Federação, também aderiram ao TCC, que foi homologado em 25 de novembro de 2015 pelo plenário do Cade. As demais partes do processo preferiram continuar discutindo a legalidade dos atos perante o Cade, para, posteriormente, submeterem eventual controvérsia ao Judiciário.

---

[18] Em face do princípio das portas abertas, já analisado pelo STJ (Recurso Especial 1.479.561) uma cooperativa não pode negar acesso a novos cooperados que atendam aos requisitos legais previstos à adesão. Com isso, acabam assumindo influência de mercado, da qual, no entanto, não podem abusar. A questão levada ao Cade, portanto, foi a de potencial abuso da influência de mercado. Condutas que poderiam potencialmente atravessar a linha entre o lícito e o ilícito foram eliminadas com a implantação do programa de *compliance*.

Importante destacar que à época da celebração do acordo ainda não havia sido editado o *Guia para programas* de compliance, que surgiu apenas em janeiro de 2016. Portanto, não existiam tantos parâmetros quanto a como proceder à implantação do programa.

Notadamente, a ideia do Cade era erradicar das rotinas dos cooperados as práticas de impor tabelas em negociações com planos de saúde e com o poder público e de interromper a prestação dos serviços quando não houvesse reajuste ou acordo a respeito de determinadas disposições contratuais consideradas centrais por parte das cooperativas.

Tratava-se de situação na qual a simples incorporação de normas internas de conformidade, como ocorreria por meio da confecção de manual de *compliance*, não exauriria a intenção que o Cade tinha com a medida proposta.

Era necessária uma alteração de paradigma, uma criação de nova identidade cultural organizacional na estrutura das cooperativas de anestesiologistas, para que as práticas consideradas potencialmente lesivas à concorrência fossem rejeitadas pelos cooperados e deixassem de ser utilizadas.

Por isso, no cronograma apresentado pelo Cade e negociado por ocasião da assinatura do termo de cessação, constavam palestras e outros eventos pedagógicos que tivessem o escopo de alterar o DNA da organização, que tinha como hábito se valer de alguns instrumentos que poderiam acabar afetando os movimentos naturais do mercado.

O desafio foi criar uma cultura de conformidade concorrencial porque, como já registrado quando se fez uso da lição de Gherardo Colombo, a cultura antecede a regra, de modo que a mera criação de instrumentos normativos não satisfaria o Cade.

O desafio, naturalmente – e inobstante a alta administração estivesse 100% envolvida e consciente –, destaca-se quando se percebe que a implantação do projeto não foi efetivamente uma escolha da organização, mas uma imposição do Cade.

Não foi uma medida espontânea, tomada pela Febracan preventivamente e com o fito de aprimorar a sua estrutura a partir de balizas concorrenciais; foi uma condição expressa pelo Cade no termo de cessação celebrado.

Isso significa dizer também que o descumprimento desse requisito estabelecido com o Cade implicaria a aplicação da multa, o que revela o caráter até mesmo coercitivo que a implantação do programa tinha.

No entanto, pouco mais de um ano após os primeiros passos de sua implementação, o plenário do Cade apontou o programa da Febracan como referencial,[19] notadamente por não ter havido antes a celebração de um acordo com uma cooperativa, entidade com natureza jurídica e regime muito específicos. Derradeiramente, em fevereiro de 2018, o plenário atestou o cumprimento integral do acordo, homologando-o em definitivo.

O desafio no caminho percorrido foi a troca entre Cade e Febracan, para que fosse fácil aos cooperados identificar a linha tênue que separa ações cooperativas – que são voltadas ao sucesso do grupo e ao coletivo – de medidas que afetam o livre mercado.

---

[19] Consta dos autos do processo: "fica evidente que o manual de *compliance* apresentado pela Febracan atende, com bastante propriedade, às preocupações concorrenciais externadas no TCC pelo Cade, por refletir com precisão o propósito de estabelecer, institucionalmente, a política antitruste, prevenindo e impedindo toda e qualquer ação concertada entre a compromissária e terceiros".

Em contrapartida, o Cade também se colocou no papel de entender que, pelo princípio das portas abertas, não se pode limitar o acesso do cooperado, e que isso pode ensejar influência de mercado,[20] mas não porque estejam sendo os profissionais cooptados.

Quanto às tabelas remuneratórias, inobstante os médicos anestesiologistas as identificassem como uma vitória de toda a classe médica – à medida que a existência de parâmetros iria evitar o sucateamento da profissão –, tinham de compreender que elas são um referencial e não deveriam ser impostas irredutivelmente em contratações.

Não se tratava, pois, de negar o uso das tabelas remuneratórias, mas ter mais esclarecimento acerca de para que elas servem e quais seus limites. E a receptividade dos cooperados e dos funcionários das cooperativas foi excelente, tanto que, com pouco mais de um ano do início dos trabalhos, veio o reconhecimento do Cade.

Importante consignar que a parte que optou por não celebrar o acordo e insistiu em discutir a legalidade da sua postura no processo administrativo, acabou condenada à multa de R$ 532 mil, em abril de 2016.

Embora não se trate de uma multa tão vultosa, quando se analisa o histórico do Cade (que pode estabelecer punições pecuniárias até o teto de R$ 2 bilhões[21]), levando em consideração a natureza das organizações processadas e o fato de não terem fins lucrativos (tratando-se de órgãos representativos de classe), poderia, facilmente, inviabilizar a sua atividade.

Ademais, caso se opte por discutir tal imposição judicialmente, também importa consignar que o valor da causa será calculado com base no valor da multa que se visa a afastar, podendo isso obstaculizar discussão judicial futura.

Finalmente, também é importante registrar que houve, e ainda ocorrem no âmbito do Cade, investigações (inclusive de ofício) em face de entidades representativas de classe (e, portanto, sem fins lucrativos), podendo-se identificar o *case* Febracan como um dos precursores.[22]

---

[20] *Vide* art. 36, § 2º, da Lei 12.529/2011: "constituem infração da ordem econômica, independentemente de culpa, os atos sob qualquer forma manifestados, que tenham por objeto ou possam produzir os seguintes efeitos, ainda que não sejam alcançados: [...] § 2º Presume-se posição dominante sempre que uma empresa ou grupo de empresas for capaz de alterar unilateral ou coordenadamente as condições de mercado ou quando controlar 20% (vinte por cento) ou mais do mercado relevante, podendo este percentual ser alterado pelo Cade para setores específicos da economia".

[21] *Vide* art. 37, II, Lei 12.529/2011: "a prática de infração da ordem econômica sujeita os responsáveis às seguintes penas: [...] II – no caso das demais pessoas físicas ou jurídicas de direito público ou privado, bem como quaisquer associações de entidades ou pessoas constituídas de fato ou de direito, ainda que temporariamente, com ou sem personalidade jurídica, que não exerçam atividade empresarial, não sendo possível utilizar-se o critério do valor do faturamento bruto, a multa será entre R$ 50.000,00 (cinquenta mil reais) e R$ 2.000.000.000,00 (dois bilhões de reais)".

[22] Deve-se destacar a recente investigação do Cade na OAB, que também possui tabela referencial de honorários, formato muito semelhante ao que se delineava no *case* Febracan. Fonte: <http://www.oab.org.br/noticia/55785/oab-vai-a-justica-questionar-notificacao-do-cade-contra-tabela-de-honorarios>.

A partir do relato que ensejou a investigação da Febracan e da Sociedade Brasileira de Anestesiologia, e tendo o Cade criado um precedente (de que as tabelas referenciais remuneratórias não podem ser impostas), o órgão expandiu seu espectro investigativo, identificou uma *persona* suscetível a ser enquadrada em tal lesão concorrencial e "arregaçou as mangas".

Feita essa descrição cronológica do *case* Febracan, passa-se a indicar quais foram os passos tomados na implantação de seu programa de *compliance*, para identificar o que o Cade considera curial quando o assunto é excelência em termos de conformidade concorrencial.

2.6 A MANUTENÇÃO DAS ROTINAS DE CONFORMIDADE CONCORRENCIAL

O Cade, como a Receita e os Tribunais de Contas, é um órgão de fiscalização constante, ostensiva e de ofício. Deve-se partir da premissa de que tais órgãos estão sempre fiscalizando toda e qualquer pessoa física ou jurídica.

Empresas em influência de mercado são alvos constantes de verificação do Cade, justamente pela predisposição a extrapolar os limites da influência e invadir o espaço do domínio de mercado (e uma linha tênue existe entre uma coisa e outra).

Evidente que será foco do Cade continuar fiscalizando empresas que já tiveram algum histórico de autuação, porque a reincidência tem efeitos específicos também no âmbito do antitruste (arts. 37, § 1º, e 45, VIII).

Quanto às empresas que celebraram TCC, não devem se iludir de que o término da implantação do programa e, mesmo a aprovação integral pelo plenário do Cade, irão fazer que estejam imunes a novas fiscalizações.

Pelo contrário, o fato de o Cade ter tido a boa vontade de formular acordo faz que tenha ainda mais interesse em acompanhar como está sendo conduzida a gestão da organização.

Trata-se de observar se a empresa fez jus à prerrogativa a si concedida, já que o processo administrativo só é instaurado quando já foi realizada a coleta de elementos mínimos a corroborar eventual atividade anticompetitiva.

Algumas organizações optam por criar um setor interno de *compliance*, ao qual possam confirmar atualização ostensiva dos pilares do programa. A alteração substancial da realidade de mercado provoca, invariavelmente, a adaptação das rotinas internas, e isso passa pela conformidade.

Insta consignar que a conformidade concorrencial não pode ser certificada por meio de qualquer ISO, não havendo nenhuma que preveja os pilares da atividade competitiva. Assim, no âmbito do truste, não se pode trocar o programa (e uma eventual equipe interna) pela certificação via ISO (e nos demais não se deve, visto que a ISO não substituiu o *compliance*).

Algumas sugestões são feitas àquelas empresas que optam por não manter ativo seu setor de *compliance* (algumas são obrigadas em razão de orçamento): primeiro, garantir que haja um acompanhamento periódico com revisões que possam confirmar se ainda se estão cumprindo os pilares estabelecidos quando da implantação.

O período entre uma revisão e outra deve ser pensado a partir da realidade da organização: quanto mais sujeita à fiscalização e mais regulada, menor deve ser o prazo entre uma avaliação e outra.

Tome-se o exemplo de empresas que atuam majoritariamente em contratação via licitação e que, por isso, estão mais suscetíveis a irregularidades. A elas, o prazo de avaliação não deve passar de quatro meses, para que haja pelo menos três ao ano, capazes de avaliar os contratos firmados naquele intervalo com precisão.

O certo é que fazer *compliance* não se limita à implantação de um programa pontual, nem mesmo quando não se tratou de uma escolha institucional, mas de exigência decorrente de um TCC.

Como a fiscalização não acaba jamais, estando todas as pessoas físicas e jurídicas sob controle constante do Poder Público, não se pode pensar que a implantação de um programa, por si só, seja capaz de garantir higidez estrutural à empresa.

Ademais, sendo o *compliance* criação de cultura, não se pode cogitar que ela se projetará internamente sem a necessidade de uma assistência. Novos colaboradores entrarão e eles devem necessariamente ser treinados já dentro da realidade das rotinas recomendadas e vetadas, e será necessário um trabalho de reconstrução de hábitos.[23]

Imagine-se a situação de haver uma dúvida pontual em uma relação jurídica durante uma licitação e que afeta a questão concorrencial. Sem a manutenção de uma estrutura mínima de *compliance*, pelo menos com responsáveis pelo canal interno de comunicação, poderá se retornar a hábitos antigos e superados, pela falta de percepção da potencialidade nociva de uma determinada rotina.

Por isso se destaca que a manutenção de uma cultura de conformidade supera sua simples implantação, devendo ser relembradas diariamente quais são as rotinas consideradas ideais, do ponto de vista da concorrência, e quais as que jamais devem ser adotadas. Apreende-se por repetição.

Os treinamentos de ingresso também são chave à manutenção da política de conformidade concorrencial, para garantir a oxigenação da mentalidade da empresa e, também, que colaboradores antigos não influenciem a nova geração com hábitos ruins que não conseguiram erradicar.

2.7   A LIVRE-INICIATIVA NA LGPD

O direito antitruste deve se esforçar para assegurar o equilíbrio entre os benefícios decorrentes da exploração de dados e os riscos e os danos à concorrência e aos consumidores. Compreender as estratégias de negócios desses notáveis agentes econômicos, bem como traçar as fontes do agigantamento das plataformas digitais e os efeitos potenciais de seu domínio são preocupações da política concorrencial no setor digital. "Portanto, na Nova Economia, era de grande coleta de dados em conjunto com a hiperconectividade da sociedade, os questionamentos inerentes ao *big data* – no tocante à defesa da concorrência –, e proteção de dados se convergem."[24-25]

---

[23]   Acerca do hábito e do seu treinamento como mecanismo de mudança de paradigma: DUHIGG, Charles. *O poder do hábito*: por que fazemos o que fazemos na vida e nos negócios. Rio de Janeiro: Objetiva, 2012.

[24]   BAGNOLI, Vicente. A definição do mercado relevante, verticalização e abuso de posição dominante na era do *big data*. In: DOMINGUES, Juliana Oliveira (Org.). *Direito antitruste 4.0*: fronteiras entre concorrência e inovação. São Paulo: Singular, 2019. p. 45-46.

[25]   LAMY, Eduardo de Avelar e outro. A conexão entre a proteção de dados e o direito antitruste e a polêmica processual envolvendo o julgamento do processo administrativo n. 08012.010483/2011-94. *Revista de Processo*, São Paulo, no prelo.

Tendo em vista a importância econômica e social existente no domínio de dados pessoais, o legislador ordinário previu no art. 2º da Lei Federal 13.709/2018 – Lei Geral de Proteção de Dados Pessoais[26] – os fundamentos da proteção de dados pessoais, entre os quais se encontram: "I – o respeito à privacidade; II – a autodeterminação informativa; III – a liberdade de expressão, de informação, de comunicação e de opinião; IV – a inviolabilidade da intimidade, da honra e da imagem; V – o desenvolvimento econômico e tecnológico e a inovação; VI – a livre iniciativa, a livre concorrência e a defesa do consumidor; e VII – os direitos humanos, o livre desenvolvimento da personalidade, a dignidade e o exercício da cidadania pelas pessoas naturais".[27]

Entre todos os fundamentos supramencionados, tendo em vista o fenômeno do *big data*, sob o olhar do direito concorrencial destacam-se: a livre-iniciativa e a livre concorrência (inc. VI). Antes de adentrar na relação desses fundamentos com o direito concorrencial, urge destacar que há diferença entre princípios e fundamentos, na visão de Newton De Lucca: "princípio é uma proposição filosófica que serve de fundamento a uma dedução", assim como fundamento "um conjunto de princípios a partir dos quais se pode fundar ou deduzir um sistema, um agrupamento de conhecimentos".[28] "Os fundamentos são inerentes ao Estado, fazem parte de sua estrutura."[29] No sentir de Fábio Konder Comparato, o termo fundamento "designa o que serve de base ao ser, ao conhecer, ou ao decidir. Fundamento é, pois, a causa ou razão de algo (*ratio essendi, ratio cognoscendi, ratio decidendi*)".[30]

A relação existente entre a livre-iniciativa e a livre concorrência, com a regulação de mercado, é objetiva e direta. Nesse sentido, observa-se que a livre-iniciativa é prevista constitucionalmente como fundamento da ordem econômica (art. 170 da CF).[31] No entanto, no que toca à livre concorrência, essa tem *status* de princípio da ordem

---

[26] Para fins deste livro iremos denominá-la de LGPD.

[27] BRASIL. *Lei n. 13.709, de 14 de agosto de 2018*. Lei Geral de Proteção de Dados Pessoais (LGPD). Disponível em: <http://www.planalto.gov.br/ccivil_03/_ato2015-2018/2018/lei/l13709.htm>. Acesso em: 5 maio 2021.

[28] DE LUCCA, Newton. Marco civil da internet. Uma visão panorâmica dos principais aspectos relativos às suas disposições preliminares. In: DE LUCCA, Newton; SIMÃO FILHO; Adalberto; LIMA, Cíntia Rosa Pereira de (Coord.). *Direito & internet III*: marco civil de internet. São Paulo: Quartier Latin, 2015. t. I, p. 62.

[29] BASTOS, Celso Ribeiro. *Curso de direito constitucional*. 20. ed. atual. São Paulo: Saraiva, 1999. p. 159-160.

[30] COMPARATO, Fábio Konder. *Rumo à justiça*. São Paulo: Saraiva, 2010. p. 41.

[31] "Art. 170. A ordem econômica, fundada na valorização do trabalho humano e na livre iniciativa, tem por fim assegurar a todos existência digna, conforme os ditames da justiça social, observados os seguintes princípios: I – soberania nacional; II – propriedade privada; III – função social da propriedade; IV – livre concorrência; V – defesa do consumidor; VI – defesa do meio ambiente, inclusive mediante tratamento diferenciado conforme o impacto ambiental dos produtos e serviços e de seus processos de elaboração e prestação; (Redação dada pela Emenda Constitucional nº 42, de 19.12.2003) VII – redução das desigualdades regionais e sociais; VIII – busca do pleno emprego; IX – tratamento favorecido para as empresas de pequeno porte constituídas sob as leis brasileiras e que tenham sua sede e administração no País. (Redação dada pela Emenda Constitucional nº 6, de 1995)." BRASIL. *Constituição da República Federativa do Brasil de 1988*. Disponível em: <http://www.planalto.gov.br/ccivil_03/constituicao/constituicao.htm>. Acesso em: 5 maio 2021.

econômica (inc. IV do art. 170 da CF). A livre-iniciativa não é somente fundamento da LGPD, mas, principalmente, é fundamento da República Federativa do Brasil (art. 1º).[32] A livre-iniciativa tem como um dos seus principais corolários o princípio da livre concorrência, que é um dos princípios da ordem econômica. A livre concorrência é um caminho hígido de manifestação da liberdade de iniciativa (livre-iniciativa – fundamento) e, para garanti-la, a Constituição estatui que "a lei reprimirá o abuso do poder econômico que vise à dominação dos mercados, à eliminação da concorrência e ao aumento arbitrário dos lucros" (§ 4º do art. 173 da CF).[33] Assim, parece que há outro princípio envolvido: "princípio da defesa da concorrência". Portanto, há uma "gangorra" constitucional em que os princípios da livre concorrência e da defesa da concorrência servem de regulação à livre-iniciativa – de um lado, há liberdade de uso de técnicas lícitas de conquista de mercado e, de outro, proíbe-se a utilização de meios que burlem a livre competição.[34]

O direito concorrencial tem como um de seus principais objetivos combater o abuso de poder econômico capaz de ferir a justa concorrência, dominar o mercado e eliminar a concorrência. No plano constitucional, esse fim, conforme critica João Bosco Leopoldino da Fonseca, sofreu um equívoco de alocação geográfica, pois a "defesa da concorrência via repressão ao abuso de poder econômico" sempre foi tratada – e assim deveria continuar sendo –, como um princípio da ordem econômica e social.[35] Tal afirmação sobre o erro de alocação se sustenta caso observado que a defesa da concorrência constava nas Constituições anteriores com *status* de princípio. Portanto, o constituinte de 1988 errou gravemente ao colocar essa norma no contexto do art. 173, sendo o conteúdo desse dispositivo a contrapartida à atuação do Estado para defender e garantir a livre atuação das empresas no mercado.[36]

Nesse cenário em que a ordem econômica tem importância *sine qua non* na sociedade moderna, tendo influência direta na política, o estudo de seus princípios é relevante.[37] Assim, em que pese não constar – geograficamente – como um princípio da ordem econômica, é inequívoca a existência de mandamento constitucional relativo à

---

[32] "Art. 1º A República Federativa do Brasil, formada pela união indissolúvel dos Estados e Municípios e do Distrito Federal, constitui-se em Estado Democrático de Direito e tem como fundamentos: I – a soberania; II – a cidadania III – a dignidade da pessoa humana; IV – os valores sociais do trabalho e da livre iniciativa; V – o pluralismo político.
Parágrafo único. Todo o poder emana do povo, que o exerce por meio de representantes eleitos ou diretamente, nos termos desta Constituição." BRASIL. *Constituição da República Federativa do Brasil de 1988*. Disponível em: <http://www.planalto.gov.br/ccivil_03/constituicao/constituicao.htm>. Acesso em: 5 maio 2021.

[33] SILVA, José Afonso da. *Curso de direito constitucional positivo*. 37. ed. São Paulo: Malheiros, 2014. p. 818.

[34] GRAU, Eros. *A ordem econômica na Constituição Federal de 1988*. 19. ed. São Paulo: Malheiros, 2018. p. 201.

[35] FONSECA, João Bosco Leopoldino. *Direito econômico*. 9. ed. Rio de Janeiro: Forense, 2017. p. 104.

[36] FONSECA, João Bosco Leopoldino. *Direito econômico*. 9. ed. Rio de Janeiro: Forense, 2017. p. 104.

[37] POSNER, Richard A. *Antitrust law*: an economic perspective. Chicago: University of Chicago Press, 1976. p. 28.

necessidade de criação de normas que regulamentem a defesa da concorrência. A justa concorrência é tão importante que nem mesmo a livre-iniciativa, a qual é fundamento da ordem econômica, pode preteri-la. Nesse mesmo sentido, já destacou o Supremo Tribunal Federal que "o princípio da livre-iniciativa não pode ser invocado para afastar regras de regulamentação do mercado e de defesa do consumidor".[38]

Logicamente, existe um ponto de convergência entre a defesa da justa concorrência – sem prejudicar a livre-iniciativa – e o atual protagonismo que envolve a coleta e o tratamento de dados pessoais. Conforme exposto por Vainzof, o mercado de tratamento de dados pessoais deve ser/estar disponível àqueles que busquem empreender, desde que respeitados os fundamentos e os princípios tocantes à ordem econômica.[39]

Tavares lembra que a livre-iniciativa exige, inicialmente, a igualdade de condições para que os agentes privados do mercado iniciem suas atividades. Se o Estado conceder situações de vantagens ou privilégios, como oferecer maquinários ou verbas para apenas uma empresa, que vai se refletir em uma situação de superioridade indevida na competição de mercado quando do funcionamento da empresa, haverá, aí, livre-iniciativa viciada.[40]

Ao prever os fundamentos da LGPD, o legislador demonstrou o interesse em harmonizar sua existência com o respeito à privacidade, devendo ser coibidos eventuais excessos, conforme já garantido pela legislação pátria.[41] No mais, em caso de excesso da liberdade de expressão com violação das normas relativas ao tratamento dos dados pessoais, deve prevalecer o respeito à privacidade – objetivo e fundamento da LGPD.

No tocante à livre-iniciativa, Bagnoli entende que referido princípio abarca o fundamento da economia de mercado, em que os agentes econômicos devem travar suas disputas, nas quais o melhor, o mais apto, conseguirá a vitória, sobrepondo-se aos seus rivais.[42]

No entanto, é inegável que a LGPD existe para regular juridicamente um fenômeno de mercado e, assim, não visa a engessá-lo. Conforme já explanado, a coleta de dados e seus desdobramentos são um mercado valiosíssimo. Nesse sentir, a livre-iniciativa se trata de um fundamento de mercado – e assim é previsto constitucionalmente.[43] Sem a garantia da livre-iniciativa no tratamento de dados pessoais, poderíamos vivenciar, em vez de um crescimento exponencial do *big data*, uma retração da economia pautada em dados.

---

[38]   STF, *RE 349.686*, Segunda Turma, Rel. Min. Ellen Gracie, j. em 14.06.2005, *DJ* de 05.08.2005.

[39]   VAINZOF, Rony. Capítulo I – Disposições preliminares. In: MALDONADO, Viviane Nóbrega; BLUM, Renato Opice (Coord.). *LGPD*: Lei Geral de Proteção de Dados comentada. 3. ed. São Paulo: RT, 2021.

[40]   TAVARES, André Ramos. *Direito constitucional da empresa*. São Paulo: Método, 2013. p. 31-32.

[41]   Por exemplo, a injúria e a difamação.

[42]   BAGNOLI, Vicente; FRANCESCHINI, José Inácio Gonzaga. Direito concorrencial. In: CARVALHOSA, Modesto (Coord.). *Tratado de direito empresarial*. São Paulo: RT, 2016. v. 7, p. 188-189.

[43]   O mercado de tratamento de dados pessoais, assim, deve estar aberto a todos que busquem empreender, nos termos do art. 170 da Constituição Federal, que prevê que a ordem econômica é fundada na valorização do trabalho humano e na livre-iniciativa.

Nesse passo é nítido que a proteção de dados tanto se funda na livre-iniciativa quanto a protege, pois sua existência é condição genuína do próprio mercado denominado como *big data*.

2.8 TRATAMENTO DISPENSADO PELO DIREITO CONCORRENCIAL À DOMINAÇÃO DE MERCADO COM BASE NA COLETA DE DADOS EM MASSA

Durante muito tempo, inclusive no contexto europeu, a proteção de dados foi considerada irrelevante para o direito concorrencial. Sofia Oliveira Pais ressalta esse ponto, lembrando que basta observar o comportamento da comissão europeia diante do caso do Facebook/WhatsApp e Microsoft/LinkedIn.[44]

No entanto, o cenário já não é mais o mesmo. Nesse sentido, o órgão responsável por assegurar a aplicação coerente da GDPR,[45] responsável, entre outras atividades, também por elaborar diretrizes, recomendações e melhores práticas para o devido cumprimento da legislação da GDPR, emitiu uma declaração sobre os impactos da proteção de dados em casos de concentração econômica.[46] A declaração deixa claras a intenção e a necessidade de analisar atos de concentração e seus efeitos, não somente quanto aos usuários, mas na perspectiva das condutas horizontais, ou seja, diretamente sob a ótica concorrencial.[47]

---

[44] PAIS, Sofia Oliveira. Concorrência, proteção de dados pessoais e plataformas digitais. In: PAIS, Sofia Oliveira; BAGNOLI, Vicente (Coord.). *Temas atuais de direito da concorrência*: economia digital, direitos fundamentais e outros desafios. Porto: Universidade Católica Editora, 2020. p. 10.

[45] General Data Protection Regulation (GDPR).

[46] EDPB – European Data Protection Board. Statement of the EDPB on the data protection impacts of economic concentration. 27 Aug. 2018. Disponível em: <https://edpb.europa.eu/our--work-tools/our-documents/other/edpb-statement-economic-concentration 27082018_en>. Acesso em: 8 maio 2021.

[47] *Case* da proposta de aquisição da Shazam pela Apple. A Comissão Europeia abriu uma investigação para avaliar a proposta de aquisição da Shazam pela Apple sob o fundamento do Regulamento de Concentração Econômica da UE, diante da preocupação de a concentração poder reduzir a escolha dos usuários de serviços de transmissão de música, bem como, após a aquisição do Shazam, a Apple obter acesso a dados comercialmente sensíveis sobre os clientes dos seus concorrentes para o fornecimento de serviços de transmissão de música. EUROPEAN COMMISSION. *Mergers*: Commission opens in-depth investigation into Apple's proposed acquisition of Shazam. Bruxelas, 23 Apr. 2018. Disponível em: <http://europa.eu/rapid/press-release_IP-18-3505_en.htm>. Acesso em: 8 maio 2021. A Comissão concluiu que a aquisição não suscita preocupações do direito da concorrência. Mais precisamente, que a entidade resultante da fusão não seria capaz de prejudicar ou retirar do mercado fornecedores concorrentes de serviços de transmissão de música, acessando dados comercialmente sensíveis sobre os seus clientes ou restringindo o acesso à aplicação Shazam. Ao chegar a essa decisão, a Comissão concluiu que o aplicativo Shazam tinha apenas uma relevância limitada como ponto de entrada para os concorrentes de *streaming* de música da Apple Music e que a integração dos conjuntos de usuários do Shazam não conferiria uma vantagem única à entidade resultante da fusão, especialmente porque os serviços de *streaming* concorrentes continuariam a poder acessar e usar bancos de dados semelhantes. SCHOORISSE, Melissa van; COLE, Miranda. Apple/Shazam: determining the value of data in

São inúmeros os casos em que as autoridades antitruste abarcam matérias inerentes ao fenômeno da coleta, da manipulação, da disponibilidade e da corretagem de dados. Conforme Felipe Augusto dos Santos e Ana Paula Bagaiolo Moraes, "uma empresa que se utilize de práticas abusivas no relacionamento com o consumidor, aproveitando-se de sua situação de vulnerabilidade, possivelmente corresponderá, também, em desequilíbrio no âmbito concorrencial".[48]

A nitidez da necessidade de o direito concorrencial regular, em alguns aspectos, o fenômeno do *big data* transbordou a mera declaração de autoridades reguladoras a respeito da ligação entre proteção de dados e regulação de mercado, nelas inserindo as rotinas e os programas de conformidade.

---

merger cases. 11 Sept. 2018. Disponível em: <https://www.covcompetition.com/2018/09/apple-shazam-determining-the-value-of-data-in-merger-cases/>. Acesso em: 8 maio 2021.

[48] SANTOS, Felipe Augusto dos; MORAES, Ana Paula Bagaiolo. O direito concorrencial e a proteção ao consumidor na era do *big data*. In: BAGNOLI, Vicente (Coord.). *Concorrência e inovação*: anais do congresso internacional para a promoção de debates acerca do direito da concorrência e inovação tecnológica diante da realidade e desafios da economia digital. São Paulo: Scortecci, 2018. p. 122.

3

COMPLIANCE DE DADOS E
LEI GERAL DE PROTEÇÃO DE DADOS

3.1 LGPD EM LINHAS GERAIS

A Lei Geral de Proteção de Dados – LGPD (Lei Federal 13.709/2018) versa sobre um dos mais importantes aspectos inerentes à segurança da informação no âmbito empresarial, qual seja a segurança da informação que as organizações adquirem no tocante ao titular de dados pessoa natural.

Esse titular de dados pessoa física pode ser um consumidor, um colaborador, um terceiro com quem a organização contratou serviços ou mesmo um fornecedor de produtos.

A ideia é que o cidadão, enfim, possua ciência de quais são as suas informações detidas pelas organizações; onde estão armazenadas essas informações; o que está sendo feito por meio dessas informações; e por quanto tempo essas informações permanecerão armazenadas.

Essencialmente, tais dados só poderão ser armazenados e utilizados mediante autorização expressa do seu respectivo titular.

Por conseguinte, as sanções pelo eventual descumprimento das condutas protetivas previstas na LGPD são absolutamente significativas, podendo chegar a 2% do faturamento da empresa a cada ato de desconformidade.

Como os eventuais atos de desconformidade podem ser praticados em quantidade significativa, fica bastante claro que o tema será, a cada dia, mais importante para a sustentabilidade das organizações.

Ocorre que, além da proteção decorrente das políticas de segurança de dados decorrente da LGPD, a legislação prevê também o desenvolvimento das políticas de proteção de dados sob o prisma de governança corporativa.

Embora não seja obrigatório, é cediço que as organizações poderão estruturar, em formato de governança corporativa, comitês de dados e canais autônomos de comunicação, que serão responsáveis pelo recebimento de reportes sobre eventual descumprimento da LGPD na organização, bem como pela fiscalização das rotinas de proteção de dados, juntamente com o encarregado de dados da entidade.

Existe nítida e próxima relação, portanto, entre o *compliance* empresarial e a necessidade de respeito às rotinas e às normas internas criadas para a promoção da segurança das informações e para a proteção dos dados das pessoas naturais.

A tutela dos direitos de liberdade e privacidade gera a necessidade de respeito ao consentimento inequívoco para o tratamento de dados regulado pela Lei Geral de Proteção de Dados (LGPD), Lei 13.709/2018.

Segundo as disposições da LGPD, tratamento de dados é toda operação realizada com dados pessoais, podendo ser efetuado por controladores de dados ou por operadores de dados (Lei 13.709/2018, art. 5º, X).

Controladores de dados são as pessoas naturais ou jurídicas a quem compete a gestão de dados, por exemplo, uma empresa que pratica *e-commerce* em relação aos dados de seus clientes e funcionários.

Por sua vez, operadores de dados são as pessoas naturais ou jurídicas a quem compete tratar dados em nome dos controladores de dados, por exemplo, uma empresa de TI que presta serviços de armazenamento dos dados geridos por um controlador (Lei 13.709/2018, art. 5º, VI e VII).

3.2 O ÔNUS DA PROVA NA LGPD

Por conseguinte, a problemática inerente ao consentimento do titular dos dados com vistas ao tratamento desses por parte tanto de controladores quanto de operadores, depende essencialmente da forma como esse consentimento é obtido (Lei 13.709/2018, art. 8º, §§ 1º a 6º).

Embora não precise ser obrigatoriamente concedido por escrito, o consentimento deve ser inequívoco e necessita ser comprovado como tal. Se escrito, deve constar de cláusula destacada – preferencialmente em negrito ou sublinhada – necessitando referir--se a finalidades claramente determinadas no instrumento e podendo ser revogado a qualquer momento.

Dessa forma, a teor do § 2º do art. 8º da LGPD, é ônus do controlador de dados a prova quanto à conformidade do consentimento do titular para o seu tratamento.

E como se trata de uma legislação que protege o titular dos dados, a regra do ônus da prova do consentimento não deixa dúvidas, mas traz consigo outros importantes deveres de conduta que não podem ser ignorados.

A preocupação com o ônus da prova não deve ser exclusiva dos controladores originários de dados. Também os controladores com quem esses dados forem compartilhados precisarão se incumbir desse ônus, assim como obtê-lo de forma específica (Lei 13.709/2018, art. 7º, § 5º).

A interpretação sistemática do diploma legal conduz, ainda, à conclusão de que também deve haver atenção à forma de obtenção do consentimento por parte dos operadores de dados, pois, perante os titulares, a responsabilidade desses por vezes será solidária com os controladores de dados, na hipótese de desrespeito aos direitos tutelados pela LGPD (Lei 13.709/2018, art. 42).

Veja-se, ainda, que seria nula qualquer disposição contratual ou negócio jurídico processual que contrariasse a regra do § 2º do art. 8º da LGPD, até porque a inversão desse ônus desrespeitaria a tutela de direitos fundamentais (CF, art. 5º, XXXV) e consentimentos genéricos seriam nulos (LGPD, art. 8º, § 4º).

E mesmo que a regra do § 2º do art. 8º da LGPD pudesse ser flexibilizada, o juiz, no âmbito do processo civil, ainda teria à disposição uma regra geral sobre o ônus da prova.

Nesse sentido, segundo o § 2º do art. 42 da LGPD, o magistrado pode inverter o ônus da prova a favor do titular dos dados sempre que detectar verossimilhança da alegação desse ou quando identificar hipossuficiência do titular para fins de produção dessa prova. Tal inversão poderá ser efetuada, por exemplo, nos casos em que a produção de prova pelo titular dos dados se demonstrar excessivamente onerosa.

Dessa maneira, mesmo a respeito de temas diversos do consentimento para o tratamento de dados, controladores e operadores precisarão estar preparados para provar os seus esforços para com a segurança da informação.

Disso se depreende que o *compliance* de dados exerce papel essencial à segurança da informação; em primeiro lugar, por conta das disposições da própria LGPD a respeito das estruturas de *compliance* que as organizações merecem adquirir (Lei 13.709/2018, arts. 50 e 51).

Em segundo lugar, o *compliance* de dados é inerente à segurança da informação, porque o papel de suas técnicas é proporcionar a organização, a documentação e a criação de rotinas que possibilitem o devido exercício do ônus da prova, especialmente quanto ao consentimento adequado para o tratamento de dados.

Todavia, em 2020, pesquisas do Serasa Experian retrataram que muitas das empresas brasileiras não estavam prontas para atender às exigências da LGPD.[1]

Logo, a implantação de programa de *compliance* de dados pode ser uma medida efetiva no sentido de implementar rotinas que garantam atendimento à Lei Geral de Proteção de Dados, mais efetiva do que um mero procedimento de adequação, levado a cabo pela maioria das organizações.

O *compliance* – como ferramenta de sustentabilidade corporativa, gestão de riscos e de provocação ao cumprimento normativo voluntário (*enforcement*) – pode ter foco na adequação das operação de uma organização à Lei Geral de Proteção de Dados.

Nesse sentido, os esforços se iniciam com a coleta de informações que viabilizem avaliar como se dá a operação no que tange aos parâmetros destacados pela LGPD e, uma vez obtidos tais dados, são processados e representados em uma matriz de riscos de dados.

A matriz de riscos é uma ferramenta essencial não apenas à adequação à Lei Geral de Proteção de Dados, mas também à gestão da potencialidade lesiva dos hábitos já consolidados nos processos operacionais da empresa.

Com a matriz consolidada e o compromisso da alta diretoria (*conduct from the top*), passa-se à criação de ferramentas de controle interno que perpassam pela consolidação de uma política de segurança da informação – prevendo rotinas que garantam conformação com a LGPD.

Também é indispensável a consolidação de mapa de dados, que facilite a identificação do caminho percorrido pelos dados e locais de armazenamento, tornando factíveis as respostas à Autoridade Nacional de Proteção de Dados (ANPD) e ao titular de dados.

---

[1] Disponível em: <https://www.serasaexperian.com.br/images-cms/wp-content/uploads/2020/11/03225812/White-Paper-Serasa-Experian-LGPD-Como-as-Empresas-se-prepararam.pdf>.

A definição e o treinamento do encarregado de dados – pessoa responsável pela gestão do programa de *compliance* de dados internamente – são também etapas importantes para a adequação à LGPD.

O comprometimento de todos com as rotinas estabelecidas é essencial ao sucesso do programa de *compliance* de dados; por isso, treinamentos são igualmente essenciais à conformação com a norma.

É perfeitamente factível a adequação à LGPD, de modo a estar pronto quanto a sua vigência plena, principalmente no que concerne ao evitamento das importantes sanções previstas.

Os parâmetros são simples e partem do compromisso da diretoria (*conduct from the top*) no sentido de estar disposta a provocar uma mudança de paradigma institucional que dê governança, sustentabilidade e integridade corporativa, aplicados à proteção dos dados das pessoas naturais.

3.3 PRECISA CABER A ALGUÉM A RESPONSABILIDADE DE FISCALIZAÇÃO DAS ROTINAS CRIADAS EM RESPEITO À LGPD

É contraditória a relação entre as estruturas internas de *compliance* e a forma como terceiros que prestam serviços de encarregados de dados e adequação à LGPD por vezes têm interpretado a responsabilidade interna de fiscalizar o cumprimento das rotinas decorrentes da própria LGPD.

É comum que análises de *gap* estejam sendo feitas criteriosamente, normas internas estejam sendo bem construídas, cronogramas de adequação estejam absolutamente detalhados e discutidos, mas, mesmo nas organizações mais bem intencionadas, o problema de eximir-se à responsabilidade de fiscalizar as rotinas continua a existir.

A dificuldade em aproximar a proteção de dados de um sistema de controle com *roles and responsibilities* começa na tradicional antecipação de treinamento da equipe, como se sensibilizações iniciais pudessem ser confundidas com treinamentos.

A seguir, na maioria das vezes, procede-se à antecipação do ajuste de *websites* que as empresas estão a realizar o quanto antes para proporcionar uma fachada de conformidade em face da integral vigência da LGPD, incluindo avisos de privacidade incompletos e por vezes contraditórios com o desenvolvimento do *risk assessment* e da política de segurança de dados necessária.

Ainda que se possa desde o início dos trabalhos de adequação ajustar o *website* – desde já para a anuência quanto a *cookies* –, no tocante ao aviso de privacidade, as diretrizes de não compartilhamento de dados, as práticas de segurança e os formulários para exercício dos direitos são todos temas cuja forma de regulação e atuação decorrerá do mapa de dados descrevendo o fluxo dos dados pessoais na organização, do *risk assessment* e da política de segurança da informação (PSI). Não se pode generalizar e "atropelar" essas medidas.

Apenas no momento em que se tem a PSI finalizada, pressuposto inerente ao início dos treinamentos (ocasiões essas diversas e posteriores aos *kick offs* de sensibilização inicial), valerá a pena inserir no *website* da empresa em adequação todas as informações públicas a respeito dos esforços de LGPD, tais como fotos de treinamentos, a própria PSI e demais medidas.

Ocorre que a essa altura tem sido comum a equipe de adequação se deparar com a realidade de um encarregado de dados ou *Data Protection Officer* (DPO) externo que, especialmente dentro da realidade de mercado dos DPO externos, se comprometerá essencialmente como um "mentor de dados". Irá "reagir" como um relações públicas junto dos titulares, interagir com a ANPD, orientar funcionários, mas – e aí revela-se o problema – não como alguém que terá a *proatividade* de fiscalizar as rotinas criadas.

Essa realidade, de um encarregado de dados terceirizado que não fiscaliza a própria LGPD, decorre de uma interpretação literal do art. 41 da nossa LGPD, absolutamente discrepante da lógica decorrente dos sistemas de controle da conformidade, como demonstra o art. 39, I, *b*, da GDPR.

Fiscalizar as rotinas toma tempo, atenção e responsabilidade. Mas não faz sentido orientar funcionários sem fiscalizá-los. A quem deve caber essa tarefa, então? E como se denomina a função desse alguém?

A verdade é que em um sistema de *compliance* substancial, *roles and responsibilities*, o DPO é pessoalmente responsável pela execução tanto da orientação quanto do cumprimento das rotinas de controle. As funções de um DPO vão além daquilo que tem sido sugerido nas políticas elaboradas por boa parte dos encarregados de dados terceirizados no Brasil.

Mais do que atender aos titulares, receber reclamações e orientar funcionários, num âmbito de governança e em razão da estrutura de trabalho inerente à LGPD, o DPO deve fiscalizar, no dia a dia, com a maior frequência possível, o cumprimento da LGPD e o respeito às rotinas criadas para essa finalidade, a teor do inc. IV do § 2º do art. 41 da LGPD, bem como do art. 39, I, *b*, da GDPR.

Isso significa que: (1) executam-se tais funções diretamente; ou (2) coloca-se uma equipe da empresa do DPO para executá-las; ou (3) coloca-se uma equipe da contratante em adequação para executá-las (hipótese em que poderá existir risco trabalhista, pois haverá funcionários seus recebendo ordens do DPO terceirizado). O fato é que não se pode confundir um DPO com um consultor ou um mero mentor de segurança de dados.

Por outro lado, num ambiente de governança (indispensável se a organização deseja construir efetivo *compliance* de dados), a responsabilidade de construção da política de segurança da informação não é do DPO, mas sim do comitê de dados.

A afirmação mais comum, a esse respeito, dos DPO que atuam no mercado tem sido a seguinte: "não encontrei na legislação onde está explícito que a 'fiscalização do cumprimento da LGPD' seja uma atribuição do DPO".

O fato, entretanto, é que numa organização em *compliance* substancial, é basilar a ideia de que não existe o dever de orientar condutas e rotinas sem o dever de fiscalizar se essas condutas e rotinas estão sendo cumpridas. Isso é inerente à ideia de controle padronizada pelo COSO. Chama-se de *roles and responsibilities*. Diversos são os estudos sobre o tema.[2]

Não se pode interpretar o sistema jurídico isolada nem literalmente, sob pena de as conclusões não se sustentarem em face de um debate mais atento.

A construção do *compliance* é a construção de um programa de integridade. É imprescindível que desde cedo se deixe claro quem é(são) o(s) responsável(is) pela

---

[2]   BLOYDIK, Gerardus. *Roles and responsibilities*. New York: 5StarCooks, 2018.

função de fiscalizar e que se respeite essa sua autoridade de fiscalização. Isso fica claro pelo inc. IX do art. 42 do Decreto 8.420/2015 (uma das normas-base de operacionalização do *compliance* no Brasil, no que tange aos atos fiscalizados pela administração pública, tais como a adequação à LGPD).

É importante ficar claro, ainda, que ser responsável pela fiscalização das rotinas não é o mesmo que dizer que esse profissional é responsável por eventuais vazamentos. São responsabilidades diferentes. Uma é de meio e outra é de fim.

Contudo, fica evidenciada, de qualquer forma, a necessidade de indicação de um responsável pela fiscalização. Isso especialmente em decorrência da combinação de estruturas de *compliance* que, por vezes, as organizações adotam, quando objetivam maior eficiência ao seu processo de adequação, dado o inc. IV do § 2º do art. 41 da LGPD. Veja-se que o art. 39, I, *b*, da GDPR vai exatamente nesse mesmo sentido.

Não faz sentido, enfim, criarmos normas sem sanções. Não há norma efetiva sem cogência. É necessário que se respeite o inc. IX do art. 42 do Decreto 8.420/2015, pois se trata de uma das normas-base de operacionalização do *compliance* no Brasil, no que tange aos atos fiscalizados pela administração pública, tais como a adequação à LGPD.

É importante que se atente para qual interesse se está atendendo, para que não se interprete literal e isoladamente o sistema jurídico, ao comparar o art. 41, § 2º, IV, da LGPD ao art. 39, I, *b*, da GDPR. Esse interesse não está de acordo com a intenção das empresas brasileiras que desejem se adequar de maneira mais eficaz à própria LGPD.

3.4 A ATUAL PREVALÊNCIA DA RESPONSABILIDADE CIVIL SOBRE A ADMINISTRATIVA EM DECORRÊNCIA DA LGPD

As multas que a Autoridade Nacional de Proteção de Dados (ANPD) pode aplicar em sede de responsabilização administrativa são de fato significativas, pois, para cada situação singular de desrespeito, poderão atingir montante correspondente a 2% do faturamento anual da organização sancionada.

Ocorre que a ANPD terá um enorme universo de operações a fiscalizar no território brasileiro. Seu trabalho será um desafio dificílimo, especialmente em face da extensão, da complexidade da tarefa e da variedade de circunstâncias a serem fiscalizadas em diversos setores da atividade econômica nacional.

Há que se considerar, também, que a estrutura e a atuação da ANPD, especialmente nos seus primeiros anos de funcionamento, ainda estarão sendo paulatinamente aprimoradas, e, ainda assim, será obviamente insuficiente para a envergadura de sua função fiscalizatória primordial.

Desse modo, é necessário haver atenção para a responsabilização administrativa, mas também para as sanções judiciais decorrentes da atuação de outras entidades, especialmente do Ministério Público, do Procon e dos próprios titulares dos dados pessoais, no Poder Judiciário.

Veja-se que em decisão judicial a Construtora Cyrella, por exemplo, foi responsabilizada civilmente por conta de vazamento de dados pessoais, nos autos de ação judicial movida perante a comarca de São Paulo (SP). A maior consequência da decisão não foi a condenação judicial em si, mas sim o abalo reputacional gerado à organização.

Daí se pode observar que, embora as multas administrativas previstas na LGPD possam adquirir montantes significativos em face da sua base de cálculo ser o faturamento das organizações, desde já, especialmente em face da forma embrionária como a ANPD vem operando e sendo estruturada, boa parte dos riscos de responsabilização está no âmbito judicial.

Essa realidade traz consigo uma oportunidade cada vez maior para o mercado securitário brasileiro no tocante à responsabilidade civil, bem como transforma a opção entre adquirir ou não um seguro de responsabilidade por vazamento de dados pessoais em um tema de discussão absolutamente necessária em enorme fatia das nossas empresas e demais organizações.

Não deixa de haver importância nem urgência nas adequações. Contudo, passa-se a identificar que os maiores riscos, por vezes, provêm de origens distintas daquilo que se poderia acreditar por meio de uma interpretação literal da LGPD.

3.5 *COMPLIANCE* DE DADOS E A GOVERNANÇA DE DADOS

O *compliance*,[3] assim como a governança corporativa,[4] não deve ser tratado como simples "projeto", nem mesmo como "processo" "dentro da organização. Merece, em verdade, ser tratado como verdadeiro "sistema", em constante aprimoramento. É que, por definição, "sistema", além de permanente, é naturalmente transversal, tendendo à interdisciplinaridade.

Aqui, "*compliance* é entendido em sentido amplo, como a busca permanente de coerência entre aquilo que se espera de uma organização – respeito a regras, propósito, valores e princípios que constituem sua identidade – e o que ela de fato pratica no dia a dia".[5]

Em outras palavras: é a demonstração efetiva do *walk the talk*[6] não apenas pela alta administração, mas por todos os agentes de governança[7] e demais partes interessadas[8] da organização.

---

[3] "Conjunto de mecanismos destinados ao cumprimento de normas legais e regulamentares, políticas e diretrizes estabelecidas para o negócio e para as atividades da organização". Nota brasileira do item 3.17. In: ABNT. *ISO 19600:2014*: sistema de gestão de *compliance* e diretrizes. Rio de Janeiro: ABNT, 2014.

[4] "Conjunto de princípios, propósitos, processos e práticas que rege o sistema de poder e os mecanismos de gestão." ROSSETTI, José Paschoal; ANDRADE, Adriana. *Governança corporativa*: fundamentos, desenvolvimento e tendências. São Paulo: Atlas, 2014. p. 141.

[5] INSTITUTO BRASILEIRO DE GOVERNANÇA CORPORATIVA (IBGC). Compliance *à luz da governança corporativa*. São Paulo: IBGC, 2017. p. 8. (Série IBGC Orienta).

[6] Cf. U.S.S.G. § 8B2.1(b)(2)(A)-(C) (the company's "governing authority shall be knowledgeable about the content and operation of the compliance and ethics program and shall exercise reasonable oversight" of it; "[h]igh-level personnel... shall ensure that the organization has an effective compliance and ethics program" (emphasis added)). U.S. DEPARTMENT OF JUSTICE CRIMINAL DIVISION. *Evaluation of corporate compliance programs guidance*. Document Updated, Apr. 2019.

[7] "Indivíduos e órgãos envolvidos no sistema de governança, tais como: sócios, administradores, conselheiros fiscais, auditores, conselho de administração, conselho fiscal etc." INSTITUTO BRASILEIRO DE GOVERNANÇA CORPORATIVA (IBGC). *Código das melhores práticas de governança corporativa*. 5. ed. São Paulo: IBGC, 2015. p. 13 (nota de rodapé).

[8] "Qualquer pessoa, entidade ou sistema que afeta ou é afetado pelas atividades de uma organização". INSTITUTO BRASILEIRO DE GOVERNANÇA CORPORATIVA (IBGC). *Código das melhores práticas de governança corporativa*. 5. ed. São Paulo: IBGC, 2015. p. 14 (nota de rodapé).

Sob essas lentes, é preciso pensar em sistemas de *compliance* que vão ao encontro da cultura ética organizacional e não apenas de regulamentos robustos desconectados da realidade empresarial.

O binômio recompensa-punição, mais conhecido por "cenoura e chicote", não pode mais ser a tônica das corporações. Há necessidade de se reforçar a adoção pragmática de "4 Cs": compromisso, coerência, consistência e continuidade. Compromisso com valores e princípios. Coerência com as atitudes. Consistência com os hábitos. Continuidade com o discurso. Sem esse movimento de ruptura, pouco ou de nada adiantará a implantação de sistemas de *compliance*.[9]

Na verdade, há três problemas principais que fazem que os sistemas de *compliance* tenham eficácia limitada dentro de uma organização. O primeiro é que os esforços frequentemente são concebidos sob uma perspectiva meramente legal e formal; o segundo é que as áreas de controle, em regra, são desconectadas da gestão diária da empresa; o terceiro, e mais grave de todos, é que os programas normalmente são construídos para encontrar 'maças podres', ou seja, apenas aquelas pessoas mal-intencionadas que cometem desvios contra a organização.[10]

Dito de outro modo: a grande dificuldade não está, propriamente, na elaboração de manuais, cartilhas ou documentos relacionados ao código de conduta ou às políticas de *compliance* da organização, mas, sim, na busca contínua pela comunicação e transmissão efetiva dos seus valores a todos os *stakeholders*.

E, para tanto, não há outro caminho senão por meio do desenvolvimento da governança corporativa, afinal "uma deliberação ética é aquela que considera, em todo processo de tomada de decisão, tanto a identidade da organização como os impactos das decisões sobre o conjunto de suas partes interessadas, a sociedade em geral e o meio ambiente, visando ao bem comum".[11]

É preciso, na realidade, converter "princípios básicos em recomendações objetivas, alinhando interesses com a finalidade de preservar e otimizar o valor econômico de longo prazo da organização, facilitando seu acesso a recursos e contribuindo para a qualidade da gestão da organização, sua longevidade e o bem comum".[12]

Sob esse ângulo, não há dúvidas de que os sistemas de *compliance* e a governança corporativa devem caminhar continuamente alinhados, inclusive no âmbito da proteção de dados pessoais, sob pena de a autorregulação privada vir a sucumbir, sem a exigência de qualquer "esforço" por parte das regulações externas derivadas do *enforcement* estatal. Por essas razões, torna-se imprescindível analisar a formação do comitê de dados e da governança de dados à luz dessas premissas básicas.

---

[9] LAMY, Eduardo de Avelar e outros. Representatividade adequada e democracia representativa na composição dos comitês de *compliance*. *Revista da Faculdade Mackenzie*, 2021.

[10] SILVEIRA, Alexandre di Miceli. *Ética empresarial na prática*: soluções para gestão e governança no século XXI. Rio de Janeiro: Alta Books, 2018. p. 148-149.

[11] INSTITUTO BRASILEIRO DE GOVERNANÇA CORPORATIVA (IBGC). *Código das melhores práticas de governança corporativa*. 5. ed. São Paulo: IBGC, 2015. p. 17.

[12] INSTITUTO BRASILEIRO DE GOVERNANÇA CORPORATIVA (IBGC). *Código das melhores práticas de governança corporativa*. 5. ed. São Paulo: IBGC, 2015. p. 20.

3.6 A DEMOCRACIA DELIBERATIVA COMO IMPORTANTE REFERENCIAL TEÓRICO PARA A FORMAÇÃO DOS COMITÊS DE *COMPLIANCE* E DOS COMITÊS DE DADOS

Em regra, o comitê de *compliance*, enquanto órgão colegiado responsável pelo aprimoramento e pela supervisão do sistema de gestão de conformidade, deve ser composto, essencialmente, por representantes das mais diversas áreas da organização, a fim de que se possa valorizar e incentivar a multiplicidade de ideias e opiniões.

A questão, contudo, que se apresenta, não diz respeito, propriamente, à "forma" de composição dos comitês de *compliance*, mas, sim, ao "critério de escolha" utilizado pela alta direção, para a sua formação, uma vez que o processo democrático representativo não deve ser reduzido apenas ao momento de decisão colegiada.

Sob esse prisma, torna-se imprescindível analisar, ainda que de maneira sucinta, a relação existente entre a democracia deliberativa e a formação dos comitês de *compliance* e dos comitês de dados, por representarem governança dentro dos sistemas de adequação à LGPD.

A democracia deliberativa "tem como uma de suas características mais importantes buscar conciliar as duas principais matrizes da teoria política moderna: a matriz político-liberal e a matriz democrática".[13]

Em outras palavras, busca-se, por meio dela, conciliar o modelo substantivo de Rawls,[14] que concebe a deliberação como um processo parcialmente hermético, quanto aos seus resultados, em razão do seu conteúdo predeterminado, e a vertente procedimental de Habermas,[15] para quem a deliberação deve se manter aberta quanto ao conteúdo dos resultados, desde que as próprias condições procedimentais sejam justas.

Vale dizer, assim, que se para Rawls a função da deliberação era simplesmente a de aplicar princípios previamente justificados, para Habermas, a deliberação deveria estar aberta quanto aos resultados pretendidos, uma vez que deveria se dar no curso do processo deliberativo.

Dessa maneira, enquanto a corrente substantivista se apoiava em critérios e pressupostos – *a priori* –, os procedimentalistas se baseavam em elementos postos – *a posteriori* – ao longo do processo de deliberação, não bastando uma simples "paridade formal" entre os debatedores, para uma formação discursiva legítima da vontade coletiva.

O passo decisivo, portanto, para a democracia deliberativa seria o de "não restringir a noção de 'condições' aos requisitos para que uma deliberação concreta possa ser considerada justa, como ocorre no modelo meramente procedimental",[16] devendo abarcar também aqueles "requisitos que tornam possível a 'cooperação social' por um

---

[13] SOUZA NETO, Cláudio Pereira de. *Teoria constitucional e democracia deliberativa*. Rio de Janeiro: Renovar, 2006. p. 19.

[14] Cf. RAWLS, John. *Uma teoria da justiça*. Trad. Almiro Pisetta e Lenita Esteves. São Paulo: Martins Fontes, 2000.

[15] Cf. HABERMAS, Jürgen. *Consciência moral e agir comunicativo*. Trad. Guido de Almeida. Rio de Janeiro: Tempo Brasileiro, 1989.

[16] SOUZA NETO, Cláudio Pereira de. *Teoria constitucional e democracia deliberativa*. Rio de Janeiro: Renovar, 2006. p. 158.

longo espaço de tempo em uma sociedade plural e democrática, como prescreve o argumento contratualista".[17]

Sob essas lentes, não há dúvidas de que essas "condições" que possibilitam a instauração de um contexto adequado para a cooperação democrática no âmbito da democracia deliberativa devem estar presentes tanto no momento do processo deliberativo quanto previamente a ele.

Dito de outro modo, a fonte de toda a legitimidade democrática não se encontra apenas no processo democrático de legiferação, tampouco na relativa representatividade formal majoritária de classes, mas, principalmente, na eficiência da interação comunicativa existente entre os participantes de órgãos colegiados, derivada de decisões claras e objetivas por parte de seus eleitores.

Nesse sentido, busca-se sustentar, com essa breve correlação teórica, que a formação do comitê de *compliance* deve estar baseada em um critério qualitativo de escolha, sem, contudo, perder de vista a pluralidade e a representatividade proporcional de seus membros.

É que, de fato, a democracia deliberativa pressupõe a igualdade de possibilidades de participação dos pontos de vista formal e material, aqui entendida como sendo aquela necessária à instauração de um contexto favorável à interação cooperativa eficiente entre os seus componentes.

Por essas razões, aliás, o processo de seleção dos membros do comitê de dados deve estar pautado tanto por critérios objetivos aderentes aos princípios e valores da organização quanto pela experiência operativa e pragmática, bem como pela máxima representatividade dos seus órgãos, o que nos leva a propor a adoção da teoria da representatividade adequada, como possível instrumento viabilizador dessa difícil conciliação.

3.7 OS COMITÊS DE *COMPLIANCE* E OS COMITÊS DE DADOS: COMITÊS DE *COMPLIANCE* DE DADOS

Há muito se questiona acerca da necessidade, da conveniência e da oportunidade de preencherem-se os cargos dentro de um comitê de *compliance* de forma democrática, como reflexo das ideias de democracia participativa. A resposta para essa questão passa, necessariamente, pela definição do escopo e da natureza jurídica do comitê de *compliance*. O que ele representa e quais são seus objetivos?

O comitê de *compliance*, ou "comitê de dados", enquanto órgão responsável pelo próprio programa de *compliance*, tem como função ordinária o acompanhamento das atividades do programa, centralizando a tomada de decisões – repressivas ou prognósticas. Não à toa, "o comitê pode ser considerado como elemento central da implementação do *compliance* em qualquer pessoa jurídica, seja pública ou privada".[18]

Não nos parece que o comitê represente um meio de manifestação da vontade de todos os envolvidos na organização, seja ela pública, seja privada, e aí reside o primeiro

---

[17]   SOUZA NETO, Cláudio Pereira de. *Teoria constitucional e democracia deliberativa*. Rio de Janeiro: Renovar, 2006. p. 159.

[18]   LEDESMA, Thomás Henrique Welter; RODRIGUES, Maria Lúcia de Barros. Implementação do *compliance* na Fundação Nacional do Índio – FUNAI. *Revista Jurídica*, Curitiba, v. 2, n. 43, p. 134, 2016.

3 · COMPLIANCE DE DADOS E LEI GERAL DE PROTEÇÃO DE DADOS | 107

óbice à aplicação concreta do ideal da democracia deliberativa, enquanto possibilidade política de cada indivíduo expressar sua vontade, baseada em seus próprios desejos pessoais, que podem ou não coincidir com os interesses coletivos, até porque o conceito de interesse coletivo é também subjetivo. Isto é, a manifestação de vontade nesse sistema se dá de forma imotivada e, portanto, despreocupada com o bem comum, ou ao menos com o conceito que se dê ao bem comum.

Esse modelo é incompatível com organizações, que, para que possam desempenhar suas funções, necessitam de uma certa unidade de objetivos, forjada a partir de uma liderança, eleita ou imposta, que consiga conjugar as ações dos indivíduos em prol da consecução do objetivo comum designado, e a partir de então, objetivado.

Ao se conceber o programa de *compliance* como um processo de "constante avaliação dos procedimentos das corporações, com o escopo de assegurar que estejam sendo atendidas todas as exigências legais inerentes à sua atividade",[19] é essencial um esforço conjunto de uma equipe formada por profissionais de várias áreas do conhecimento, que reúnam as mais diversas habilidades, sob a liderança altiva e comprometida do gestor do programa de *compliance*, *compliance officer*, a quem caberá definir as ações a serem praticadas para que se consiga êxito na penosa tarefa de implementação efetiva de um sistema que acaba por modificar velhas práticas e quebrar antigos paradigmas.

Ademais, o sucesso de um programa de *compliance* está diretamente ligado a um trabalho multidisciplinar, que vai além do correto assessoramento jurídico, que, embora necessário, não pode ser tido como o único elemento nessa equação. Disso decorre a compreensão de que, além dos riscos jurídicos, existem riscos de outras ordens que devem ser analisados em conjunto no processo de tomada de decisão,[20] decisão essa que nem sempre corresponderá à vontade da maioria, eis que deverá estar alinhada com os objetivos da organização na qual está inserida, a partir da análise conjunta dos riscos de todas as ordens envolvidos nesse processo.[21]

Assim, se é verdade que a democracia deliberativa pura não pode encontrar espaço nos comitês de *compliance*, também não parece mais acertada a conclusão de que as pessoas envolvidas na organização não devam ser representadas nos órgãos colegiados, mais especificamente no comitê de *compliance*, porquanto esses serão responsáveis por

---

[19] SAAVEDRA, Giovani Agostini *apud* CAMARGO, Rodrigo Oliveira de. *Compliance* empresarial e investigação preliminar. In: SOUZA, Bernardo de Azevedo e; SOTO, Rafael Eduardo de Andrade (Org.). *Ciências criminais em debate*: perspectivas interdisciplinares. Rio de Janeiro: Lumen Juris, 2015. p. 393.

[20] MARTIN, Nilton Cano; SANTOS, Lílian Regina dos; DIAS FILHO, José Maria. Governança empresarial, riscos e controles internos: a emergência de um novo modelo de controladoria. *Revista Contabilidade & Finanças*, v. 15, n. 34, 2004.

[21] "Após o conhecimento dos riscos corporativos, são identificados aqueles aos quais seus ativos e atividades estão efetivamente expostos. Conforme Culp (2002), a governança deve conhecer a probabilidade da ocorrência de cada risco e saber o impacto que sua materialização poderá causar nos ativos empresariais ou em sua capacidade de produzir resultados. A combinação da probabilidade de ocorrência com o impacto resulta na mensuração do risco final, base para o planejamento anual de auditorias internas." LÉLIS, Débora Lage Martins; MARIO, Poueri do Carmo. Auditoria interna com foco em governança, gestão de riscos e controle interno: análise da auditoria interna de uma empresa do setor energético. *Anais do Congresso de Controladoria e Contabilidade*. São Paulo: USP, 2009. p. 5-6.

definições que ditarão diretrizes e comportamentos coletivos e individuais, que, ao final, virão a impactar direta ou indiretamente a vida de cada integrante.

Muito se fala sobre a necessidade de apoio técnico e de visão da direção da organização.[22] Todavia, de pouco adianta o apoio da alta direção, quando ausente o engajamento dos indivíduos no processo, condição *sine qua non* para o sucesso de qualquer programa de *conformidade*. O sucesso passa, inexoravelmente, pela sensação de pertencimento de cada colaborador, dirigente, *stakeholder* e assim por diante.[23] E esse escopo dificilmente será alcançado se tais atores não se sentirem, de alguma forma, representados no comitê responsável pelas decisões e definição de práticas a serem implementadas.

Preocupação semelhante se extrai da Lei 13.303/2016, alcunhada de "Lei da Governança Coorporativa", que, ao disciplinar a formação do conselho de administração, previu a participação de representantes dos empregados e dos acionistas minoritários,[24] além de prever a figura do membro independente, que se une aos demais[25] em um esforço de tornar mais plural a composição do conselho.

---

[22] "Já a alta administração da empresa deve ter total comprometimento com o *compliance*, coisa que, diante dos fatos mais recentes, vimos não ser uma realidade em todas as empresas do País. Ela deve também apresentar uma política formal, objetiva e clara contra a corrupção, além de processos e procedimentos de *compliance* comportamental. Deve também apresentar um código de conduta, ética, princípios, cultura e valores. Mas, a par disso, deve oferecer um programa de desenvolvimento integrado, regular e continuado. O oferecimento de um canal de comunicação acessível faz-se imprescindível, bem como sua confidencialidade. Além do mais, a alta administração de qualquer empresa deve dar exemplos de proatividade, eficácia, eficiência e consistência. Deve oferecer um *compliance officer* (executivo responsável pelo programa de *compliance* empresarial), equipe e comitê de *compliance* multidisciplinar e dar autonomia, ética e integridade tanto à equipe como ao comitê." CREDIDIO, Guilherme Simões. O *compliance* empresarial como ferramenta de redução da corrupção. *Revista CEJ*, Brasília, ano XXII, n. 74, p. 89, jan./abr. 2018.

[23] "O engajamento participativo também foi associado a efeitos de integração, pois incrementaria o senso de pertença do cidadão à sua sociedade, não apenas fortalecendo a formação de identidades políticas amplas, mas contribuindo para a legitimação das instituições políticas. Traço comum aos efeitos psicológicos, pedagógicos e de integração é sua natureza não estritamente voluntária, mas também gravitaram para a participação efeitos agregados em maior ou menor medida intencionais, abrindo terreno para a defesa da participação como expediente para a indução de resultados nas instituições políticas – diferentes dos efeitos sobre os participantes. Assim, associa-se à participação a capacidade de gerar efeitos distributivos quando realizada no marco de instituições incumbidas de orientar as políticas e as prioridades de alocação de recursos públicos. Os efeitos distributivos, todavia, são apenas uma subcategoria da relação mais geral entre a participação e a capacidade da sociedade de influir nas políticas públicas e, em termos mais gerais e ambiciosos, de racionalizar o exercício do poder político." LAVALLE, Adrian Gurza; VERA, Ernesto Isunza. A trama da crítica democrática: da participação à representação e à *accountability*. *Lua Nova*: revista de cultura e política, n. 84, p. 95-139, 2011. *Online*.

[24] "Art. 19. É garantida a participação, no Conselho de Administração, de representante dos empregados e dos acionistas minoritários."

[25] "Art. 22. O Conselho de Administração deve ser composto, no mínimo, por 25% (vinte e cinco por cento) de membros independentes ou por pelo menos 1 (um), caso haja decisão pelo exercício da faculdade do voto múltiplo pelos acionistas minoritários, nos termos do art. 141 da Lei nº 6.404, de 15 de dezembro de 1976 [...]."

Outro ponto positivo da representatividade na formação do comitê de dados se verifica no fato de que, quanto mais plural e heterogênea for a sua composição, maior a possibilidade de detectar com mais assertividade os riscos de áreas diversas. Assim, "a heterogeneidade na composição do comitê possibilita uma maior facilidade no alcance de resultados positivos na gestão, em razão de todos os setores estarem sendo supervisionados e o surgimento de eventuais problemas são debatidos".[26]

A resposta para tal celeuma parece estar no meio do caminho entre a democracia deliberativa direta e a autocracia, por meio de uma forma de representação que, ao mesmo tempo, faça que cada membro da organização se sinta parte integrante do comitê e não inviabilize o programa em si pela ascensão a cargos de poder de pessoas prejudiciais ao escopo do programa, seja por incapacidade técnica, seja por descrença no programa em si, seja por questões pessoais, como vaidade, inveja, entre outras.

---

§ 3º Não serão consideradas, para o cômputo das vagas destinadas a membros independentes, aquelas ocupadas pelos conselheiros eleitos por empregados, nos termos do § 1º do art. 19.

§ 4º Serão consideradas, para o cômputo das vagas destinadas a membros independentes, aquelas ocupadas pelos conselheiros eleitos por acionistas minoritários, nos termos do § 2º do art. 19."

[26] LEDESMA, Thomás Henrique Welter; RODRIGUES, Maria Lúcia de Barros. Implementação do *compliance* na Fundação Nacional do Índio – FUNAI. *Revista Jurídica*, Curitiba, v. 2, n. 43, p. 131, 2016.

4
CRIMINAL COMPLIANCE E *COMPLIANCE* ANTICORRUPÇÃO

4.1 CORRUPÇÃO COMO FENÔMENO SOCIAL E GLOBAL – BREVE RESGATE HISTÓRICO

Embora este não seja um trabalho de história do direito, seria impossível abordar o assunto corrupção sem provocar algumas reflexões acerca de sua evolução histórica no mundo, para chegar ao Brasil.

A pesquisa que se desenvolve adiante é exclusivamente bibliográfica, partindo de análises de historiadores do direito ou mesmo de relatos descritivos de como se deu a transição de Portugal feudal para a consolidação do Estado português, e os desdobramentos com a colonização do Brasil e a vinda da família real.

Deve-se fazer um resgate histórico, embora tímido na sua abordagem, à medida que a corrupção, reconhecida e prevista como uma conduta penalmente relevante,[1] é um fenômeno que está umbilicalmente ligado a fatores econômicos, políticos, institucionais, ao tamanho do Estado e à sua pujança.

HAYASHI teve a oportunidade de destacar, em retrospectiva, quão antiga é a corrupção como fenômeno social:

> A corrupção é tão antiga quanto a existência dos sistemas jurídicos. Sob a perspectiva da legalidade, ensina Nelson Hungria que a corrupção (*corruptio*, *bribery*, *Bestechung*, *coecho*, *corruzione*), em sua essência, sempre esteve associada à ideia de venalidade em torno da função pública. Nesse sentido, os relatos de corrupção, bem como o seu controle jurídico, principalmente penal, remontam aos primórdios na civilização.[2]

Segundo JOHN T. NOONAN JR., há registros de corrupção (que denomina subornos) no Egito antigo, remontando a 3000 a.C.,[3] o que é corroborado pela pesquisa de KLINTGAARD, que estuda escritos de Abdul Rahman Ibn Khadlun do século

---

[1] Sua tipologia será abordada oportunamente e em complementação à reflexão que ora se propõe, mais do ponto de vista antropológico – notadamente social e político.

[2] HAYASHI, Felipe Eduardo Hideo. *Corrupção*: combate transnacional, *compliance* e investigação criminal. Rio de Janeiro: Lumen Juris, 2015. p. 50.

[3] NOONAN Jr., John T. *Subornos*. Rio de Janeiro: Bertrand Brasil, 1989.

XIV que já registram que "a 'causa fundamental da corrupção' era 'a paixão por viver luxuosamente dentro do grupo dominante'".[4]

A existência de normas para coibir a corrupção também é antiga. O Código de Hamurabi previu hipótese de vendagem judicial, dispondo que o juiz que negociasse sua decisão seria destituído do cargo e punido a pagar doze vezes o valor da causa.[5]

Importante que se destaque essa anotação no Código de Hamurabi, de 1910 a.C., a fim de reconhecer que a corrupção já era admitida como fenômeno antes mesmo de existir o que se pode conceber por Estado.

Contudo, à medida que os povos vão se organizando em estruturas estatais, a demandar a construção de modelos jurídicos, o reconhecimento da corrupção como ilícito se confirma e se consolida.

Na Grécia, havia a previsão de três condutas imputadas a funcionários públicos: o peculato, o abuso de autoridade e a corrupção. No que tange à corrupção, havia uma modalidade específica que tinha como sujeito ativo o próprio juiz (suborno). Tais crimes, pelo que se tem notícia, eram punidos com a morte.[6]

Quando já se reconhece uma estrutura estatal, a finalidade da previsão e da sanção a tais condutas tinha o intuito de proteger a *polis*, ao que hoje também se presta a tipificação dos crimes cometidos contra a administração pública (Código Penal, arts. 312 a 337-D, bem como os arts. 337-E e 337-P, inseridos pela Lei 14.133/2021), crimes contra a administração da justiça (Código Penal, arts. 338 a 359) e crimes contra as finanças públicas (Código Penal, arts. 359-A a 359-H).

Todos têm como vítima a coletividade, envolvem um sujeito específico na sua consecução (o servidor público – ou equiparado –, conceituado pelo art. 327 do Código Penal[7]).

Naturalmente, também há registro de normas que regularam condutas que podem ser reconhecidas como corrupção. Partiram da criminalização do recebimento de propina por magistrados, senadores e demais agentes públicos, chegando à previsão do peculato, da concussão e do excesso de exação como crimes.

A corrupção acompanha a evolução histórica do Estado,[8] chegando a países como Portugal e Espanha no século XV, e França no século XVIII.

---

4   KLINTGAARD, Robert. *A corrupção sob controle*. Rio de Janeiro: Jorge Zahar, 1994. p. 23.

5   OLIVEIRA, Edmundo. *Crimes de corrupção*. Rio de Janeiro: Forense, 1994.

6   HAYASHI, Felipe Eduardo Hideo. *Corrupção*: combate transnacional, *compliance* e investigação criminal. Rio de Janeiro: Lumen Juris, 2015. p. 15.

7   "Art. 327. Considera-se funcionário público, para os efeitos penais, quem, embora transitoriamente ou sem remuneração, exerce cargo, emprego ou função pública.

     § 1º Equipara-se a funcionário público quem exerce cargo, emprego ou função em entidade paraestatal, e quem trabalha para empresa prestadora de serviço contratada ou conveniada para a execução de atividade típica da Administração Pública. (Incluído pela Lei nº 9.983, de 2000)

     § 2º A pena será aumentada da terça parte quando os autores dos crimes previstos neste Capítulo forem ocupantes de cargos em comissão ou de função de direção ou assessoramento de órgão da administração direta, sociedade de economia mista, empresa pública ou fundação instituída pelo poder público. (Incluído pela Lei nº 6.799, de 1980)."

8   "El primer punto que se debe de tener en cuenta respecto de la corrupción es que antes de ser ella un problema jurídico es un fenómeno sócio-cultural, cuyos Orígenes siquiera se

Sobre a corrupção em Portugal, destaca-se a contribuição de BUSATO:

[...] a disciplina do crime de corrupção nas Ordenações Afonsinas, Manuelinas, Sebastianas e Filipinas, sob a denominação de "peita", que significa ato de corromper oficiais do Rei com dádivas. O Título LXXI do Livro V das Ordenações Filipinas intitulava-se "Dos officiais del-Rey, que recebem serviços, ou peitas, e das partes, que lhes dão ou prometem". As penas para tanto eram desde a perda do cargo, multa, banimento e até a morte. Punia-se tanto o funcionário público corrupto quanto o particular corruptor, com as mesmas penas.[9]

Já na França, as penalidades impostas aos sujeitos que cometem o crime de corrupção recebem uma conotação moral, voltada à humilhação pública:

Na França, no século XVIII, a Assembleia Nacional Constituinte de 1789 cominou aos funcionários corruptos (*forfaiteur*) penas privativas de liberdade e morte, e a degradação cívica em praça pública: "o corrupto era, em alta voz, declarado infame, e jungido a um colar de ferro (*carcan*), preso por uma corrente a um poste, e recebia no peito um cartaz com a indicação do crime que havia cometido". A tutela penal da corrupção justificava-se pela traição à confiança pública depositada no funcionário e na alta potencialidade lesiva da conduta à sociedade.[10]

Quanto à Espanha:[11]

---

puede detectar en el tiempo. [...] Al lado del evidente cambio de visión histórico respecto de la corrupción, importa tener en cuenta que la corrupción no es un objeto que se pueda investigar tomándola por algo definido, físico, ontológico, observable y descriptible, sino mucho más como algo perceptible, comprensible, reconocible a través del sentido." BUSATO, Paulo César. Historia y perspectivas respecto de la corrupción en Brasil. *Revista Penal*, n. 36, jul. 2015. Tradução livre: "O primeiro ponto que deve ser levado em conta em relação à corrupção é que, antes de ser um problema legal, é um fenômeno sociocultural, cujas origens podem ser detectadas no ritmo. [...] Além da óbvia mudança de visão histórica em relação à corrupção, é importante ter em mente que a corrupção não é um objeto que possa ser investigado tomando algo definido, físico, ontológico, observável e descritível, mas muito mais como algo perceptível, compreensível, reconhecível através do sentido".

[9] BUSATO, Paulo César. Historia y perspectivas respecto de la corrupción en Brasil. *Revista Penal*, n. 36, p. 132, jul. 2015.

[10] BUSATO, Paulo César. Historia y perspectivas respecto de la corrupción en Brasil. Revista Penal, n. 36, p. 133, jul. 2015.

[11] Tradução livre de: "En nuestra opinión, este dato responde principalmente a dos órdenes de razones: la primera, el excesivo poder que los partidos españoles concentran, proporcionalmente superior al de los partidos de otros países de la Unión Europea, dadas las prerrogativas que les otorgan, directa o indirectamente, la Constitución, la legislación electoral o los reglamentos parlamentarios, entre otras normas, íntimamente relacionada con esta razón se hall ala muy marcada debilidad de los representantes del Pueblo individualmente considerados, bien parlamentarios, bien concejales, quienes se saben inmediatamente tributarios de los paridos, y sólo mediatamente del Pueblo, para su elección. La segunda razón es el sistema de financiación de nuestros partidos, que si bien es fundamentalmente público, a través de subvenciones con cargo a los presupuestos del Estado (ya directas, en razón de los escaños obtenidos o a los efectos de sufragar las campañas electorales, ya indirectas, a favor de los correspondientes grupos parlamentarios), también admite aportaciones privadas, incluso

Em nossa opinião, este valor é principalmente devido a duas ordens de razões: primeiro, o poder excessivo que os partidos espanhóis concentram, proporcionalmente maior ao dos partidos de outros países da União Europeia, dadas as prerrogativas concedidas direta ou indiretamente a eles, a Constituição, a legislação eleitoral ou regulamentos parlamentares, entre outras regras; intimamente relacionada com essa razão é a fraqueza muito marcada dos representantes das pessoas individualmente consideradas, parlamentares ou conselheiros, que se conhecem imediatamente tributários dos nascimentos, e apenas mediatamente do povo, para a sua eleição. O segundo motivo é o sistema de financiamento de nossos partidos, que, embora seja fundamentalmente público, através de subsídios cobrados dos orçamentos estaduais (já diretos, por causa dos golpes obtidos ou dos efeitos de apoiar as campanhas eleitorais, e indiretos, em favor dos grupos parlamentares correspondentes), também admite contribuições privadas, mesmo anônimas, que abrem as portas: indivíduos ou entidades mais interessadas nos favores que poderiam ser obtidos em compensação por suas doações (especialmente se o beneficiário está no poder ou acaba chegando até ele) do que na doação magnânima em favor de certas ideias políticas; como indivíduos ou entidades totalmente dispostos a conceder créditos aos partidos, que, talvez, em troca de favores similares, poderiam ser perdoados. É aqui que aponta Nieto (1997, 23) principalmente ao descrever a partidocracia, incluindo, é claro, a espanhola, como "a versão moderna do antigo caciquismo".

Destaca-se em tais países a gravidade das penas, que, além de infligir danos à reputação do sujeito,[12] chegavam à condenação à morte.

---

anónimas, que abren la puerta: tanto a individuos o entidades más interesados en los favores que pudieran obtener en compensación por sus dádivas (sobre todo si el partido beneficiario está en el poder o termina llegando a él) que en el magnánimo donativo en pro de unas determinadas ideas políticas; como a individuos o entidades plenamente dispuestos a conceder créditos a los partidos, que quizá a cambio de parecidos favores podrían terminar siendo condonados. Aquí es adonde primordialmente apunta Nieto (1997, 23) al calificar la partitocracia, inclusive por supuesto la española, como 'la versión moderna del viejo caciquismo'". MEXÍA, Pablo García. La corrupción en España. *Nueva Revista*, n. 106, p. 42-43, jul./sept. 2006.

[12] "O ser humano costuma ser definido em razão de uma característica que lhe é peculiar: a autoconsciência. Aponta-se que os homens – em conjunto, isto é, a civilização humana – apresentam também a capacidade de empreender esforços sincronizados em razão das mesmas convicções e objetivos e que tal peculiaridade seria uma das principais razões pelas quais representam a espécie dominante no planeta. Mas há outra característica exclusivamente humana que, apesar de menos divulgada, está intimamente relacionada com esses dois fatores: o sentimento de degradação provocado pela reprovação daqueles com os quais se convive (a vergonha, ou *shame*).

[...]

Assim, se no que interessa ao presente estudo a sanção de *shame* relaciona-se com os juízos negativos que podem decorrer de práticas ilícitas e um Estado democrático de Direito, é fundamental perceber que esses 'juízos' não são apenas aqueles realizados por 'erceiros, os 'juízos alheios', mas também consistem em 'julgamento próprio'. Se, por um lado, conforme destacado por Yves de La Taille, a dimensão do 'juízo alheio' fica bastante evidente em algumas conceituações de vergonha – como a de Spinoza, segundo a qual 'a vergonha é a tristeza que

Nos países de *common law*, a corrupção aparece como *suborno* (*brybe*), que pode ser oferecido a servidores públicos (mas também enfatizando a hipótese de cometimento por juízes), e as penas partem da multa à prisão, ao confisco e à proibição de exercer cargo público.[13]

Tendo-se já falado que a corrupção aparece como crime na história portuguesa por volta do século XV, o que é possível prever é que de lá veio para o Brasil, quando as primeiras embarcações portuguesas aqui chegaram.

Já no Brasil Colônia há registro de que:

> [...] a despeito do clima de soltura que presidia a ação dos funcionários dos trópicos, distinta era a ação permissiva que gerava rendas particulares para as autoridades em exercício de funções régias e a prática de extorsões, desrespeito às leis estabelecidas ou algumas práticas de violências que transgredissem as determinações das leis e costumes do reino. Ainda que os limites que distingam as esferas de participação entre aquelas consentidas e aquelas efetivamente proibidas e ilegais sejam imprecisos, havia extremos como o contrabando ou o recebimento de propinas, de um lado, e a fabricação de moeda falsa, participação em desvios de receita da coroa e outros crimes, de outro.[14]

A pesquisa bibliográfica histórica leva a crer que tanto a família real quanto os membros da Corte, que efetivamente vieram ao Brasil, não tinham o interesse primário de ficar e fazer a nova terra prosperar, já que o êxodo da Corte se deu mais pela iminência da invasão de Napoleão e pelo medo da derrota.[15]

Porém, BUSATO teve a oportunidade de destacar que:

---

acompanha a ideia de alguma ação que imaginamos censurada pelos outros' – a sanção se *shame* também 'pressupõe um controle interno: quem sente vergonha julga a si próprio'.
[...]
Destarte, enquanto as penas de prisão e detenção penalizam o agressor privando-o de sua liberdade de ir e vir, total ou parcialmente (a depender do regime de pena), a sanção de *shame* atinge a reputação do agente transgressor. '*Shaming* é uma expressão de reprovação que pode ser transmitida por uma infinidade de formas culturais verbais e não verbais' e suas mais eficazes são aquelas que se disseminam em comunidades interdependentes, como o mercado, a família, os amigos, os vizinhos, etc." SCANDELARI, Gustavo Britta; POZZOBON, Roberson Henrique. *Shaming* como uma via para a sanção criminal de pessoas jurídicas no Brasil. *Revista Brasileira de Ciências Criminais*, ano 27, v. 151, p. 78-79, jan. 2019.

[13] SCANDELARI, Gustavo Britta; POZZOBON, Roberson Henrique. *Shaming* como uma via para a sanção criminal de pessoas jurídicas no Brasil. *Revista Brasileira de Ciências Criminais*, ano 27, v. 151, p. 77, jan. 2019.

[14] FIGUEIREDO, Luciano Raposo. Corrupção no Brasil Colônia. In: AVRITZER, Leonardo et al. (Org.). *Corrupção*: ensaios e críticas. 2. ed. Belo Horizonte: Editora da UFMG, 2012. p. 177-178.

[15] É o que nos indica BUSATO: "não há uniformidade entre os historiadores, mas estima-se que a migração tenha ocorrido em torno de 10.000 a 15.000 pessoas. Estas, no entanto, tinham pouco interesse na prosperidade do Brasil. Consideravam a sua ausência de Portugal temporária e se propunham mais a enriquecer à custa do Estado do que administrar a justiça ou beneficiar o público". BUSATO, Paulo César. Historia y perspectivas respecto de la corrupción en Brasil. *Revista Penal*, n. 36, p. 18, jul. 2015. Tradução livre de: "no hay uniformidad entre los historiadores, pero se estima que la migración que se produjo ha sido alrededor de 10.000 a 15.000 personas. Estos, empero, poco interesaban por la prosperidad de Brasil. Consideraban

Apuntase que históricamente el Estado brasileño ha tenido siempre una relación muy estrecha y constante con supuestos de corrupción y que, oficialmente, no fueran reconocidos como tales. Hay un error en tal afirmación, que deriva de una visión parcial y retroactiva del fenómeno de la corrupción. La corrupción era, en tiempos de la formación del Estado brasileño, lo que se consideraba la quiebra del comportamiento social esperado entonces.[16]

Com efeito, muitos dos comportamentos reconhecidos à época podem ser considerados corrupção quando pensados a partir de seu conceito atual;[17] mas à época não necessariamente seriam tidos por quebra do comportamento social esperado.

Por exemplo, na carta de Pero Vaz de Caminha que reportava ter encontrado as terras brasileiras, o explorador finaliza pedindo favores em benefício de seu genro.[18] Hoje, a conduta pode ser vista como corruptiva, mas à época era um comportamento social esperado de determinadas "castas".[19]

Assim, como em Portugal, a corrupção passa a ser reconhecida no Brasil sob o nome de peita ou suborno, e aparecia nas seções II e III do Código do Império de 1830 e na seção III do Código republicano de 1890. Em ambos, era apontada como crime cometido contra a administração pública, como também hoje aparece no Código Penal de 1940.

COSTA[20] é precisa quando afirma que, para se compreender o fenômeno da corrupção no Brasil, além de sua simples tipificação e herança portuguesa de conceitos,

---

temporaria su ausencia de Portugal y se proponían más a enriquecer a costes del Estado que a administrar justicia o a beneficiar el público".

[16] BUSATO, Paulo César. Historia y perspectivas respecto de la corrupción en Brasil. *Revista Penal*, n. 36, p. 15, jul. 2015.

[17] Nesse sentido, é também a contribuição de FIGUEIREDO: "se inexiste corrupção nas vantagens que os funcionários alcançavam, quando amparados pela concordância tácita do soberano, onde residia a transgressão que motivou rios de tintas que jorraram com denúncias de roubos e violência praticados por funcionários de todos os quadrantes do império? Decerto, ela não é tangível no vocabulário da época, no qual 'corrupção' aparece significando deterioração material e moral, sem o emprego objetivo do termo para se referir às condutas ilícitas de oficiais régios". FIGUEIREDO, Luciano Raposo. Corrupção no Brasil Colônia. In: AVRITZER, Leonardo et al. *Corrupção*: ensaios e críticas. 2. ed. Belo Horizonte: Editora da UFMG, 2012. p. 178.

[18] SILVEIRA, Renato de Mello Jorge. A ideia penal sobre corrupção no Brasil. Da seletividade pretérita à expansão de horizontes atual. *Revista Brasileira de Ciências Criminais*, São Paulo, n. 89, p. 408, mar./abr. 2011.

[19] "Tudo isso não era visto como indesejável, longe disso. Simplesmente as regras gerais de uma sociedade dividida por castas admitiam que algumas possuíam todas as vantagens pessoais, pelo simples fato de pertencer à categoria da nobreza. Tais comportamentos não eram entendidos como corrupção, mas como um fato natural, perfeitamente ajustado ao modo de vida." BUSATO, Paulo César. Historia y perspectivas respecto de la corrupción en Brasil. *Revista Penal*, n. 36, p. 16, jul. 2015. Tradução livre de: "Todo ello no era visto como indeseable, ni mucho menos. Simplemente las reglas generales de una sociedad dividida en castas admitía que unos tuvieran todas las ventajas personales, por el simple hecho de pertenecieren al rango de la nobleza. No se entendía tales comportamientos como corrupción, sino como un hecho natural, perfectamente ajustado a la forma de vida de entonces".

[20] COSTA, Helena Regina Lobo da. Corrupção na história do Brasil: reflexões sobre suas origens no período colonial. In: DEL DEBBIO, Alessandra; MAEDA, Bruno Carneiro; AYRES,

deve-se atentar para as características das instituições havidas no período do Brasil Colônia, e até mesmo do caminho histórico percorrido por Portugal para se tornar um Estado, na acepção moderna do termo.

Em pesquisa bibliográfica e histórica, pode-se concluir que o formato de Estado que se estabelece no Brasil Colônia é uma réplica do que Portugal se torna após a Revolução de Avis, "que marca a centralização da monarquia em Portugal".[21]

Contudo, finalmente centralizado, o Estado português se revela fraco e "acaba cedendo boa parte de seus proveitos a negociadores e banqueiros estrangeiros, além de ter seu poder militar, comercial e político exercido por agentes sedentos por vantagens econômicas pessoais".[22]

Com a expansão marítima, a necessidade de financiamento se torna também latente, e isso acaba fazendo que o Estado irremediavelmente se relacione com sujeitos que tinham condição monetária de participar do projeto,[23] e, naturalmente, eles poderiam esperar vantagens em troca do seu patrocínio à Coroa.

Nessa transição que passa ao Estado centralizado, algo do modelo medieval remanesce, e isso provoca insegurança e tumulto estrutural. A formalidade de que deve dispor um Estado ainda era substituída pela informalidade caraterística do medievo. Também é herdada do medievo a tendência à sobreposição de poderes, notadamente em face de entidades religiosas.

A partir dessa revisão bibliográfica e reflexão histórica, COSTA conclui que "sendo assim a Metrópole, não poderiam as instituições coloniais estabelecerem-se de modo diverso".[24]

Em Portugal, os altos cargos de gestão pública eram dispensados a sujeitos de proeminência política. Assim, também se fez com a Colônia, que deu espaço ao aumento de cargos disponíveis, já que se tornara necessário criar uma estrutura de gestão no Brasil.

Carlos Henrique da Silva (Coord.). *Temas de anticorrupção e* compliance. Rio de Janeiro: Elsevier, 2013.

[21] COSTA, Helena Regina Lobo da. Corrupção na história do Brasil: reflexões sobre suas origens no período colonial. In: DEL DEBBIO, Alessandra; MAEDA, Bruno Carneiro; AYRES, Carlos Henrique da Silva (Coord.). *Temas de anticorrupção e* compliance. Rio de Janeiro: Elsevier, 2013.

[22] COSTA, Helena Regina Lobo da. Corrupção na história do Brasil: reflexões sobre suas origens no período colonial. In: DEL DEBBIO, Alessandra; MAEDA, Bruno Carneiro; AYRES, Carlos Henrique da Silva (Coord.). *Temas de anticorrupção e* compliance. Rio de Janeiro: Elsevier, 2013.

[23] "O reino, renascido e revigorado com a revolução de Avis, incapaz de digerir a presa, entregava-a, na sua parte suculenta, aos banqueiros italianos e do norte da Europa, contentando-se com as sobras ostentatórias, que escorregavam para as garras ávidas da nobreza – militares e funcionários. O comerciante, estrangeiro e nacional, exercia o tráfico mediante concessão ou delegação real, com a outorga de privilégios." SOUZA, Laura de Mello e. *O sol e a sombra*: política e administração na América portuguesa do século XVIII. São Paulo: Companhia das Letras, 2006.

[24] COSTA, Helena Regina Lobo da. Corrupção na história do Brasil: reflexões sobre suas origens no período colonial. In: DEL DEBBIO, Alessandra; MAEDA, Bruno Carneiro; AYRES, Carlos Henrique da Silva (Coord.). *Temas de anticorrupção e* compliance. Rio de Janeiro: Elsevier, 2013. nota 203.

Ademais, alguns cargos dependiam de formação acadêmica específica, e, no período colonial, Portugal contava apenas com a Universidade de Coimbra;[25] o Brasil não teve universidades até o século XIX, com fundações em Olinda e em São Paulo.

Desse modo, os agentes públicos que operaram na gestão administrativa do Brasil Colônia eram necessariamente portugueses, porque cumpriam os requisitos exigidos para a ocupação dos cargos.

Sendo portugueses, trouxeram consigo as marcas do serviço público da metrópole, reproduzindo as rotinas que tinham em Portugal, onde já estava consolidado o Estado moderno e onde a corrupção já era reconhecida e, inclusive, tipificada como crime.

Se era algo estranho ao povo que residia na Colônia, o hábito da requisição de vantagem para a realização de ato lícito (ou para o descumprimento, burla de uma norma) acabou sendo incorporado à cultura do Brasil Colônia e seguiu consigo também após a independência, quando formuladas normas autônomas pelo Brasil livre.

Isso era associado à ausência quase absoluta de escolaridade da população da Colônia. A respeito, disserta COSTA, em sua análise histórica da evolução da corrupção no Brasil Colônia:

> Sem qualquer instrução, muitos analfabetos, os súditos mal compreendiam a confusa e complexa administração colonial e, assim, sequer tinham informações suficientes para identificar atos de corrupção. Restava-lhes, somente, sucumbir. Além disso, não se desenvolveu qualquer formação política que permitisse um olhar mais crítico ao fenômeno da corrupção.[26]

Os ministros e demais representantes públicos da Coroa se tornaram, inclusive, protagonistas de anedotas nas quais se registrava que "não vinham buscar o nosso bem, mas os nossos bens".[27]

BUSATO se ocupou de analisar a transição do Brasil Colônia ao Império, que tem como marco inicial a vinda da família real portuguesa ao Brasil em 1808:

> A transição da Colônia ao Império supunha, para o Brasil, um forte aumento do setor público, mas, também, do valor econômico utilizado para sua manutenção. [...] Para os custos de toda a estrutura que veio para o Brasil, que incluiu a mesma família real, 276 nobres, 2.000 funcionários reais, 700 padres, 500 advogados, 200 médicos e entre 4.000 e 5.000 militares, foi necessária a emissão de papel--moeda em quantidade e, para isso, foi criado o Banco do Brasil. Como então o lastro bancário foi dado em ouro, o monarca literalmente começou a vender títulos de nobreza. Foram criadas 1.200 ações do Banco, que foram vendidas como pagamentos em ouro necessário ao Banco. Mas, como estímulo aos com-

---

[25] Fundada em 1290. UNIVERSIDADE DE COIMBRA. *História da universidade.* Disponível em: <https://www.uc.pt/sobrenos/historia>. Acesso em: 7 jun. 2017.

[26] COSTA, Helena Regina Lobo da. Corrupção na história do Brasil: reflexões sobre suas origens no período colonial. In: DEL DEBBIO, Alessandra; MAEDA, Bruno Carneiro; AYRES, Carlos Henrique da Silva (Coord.). *Temas de anticorrupção e compliance.* Rio de Janeiro: Elsevier, 2013. p. 14, nota 63.

[27] FAORO, Raymundo. *Os donos do poder.* São Paulo: Publifolha, 2000. p. 195.

pradores, estes eram recompensados com títulos de nobreza. [...] O resultado final foi que o Tribunal de D. João VI distribuiu títulos de nobreza e honra entre 1808 e 1816 em número superior a todos os trezentos anos anteriores da história da monarquia portuguesa.[28]

Pode-se supor que aqueles que adquiriram títulos de nobreza e, com isso, auxiliaram na viabilidade econômica da vinda da família real ao Brasil, passaram a ter o benefício do uso da coisa pública, por meio da eventual obtenção de favores em troca de sua contribuição financeira para a causa da Coroa.

SCHWARCZ também trata da temática da corrupção no Brasil Império, indicando que não se reconhecia a corrupção como um problema ou algo negativo, ao passo que se manteve um quarto poder (moderador), de um monarca divino que tudo podia, e que a nada estava subordinado:

> A noção de corrupção está, por outro lado, vinculada normalmente a um tipo de Estado cuja lógica advém da ideia de igualdade de direitos, modelo que não fazia parte das concepções de um governo que, a despeito de seu caráter mais ou menos esclarecido, nunca abriu mão do poder moderador: um quarto poder – de exclusividade do monarca – e que anulava os demais.[29]

Há elementos suficientes a concluir que a habilidade da família real, e do soberano, em gerir o Estado brasileiro foi deveras questionada pela população, e a autora descreve um episódio em seu texto que pode ser tido como paradigmático a essa constatação.

SCHWARCZ narra a oportunidade em que ocorreu um furto na residência íntima oficial da família real, tendo sido subtraídas inúmeras joias da Imperatriz Teresa Cristina e da Princesa Isabel. Naturalmente, os responsáveis pelo crime deveriam ser pessoas com acesso franco à residência real, portanto, servidores do reino.

A postura do rei em apenas afastar formalmente os servidores suspeitos, sem ao menos lhes impedir de ingressar na residência real (já que possuíam chaves), fez que o povo avaliasse que, se a família real não tinha condições de agir no sentido de resguardar o que lhe pertencia, como teria para garantir os súditos?

---

[28] BUSATO, Paulo César. Historia y perspectivas respecto de la corrupción en Brasil. *Revista Penal*, n. 36, jul. 2015. Tradução livre de: "El paso de Colonia a Imperio supuso, para Brasil, un fuerte incremento del sector público, pero, igualmente, del valor económico empleado para su mantenimiento. [...] Los costes de toda la estructura que vino a Brasil, que incluyó la misma familia real, 276 nobles, 2000 funcionarios regios, 700 padres, 500 abogados, 200 practicantes de medicina y entre 4000 y 5000 militares ha sido necesaria la emisión de papel-moneda en cantidad y, para ello, ha sido la creado el Banco de Brasil. Como entonces el lastro bancario se daba en oro, el monarca empezó literalmente a vender títulos de nobleza. Se han creado 1200 acciones del Banco que vendía con pagos en oro necesitado por el Banco. Pero, como estímulo a los compradores se les recompensaba con títulos de nobleza. [...] El resultado final ha sido que la Corte de D. João VI ha distribuido títulos de nobleza y honrarías entre 1808 y 1816 en número superior a todos los trescientos años anteriores de la historia de la monarquía portuguesa".

[29] SCHWARCZ, Lilia Moritz. Corrupção no Brasil Império. In: AVRITZER, Leonardo et al. (Org.). *Corrupção*: ensaios e críticas. 2. ed. Belo Horizonte: Editora da UFMG, 2012. p. 191.

Notadamente, porque os três suspeitos do roubo foram imediatamente colocados em liberdade e, para "amaciar" a polícia, o rei lhes concedeu títulos honoríficos, o que foi "prontamente interpretado pela imprensa como uma tentativa de 'silenciar' os policiais [...] com títulos em geral reservados à nobreza".[30]

Parece ser evidente que esse deve ser tido como um dos marcos decisivos à hipertrofia da coisa pública, algo que ainda se vê hoje no Brasil e que é elementar à corrupção: a figura do monarca como tão absoluta, a ponto de assegurar não fosse cumprida, e, pior, cuja leniência se dava em face de violência cometida contra si e contra a figura da monarquia, já que as joias furtadas eram símbolos do Estado português.

Complementando esse raciocínio, BECHARA avalia que a inclinação à corrupção no Brasil está ligada, ainda, às contradições na formação da cidadania no país, que se denotam desde a independência de Portugal em 1822:

> A formação da cidadania no Brasil é marcada historicamente por contradições decorrentes da independência de Portugal, em 1822, correspondendo à instabilidade política endêmica e ao baixo índice de exercício material dos direitos individuais e sociais, ao lado de um discurso liberal, que estava mais preocupado com a coerência formal da ideia do que com a eficácia de suas pressuposições. A estrutura escravagista constituiu, nessa linha, um fato importante originário de tais antinomias, antecipando a defesa das liberdades políticas juntamente com uma justificativa patriótica da escravidão, deixando dessa hipocrisia cicatrizes importantes no processo de evolução político-social brasileira.[31]

E, a partir dessas premissas, somadas ao formato patriarcal da sociedade brasileira e aos fenômenos do coronelismo e do clientelismo, a autora conclui que, "portanto, e em conclusão, foi justamente esse processo deficitário de formação histórica da cidadania que acabou legitimando de fato o aumento da desigualdade social no Brasil e a prática da corrupção".[32]

Havia, pois, a fusão letal do hábito já consolidado entre os agentes públicos portugueses, de se valerem de medidas corruptivas para enriquecer e obter as mais diversas vantagens, e da falta de informação dos colonos brasileiros, que sequer tinham acesso a escolas.

---

[30]   SCHWARCZ, Lilia Moritz. Corrupção no Brasil Império. In: AVRITZER, Leonardo et al. (Org.). *Corrupção*: ensaios e críticas. 2. ed. Belo Horizonte: Editora da UFMG, 2012. p. 195.

[31]   BECHARA, Ana Elisa Liberatore S. La evolución político-criminal en el control de la corrupción pública. *Revista General de Derecho Penal*, Madrid, 2012. Tradução livre de: "La formación de la ciudadanía en el Brasil está marcada históricamente por contradicciones surgidas desde la independencia de Portugal, en 1822, correspondientes a la endémica inestabilidad política y al bajo índice de ejercicio material de derechos individuales y sociales, al lado de un discurso liberal que se preocupaba más por la coherencia formal de idea que por la efectividad de sus presupuestos. La propia estructura esclavista constituyó, en esa línea, un hecho importante originario de tales antinomias, al pregonar la defensa de las libertades políticas a la par de una justificación patriótica de la esclavitud, dejando a partir de esta hipocresía cicatrices importantes en el proceso de evolución político-social brasileño".

[32]   BECHARA, Ana Elisa Liberatore S. La evolución político-criminal en el control de la corrupción pública. *Revista General de Derecho Penal*, Madrid, 2012. Tradução livre de: "por tanto y en conclusión, fue justamente este proceso deficiente de formación histórica de la ciudadanía la que acabó por legitimar de hecho el aumento de la desigualdad social en el Brasil y consigo la práctica de la corrupción".

Quando se trata da Primeira República, BUSATO noticia que "não mudaram as estruturas socioeconômicas brasileiras. De fato, parece que a conquista da República foi justamente a preservação dos interesses das elites".[33]

E, quanto às ditaduras que sucederam a Primeira República, o autor indica que:

> A liderança política dos governos que sucederam a "velha república" foi radical e populista. O privilégio das classes abastadas foi identificado como o grande problema do país. Uma ideologia de corrupção sistêmica ainda estava presente, não mais focada em um sistema de governo, mas em grupos de poder. Foi identificado, como uma necessidade primordial, um governo voltado para os interesses da população e com a redução de privilégios.[34]

Importante consignar que foi nesse contexto histórico, em que houve uma mudança de paradigma ao reconhecimento da corrupção – que era pensada como algo sistêmico, e passa a ser vista como uma corrupção de indivíduos –, que é aprovado e entra em vigor o Código Penal (Lei 2.848, de 7 de dezembro de 1940).[35]

No que tange à previsão da corrupção como infração de importância penal, o Código Penal de 1940 (Decreto-lei 2.848) traz, nos arts. 317 e 333, as modalidades passiva e ativa, respectivamente.

Insta destacar, contudo, que a fisionomia no Código Penal de 1940 é preponderantemente autoritária, o que ainda se revela pela leitura da Exposição de Motivos da nova Parte Geral (Lei 7.209/1984).[36]

---

[33] BUSATO, Paulo César. Historia y perspectivas respecto de la corrupción en Brasil. *Revista Penal*, n. 36, jul. 2015. Tradução livre de: "no ha cambiado las estructuras socioeconómicas brasileñas. De hecho, parece que el logro de la República ha sido precisamente la preservación de los intereses de las elites". Ainda: "As mesmas desigualdades que eram a marca do Império, isto é, situações privilegiadas, eram ainda muito evidentes, embora agora não tivessem mais nada a ver com a família real ou com a Corte, mas com os poderosos senhores da terra". Tradução livre de: "Las mismas desigualdades que eran la marca del imperio, es decir, las situaciones de privilegios, seguían muy evidentes, aunque ahora no tenían más que ver con la familia real o con la Corte, sino con los poderosos señores de la tierra".
Pelo que relata o autor, houve apenas um deslocamento de importância dos nobres aos senhores de terra, que as adquiriram graças à postura da Coroa, pela venda de títulos e pela criação das Capitanias Hereditárias.

[34] BUSATO, Paulo César. Historia y perspectivas respecto de la corrupción en Brasil. *Revista Penal*, n. 36, jul. 2015. Tradução livre de: "La dirección política de los gobiernos que han sucedido la 'vieja República', ha sido radical y populista. Se ha identificado como el gran problema del país el privilegio de las clases abastadas. Seguía presente una idea de corrupción sistémica, pero, no ya volcada a un sistema de gobierno, sino hacia grupos de poder. Se identificaba como necesidad primordial un gobierno volcado a los intereses de la población y con recorte de privilegios".

[35] BUSATO, Paulo César. Historia y perspectivas respecto de la corrupción en Brasil. *Revista Penal*, n. 36, p. 23, jul. 2015.

[36] "5. Apesar desses inegáveis aperfeiçoamentos, a legislação penal continua inadequada às exigências da sociedade brasileira. A pressão dos índices de criminalidade e suas novas espécies, a constância da medida repressiva como resposta básica ao delito, a rejeição social do apenado e seus reflexos no incremento da reincidência, a sofisticação tecnológica, que altera a fisionomia da criminalidade contemporânea, são fatores que exigem o aprimoramento dos instrumentos jurídicos de contenção do crime, ainda os mesmos concebidos pelos juristas na primeira metade do século." BRASIL. Exposição de Motivos nº 211, de 9 de maio de 1983. *Lei*

Por isso, as sanções cominadas aos crimes de corrupção ativa e passiva vão de dois a doze anos, não cabendo, pois, enquadramento na categoria menor potencial ofensivo, ou acordos paralelos à conclusão da ação penal (como *sursis* processual e transação penal).[37]

Ademais, trata-se também de crime cuja pena concretizada pode incluir o infrator no espectro de cumprimento de pena no regime fechado (a partir de oito anos).

Também, não se pode olvidar que os redatores do anteprojeto, que depois vem a se consagrar como o novo Código Penal, bem como os agentes políticos que participaram do processo de sua aprovação, passaram a ser reconhecidos pela população à época como corruptos, conforme retrata BUSATO:

> O que antes – no Império e no primeiro estágio da República – era considerado uma corrupção sistêmica, associada ao mesmo modo de governar, durante o governo Vargas, torna-se um fenômeno que se liga às pessoas.
>
> Em 1945, a crítica a Vargas não é sobre o seu sistema de governo que é popular ou populista e, como tal, tem o povo, em geral, a seu lado.
>
> [...]
>
> Não é, portanto, um problema do sistema governamental, mas das pessoas que compõem o mesmo governo.
>
> A enorme pressão faz Vargas cometer suicídio. Em sua sucessão, ingressa Juscelino Kubitschek, seu herdeiro político.
>
> As críticas continuam as mesmas e a construção de Brasília como a nova capital do país, com enormes gastos, abriu portas para suspeitas de corrupção também de grande importância, todas dirigidas pessoalmente ao novo presidente.[38]

Assim, passou-se a ver os indivíduos como corruptos, e não mais a estrutura de que faziam parte, organicamente, e tais sujeitos foram os responsáveis pela idealização e pela confirmação do Código Penal.[39]

---

nº 7.209, de 11 de julho de 1984. Altera dispositivos do Decreto-lei nº 2.848, de 7 de dezembro de 1940 – Código Penal, e dá outras providências. Disponível em: <https://www2.camara.leg.br/legin/fed/lei/1980-1987/lei-7209-11-julho-1984-356852-exposicaodemotivos-148884-pl.html>. Acesso em: 21 ago. 2021.

[37] Com o advento da Lei 13.964/2019, tornou-se possível a celebração de acordo de não persecução penal. Porém, além da quantidade de pena, há outros requisitos concomitantes que precisam ser observados a fim de viabilizar o acordo.

[38] BUSATO, Paulo César. Historia y perspectivas respecto de la corrupción en Brasil. *Revista Penal*, n. 36, p. 23-24, jul. 2015. Tradução livre de: "Lo que antes – en el Imperio y en la primera etapa de la República – se consideraba una corrupción sistémica, asociada a la misma forma de gobernar, durante el gobierno Vargas, se vuelve en un fenómeno vinculante a las personas. Em 1945, la crítica a Vargas es no sobre su sistema de gobierno que es popular o populista, y con ello, tiene el Pueblo, en general, de su parte. [...] No es, pues, un problema de sistema de gobierno, sino de las personas que componen el mismo gobierno. La enorme presión hace con que Vargas se suicide. En su sucesión ingresa Juscelino Kubitschek, su herdero político. La crítica sigue igual y la construcción de Brasília como nueva capital de país, con unos gastos enormes, ha abierto puertas para sospechas de corrupción también de grande entidad, todas dirigidas personalmente al nuevo Presidente".

[39] Segundo BUSATO, a partir de 1940, quando da edição do Código Penal, durante a Era Vargas, o crime de corrupção encontrou uma nova configuração. Ele passou a ser tido como

No período da ditadura militar, a contar de 1964, com a publicação do Ato institucional 1,[40] a utilização da tortura como ferramenta de imposição de poder deu à corrupção toda uma nova configuração. Ela também provoca o retrocesso da visão acerca da corrupção: agora vista como um fenômeno individual (da pessoa), volta a ser associada com a ideia de um sistema corrupto:

> Obviamente, presume-se que o ato de governar protegido pela tortura seja culpa de algumas pessoas que querem demonstrar, o que, é claro, estabelece privilégios. [...]
>
> Para que a tortura funcione, são necessários falsos relatórios de médicos que atestem que a morte ocorreu por motivos que não a tortura, e o apoio de juízes, que fecham os olhos diante de evidências de crimes. É dizer que a corrupção é a essência de toda ditadura.[41]

Ainda, no que tange ao período da ditadura militar, STARLING estabelece relevante crítica, contextualizada com dados históricos, e que precisa ser cotejada com as informações trazidas por BUSATO em seu texto:

---

um crime individual, e não mais associado a uma forma de governo; foi aprimorado com o reconhecimento de modalidades de corrupção, como ativa e passiva – com inspiração no Código Penal suíço –: prevaricação, malversação de verbas públicas, concussão, tráfico de influência etc.: "o alargamento é percebido com a ocupação de todo um título de crimes contra a administração pública, que é composto por três capítulos: um dos crimes praticados por um funcionário público contra a administração pública; o segundo de indivíduos contra a administração pública e o terceiro de crimes específicos contra a administração da justiça. No primeiro capítulo, todas as hipóteses já constavam no Código Penal do Império (1930) e no Código Penal da República (1890), além da inclusão de muitas outras, como peculato culposo (imprudente); a desativação do documento, a facilitação do contrabando; a quebra do sigilo funcional e, principalmente, o uso irregular de verbas ou rendas públicas". BUSATO, Paulo César. Historia y perspectivas respecto de la corrupción en Brasil. *Revista Penal*, n. 36, p. 23-24, jul. 2015. Tradução livre de:"Se percibe la ampliación con la ocupación de todo un título de delitos en contra la administración pública que se compone de tres capítulos: uno de delitos practicados por funcionario público en contra de la administración pública; el segundo de particulares en contra la administración pública y el tercero de delitos específicos en contra la administración de la justicia. En el primer capítulo, figuran todas las hipótesis que ya se encontraban acogidas en el Código Penal del Imperio (1930) y el Código penal de la República (1890), además de la inclusión de muchas otras como el peculato culposo (imprudente); la inutilización de documento, la facilitación de contrabando; la violación de sigilo funcional y especialmente el empleo irregular de verbas o rendas públicas".

40 BRASIL. *Ato institucional nº 1, de 09 de abril de 1964*. Dispõe sobre a manutenção da Constituição Federal de 1946 e as Constituições Estaduais e respectivas Emendas, com as modificações introduzidas pelo Poder Constituinte originário da revolução vitoriosa. Disponível em: <http://www.planalto.gov.br/ccivil_03/AIT/ait-01-64.htm>.

41 BUSATO, Paulo César. Historia y perspectivas respecto de la corrupción en Brasil. *Revista Penal*, n. 36, p. 25, jul. 2015. Tradução livre de:"Por obvio, el acto de gobernar amparado en la tortura tiene por presunción la culpa de algunos que se quiere demonstrar, lo que, desde luego, establece privilegios. [...] Para la tortura funcionar hacen falta incluso laudos falsos de médicos que atestan mueres por otras causas que no la tortura y soporte de jueces, que cierran los ojos delante de evidencias de delitos. Es decir, la corrupción es la misma esencia de toda ditadura".

Combater a corrupção e derrotar o comunismo: os dois propósitos serviram de conduto para articular em uma retórica comum as diversas conspirações que fermentavam no meio militar, às vésperas do golpe que derrubou o governo de João Goulart, em março de 1964.[42]

BUSATO indica que a corrupção se manifestava no período do governo militar por meio da "compra" de médicos para emitir laudos falsos de morte natural, que justificassem as eliminações feitas pelos militares.[43]

Isso mostra que o uso do combate à corrupção como lema político de justificação de guinada de poder não é algo novo à realidade brasileira, mas que, uma vez alcançado o *status* que se almeja, aqueles que antes pregavam a luta contra a corrupção acabam sugados para um redemoinho comum que utiliza atos de corrupção para justificar seus meios.

Com efeito, e mesmo diante da criminalização exemplar das condutas, o Brasil não encontrou melhora nos índices internacionais de confiabilidade, pois a essência da sua estrutura parece suscetível à corrupção.

Não se trata de afirmar, peremptoriamente, que o Brasil parece tendente a assimilar hábitos corruptivos, mas, conforme se denota do Índice de Percepção da Corrupção, editado em 2018 pela *Transparency International*, o país se encontra muito mal ranqueado.

Mesmo prevendo penas severas e tendo sido abordados os aspectos civil e administrativo da corrupção em legislação específica (Lei 12.846, de 1º de agosto de 2013 – Lei Anticorrupção), esta é a situação atual do Brasil em face das métricas internacionais no quesito corrupção:

Figura 01 – Métricas internacionais no quesito corrupção

TRANSPARENCY INTERNATIONAL
the global coalition against corruption

CORRUPTION PERCEPTIONS INDEX 2020

The perceived levels of public sector corruption in 180 countries/territories around the world.

SCORE

Highly Corrupt   0-9 10-19 20-29 30-39 40-49 50-59 60-69 70-79 80-89 90-100 Very Clean   No data

#cpi2020
www.transparency.org/cpi

This work from Transparency International (2020) is licensed under CC BY-NU 4.0

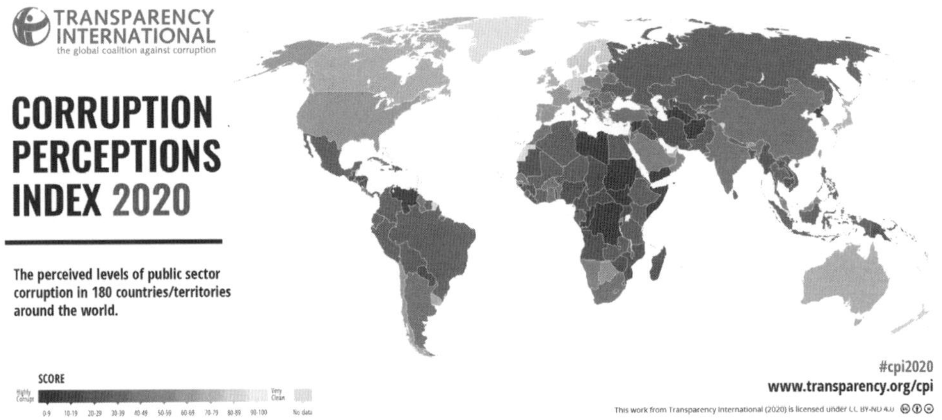

[42]   STARLING, Heloisa Maria Murgel. Ditadura militar. In: AVRITZER, Leonardo et al. (Org.). *Corrupção*: ensaios e críticas. 2. ed. Belo Horizonte: Editora da UFMG, 2012. p. 213.

[43]   BUSATO, Paulo César. Historia y perspectivas respecto de la corrupción en Brasil. *Revista Penal*, n. 36, jul. 2015.

Figura 02 – *Heat map corruption perception*

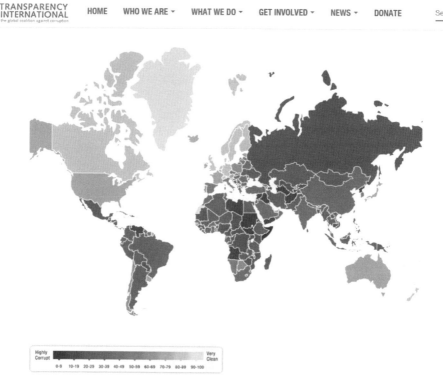

Fonte: <https://www.transparency.org/en/cpi/2020/index/nzl>.

O Brasil tem 38 pontos segundo a pesquisa desenvolvida pela organização, estando ranqueado em 94/180.[44]

Inobstante o mau posicionamento do Brasil, a mesma Transparência Internacional formulou pesquisa que colocou o brasileiro no primeiro lugar entre os povos que estão mais engajados no combate à corrupção.[45]

Com efeito, embora tenha uma história marcada pela presença da corrupção, muito pela herança colonial, e com isso esteja mal colocado nos índices de percepção da corrupção (considerado, portanto, corrupto do ponto de vista internacional), há um engajamento popular na criação de medidas que combatam a corrupção.

---

[44] Quanto maior a posição no *ranking*, pior a percepção que se tem do país quanto à corrupção. A título de comparação, a Somália é o país com a pior avaliação (180/180) e a Nova Zelândia é o mais bem ranqueado (1/180). Com o mesmo índice do Brasil (37 pontos) estão o Suriname, Sérvia, Sri Lanka, Tanzânia, Etiópia, Peru e Kazaquistão TRANSPARENCY INTERNATIONAL. Corruption perceptions index 2020. Disponível em: <https://www.transparency.org/en/cpi/2020/index/bra#>.

[45] TRANSPARENCY INTERNATIONAL. Global corruption barometer: citizens' voices from around the world. Disponível em: <https://www.transparency.org/en/news/global-corruption-barometer-citizens-voices-from-around-the-world>.

A população, portanto, não se desonera da função de participar dos movimentos de mudança a fim de encontrar uma realidade menos corrupta. E, provavelmente, um dos fatores que contribuem para essa popularidade da discussão a respeito da questão "corrupção" é a Operação Lava Jato, com o destaque que encontrou nos discursos públicos e da mídia enquanto ainda tratada como um espetáculo do processo.[46] Assim como também tem o seu papel a Ação Penal 470, originária da Suprema Corte, popularmente denominada "Mensalão", uma das responsáveis por incluir a temática da corrupção na pauta do País.

Ademais, diferente do que ocorreu às vésperas do golpe militar de 1964, em que o discurso da corrupção era utilizado como justificativa à tomada do poder, o cenário atual parece mais protagonizado pela população, que se empodera com os discursos anticorrupção e efetivamente cria a sua opinião a respeito.

Com base nas pesquisas internacionais apresentadas alhures, parece também ser possível afirmar que a corrupção é um debate de índole multicultural,[47] de modo que sempre é tratado em tom comparativo.

Dessa forma, a conclusão parcial a que se chega é de que a tendência é a incorporação de mecanismos globais que atendam a questões de afetação global. Foi o que ocorreu com a importação do acordo de leniência,[48] por exemplo, que é uma criação da *International Chamber of Commerce*.

---

[46] A sociedade de comunicação será tratada em item oportuno, mostrando a influência da mídia e da velocidade na disseminação sobre o fenômeno da corrupção.

[47] "Além da ascensão de uma nova modalidade de globalização, intimamente vinculada às ideias de expansão do mercado, imperativo destacar a presença do chamado multiculturalismo, que se traduz na internacionalização do estudo dos direitos humanos e na percepção de direitos fundamentais em uma perspectiva global, o que reforça a nova ordem de integração cultural, também no que concerne à economia.. LAMY, Anna Carolina Faraco; LAMY, Eduardo de Avelar. *Reflexos do acordo de leniência no processo penal*: a influência do *compliance* concorrencial. 2. ed. Rio de Janeiro: Lumen Juris, 2018. p. 2-3.

[48] "Consoante se ressaltou anteriormente, o acordo de leniência é um instituto, com origem no ordenamento norte-americano, que consiste em espécie de delação premiada específica para hipóteses de crimes de cartel, mas com regime jurídico diferenciado, principalmente no que tange ao órgão responsável pela sua celebração: o Ministério da Justiça e não o Ministério Público. O indivíduo ou empresa envolvida em atividade anticoncorrencial entra em contato com as autoridades antitruste, no caso dos Estados Unidos da América por intermédio do Departamento de Justiça – no Brasil, com atuação do Ministério da Justiça –, comprometendo-se a cessar a atividade ilícita e cooperar na investigação para o desmanche do cartel para, em troca, receber o benefício de isenção de multa administrativa e extinção da punibilidade em matéria criminal. Na lição de MAIRA BEUCHAMP, o crime de cartel continuou sendo delito de difícil persecução e posterior punição, mesmo com o uso de medidas modernas de investigação, como as inspeções feitas em empresas pelos órgãos antitruste e a busca e apreensão – também chamada *dawn raids* no âmbito do direito concorrencial. Assim, a solução encontrada foi passar a contar com a cooperação dos próprios autores do ilícito, criando-se uma política de incentivo à delação premiada, dado o caráter sigiloso e clandestino do crime de cartel. Foi justamente a partir dessa ideia que surgiu, não só no Brasil, mas em um número expressivo de países como África do Sul, Alemanha, Austrália, Canadá, Espanha, Estados Unidos, França, Grécia, Holanda, Hungria, Irlanda, Israel, Japão, Nova Zelândia, Portugal, Reino Unido e União Europeia, o chamado programa de leniência." LAMY, Anna Carolina Faraco; LAMY, Eduardo de Avelar. *Reflexos do acordo de leniência no processo penal*: a influência do *compliance* concorrencial. 2. ed. Rio de Janeiro: Lumen Juris, 2018. p. 41.

É o que parece ocorrer com as ferramentas globais de combate à corrupção, *vide* o mapa trazido no tópico anterior, que avalia a percepção da corrupção em um panorama global.[49]

A *Transparency International* é um órgão de análise e controle da corrupção em âmbito global e se ocupa em criar métricas e parâmetros de percepção da corrupção. Isso é um movimento natural, dada a importância supranacional que o tema mereceu, conforme se analisará oportunamente.

Não é difícil constatar que a preocupação com a corrupção em um determinado país excede as suas fronteiras. À medida que existem organismos internacionais que se ocupam de avaliar a *performance* de cada país no quesito corrupção, isso pode ser utilizado como parâmetro decisivo para investimento internacional e parcerias transnacionais.

Também não se pode negar que a visão que o mundo tem de um determinado país afeta diretamente a sua saúde financeira. Se um país é visto como corrupto, parece ser possível afirmar que ele atrairá menos capital estrangeiro – menos investimento –, e, com isso, irá sofrer.

O grau de confiabilidade que um país transparece é um valor de mercado, e quanto mais confiável for, mais investimento estrangeiro deverá atrair.

Tudo isso se consolida quando se constata que a redução das distâncias provocada pela globalização cria novas categorias de risco, que serão consideradas quando uma determinada empresa multinacional estiver escolhendo o local onde abrirá uma filial.[50]

---

[49]   Justamente porque a corrupção é um tema de afetação global, como destaca SCHLOSS: "a corrupção é um fenômeno complexo e, em muitos casos, é o resultado de problemas profundamente enraizados de distorções de políticas, incentivos institucionais e governança. Portanto, não se pode simplesmente tratar a questão com decretos que proíbem a corrupção. De fato, em quase todos os países, a conduta é estabelecida por lei. No entanto, em mais casos que você queira admitir, o esforço para atacar a corrupção tem sido limitado. Isso ocorre porque, por definição, em muitas economias, especialmente aquelas em desenvolvimento e transição, instituições judiciais, meios sancionatórios, a polícia e outros órgãos legais não são confiáveis; porque o Estado de Direito é muitas vezes frágil e, portanto, pode ser capturado por interesses corruptos". SCHLOSS, Miguel J. Gobernabilidad, corrupción y desarrollo: algunas evidencias estadísticas y experiencias. Disponível em: <https://repositorio.uam.es/bitstream/handle/10486/679489/EM_27_8.pdf?sequence=1&isAllowed=y>. Acesso em: 21 ago. 2021. Tradução livre de: "La corrupción es un fenómeno complejo y en muchos casos es el resultado de problemas profundamente arraigados de distorsiones en las políticas, incentivos institucionales, y gobernancia. Por consiguiente, no se puede simplemente tratar el tema con decretos que proscriben la corrupción. De hecho, en casi todos los países la conducta está prohibida por la ley. Sin embargo, en más casos que se quiera admitir, el esfuerzo para atacar la corrupción ha sido limitado. Ello se debe a que por definición en muchas economías, especialmente aquellas en desarrollo y transición, las instituciones judiciales, medios de sanción, la policía y otros organismos legales no son fiables; porque el estado de derecho es muchas veces frágil y, por tanto, puede ser capturado por intereses corruptos".

[50]   "Com o novo paradigma multicultural, também se passou a conviver com o conceito de sociedade pós-moderna/pós-industrial que consiste no reconhecimento de uma nova categoria de risco que 'se diferencia, volatizando-se no espaço e no tempo e submetendo o ser humano a perigos ante inimagináveis." LAMY, Anna Carolina Faraco; LAMY, Eduardo de Avelar. *Reflexos do acordo de leniência no processo penal*: a influência do *compliance* concorrencial. 2. ed. Rio de Janeiro: Lumen Juris, 2018. p. 3.

E, em vista disso tudo, perpassa pela impressão de si mesmo que um determinado país transparece.

Com efeito, o fato de os países serem situados e considerados sob o parâmetro global – quando se trata da temática corrupção – também provoca o fortalecimento de ferramentas alternativas de gestão.

Essas ferramentas – como o acordo leniência acabou sendo no que concerne ao direito concorrencial – servem para dar uniformidade ao tratamento das empresas, notadamente em razão de estarem situadas em países que têm regimes jurídicos diversos.

À medida que empresas estrangeiras passarem a exigir evidências de conformidade normativa, ao constatar a posição ruim do Brasil no *ranking* mundial de percepção da corrupção, haverá um movimento natural para que se passe a refletir mais a respeito do assunto *compliance* e que mais profissionais se especializem nessa área.

O *compliance* é uma ferramenta de gestão conhecida mundialmente, de modo que seu uso possibilita às empresas ingressar em uma linguagem mundial que atesta a sua higidez estrutural.

Um programa de *compliance* anticorrupção é um conceito que pode ser compreendido por autoridades dos mais diversos países, de modo que, quando uma empresa possui um programa dessa natureza, todos que procederam a qualquer tipo de *due diligence* poderão constatar seu grau de risco e de comprometimento com a conformidade.

Insta destacar que a consolidação do *compliance* como mecanismo de autorregulação não é benéfico apenas às empresas que, *a priori*, evitam a tutela estatal, mas, também, ao País como um todo, à medida que o fortalecimento de técnicas de autotutela afeta a visão global que se tem dele.

Quanto mais empresas adotarem essa ferramenta globalmente reconhecida, melhor será a visão que o mundo terá do Brasil.

Também vale lembrar que o Brasil, embora mal colocado nos *rankings* mundiais de percepção da corrução, encontra-se muito bem colocado no quesito preocupação coletiva com o "combate à corrupção".

Importante frisar que não há elementos científicos que confirmem se o movimento social de "combate à corrupção" se alia apenas a um discurso ou se efetivamente brota de uma vontade sincera de mudança de paradigma.

O ponto conclusivo deste segmento do trabalho é que a corrupção é um fenômeno antigo no Brasil e no mundo. A preocupação com a corrupção alcançou proporção global, em face do multiculturalismo e da abertura de mercados.

Nesse cenário, cada país é avaliado, inclusive, para que se decida onde grandes empresas farão investimentos, o que é importante para a economia de qualquer país. Com efeito, alguns elementos tornam a questão do *compliance* mais sedimentada, já que a necessidade de enquadramento positivo global faz que práticas já consagradas em alguns países encontrem eco no Brasil.

Não se pode confirmar que a preocupação seja real ou apenas reprodução do discurso que se formou de "combate à corrupção", muito propagado pelas instituições que protagonizam a Operação Lava Jato.[51]

---

[51] Com destaque enfático ao Ministério Público Federal, que criou uma cartilha com dez medidas contra a corrupção, algumas das quais absolutamente inconstitucionais. Disponível em: <http://www.dezmedidas.mpf.mp.br/>. Acesso em: 25 dez. 2018.

Assim, de uma forma ou de outra, não se pode negar que o tema "corrupção" está na pauta do momento e que acompanha ele a discussão acerca do *compliance* como ferramenta pedagógica e sancionatória.

Ademais, parece evidente que se trata de um tema de importância global, porque estudos, inclusive empíricos, indicam a corrupção como elemento que afeta o desenvolvimento de uma nação, e porque diversos órgãos supranacionais se ocuparam de criar parâmetros comuns ao combate à corrupção, inclusive com a consolidação de diversos instrumentos normativos nesse sentido.

4.2 CORRUPÇÃO COMO FATOR DE AFETAÇÃO AO DESENVOLVIMENTO HUMANO

A relação do Estado com os sujeitos privados tem enorme importância do ponto de vista científico. Isso porque, quando tal relação não se desenvolve de maneira hígida, existe a tendência de minar o desenvolvimento de um país.

Uma relação privado-pública (ou privado-privado) pautada na obtenção de benefícios ilegais, que é o que se desenvolve na corrupção, afeta o natural curso das coisas em um Estado de Direito, criando atalhos a uns e, em contrapartida, falta de atenção a outros.

Quando um determinado sujeito obtém algo (mesmo que lícito) "furando a fila", prejudica todos os sujeitos que estavam na sua frente. Pensando em um exemplo, se alguém fura a fila de um transplante de órgãos, porque tem alguma influência ou paga alguém para que receba prioridade, retira a oportunidade da pessoa a quem o órgão originalmente se destinava.

Diz-se isso porque o sentido do termo "corrupção" é mais amplo que aquele que lhe concede importância penal. A corrupção é uma conduta, um fato, um comportamento antes de poder ser considerada um crime.

Parece ser possível afirmar que a corrupção será proporcionalmente maior em Estados que tenham mais domínio sobre as relações entre pessoas, funcionando como um fator elementar e intransponível para que se possa obter as coisas mais básicas à vida digna.

Se a saúde, a segurança e a educação, por exemplo,[52] são preponderantemente oferecidas pelo poder público, mais suscetível estará esse Estado à manipulação das coisas públicas pelos seus servidores.

---

[52] "A menudo, los servicios básicos tales como el abastecimiento de agua y electricidad, el saneamiento, la salud y la educación no satisfacen las necesidades de los pobres por problemas de acceso a calidad. En la mayoría de los casos, detrás de esas deficiencias se ocultan problemas más profundos de rendición de cuentas. [...] En esta década, numerosas instituciones han tomado conciencia de las implicaciones de la corrupción como obstáculo para el afianzamiento del estado de derecho, el acceso a servicios básicos, la libre competencia y el desarrollo económico social, por lo que han asumido la lucha contra la corrupción como uno de los elementos básicos de sus estrategias para la reducción de la pobreza." FUNDACIÓN ECOLOGÍA Y DESARROLLO/FUNDACIÓN CAROLINA. *Negocios limpios, desarrollo global: el rol de las empresas en la lucha internacional contra la corrupción 2007 – avances de las empresas del IBEX 2005-2007. Informe 2007.* (Colección "La empresa de mañana"). Disponível em: <https://ecodes.org/responsabilidad-social/negocios-limpios-desarrollo-global-el-rol-de-las-

O que se espera dos servidores tem um valor inestimável, já que eles são detentores do poder de entregar mínimo existencial. E isso faz que se esteja mais disposto a pagar qualquer preço para obtê-lo.

Se não há caminho paralelo ao público, e nele a condição for uma vantagem indevida à obtenção de algo que é direito (inclusive fundamental e cláusula pétrea) do cidadão, pode-se cogitar que o aceite de pagar suborno estaria inserido em um contexto de inexigibilidade de conduta diversa.

Um cidadão brasileiro tem o direito de ser atendido pelo sistema único de saúde, porque é o fornecimento público de mínimo existencial: a saúde, a incolumidade física e mental.

Se o paciente é aliciado com a ameaça de que, se não pagar propina para o médico público, ele não será colocado na fila do procedimento de emergência, mesmo tendo o direito de estar na fila, quais são suas opções reais?

O direito civil se ocupou em criar um instituto que normatizou essa situação fática. A lesão, prevista pelo art. 157 do Código Civil, preceitua que haverá invalidade no negócio jurídico quando "uma pessoa, sob premente necessidade, ou por inexperiência, se obriga a prestação manifestamente desproporcional ao valor da prestação oposta".

Se um cidadão é aliciado a dar vantagem indevida em troca de obter direito que – além de já lhe caber – configura mínimo existencial, é difícil, em uma análise pragmática, condenar sua conduta.

Não se trata de analisar o problema em um contexto ideal. O cenário perfeito seria que nenhum servidor público manipulasse a coisa pública por meio da solicitação de vantagens indevidas. Mas a realidade é que tal prática é recorrente e não há registro de países com menores índices de corrupção. Há alguns países mais bem ranqueados nos índices de confiabilidade internacional, sem dados, no entanto, de que exista no mundo algum país com taxa zero de apurações de potenciais atos corruptivos.

Com efeito, pode-se especular que o monopólio pelo Estado dos bens e serviços que constituem mínimo existencial seja um elemento potencialmente fomentador de atos de corrupção, porque aumenta o poder do servidor público e coloca o cidadão à sua mercê.

Por isso, países mais pobres acabarão revelando índices mais altos de corrupção. A falta de poder de compra do cidadão faz que ele não consiga acessar a versão "privada" dos bens e serviços essenciais à sua dignidade.

A doutrina estrangeira se ocupou de avaliar a relação havida entre a corrupção e as taxas de desenvolvimento humano de um país, inclusive com referências obtidas por meio de pesquisa empírica:

-empresas-en-la-lucha-internacional-contra-la-corrupcion-2007-avances-de-las-empresas--del-ibex-2005-2007#.XRzCEuhKjlU>. Acesso em: 28 jan. 2019. Tradução livre: "Frequentemente, serviços básicos como abastecimento de água e eletricidade, saneamento, saúde e educação não atendem às necessidades dos pobres em virtude de problemas de acesso à qualidade. Na maioria dos casos, por trás desses déficits, problemas de responsabilidade mais profundos estão ocultos. [...] Nesta década, muitas instituições tomaram consciência das implicações da corrupção como um obstáculo ao fortalecimento do Estado de Direito, ao acesso aos serviços básicos, à livre concorrência e ao desenvolvimento econômico social, para o qual eles assumiram o combate à corrupção como um dos elementos básicos de suas estratégias de redução da pobreza".

A corrupção está positivamente associada ao desenvolvimento humano (ou seja, menos corrupção, mais desenvolvimento, já que os países com os maiores valores do indicador são os menos corruptos) e à renda por pessoa. E, inversamente, os coeficientes de pobreza e desigualdade são negativos, ou seja, quanto mais pobreza e desigualdade, mais corrupção tem um país (o valor do coeficiente do Banco Mundial passa para valores negativos até -2,5 e o TI aproxima-se de zero). Essas relações confirmam-se pela realização de regressões simples entre variáveis [...]. A associação estatística mais importante é aquela estabelecida entre corrupção e renda *per capita*. Todas as regressões são significativas (p-valor de 0,000) e o valor da maior estatística t é do PIBpc, seguido pelo IDH, pobreza e desigualdade.[53]

E, também, com a conclusão de que a corrupção transcende uma conduta reprovável, e que merece atenção do legislador penal no sentido de criminalizá-la pela afetação coletiva:

Mas a corrupção não é uma mera preocupação moral que torna os líderes políticos dignos de uma reprimenda coletiva. É acusado de ser um obstáculo endêmico ao desenvolvimento, responsável pela pobreza permanente da África e pela estagnação da América Latina. Costuma-se dizer, o que empobrece os países. Mina o Estado dos direitos, distorce o comércio e concede vantagens econômicas a poucos privilegiados. Impede que o dinheiro da ajuda chegue às vítimas de catástrofes, desmorona edifícios em construções ruins e afoga os negócios com o constante lastro dos subornos.[54]

Os autores sugerem em sua conclusão que a implementação de políticas de transparência, como a divulgação dos números públicos, pode ser incentivadora à redução da corrupção, bem como a análise empírica e concreta da afetação da corrupção: "talvez a resposta seja que os governos devem experimentar mais, literalmente, em

---

[53] ZUGAZA, Laura Alcaide; RAMOS, José María Larrú. Corrupción, ayuda al desarrollo, pobreza y desarrollo humano. *Boletín Económico de ICE*, n. 2917, 21 al 31 jul. 2007. Tradução livre de: "La corrupción está positivamente asociada con el desarrollo humano (es decir, a menor corrupción más desarrollo ya que los países con valores más altos del indicador son los menos corruptos) y con el ingreso por persona. Y la inversa, los coeficientes de la pobreza y la desigualdad son negativos, es decir, a mayor pobreza y desigualdad más corrupción tiene un país (el valor del coeficiente del Banco Mundial pasa a valores negativos hasta el -2,5 y el de TI se acerca a cero). Estas relaciones confirman efectuando las regresiones simples entre variables [...]".

[54] MIGUEL, Edward; FISMAN, Raymond. Economía contra la corrupción. *Foreign Policy Edición Española*, n. 29, p. 70-78, oct./nov. 2008. Tradução livre de: "Pero la corrupción no es una mera preocupación moral que hace a los dirigentes políticos merecedores de una reprimenda colectiva. Se la acusa de ser un obstáculo endémico al desarrollo, responsable de la pobreza permanente de África y del estancamiento de Latinoamérica. Es, suele decirse, lo que empobrece los países. Mina el Estado de derechos, distorsiona el comercio y otorga ventajas económicas a unos pocos privilegiados. Impide que el dinero de la ayuda llegue a las víctimas de catástrofes, derrumba edificios a la mala construcción y ahoga los negocios con el lastre constante de los sobornos".

sua abordagem à corrupção. As autoridades interessadas em acabar com isso devem pensar seriamente em avaliar o que funciona e o que não funciona no mundo real".

A corrupção afeta o desenvolvimento, e, com isso, é diretamente responsável pelo atraso e pela não prestação de serviços essenciais à população. Por isso, é muito mais que uma conduta penalmente relevante, é responsável direta por parte das misérias humanas, como a falta de acesso à saúde e, em uma visão mais extrema, a impossibilidade de se oferecer socorro em uma situação de calamidade.

Se o indivíduo não consegue pagar pelo serviço de um médico privado ou mesmo se valer de saúde suplementar (planos de saúde), ele estará definitivamente à mercê da saúde pública. E, se o fornecimento da saúde pública estiver condicionado à obtenção de vantagem indevida, ele não tem outro caminho senão aceitar a proposta, para que possa garantir seu tratamento médico.

Em países mais ricos, em que o PIB e a capacidade aquisitiva das pessoas são maiores, se, ao acessar o serviço público de saúde, o cidadão se deparar com o aliciamento para que forneça uma vantagem indevida, ele eventualmente terá a alternativa de pagar pelos serviços de um médico privado.

Tendo a opção de acessar o serviço de um médico privado, ele vai ter menos amarras em reportar o desvio do funcionário público, e menor será o espaço para que saiam impunes aqueles que efetivamente solicitaram vantagem ilícita.

Essas conclusões a que se chega no presente trabalho vão ao encontro de pontos desenvolvidos por PIMENTEL FILHO, no sentido de que há causas de natureza humana, sociológicas, políticas e econômicas à corrupção.[55]

O autor se ocupou de pensar em (uma) teoria da corrupção, em que explora todas as facetas que a corrupção encontra quando objeto de estudo dos fenômenos sociais. Traz na obra as classificações que a corrupção encontrou na doutrina (branca/cinza/negra; política/administrativa; *grand/petty corruption*).[56]

---

[55] Ao que conclui: "como já observado, a corrupção é um fenômeno múltiplo que pode ser estudado e explicado de várias maneiras, a depender da ciência social usada. [...] O enfoque jurídico tem, em particular, a pretensão de identificar o que é e o que não é corrupção, com base em concepções ético-normativas; enquanto, por exemplo, a economia foca no estudo sobre o que leva os agentes, pessoas racionais em um mercado em que todos procuram maximizar seus interesses, a se corromperem, e explicar como este fato afeta o mercado. A ciência política, por outro lado, tende a se concentrar no interesse social em geral violado pelo ato corrupto. Como observa Vieira (2005), em cada ciência 'subjaz um fundamento ético, uma abordagem conceitual e um critério de demarcação conceitual que constituem um marco teórico-analítico responsável pela descrição, predição e inferência causal, indispensáveis ao entendimento desse fenômeno". PIMENTEL FILHO, André. *(Uma) Teoria da corrupção*: corrupção, Estado de direito e direitos humanos. Rio de Janeiro: Lumen Juris, 2015. p. 43-44.

[56] Os critérios têm como referencial: "1. O sentimento social da prática (como cada sujeito vê); 2. Quem pratica o ato (sujeito ativo) – importante aqui fazer referência à questão do direito penal do autor, já explorada anteriormente quando se tratou dos crimes de colarinho branco; e, 3. De acordo com o tamanho da lesão sofrida pelo Estado – aqui importante destacar a subjetividade que a análise acerca do grau de atingimento da coisa público encontraria na prática". PIMENTEL FILHO, André. *(Uma) Teoria da corrupção*: corrupção, Estado de direito e direitos humanos. Rio de Janeiro: Lumen Juris, 2015. p. 58-59, nota 50.

Também, deve-se considerar que o conceito de corrupção sofreu mutações ao longo dos anos, desde as sociedades arcaicas, chegando à sociedade de risco: "em um período de 5.000 anos, a ambiguidade de palavras como *feqa*, *tâtu*, *shobadh* ou *munus* – que poderiam indicar ao mesmo tempo um dom ou um subordinado, em tempos e sociedades nas quais as relações sociais assumiam como normal o princípio da reciprocidade – tem sido alterada por termos inconfundíveis, como simonia ou *brybe* [suborno]".[57]

Percorrendo esse caminho de 5.000 anos, o autor reconhece fases diferentes à caracterização do conceito de corrupção: "as mutações descrevem a mudança da neutralidade do julgamento sobre a reciprocidade das sociedades arcaicas, passando pela condenação dos desvios da gestão político-administrativa nos anos de *Watergate*, à complexidade da atual sociedade pós-industrial".[58]

Feita essa reflexão sobre os fatores práticos que podem ensejar maiores índices de corrupção, é importante o desenvolvimento de pesquisa bibliográfica que situe e contextualize esse fenômeno social.

A doutrina indica que o termo "corrupção" tem origem grega[59] e invoca a ideia de consumir, esvaziar ou afetar – de fora para dentro – o sentido de algo. Um computador pode ser corrompido por um vírus, por exemplo, indicando que o termo representa uma interferência externa na ordem natural das coisas.

Quando um servidor público solicita uma vantagem a fim de tomar uma determinada providência, está buscando "um incentivo que influencie indevidamente o desempenho de uma função pública";[60] uma influência externa (a vantagem solicitada/recebida) opera efeitos sobre a ordem natural das coisas que seria, simplesmente, o desempenho da função nos termos do que incumbe ao servidor.

O servidor público sabe como deve desempenhar sua função, e existe apenas uma resposta certa: cada providência invoca uma determinada conduta preordenada e ela não deve ser afetada por influências externas.

---

[57] COCCIOLO, Endirus Eliseo. Las mutaciones del concepto de corrupción: de la ambigüedad de las sociedades arcaicas a la complejidad en la época del Estado regulador y de la sociedad del riesgo. *Revista de Llegua i Dret*, n. 50, p. 17-51, 2008. Tradução livre: "En un arco temporal de 5.000 años la ambigüedad de las palabras como feqa, tâtu, shobadh o múnus – que podían indicar al mismo tiempo regalo o soborno, en épocas y sociedades en las que las relaciones sociales asumían como normal el principio de reciprocidad – ha ido mutando hacia términos inequívocos, tales como simonía o brybe".

[58] COCCIOLO, Endirus Eliseo. Las mutaciones del concepto de corrupción: de la ambigüedad de las sociedades arcaicas a la complejidad en la época del Estado regulador y de la sociedad del riesgo. *Revista de Llegua i Dret*, n. 50, p. 17-51, 2008. Tradução livre de: "Las mutaciones describen el cambio desde la neutralidad del juicio sobre la reciprocidad en las sociedades arcaicas, pasando por la condena de las desviaciones de la integridad político-administrativa en los años del *Watergate*, hasta la complejidad de la actual sociedad post-industrial".

[59] "É dos filósofos gregos antigos, dentre eles Aristóteles, que adveio a acepção latina do termo *corruptionis*, que significa romper totalmente, quebrar o todo, destruir os fundamentos, as estruturas de algo." HAYASHI, Felipe Eduardo Hideo. *Corrupção*: combate transnacional, *compliance* e investigação criminal. Rio de Janeiro: Lumen Juris, 2015. p. 11.

[60] HAYASHI, Felipe Eduardo Hideo. *Corrupção*: combate transnacional, *compliance* e investigação criminal. Rio de Janeiro: Lumen Juris, 2015. p. 13.

Importante destacar que o cometimento de uma ilicitude mediante suborno (por exemplo, fornecer uma licença ambiental ilegal) é tão grave quanto cometer algo lícito e correto sob a condição de receber uma vantagem ilegal (por exemplo, fornecer uma licença ambiental lícita). Para fins penais, no primeiro caso, a corrupção terá se consumado em concurso material com o fornecimento de licença ambiental; no segundo, será ela um crime autônomo.

A respeito, já lecionava HUNGRIA: "é irrelevante que o ato funcional (comissivo ou omissivo) sobre o qual versa a venalidade seja lícito ou ilícito, isto é, contrário ou não aos deveres do cargo ou função. No primeiro caso, fala-se em corrupção própria e, no segundo, em corrupção imprópria".[61]

Devido à consolidação histórica da corrupção como fenômeno social global e a sua relação negativa com o desenvolvimento humano – o que tem sido estudado, inclusive, do ponto de vista empírico – ela se firmou como tema de importância supranacional, provocando a tutela de diversos organismos de controle legal internacional.

4.3 CORRUPÇÃO E LEGISLAÇÃO INTERNACIONAL – UM TEMA DE IMPORTÂNCIA SUPRANACIONAL

Em razão da influência direta que a corrupção tem sobre o desenvolvimento,[62] torna-se um tema de preocupação mundial, o que forja a criação de instituições de espectro global com a função de monitorar a corrupção e realizar pesquisas empíricas que consigam registrar qual é a situação de cada país quanto ao tema.[63]

HUBER discorre que:

> É sabido que a corrupção é considerada hoje como um grande problema social que pode colocar em risco a estabilidade e a segurança das sociedades, desestimular o desenvolvimento social, econômico e político e arruinar o valor da democracia

---

[61]   HUNGRIA, Nelson. *Comentários ao Código Penal*. Rio de Janeiro: Forense, 1959. v. IX, p. 368.

[62]   "O relatório sobre o Desenvolvimento Mundial 2004 do Banco Mundial (Banco Mundial). Fazendo os serviços funcionar para os pobres, ele mais uma vez menciona que a corrupção é um ator importante que inibe a luta contra a pobreza. A corrupção limita o desenvolvimento, distorcendo o império da lei e enfraquecendo as bases institucionais das quais depende o crescimento econômico. Prejudica os pobres porque desvia os serviços públicos daqueles que mais precisam deles e retarda o crescimento do setor privado." FUNDACIÓN ECOLOGÍA Y DESARROLLO/FUNDACIÓN CAROLINA. Negocios limpios, desarrollo global: el rol de las empresas en la lucha internacional contra la corrupción 2007 – avances de las empresas del IBEX 2005-2007. *Informe 2007*. (Colección "La empresa de mañana"). Disponível em: <https://ecodes.org/responsabilidad-social/negocios-limpios-desarrollo-global-el-rol-de-las--empresas-en-la-lucha-internacional-contra-la-corrupcion-2007-avances-de-las-empresas--del-ibex-2005-2007#.XRzCEuhKjIU>. Acesso em: 28 jan. 2019. Tradução livre de: "El informe sobre el Desarrollo Mundial 2004 del Banco Mundial (Banco Mundial). Hacer que los servicios funcionen para los pobres, menciona una vez más que la corrupción es un actor importante que inhibe la lucha contra la pobreza. La corrupción limita el desarrollo al desvirtuar el imperio y la ley y debilitar las bases institucionales de las que depende el crecimiento económico. Perjudica a los pobres porque distrae servicios públicos de quienes más los necesitan y frena el crecimiento del sector privado".

[63]   É o caso da Transparência Internacional.

e da moral. Isso é válido nacional e internacionalmente. Devido ao aumento da globalização nos mercados, à prestação de serviços e bens e às pessoas que estão ligadas à globalização e internacionalização das atividades criminosas, a dimensão internacional da corrupção adquire importância.

Portanto, em ambos os níveis, nacional e internacionalmente, o combate à corrupção adquire prioridade e exige um esforço coletivo, assim como a troca de informações e um grau de padronização na prática. O esforço conjunto à escala internacional é essencial para combater o crime e, assim, favorecer a responsabilização, a transparência e o Estado de Direito.[64]

Essa preocupação acarreta a criação de normas com eficácia mundial, como destacou HUBER:

Na primeira metade dos anos 1990, o Congresso americano instou outros Estados a sancionarem a corrupção na esfera comercial. Já em 1997, com a Lei de Práticas de Corrupção no Exterior, os Estados Unidos proibiram empresas domésticas de corromper servidores públicos em outros países e, como resultado, introduziram pela primeira vez um componente da política criminal internacional que até então estava a serviço dos direitos legais nacionais. Assim, pretendia-se que outros países aderissem a essa política. Do ponto de vista cronológico, o primeiro resultado dessa política foi a Convenção Interamericana contra a Corrupção.

Esse acordo internacional foi alcançado em 1996 e vai além do acordo básico sobre a publicidade de suborno, que inclui o "enriquecimento ilegítimo", que consiste em um aumento de bens de um funcionário cuja origem ele não pode esclarecer, e que é punível. Em termos de conteúdo, cria um compromisso entre as duas partes, em matéria de assistência judicial e extradição para os interesses latino-americanos e, no lado americano, a exigência de criminalizar o suborno ativo no campo do comércio supranacional. A convenção entrou em vigor em 1997, mas até agora não tem mecanismos para demonstrar sua eficácia.[65]

---

[64] HUBER, Barbara. La lucha contra corrupción desde una perspectiva supranacional. *Anales de La Facultad de Derecho*, 19 dic. 2002. Tradução livre de: "Es algo sabido que la corrupción es considerada hoy en día como un gran problema social que puede poner en peligro la estabilidad y la seguridad de las sociedades, amenizar el desarrollo social, económico y político y arruinar el valor de la democracia y la moral. Esto vale a escala nacional como internacional. Debido al incremento de la globalización en los mercados, la prestación de servicios y los bienes y las personas que se encuentran vinculadas a la globalización e internacionalización de las actividades criminales, la dimensión internacional de la corrupción adquiere importancia.

Por tanto, en ambos niveles, tanto el nacional como el internacional, la lucha contra la corrupción adquiere prioridad y requiere de un esfuerzo colectivo, así como el intercambio de información y en cierto grado una estandarización en la práctica. El esfuerzo conjunto a escala internacional se muestra indispensable para luchar contra la delincuencia y favorecer así la responsabilidad, la transparencia y el Estado de Derecho".

[65] Tradução livre de: "En la primera mitad de los años noventa el congreso americano urgió a otros Estados a sancionar la corrupción en el ámbito comercial. Ya en 1997, con la Foreign Corrupt Practices Act, prohibieron los Estados Unidos a las empresas nacionales corromper a servidores públicos en otros países y con ello introdujeron por primera vez un componente en

E, bem por isso, entidades supranacionais se ocuparam de criar instrumentos jurídicos[66] voltados ao combate à corrupção, notadamente nos últimos anos, mas, pelo menos, desde a década de 90 do século passado.

A doutrina sinaliza que um dos primeiros passos à criação de normas de espectro supranacional que se ocupassem de criar um formato harmônico acerca do combate à corrupção foi a iniciativa dos Estados Unidos da América em editar o *Foreign Corrupt Practices Act* (FCPA).

O FCPA é uma norma que rege a relação de empresas norte-americanas e empresas estrangeiras, estabelecendo regras que devem ser cumpridas pelas empresas estrangeiras a fim de viabilizar negociações.

Com efeito, embora seja uma lei federal, o FCPA regula como deve se dar o comportamento de empresas estrangeiras para que elas sejam consideradas aptas a negociar com empresas norte-americanas, além de prever a proibição ao oferecimento de subornos a funcionários estrangeiros:[67]

---

la política criminal internacional que hasta ese momento estaba al servicio de bienes jurídicos nacionales. Ahora se pretendía que otros países se adhiriesen a esta política. Desde el punto de vista cronológico, el primer resultado de esta política fue la Convención Interamericana contra la corrupción.

Este convenio internacional fue alcanzado en 1996 y va más allá del acuerdo básico sobre la publicidad del cohecho, pues incluye el 'enriquecimiento ilegítimo', que consiste en un aumento repentino de los bienes de un funcionario cuya procedencia no puede aclarar y que por ello es punible. En cuanto al contenido, crea un compromiso entre las dos partes, en materia de ayuda judicial y extradición para los intereses latinoamericanos y, del lado norteamericano, la exigencia de criminalizar el cohecho activo en el ámbito del comercio supranacional. La convención entró en vigor en 1997, pero hasta ahora no tiene mecanismos para demostrar su eficacia". HUBER, Barbara. La lucha contra corrupción desde una perspectiva supranacional. *Anales de La Facultad de Derecho*, 19 dic. 2002.

[66] "Na luta global contra a corrupção empresarial, os instrumentos legais de caráter obrigatório, bem como os de autorregulação, são fundamentais. Ambos os tipos de instrumentos começaram a surgir após o fim da Guerra Fria. Até então, a cooperação internacional, agora promovida por organizações multilaterais, não era uma questão em suas agendas, e o setor privado vigiava e/ou incentivava o pagamento de subornos. A partir dos anos 90, com um novo panorama geopolítico, o horizonte começou a se abrir e várias estratégias anticorrupção começaram a ser executadas." HUBER, Barbara. La lucha contra corrupción desde una perspectiva supranacional. *Anales de La Facultad de Derecho*, 19 dic. 2002. Tradução livre de: "En el combate global contra la corrupción empresarial son tan fundamentales los instrumentos jurídicos de carácter obligatorio como los de autorregulación. Ambos tipos de instrumentos comenzaron a surgir después del fin de la Guerra Fría. Hasta entonces, la cooperación internacional, hoy promovida por los organismos multilaterales, no era un tema de sus agendas, y el sector privado miraba displicentemente y/o fomentaba el pago de sobornos. A partir de la década de 90, con un nuevo panorama geopolítico, el horizonte comenzó a abrirse y diversas estrategias anticorrupción empezaron a ser ejecutadas".

[67] UNITED STATES CODE. *The Foreign Corrupt Practices Act (FCPA)*. Disponível em: <https://www.justice.gov/sites/default/files/criminal-fraud/legacy/2012/11/14/fcpa-english.pdf>. Acesso em: 4 fev. 2019. Tradução livre de: "It shall be unlawful for any issuer which has a class of securities registered pursuant to section 78l of this title or which is required to file reports under section 780(d) of this title, or for any officer, director, employee, or agent of such issuer or any stockholder thereof acting on behalf of such issuer, to make use of the mails or any means or instrumentality of interstate commerce corruptly in furtherance of an offer, payment, promise to pay, or authorization of the payment of any money, or offer, gift,

4 · CRIMINAL COMPLIANCE E COMPLIANCE ANTICORRUPÇÃO | 137

É ilegal para qualquer emissor que tenha uma classe de valores mobiliários registrados de acordo com a seção 781 deste título ou que seja necessária para apresentar relatórios de acordo com a seção 780(d) deste título, ou para qualquer diretor, funcionário ou agente da tal emissor ou qualquer acionista do mesmo agindo em nome de tal emissor, fazer uso de correios ou qualquer meio ou instrumentalidade do comércio interestadual de forma corrupta na promoção de uma oferta, pagamento, promessa de pagamento ou autorização do pagamento de qualquer quantia, ou oferecer, presentear, prometer dar, ou autorizar a doação de qualquer coisa de valor para (1) qualquer oficial estrangeiro para fins de (A) (i) influenciar qualquer ato ou decisão de tal oficial estrangeiro em sua capacidade oficial; (ii) induzir tal funcionário estrangeiro a fazer ou omitir qualquer ato que viole o dever legal de tal funcionário, ou (iii) assegurar qualquer vantagem indevida; ou (B) induzir tal funcionário estrangeiro a usar sua influência junto a um governo estrangeiro ou instrumentalidade do mesmo para afetar ou influenciar qualquer ato ou decisão de tal governo ou instrumentalidade, a fim de auxiliar tal emissor a obter ou manter negócios para ou com, ou dirigir negócios para, qualquer pessoa; (2) qualquer partido político estrangeiro ou seu oficial ou qualquer candidato a cargo político estrangeiro para fins de (A) (i) influenciar qualquer ato ou decisão de tal parte, oficial ou candidato em sua capacidade oficial, (ii) induzir tal partido, oficial ou candidato a fazer ou omitir ato em violação do dever legal de tal parte, oficial ou candidato, ou (iii) assegurar qualquer vantagem indevida; ou (B) induzir tal parte, funcionário ou candidato a usar sua influência junto a um governo estrangeiro ou instrumentalidade do mesmo para afetar ou influenciar qualquer ato ou deci-

---

promise to give, or authorization of the giving of anything of value to-- (1) any foreign official for purposes of-- (A) (i) influencing any act or decision of such foreign official in his official capacity, (ii) inducing such foreign official to do or omit to do any act in violation of the lawful duty of such official, or (iii) securing any improper advantage; or (B) inducing such foreign official to use his influence with a foreign government or instrumentality thereof to affect or influence any act or decision of such government or instrumentality, in order to assist such issuer in obtaining or retaining business for or with, or directing business to, any person; (2) any foreign political party or official thereof or any candidate for foreign political office for purposes of-- (A) (i) influencing any act or decision of such party, official, or candidate in its or his official capacity, (ii) inducing such party, official, or candidate to do or omit to do an act in violation of the lawful duty of such party, official, or candidate, or (iii) securing any improper advantage; or (B) inducing such party, official, or candidate to use its or his influence with a foreign government or instrumentality thereof to affect or influence any act or decision of such government or instrumentality. in order to assist such issuer in obtaining or retaining business for or with, or directing business to, any person; or (3) any person, while knowing that all or a portion of such money or thing of value will be offered, given, or promised, directly or indirectly, to any foreign official, to any foreign political party or official thereof, or to any candidate for foreign political office, for purposes of-- (A) (i) influencing any act or decision of such foreign official, political party, party official, or candidate in his or its official capacity, (ii) inducing such foreign official, political party, party official, or candidate to do or omit to do any act in violation of the lawful duty of such foreign official, political party, party official, or candidate, or (iii) securing any improper advantage; or (B) inducing such foreign official, political party, party official, or candidate to use his or its influence with a foreign government or instrumentality thereof to affect or influence any act or decision of such government or instrumentality, in order to assist such issuer in obtaining or retaining business for or with, or directing business to, any person".

são de tal governo ou instrumentalidade, a fim de auxiliar tal emissor a obter ou manter negócios para ou com, ou direcionar negócios para, qualquer pessoa; ou (3) qualquer pessoa, sabendo que o todo ou parte desse dinheiro ou coisa de valor será oferecido, dado ou prometido, direta ou indiretamente, a qualquer autoridade estrangeira, a qualquer partido político estrangeiro ou seu oficial, ou a qualquer candidato a cargo político estrangeiro, para fins de (A) (i) influenciar qualquer ato ou decisão de tal autoridade estrangeira, partido político, oficial do partido ou candidato em sua capacidade oficial, (ii) induzir tal funcionário estrangeiro, partido político, oficial do partido ou candidato a fazer ou omitir qualquer ato que viole o dever legal de tal funcionário estrangeiro, partido político, oficial do partido ou candidato, ou (iii) assegurar qualquer vantagem indevida; ou (B) induzir tal oficial estrangeiro, partido político, oficial do partido ou candidato a usar sua influência com um governo estrangeiro ou instrumentalidade do mesmo para afetar ou influenciar qualquer ato ou decisão de tal governo ou instrumentalidade, a fim de auxiliar tal emissor na obtenção ou retenção de negócios para ou com, ou direcionando negócios para, qualquer pessoa.

Inobstante o FCPA possa ser considerado um importante instrumento de confirmação de inclusão da corrupção na pauta global –, já que os Estados Unidos da América são um país com o qual, em regra, se têm interesses comerciais –, antes mesmo da edição da referida norma, o que ocorreu em 1997, existia um movimento supranacional e global de criação de regras de uniformização de procedimento em face da prática de corrupção.

O primeiro instrumento jurídico que deve ser reconhecido é a Convenção Interamericana contra Corrupção, aprovada pela Organização dos Estados Americanos (OEA) em 29 de março de 1996, cujo preâmbulo revela sua finalidade,[68] qual seja, unir forças na criação e na execução de ferramentas que coíbam práticas de corrupção nos Estados-

---

[68] "OS ESTADOS MEMBROS DA ORGANIZAÇÃO DOS ESTADOS AMERICANOS, CONVENCIDOS de que a corrupção solapa a legitimidade das instituições públicas e atenta contra a sociedade, a ordem moral e a justiça, bem como contra o desenvolvimento integral dos povos;

CONSIDERANDO que a democracia representativa, condição indispensável para a estabilidade, a paz e o desenvolvimento da região, exige, por sua própria natureza, o combate a toda forma de corrupção no exercício das funções públicas e aos atos de corrupção especificamente vinculados a seu exercício;

PERSUADIDOS de que o combate à corrupção reforça as instituições democráticas e evita distorções na economia, vícios na gestão pública e deterioração da moral social;

RECONHECENDO que, muitas vezes, a corrupção é um dos instrumentos de que se serve o crime organizado para concretizar os seus fins;

CONVENCIDOS da importância de gerar entre a população dos países da região uma consciência em relação à existência e à gravidade desse problema e da necessidade de reforçar a participação da sociedade civil na prevenção e na luta contra a corrupção;

RECONHECENDO que a corrupção, em alguns casos, se reveste de transcendência internacional, o que exige por parte dos Estados uma ação coordenada para combatê-la eficazmente;

CONVENCIDOS da necessidade de adotar o quanto antes um instrumento internacional que promova e facilite a cooperação internacional para combater a corrupção e, de modo especial, para tomar as medidas adequadas contra as pessoas que cometam atos de corrupção no exercício das funções públicas ou especificamente vinculados a esse exercício, bem como a respeito dos bens que sejam fruto desses atos;

-membros da OEA. No Brasil, ela foi aprovada pelo Decreto Legislativo 152, de 25 de junho de 2002, e promulgada pelo Decreto Presidencial 4.410, de 7 de outubro de 2002.[69]

Veja-se que a Convenção Interamericana contra a Corrupção se consolida em 1996, um ano antes da edição do FCPA norte-americano.

Paralelamente à iniciativa conduzida pelos Estados-membros da OEA, foi firmado um Convênio "relativo à luta contra os atos de corrupção, no qual estão envolvidos funcionários das Comunidades Europeias e dos Estados Partes da União Europeia, aprovado pelo Conselho da União Europeia em 26 de maio de 1997",[70] portanto, no mesmo ano de edição do FCPA.

Também se destacam, nesse contexto, as Convenções da Lei Penal[71] e da Lei Civil[72] editadas pelo Conselho Europeu sobre a corrupção, que tratam da política global da UE contra a corrupção, nos seguintes termos:

PROFUNDAMENTE PREOCUPADOS com os vínculos cada vez mais estreitos entre a corrupção e as receitas do tráfico ilícito de entorpecentes, que ameaçam e corroem as atividades comerciais e financeiras legítimas e a sociedade, em todos os níveis;

TENDO PRESENTE que, para combater a corrupção, é responsabilidade dos Estados erradicar a impunidade e que a cooperação entre eles é necessária para que sua ação neste campo seja efetiva; e

DECIDIDOS a envidar todos os esforços para prevenir, detectar, punir e erradicar a corrupção no exercício das funções públicas e nos atos de corrupção especificamente vinculados a seu exercício, CONVIERAM em assinar a seguinte."ORGANIZAÇÃO DOS ESTADOS AMERICANOS. *Convenção interamericana contra a corrupção*. Disponível em: <http://www.oas.org/juridico/portuguese/treaties/b-58.htm>. Acesso em: 28 jan. 2019.

[69]   Controladoria-Geral da União. *Convenção da OEA*. Disponível em: <http://www.cgu.gov.br/assuntos/articulacao-internacional/convencao-da-oea>. Acesso em: 28 jan. 2019.

[70]   EUR-LEX. *Comunicação da Comissão ao Conselho, ao Parlamento Europeu e ao Comité Económico e Social Europeu*: sobre uma política global da UE contra a corrupção. Disponível em: <https://eur-lex.europa.eu/legal-content/PT/TXT/?uri=CELEX%3A52003DC0317>. Acesso em: 31 jan. 2019. NAÇÕES UNIDAS. *Convenção das Nações Unidas contra a corrupção*. Disponível em: <https://www.unodc.org/documents/lpo-brazil/Topics_corruption/Publicacoes/2007_UNCAC_Port.pdf>. Acesso em: 28 jan. 2019.

[71]   "A Convenção de Direito Penal trata de questões de suborno de funcionários públicos estrangeiros, membros de assembleias públicas estrangeiras, funcionários de organizações internacionais, juízes e funcionários de tribunais internacionais, do suborno ativo e passivo no setor privado. Também se refere ao tráfico de influências e à lavagem de dinheiro procedente de corrupção. Embora a maioria dos crimes esteja ligada ao suborno, a Convenção não o define." FUNDACIÓN ECOLOGÍA Y DESARROLLO/FUNDACIÓN CAROLINA. Negocios limpios, desarrollo global: el rol de las empresas en la lucha internacional contra la corrupción 2007 – avances de las empresas del IBEX 2005-2007. *Informe 2007*. (Colección "La empresa de mañana"). Disponível em: <https://ecodes.org/responsabilidad-social/negocios-limpios-desarrollo-global--el-rol-de-las-empresas-en-la-lucha-internacional-contra-la-corrupcion-2007-avances-de-las--empresas-del-ibex-2005-2007#.XRzCEuhKjIU>. Acesso em: 28 jan. 2019. Tradução livre de:"La Convención de la Ley Penal aborda los temas de soborno en funcionarios públicos extranjeros, miembros de asambleas públicas extranjeras, funcionarios de organizaciones internacionales, jueces y funcionarios de las cortes internacionales, el soborno activo y pasivo en el sector privado. También se refiere al tráfico de influencias y al lavado de dinero procedente de delitos de corrupción. Si bien la mayoría de los delitos se vincula al soborno, la Convención no lo define".

[72]   "A Convenção de Direito Civil define corrupção como a solicitação, oferta, entrega ou aceitação, direta ou indireta, de suborno ou outra vantagem indevida ou de sua promessa,

Ultrapassando a área da simples aplicação da lei, o Conselho advogara já, no Plano de Acção contra a criminalidade organizada [1], de 1997, uma política global contra a corrupção, incidindo prioritariamente sobre medidas preventivas e tendo em consideração o trabalho já efectuado também em outros fóruns internacionais. Especificamente, instaram-se os Estados-Membros, o Conselho e a Comissão a abordar também todos os aspectos relacionados com o funcionamento adequado do mercado interno e outras políticas internas, bem como a cooperação e a ajuda externa.[73-74]

Após tais iniciativas de dois blocos mundiais expressivos (América Latina e União Europeia), bem como da consolidação do FCPA como parâmetro internacional, surge um dos mais destacados instrumentos jurídicos de combate à corrupção em âmbito global: a Convenção das Nações Unidas contra a Corrupção,[75-76] que entrou em vigor em 29 de setembro de 2003.[77]

---

que distorce a aparência de dever ou conduta exigida pelo recebedor do suborno, da vantagem indevida ou sua promessa. Esse instrumento indica que quem sofreu danos devidos à corrupção deve poder recuperar o material do dano, a perda de lucros e a perda não pecuniária, cobrando danos e prejuízos contra qualquer pessoa que tenha cometido o ato corrupto, tenha autorizado outra pessoa a tomar medidas razoáveis para a ocorrência do ato, incluindo o próprio Estado". FUNDACIÓN ECOLOGÍA Y DESARROLLO/FUNDACIÓN CAROLINA. Negocios limpios, desarrollo global: el rol de las empresas en la lucha internacional contra la corrupción 2007 – avances de las empresas del IBEX 2005-2007. *Informe 2007*. (Colección "La empresa de mañana"). Disponível em: <https://ecodes.org/responsabilidad-social/negocios-limpios-desarrollo-global-el-rol-de-las-empresas-en-la-lucha-internacional-contra-la-corrupcion-2007-avances-de-las-empresas-del-ibex-2005-2007#.XRzCEuhKjIU>. Acesso em: 28 jan. 2019. Tradução livre de: "La Convención de la Le Civil define corrupción como la petición, ofrecimiento, entrega o aceptación, directa o indirecta, de un soborno o de otra ventaja indebida o de su promesa, que distorsiona el desempeño de deber o conducta requerida por el receptor del soborno, de la ventaja indebida o de su promesa. Este instrumento indica que quien ha sufrido un daño por causa de la corrupción debe poder recuperar el material del daño, la pérdida de ganancias y la pérdida no pecuniaria, cobrando daños y perjuicios contra cualquiera que haya cometido y lacto corrupto, haya autorizado a alguien más para tomar pasos razonables para la prevención de lacto, incluyendo el propio Estado".

[73] EUR-LEX. *Comunicação da Comissão ao Conselho, ao Parlamento Europeu e ao Comité Económico e Social Europeu*: sobre uma política global da UE contra a corrupção. Disponível em: <https://eur-lex.europa.eu/legal-content/PT/TXT/?uri=CELEX%3A52003DC0317>. Acesso em: 31 jan. 2019.

[74] É importante destacar que a Convenção traz ferramentas à aplicação efetiva de instrumentos em matéria penal e a criação de uma cultura anticorrupção, que são, justamente, os dois pontos centrais da presente obra. A respeito, se discorrerá oportunamente, quando se tratar do *law enforcement* anticorrupção.

[75] NAÇÕES UNIDAS. *Convenção das Nações Unidas contra a corrupção*. Disponível em: <https://www.unodc.org/documents/lpo-brazil/Topics_corruption/Publicacoes/2007_UNCAC_Port.pdf>. Acesso em: 28 jan. 2019..

[76] "El proceso de firma de la Convención se inició el 9 de diciembre de 2003 en Mérida, México (estableciéndose anualmente para esa fecha el Día Internacional contra la Corrupción), y ha entrado en vigor el 14 de diciembre de 2005. Actualmente son 133 los países signatarios." FUNDACIÓN ECOLOGÍA Y DESARROLLO/FUNDACIÓN CAROLINA. Negocios limpios, desarrollo global: el rol de las empresas en la lucha internacional contra la corrupción 2007 – avances de las empresas del IBEX 2005-2007. *Informe 2007*. (Colección "La empresa de mañana"). Disponível em: <https://ecodes.org/responsabilidad-social/negocios-limpios-desarrollo-global-el-rol-de-las-empresas-en-la-lucha-internacional-contra-la-corrupcion-2007-avances-de-las-empresas-del-ibex-2005-2007#.XRzCEuhKjIU>. Acesso em: 28 jan. 2019.

[77] O preâmbulo revela a iniciativa coletiva: "Preocupados com a gravidade dos problemas e com as ameaças decorrentes da corrupção, para a estabilidade e a segurança das sociedades, ao

O mencionado instrumento normativo, criado e estabelecido pela ONU, foi ratificado por meio do Decreto Legislativo 348, de 18 de maio de 2005, e promulgado pelo Decreto Presidencial 5.687, de 31 de janeiro de 2006.[78]

Além do Brasil, Argélia, Bielorrússia, Benin, Croácia, Djibouti, Equador, Egito, El Salvador, França, Honduras, Hungria, Líbia, Jordânia, Quênia, Quirguistão, Lesoto, Libéria, Madagascar, Mauritânia, México, Namíbia, Nigéria, Panamá, Peru, Tanzânia, Romênia, Serra Leoa, Sri Lanka, África do Sul, Togo, Turquemenistão e Uganda também ratificaram a Convenção.[79]

No capítulo que versa sobre a prevenção à corrupção no setor privado, a Convenção recomenda "el uso de códigos de conducta para realizar buenas prácticas comerciales entre empresas y entre *éstas* y el Estado".[80] A norma internacional está falando de

---

enfraquecer as instituições e os valores da democracia, da ética e da justiça e ao comprometer o desenvolvimento sustentável e o Estado de Direito;

Preocupados, também, pelos vínculos entre a corrupção e outras formas de delinquência, em particular o crime organizado e a corrupção econômica, incluindo a lavagem de dinheiro;

[...]

Decididos a prevenir, detectar e dissuadir com maior eficácia as transferências internacionais de ativos adquiridos ilicitamente e a fortalecer a cooperação interacional para recuperação destes ativos;

[...]

Recordando o trabalho realizado por outras organizações internacionais e regionais nesta esfera, incluídas as atividades do Conselho de Cooperação Aduaneira (também denominado Organização Mundial de Aduanas), o Conselho Europeu, a Liga dos Estados Árabes, a Organização de Cooperação e Desenvolvimento Econômicos, a Organização dos Estados Americanos, a União Africana e a União Europeia.

[...]

Chegaram em acordo ao seguinte:

A finalidade da presente Convenção é:

a) Promover e fortalecer as medidas para prevenir e combater mais eficaz e eficientemente a corrupção;

b) Promover, facilitar e apoiar a cooperação internacional e a assistência técnica na prevenção e na luta contra a corrupção, incluída a recuperação de ativos;

c) Promover a integridade, a obrigação de render contas e a devida gestão dos assuntos e dos bens públicos."

NAÇÕES UNIDAS. *Convenção das Nações Unidas contra a corrupção.* Disponível em: <https://www.unodc.org/documents/lpo-brazil/Topics_corruption/Publicacoes/2007_UNCAC_Port.pdf>. Acesso em: 28 jan. 2019.

[78] BRASIL. *Decreto nº 5.687, de 31 de janeiro de 2006.* Promulga a Convenção das Nações Unidas contra a Corrupção, adotada pela Assembleia-Geral das Nações Unidas em 31 de outubro de 2003 e assinada pelo Brasil em 9 de dezembro de 2003. Disponível em: <http://www.planalto.gov.br/ccivil_03/_ato2004-2006/2006/decreto/d5687.htm>. Acesso em: 28 jan. 2019.

[79] FUNDACIÓN ECOLOGÍA Y DESARROLLO/FUNDACIÓN CAROLINA. Negocios limpios, desarrollo global: el rol de las empresas en la lucha internacional contra la corrupción 2007 – avances de las empresas del IBEX 2005-2007. *Informe 2007.* (Colección "La empresa de mañana"). Disponível em: <https://ecodes.org/responsabilidad-social/negocios-limpios-desarrollo-global-el-rol-de-las-empresas-en-la-lucha-internacional-contra-la-corrupcion-2007-avances-de-las-empresas-del-ibex-2005-2007#.XRzCEuhKjIU>. Acesso em: 28 jan. 2019.

[80] FUNDACIÓN ECOLOGÍA Y DESARROLLO/FUNDACIÓN CAROLINA. Negocios limpios, desarrollo global: el rol de las empresas en la lucha internacional contra la corrupción 2007 – avances

uma das ferramentas de *compliance*[81] que podem ser incorporadas à rotina de uma organização em busca de conformidade normativa e da integridade (controle interno).

Embora se possa destacar no cenário mundial a existência de diversos instrumentos normativos que versam acerca da corrupção, importante consignar que dão abordagens diversas às mesmas temáticas e não possuem o mesmo espectro de competência internacional.

Neste sentido, HUBER conclui que:

> Como vimos, os instrumentos mencionados oferecem soluções ligeiramente diferentes para o problema da corrupção. A OCDE e a Convenção da UE sobre Suborno são orientadas para objetivos específicos: o regulamento da Convenção da OCDE se concentra no suborno transnacional de funcionários, do ponto de vista do agente que oferece; a Convenção da UE é limitada aos funcionários da UE, mas vai mais longe, porque contempla o suborno ativo e passivo. A OEA e a Convenção do Conselho da Europa têm um escopo mais vasto, uma vez que abrangem um conjunto mais amplo de questões, como suborno nacional e transnacional, tanto do ponto de vista de quem dá quanto de quem pede. As Convenções da OEA, UE e OCDE limitam-se ao suborno na esfera pública, mas a Convenção do Conselho da Europa e as medidas conjuntas da UE também abrangem a corrupção na esfera privada.[82]

A mencionada autora destaca que nenhuma das Convenções versa sobre partidos políticos, seus funcionários e os candidatos a cargos públicos. O FCPA prevê entre as proibições do § 788(dd-2) a de oferecer, prometer ou pagar ou autorizar pagamento em dinheiro, presente ou benefício a partidos políticos estrangeiros ou candidatos. Nesse sentido, acredita-se que o FCPA poderia ser utilizado para suprir tal lacuna normativa em âmbito supranacional.

---

de las empresas del IBEX 2005-2007. *Informe 2007.* (Colección "La empresa de mañana"). Disponível em: <https://ecodes.org/responsabilidad-social/negocios-limpios-desarrollo-global--el-rol-de-las-empresas-en-la-lucha-internacional-contra-la-corrupcion-2007-avances-de-las--empresas-del-ibex-2005-2007#.XRzCEuhKjIU>. Acesso em: 28 jan. 2019.

[81] O *compliance* é precisamente o objeto central desta obra, em que se avalia a sua viabilidade como instrumento à confirmação da eficácia da Lei Anticorrupção. Veja-se que as normativas internacionais já apontam a existência de código de conduta e outras ferramentas familiares ao *compliance* como medidas de combate à corrupção, de modo que apontam no mesmo sentido do que se propõe abordar neste trabalho.

[82] HUBER, Barbara. La lucha contra corrupción desde una perspectiva supranacional. *Anales de La Facultad de Derecho*, 19 dic. 2002. Tradução livre de: "Como se ha visto, los instrumentos señalados ofrecen soluciones ligeramente diferentes para el problema de la corrupción. La OCDE y la Convención de la EU sobre cohecho están orientadas hacia objetivos concretos: el reglamento de la Convención de la OCDE se concentra en el cohecho transnacional de funcionarios desde el punto de vista del agente que ofrece; la Convención de la EU se limita a los funcionarios de la EU, pelo va más allá, pues contempla el cohecho activo y pasivo. La OAS y la Convención del Consejo de Europa son de mayor alcance pues abarcan un conjunto de temas más amplio como el cohecho nacional y transnacional, tanto desde el punto de vista de quien da como de quien pide. Las Convenciones del OAS, de la EU e del OCDE se limitan al cohecho en el ámbito público y la Convención del Consejo de Europa y las medidas conjuntas de la EU abarcan también la corrupción en ámbito privado".

Todavia, as Convenções se encarregam de conceituar os objetos centrais à garantia de segurança jurídica, como qual o bem jurídico tutelado e quem será considerado funcionário público estrangeiro ou de organizações internacionais.

Quanto ao reconhecimento e à identificação do bem jurídico, denota-se da doutrina que esse tem sido associado (no que concerne à corrupção pública) ao princípio da imparcialidade,[83] "entendendo por esse princípio a obrigação da Administração de atuar com uma neutralidade e objetividade substanciais em relação aos interesses privados, qualquer que seja sua naturalização".[84]

Diz-se que a imparcialidade é violada à medida que o servidor público coloca sua função pública à mercê de um particular, em troca de lucro, estando em desacordo com os interesses gerais de toda a coletividade.

Importante registrar que a autora do texto utilizado como base bibliográfica a essa conceituação já teve a oportunidade de registrar que a imparcialidade será o bem jurídico afetado na hipótese da corrupção ativa, em que o servidor público desvia sua função, agindo de maneira não imparcial e favorecendo um particular, em face de benefício econômico oferecido ou pago.

Porém, quando se trata da corrupção passiva, o bem jurídico tutelado deve ser algo que também possa ser afetado pelo particular, já que a imparcialidade rege apenas a atividade do servidor público. Nesse caso, consigna que:

> [...] os defensores desta tese estão longe de pensar que o bem jurídico protegido no suborno passivo deva ser em razão de algum valor que possa ser prejudicado também pelo indivíduo – e, portanto, não possa obedecer à proteção de um dever profissional. O suborno ativo é considerado crime contra os órgãos do Estado, já que a conduta do indivíduo implica, em qualquer caso, atentar contra a função específica do funcionário, alterando assim o desenvolvimento normal das funções públicas e, portanto, afetando a dignidade do Estado e o prestígio social que, em todos os momentos, as entidades públicas devem ostentar.[85]

---

[83]   Importante consignar que a autora citada entende que o conceito de bem jurídico deve ser buscado na Constituição ou, ao menos, estar apoiado em prescrições do texto constitucional. Por isso, ela aponta como bem jurídico violado um dos princípios que regem a administração, que, na Constituição Federal brasileira também pode ser encontrado, especificamente, no art. 37.

[84]   ALVAREZ, Inma Valeije. *El tratamiento penal de la corrupción del funcionario*: el delito de cohecho. Madrid: Editoriales de Derecho Reunidas, 1995. p. 35. Tradução livre de: "entendiendo por este principio la obligación de la Administración y de obrar con una substancial neutralidad y objetividad respecto los intereses privados, cualquiera que sea su naturaleza".

[85]   ALVAREZ, Inma Valeije. *Consideraciones sobre el bien jurídico protegido en el delito de cohecho*. Madrid: Editoriales de Derecho Reunidas, 1995. p. 321. Tradução livre de: "[...] los defensores de esta tesis lejos de pensar que el bien jurídico tutelado en el cohecho pasivo deberá estar en razón de algún valor que pueda ser menoscabado también por el particular – y, por lo tanto, no puede obedecer a la protección de un deber profesional – se acude considerar el cohecho activo como un delito contra los órganos del Estado; ya que la conducta del particular implica, en todo caso, atentar contra la función concreta del funcionario, alterando así el normal desarrollo de las funciones públicas, y, por lo tanto, afectando a la dignidad del Estado y al prestigio social que en el todo momento han de ostentar los entes públicos".

O FCPA se refere a "oficial de um governo estrangeiro, ou de qualquer ministério, departamento, órgão ou organismo governamental do mesmo, ou de uma organização pública internacional, ou qualquer pessoa agindo em qualidade oficial para um governo, ministério, departamento, órgão ou organismo governamental ou em nome destes, ou ainda para uma organização pública internacional ou em nome desta" – (f) Seção "Definições", item (1) (A).[86]

Veja-se que o enfoque é conceituar funcionário público estrangeiro, já que a norma se propõe a regular as relações havidas entre empresas norte-americanas e organismos estrangeiros. Com efeito, trata-se de uma norma de caráter supranacional; as infrações a ela são processadas nos Estados Unidos, porém se consumam no exterior.

Na Convenção Interamericana contra a Corrupção, funcionário público é conceituado como "qualquer funcionário ou empregado de um Estado ou de suas entidades, inclusive os que tenham sido selecionados, nomeados ou eleitos para desempenhar atividades ou funções em nome do Estado ou a serviço do Estado em qualquer de seus níveis hierárquicos".[87]

A Convenção das Nações Unidas contra a Corrupção traz um conceito mais amplo, com inúmeras variações – o que parece natural, por se tratar do documento mais recente e amadurecido a respeito do assunto:

a) Por "funcionário público" se entenderá: i) toda pessoa que ocupe um cargo legislativo, executivo, administrativo ou judicial de um Estado Parte, já designado ou empossado, permanente ou temporário, remunerado ou honorário, seja qual for o tempo dessa pessoa no cargo; ii) toda pessoa que desempenhe uma função pública, inclusive em um organismo público ou numa empresa pública, ou que preste um serviço público, segundo definido na legislação interna do Estado Parte e se aplique na esfera pertinente do ordenamento jurídico desse Estado Parte; iii) toda pessoa definida como "funcionário público" na legislação interna de um Estado Parte. Não obstante, aos efeitos de algumas medidas específicas incluídas no Capítulo II da presente Convenção, poderá entender-se por "funcionário público" toda pessoa que desempenhe uma função pública ou preste um serviço público segundo definido na legislação interna do Estado Parte e se aplique na esfera pertinente do ordenamento jurídico desse Estado Parte; b) Por "funcionário público estrangeiro" se entenderá toda pessoa que ocupe um cargo legislativo, executivo, administrativo ou judicial de um país estrangeiro, já designado ou empossado; e toda pessoa que exerça uma função pública para um país estrangeiro, inclusive em um organismo público ou uma empresa pública; c) Por "funcionário de uma organização internacional pública" se entenderá

---

[86] CÓDIGO FEDERAL DOS EUA. Cláusulas antissuborno e sobre livros e registros contábeis da lei americana anticorrupção no exterior. Disponível em: <https://www.justice.gov/sites/default/files/criminal-fraud/legacy/2012/11/14/fcpa-portuguese.pdf>. Acesso em: 20 fev. 2019.

[87] BRASIL. *Decreto nº 4.410, de 7 de outubro de 2002.* Promulga a Convenção Interamericana contra a Corrupção, de 29 de março de 1996, com reserva para o art. XI, parágrafo 1º, inciso "c". Disponível em: <http://www.planalto.gov.br/ccivil_03/decreto/2002/D4410a.htm>. Acesso em: 20 fev. 2019.

um funcionário público internacional ou toda pessoa que tal organização tenha autorizado a atuar em seu nome.[88]

Assim, pode-se concluir que a corrupção não só é um tema de importância supranacional, como existem inúmeras regras internacionais que se ocuparam de estabelecer métricas e padrões para o seu combate. Tais normas, expedidas por diversos organismos internacionais, tiveram o cuidado de conceituar e definir objeto e sujeito e deveriam servir de base à criação das ferramentas nacionais de combate à corrupção nos países que a elas aderiram.

Feita essa análise histórica da corrupção como fenômeno social, reconhecendo que ela tem importância supranacional, e tendo em vista a sua capacidade de afetar o desenvolvimento humano, parecem ser evidentes os motivos pelos quais a conduta foi considerada penalmente relevante, de modo que diversos países a classificaram como ilícito penal.

No Brasil não é diferente. A corrupção vem prevista como crime pelo Código Penal (Decreto-Lei 2.848/1940, com vigência a partir de janeiro de 1941) nos arts. 317 (modalidade passiva) e 333 (modalidade ativa).[89]

A respeito da corrupção como conduta penalmente relevante no Brasil, e isso já foi introduzido no tópico destinado à análise histórica da corrupção no país, discorrer-se-á mais detidamente a seguir, abordando seu aspecto típico e antijurídico.

4.4 CORRUPÇÃO COMO CONDUTA PENALMENTE RELEVANTE NO BRASIL

Estabelecido que a corrupção é um tema que atinge a esfera supranacional, portanto uma pauta global que tem afetação direta quanto ao desenvolvimento de uma nação, é possível intuir os motivos pelos quais acabou sendo prevista como conduta penalmente relevante.

Quanto ao Brasil, especificamente, já se consignou que o tema vem de longa data, com registros históricos que demonstram o fenômeno da corrupção, mesmo antes de determinados atos serem assim reconhecidos.

Pode-se reconhecer, por meio de relatos históricos já trazidos, que atos que poderiam ser tidos como corriqueiros, como pedir um favor a um parente, hoje podem ser enquadrados como corrupção.

Com efeito, chega-se ao ponto em que se torna evidente a necessidade de atentar para a tipologia e a fenomenologia do crime de corrupção, previsto pelos arts. 317 (na sua modalidade passiva) e 333 (no formato ativo) do Código Penal.

---

[88] NAÇÕES UNIDAS. *Convenção das Nações Unidas contra a corrupção.* Disponível em: <https://www.unodc.org/documents/lpo-brazil/Topics_corruption/Publicacoes/2007_UNCAC_Port.pdf>. Acesso em: 20 fev. 2019.

[89] É importante destacar que, recentemente, por meio de convenção da OCDE, passou-se a tratar no País também de ferramentas de combate ao suborno de funcionários públicos estrangeiros. A respeito: Controladoria-Geral da União. *A convenção.* Disponível em: <https://www.cgu.gov.br/assuntos/articulacao-internacional/convencao-da-ocde/a-convencao>. Acesso em: 17 jun. 2019.

É importante destacar que o Código Penal, atualmente vigente, remonta à década de 1940, portanto, além de guardar mais de meio século, foi criado em um momento político de limitação de direito e, conforme se terá a oportunidade de tratar neste trabalho, por motivos que talvez não se coadunem com o que em 1988 veio dispor a Constituição Federal.

Na doutrina, a corrupção encontra importância desde a dicção de HUNGRIA, que assim descreveu o crime na forma passiva, já nos idos de 1959, "a corrupção campeia como um poder dentro do Estado. E em todos os setores: desde o 'contínuo', que não move um papel sem a percepção de propina, até a alta esfera administrativa, onde tantos misteriosamente enriquecem da noite para o dia".[90]

É importante consignar que se trata de crime formal, de modo que a simples solicitação/oferecimento já consuma a conduta,[91] e que, no caso da modalidade passiva, está se tratando de crime próprio,[92] já que o sujeito ativo deve necessariamente se enquadrar no conceito de funcionário público trazido pelo art. 327 do Código Penal.[93]

Aliás, o fato de a versão passiva ser exclusividade do funcionário público (crime próprio) foi justamente o que provocou o legislador a inseri-la em item específico, de modo que tais crimes (corrupção passiva e ativa) não estão previstos sucessivamente no Código Penal.[94]

---

[90]   HUNGRIA, Nelson. *Comentários ao Código Penal*. Rio de Janeiro: Forense, 1959. v. IX, p. 364.

[91]   "Trata-se de crime eminentemente formal ou de consumação antecipada. Basta para a sua consumação, como já vimos, a simples solicitação da vantagem indevida, mesmo que não fosse intenção do *intraneus* praticar ação ou abstenção de que se cogite. Ainda na hipótese de efetivo recebimento da vantagem ou de aceitação da promessa de vantagem, não importa que o *intraneus*, por arrependimento ou obstáculo superveniente, deixe de cumprir o torpe ajuste: crime se considerará como levado *ad exitum*." HUNGRIA, Nelson. *Comentários ao Código Penal*. Rio de Janeiro: Forense, 1959. v. IX, p. 370. A respeito de se tratar de crime formal, é importante registrar também o posicionamento do Supremo Tribunal Federal por ocasião do julgamento da Ação Penal 470, que é um marco quanto à conceituação da corrupção no Brasil: "além disso, sendo a corrupção passiva um crime formal, ou de consumação antecipada, é indiferente para a tipificação da conduta a destinação que o agente confira ou pretenda conferir ao valor ilícito auferido, que constitui, assim, mera fase de exaurimento do delito". *Relatório Mensalão*, fl. 184 de 8.405 (compilação de trecho da decisão de recebimento da denúncia).

[92]   "O sujeito ativo somente pode ser o titular ou o exercente de função pública (ressalvada a disciplina jurídica do *concursus delinquentium*). Não é necessário que o sujeito se ache no exercício atual da função. Diz a lei: 'ainda que fora da função ou antes assumi-la'. O que é indispensável é que a recompensa seja solicitada ou recebida, ou seja aceita a correspondente promessa, 'em razão da função'". HUNGRIA, Nelson. *Comentários ao Código Penal*. Rio de Janeiro: Forense, 1959. v. IX, p. 369.

[93]   "Art. 327. Considera-se funcionário público, para os efeitos penais, quem, embora transitoriamente ou sem remuneração, exerce cargo, emprego ou função pública.

§ 1º Equipara-se a funcionário público quem exerce cargo, emprego ou função em entidade paraestatal, e quem trabalha para empresa prestadora de serviço contratada ou conveniada para a execução de atividade típica da Administração Pública. (Incluído pela Lei nº 9.983, de 2000)."

[94]   "A corrupção é o mercado da função pública, dividindo-se em passiva e ativa. Da primeira modalidade já nos ocupamos quando do comentário ao art. 317, e agora vamos tratar da segunda, que ficou separada daquela para atender ao critério de classificação do Código, no

Quanto à corrupção ativa, a jurisprudência já se ocupou de a identificar:

> O crime de corrupção ativa prevê como figura típica objetiva a conduta alternativa de oferecer (apresentar, colocar à disposição) ou prometer (obrigar-se a dar) vantagem indevida a funcionário público (agente público genericamente considerado), a fim de determinar a prática (realizar), omissão (deixar de praticar) ou o retardamento (atrasar) de ato de sua competência.
>
> O elemento subjetivo é o dolo específico.
>
> A consumação ocorre com o efetivo conhecimento pelo funcionário da oferta ou promessa indevida.[95]

Quanto ao dolo, HUNGRIA se posicionou que depende do "dolo genérico (vontade livremente dirigida à oferta ou promessa da vantagem que se sabe indevida) e específico (fim de determinar o funcionário a praticar, omitir ou retardar ato de ofício)".[96]

Com efeito, a corrupção passiva (art. 317) se encontra no rol dos crimes praticados por funcionário público contra a administração em geral (Título XI, Capítulo I); e a corrupção ativa (art. 333) está disciplinada entre os crimes praticados por particular contra a administração (Título XI, Capítulo II).

Inobstante isso, ambos possuem a mesma quantidade de pena em seus respectivos preceitos secundários (variando de dois a doze anos); porém, a corrupção passiva tem uma causa especial de diminuição, que encontra eco na inexigibilidade de conduta diversa representada pela influência hierárquica (art. 317, § 2º).

O fator que os distingue é, preponderantemente, a característica específica do sujeito ativo (com relação ao crime próprio); com efeito, o código as organizou em segmentos diversos em razão do autor.

Analisando de maneira pormenorizada as particularidades dos dois crimes, pode-se constatar que a doutrina se posiciona no sentido de que, também por se tratar de crime formal, a corrupção (ativa e passiva) não precisa ser uma via de mão dupla:[97]

> Perante o nosso Código atual, a corrupção nem sempre é crime bilateral, isto é, nem sempre pressupõe (em qualquer de suas modalidades) um *pactum sceleris*. Como a corrupção passiva já se entende consumada até mesmo na hipótese de simples solicitação, por parte do *intraneus*, da vantagem indevida, ainda que não seja atendida pelo *extraneus*, assim também a corrupção ativa se considera

---

[95] sentido de, quanto aos crimes contra a administração pública, distinguir entre os praticados por funcionário e os praticados por particular." HUNGRIA, Nelson. *Comentários ao Código Penal*. Rio de Janeiro: Forense, 1959. v. IX, p. 429.

Trecho do voto da Ministra Cármen Lúcia no julgamento da Ação Penal 470, que pode ser encontrado em fls. 1.808 de 8.450.

[96] HUNGRIA, Nelson. *Comentários ao Código Penal*. Rio de Janeiro: Forense, 1959. v. IX, p. 431.

[97] Indicando, contudo, que já houve época em que a via de mão dupla era essencial para que se considerasse cometido o crime: "no direito anterior, era indeclinável a correspondência entre a corrupção passiva e a ativa, para que se considerassem consumadas: se uma delas deixasse de existir, a outra somente seria reconhecível como tentativa". HUNGRIA, Nelson. *Comentários ao Código Penal*. Rio de Janeiro: Forense, 1959. v. IX, p. 367.

consumada com a simples oferta ou promessa de vantagem indevida por parte do *extraneus*, pouco importante que o *intraneus* a recuse.[98]

Ademais, a jurisprudência se consolidou no sentido de que, no eventual crime de lavagem de dinheiro cometido com a finalidade de ocultar os valores recebidos em exaurimento à corrupção, não existe consunção entre esses crimes, de modo que o acusado será processado e punido por ambos em concurso material.[99]

E também se posicionou quanto à irrelevância da destinação que eventualmente será dada aos valores ou aos bens negociados ilicitamente para fins de configuração do crime de corrupção passiva (art. 317, CP):

> A defesa do réu alega que aquele montante teria sido empregado em despesas partidárias (pagamento de pesquisas pré-eleitorais). Contudo, eventual destina-ção lícita do dinheiro não desconfigura o crime de corrupção passiva.
>
> O tipo penal em análise exige apenas que a vantagem seja ilícita [...] A destina-ção da vantagem, lícita ou ilícita, é irrelevante para a consumação do delito de corrupção passiva.[100]

Trata-se de crimes mistos alternativos, de modo que a consumação de qualquer dos seus verbos nucleares significa o cometimento da conduta. No caso da corrupção passiva, tanto o sujeito que solicita quanto o que recebe estão incorrendo na norma penal, e na ativa basta somente oferecer ou prometer.

Importante, ademais, consignar que se entende ato de ofício aquele que decorre da atividade do funcionário público. A título de exemplo, pode indicar que, no caso da Ação Penal 470, assim como na Operação Lava Jato, foram considerados atos de ofício a solicitação e a abertura de certame licitatório ou a atuação parlamentar no sentido de beneficiar empresas privadas. Ambas são funções inerentes aos cargos, que são subvertidas pela promessa ou entrega de benefício.

Feitas essas anotações acerca do crime de corrupção, nas suas modalidades passiva e ativa, e a partir da doutrina e da jurisprudência, mister analisar a importância que encontra na pauta atual do Brasil, notadamente em razão de alguns fenômenos, que são abordados por VARGAS LLOSA.

4.5 SOCIEDADE DA COMUNICAÇÃO E GLOBALIZAÇÃO DA CORRUPÇÃO – ESTUDO DE CASO E A CORRUPÇÃO NA PAUTA DO BRASIL

Foi constatado que a corrupção encontra um lugar destacado, porque é vista como um tema de afetação coletiva, já que, na sua forma mais pura, atinge o erário e, portanto, a que o poder público reverte as verbas obtidas da arrecadação pública.

---

[98] HUNGRIA, Nelson. *Comentários ao Código Penal*. Rio de Janeiro: Forense, 1959. v. IX, p. 429.

[99] "Não sendo considerada a lavagem de capitais mero exaurimento do crime de corrupção passiva, é possível que dois dos acusados respondam por ambos os crimes, inclusive em ações penais diversas, servindo, no presente caso, os indícios da corrupção advindos da AP 477 como delito antecedente da lavagem." (Inq. 2.471, Rel. Min. Ricardo Lewandowski, j. em 29.09.2011, utilizado como precedente à Ação Penal 470, conforme se infere de fls. 669 de 8.450 do acórdão do plenário da Suprema Corte).

[100] Trecho do voto da Ministra Cármen Lúcia na Ação Penal 470, em fls. 1.800 de 8.450.

Problema de todos, portanto. E, ao que parece, a corrupção – que, como tema, já tem destaque de pauta, notadamente nos veículos de disseminação da informação – acaba se tornando ainda mais focal em função de situações concretas.

Nesse sentido, de reconhecer a influência do estado cultural em que o tema se desenvolve, VARGAS LLOSA se dedicou em conceituar e discorrer acerca do que reconheceu como "civilização do espetáculo". Diz ele que:

> É a civilização de um mundo onde o primeiro lugar na tabela de valores vigente é ocupado pelo entretenimento, onde divertir-se, escapar do tédio, é a paixão universal. Esse ideal de vida é perfeitamente legítimo, sem dúvida. Só um puritano fanático poderia reprovar os membros de uma sociedade que quisessem dar descontração, relaxamento, humor e diversão a vidas geralmente enquadradas em rotinas deprimentes e às vezes imbecilizantes. Mas transformar em valor supremo essa propensão natural a divertir-se tem consequências inesperadas: banalização da cultura, generalização da frivolidade e, no campo da informação, a proliferação do jornalismo irresponsável da bisbilhotice e do escândalo.[101]

Cita como exemplo dessa civilização do espetáculo, em que a mídia acaba atuando no sentido mais de criar burburinho coletivo e entreter, o caso da crise financeira de 2008, e como os tabloides aguardaram ansiosamente quem seria o primeiro *suicida*, a exemplo do que ocorreu com a queda da bolsa de 1929.[102]

Claro que a liberdade de expressão, que aparentemente precisa ser revisitada e repensada,[103] tem sido usada com justificativa à proliferação dessa nova civilização, que, para VARGAS LLOSA, expressa um vácuo de cultura.[104]

---

[101] VARGAS LLOSA, Mario. *A civilização do espetáculo*. Rio de Janeiro: Objetiva, 2013. p. 29-30.

[102] "Claudio Pérez, enviado especial de *El País* a Nova York para informar sobre a crise financeira, escreve em sua crônica de sexta-feira, 19 de setembro de 2008: 'Os tabloides de Nova York estão como loucos em busca de um corretor da bolsa que se atire no vazio do alto de algum dos imponentes arranha-céus que abrigam os grandes bancos de investimento, ídolos caídos que o furacão financeiro está transformando em cinzas'. Vamos reter por um momento essa imagem na memória: uma multidão de fotógrafos, de *paparazzi*, espreitando as alturas, com as câmeras prontas, para captar o primeiro suicida que encarne de maneira gráfica, dramática e espetacular a hecatombe financeira que fez evaporar bilhões de dólares e mergulhou na ruína grandes empresas e inúmeros cidadãos. Não creio que haja imagem que resuma melhor a civilização em que vivemos hoje." VARGAS LLOSA, Mario. *A civilização do espetáculo*. Rio de Janeiro: Objetiva, 2013. p. 29.

[103] A respeito: "por maior abrangência que se lhe queira atribuir, em nenhum sistema legal a liberdade de expressão é concebida em termos tais que signifiquem conferir proteção e imunidade a toda e qualquer comunicação". MARTINS NETO, João dos Passos. *Fundamentos da liberdade de expressão*. Florianópolis: Insular, 2008. p. 29. MARTINS NETO discorre a respeito dos limites à liberdade de expressão e explora os fundamentos ao precedente que a disciplinou como garantia fundamental. Também para concluir que: "[...] pode-se dizer que um ato comunicativo tem valor expressivo quando são aplicáveis a ele uma ou mais das possíveis razões de proteção, que são os fundamentos da norma constitucional que garante a liberdade de expressão". MARTINS NETO, João dos Passos. *Fundamentos da liberdade de expressão*. Florianópolis: Insular, 2008. p. 47.

[104] "T.S. Eliot garante que o propósito que o guia é apenas definir o conceito de cultura, mas, na verdade, sua ambição é mais ampla e consistente, ademais, em especificar o que esta

A doutrina penal também se ocupou desse fenômeno que se desenha e muito atinge o direito criminal, notadamente o aspecto constitucional e democrático que se espera do direito e do processo penal.

Pode-se, nesse sentido, registrar a contribuição de CASARA, que, assim como VARGAS LLOSA, busca subsídio em DEBORD:[105]

> Em meio aos vários espetáculos que se acumulam na atual quadra histórica, estão em cartaz os "julgamentos penais", em que entram em cena, principalmente, dois valores: a verdade e a liberdade. O fascínio pelo crime, em um jogo de repulsa e identificação, a fé nas penas, apresentadas como remédio para os mais variados problemas sociais (por mais que todas as pesquisas sérias sobre o tema apontem para a ineficácia da "pena" na prevenção de delitos e na ressocialização de criminosos), somado a um certo sadismo (na medida em que aplicar uma "pena" é, em apertada síntese, impor um sofrimento) fazem do julgamento penal um objeto privilegiado de entretenimento.[106]

No Brasil, a Ação Penal 470 (Mensalão) e a Operação Lava Jato são exemplos de situações que consolidaram a corrupção como uma das principais pautas do País, tanto do ponto de vista teórico-científico quanto nas relações humanas.

Contudo, esse fenômeno, aparentemente ligado a essa sociedade denominada "do espetáculo", não é uma prerrogativa do Brasil. Nos Estados Unidos da América, pode-se destacar o escândalo de *Watergate*, que envolveu o então Presidente da República e, por tamanha repercussão, culminou na sua resignação.

---

palavra abrange, numa crítica penetrante do sistema cultural de sua época, que, segundo ele, se afasta cada vez mais do modelo ideal por ele representado no passado. Numa frase que então parecer exagerada, ele acrescenta: 'E não vejo razão alguma pela qual a decadência da cultura não possa continuar e não possamos prever um tempo, de alguma duração, que possa ser considerado desprovido de cultura'. (Antecipando-me sobre o conteúdo de *A civilização do espetáculo*, direi que esse tempo é o nosso)." VARGAS LLOSA, Mario. *A civilização do espetáculo*. Rio de Janeiro: Objetiva, 2013. p. 12.

[105] DEBORD (DEBORD, Guy. *A sociedade do espetáculo*. Rio de Janeiro: Contraponto, 1997) *apud* VARGAS LLOSA: "essas ideias de juventude, que Marx nunca conseguiria aprofundar na maturidade, são o fundamento da teoria de Debord sobre nosso tempo. Sua tese central é que na sociedade industrial moderna, na qual o capitalismo triunfou, e a classe operária foi (pelo menos temporariamente) derrotada, a alienação – ilusão da mentira convertida em verdade – monopolizou a vida social, transformando-a numa representação em que tudo o que é espontâneo, autêntico, genuíno – a verdade do humano – foi substituído pelo artificial e pelo falso. Nesse mundo, as coisas – mercadorias – passaram a ser os verdadeiros donos da vida, os amos que os seres humanos servem para assegurar a produção que enriquece os proprietários das máquinas e as indústrias que fabricam tais mercadorias. 'O espetáculo', diz Debord, 'é a ditadura efetiva da ilusão na sociedade moderna' (proposição nº 213)". E anota no rodapé que as traduções ao espanhol foram por ele feitas. Já CASARA, introduz seu texto registrando que: "a partir da constatação das atuais condições de produção, Guy Debord percebeu que toda a vida das sociedades 'se apresenta como uma imensa acumulação de espetáculos. Tudo o que era vivido diretamente tornou-se uma representação".

[106] CASARA, Rubens. *Processo penal do espetáculo*: ensaios sobre o poder penal, a dogmática e o autoritarismo na sociedade brasileira. Florianópolis: Empório do Direito, 2015. p. 11.

Watergate é o edifício onde ficava a sede do comitê de campanha do Partido Democrata, na capital dos Estados Unidos. A equipe da campanha de reeleição do então Presidente, Richard Nixon, representante do Partido Republicano, contratou pessoas para ingressar ilicitamente no escritório do Partido Democrata e colocar equipamentos de espionagem – como grampos nos telefones – a fim de obter informações que pudessem utilizar para a campanha de reeleição.[107] O caso obteve proporção após a exposição em entrevista concedida pelo então Presidente ao jornalista David Frost.

Na Itália, há a referência da Operação Mãos Limpas,[108] que resultou em inúmeras prisões, muitas condenações, mas em nada alterou os índices de confiabilidade da Itália em face do mercado internacional.

Em todos os países que foram palcos para casos de corrupção e que alcançaram dimensões "estratosféricas", em razão da participação da mídia como disseminadora

---

[107] "O escândalo de *Watergate* começou cedo na manhã de 17 de junho de 1972, quando vários assaltantes foram presos no escritório do Comitê Democrático Nacional, localizado no complexo de edifícios *Watergate*, em Washington D.C. Esse não era um roubo comum: os 'gatunos' foram conectados à campanha à reeleição do Presidente Richard Nixon e foram pegos grampeando telefones e furtando documentos. Nixon tomou medidas agressivas para encobrir o crime, e em agosto de 1974, depois que seu papel na conspiração foi revelado, Nixon renunciou. O escândalo de *Watergate* mudou a política americana para sempre, levando vários americanos a questionar seus líderes e pensar na presidência de maneira mais crítica." Fonte: <history.com>. Acesso em: 17 jan. 2019. Tradução livre de: "The Watergate Scandal began early in the morning of june 17, 1972, when several burglars were arrested in the office of the Democratic National Committee, located in the Watergate complex of buildings in Washington, D. C. This was no ordinary robbery: The prowlers were connected to President Richard Nixon´s reelection campaign, and they had been caught wiretapping phones and stealing documents. Nixon took aggressive steps to cover up the crime afterwards, and in August 1974, after his role in the conspiracy was revealed, Nixon resigned. The Watergate scandal changed American politics forever, leading many Americans to question their leaders and think more critically about the presidency".

[108] A Operação Mãos Limpas se ocupou de investigar a relação entre pessoas públicas e empresas prestadoras de serviços a órgãos públicos, em razão da denúncia de Luca Magni de que estava sendo habitualmente aliciado a pagar um percentual dos valores recebidos pelos contratos prestados por sua empresa de limpeza. "[...] Magni pede ajuda aos Carabinieri. No dia 13 de fevereiro, telefona para o quartel milanês da Via Moscova. O capitão Zulani marca um encontro para as 10 horas do dia seguinte, sexta-feira, 14. Ele escuta, registra a denúncia e a apresenta ao magistrado com quem trabalha: Di Pietro. O promotor e o oficial preparam a ação para segunda-feira: naquele dia, Di Pietro estará de plantão; então, a investigação será atribuída a ele. O encontro fica marcado para as 13 horas de 17 de fevereiro no quartel da Via Moscova. Luca Magni chega no seu Mitsubishi com os sete milhões. O capitão acompanha-o imediatamente ao Palácio da Justiça: 'Eu estava um pouco tenso' recorda o empresário, 'pois não esperava encontrar um magistrado, mas me tranquilizei imediatamente, porque Di Pietro foi muito gentil. Ele solicitou que todos saíssem da sala, deixou-me à vontade e pediu que eu lhe contasse os fatos, sem qualquer atitude inquisitória'. No quartel, as notas são rubricadas e fotocopiadas. A caneta transmissora e a câmera na maleta (que no final das contas não será muito útil) são testadas. Então, uma procissão de quatro carros, o Mitsubishi de Magni e três viaturas dos Carabinieri, parte em direção ao Pio Albergo Trivulzio (o PAT, que os milaneses chamam carinhosamente de 'Baggina', pois localiza-se na estrada que leva a Baggio). Está nascendo a Operação Mãos Limpas, o começo do fim de um sistema político, mas ninguém, naquele dia, ainda poderia acreditar". BARBACETTO, Gianni; GOMEZ, Peter; TRAVAGLIO, Marco. *Operação Mãos Limpas*. Porto Alegre: CDG, 2016. p. 26.

de informação e formadora de opinião, verifica-se uma preocupação crescente da população com o fenômeno da corrupção.

Quando casos relevantes como esses indicados ganham publicidade, todos se sentem atingidos por eles, racionalizando acerca da relação que as pessoas e as organizações têm com o Estado e o que está sendo feito com o dinheiro público.

Inobstante a corrupção seja um fenômeno que remonta a séculos, pelo menos desde que se reconhece historicamente a estrutura do Estado, e isso ficou claro em tópicos anteriores, os grandes casos, potencializados pela participação da imprensa, parecem trazer à tona, e para a pauta coletiva, o assunto "corrupção".

Embora se reconheça a existência de corrupção, provavelmente (e pelo menos), desde a chegada da família real portuguesa ao Brasil, casos recentes de corrupção, que foram ostensivamente documentados pela mídia, provocaram uma nova reflexão coletiva, talvez o que deu subsídio à conclusão obtida pela *Transparency International* sobre a preocupação e o envolvimento dos brasileiros com o projeto de erradicar a corrupção.

As duas grandes operações que podem ser tidas como marcos divisores nessa realidade são, ao que parece, a Ação Penal originária (competência do Supremo Tribunal Federal) 470, popularmente apelidada de "Mensalão", e a mais recente "Operação Lava Jato", que é composta por um *pool* de ações penais e na qual houve a histórica prisão de um ex-Presidente da República.

A Ação Penal 470 não só representa um marco quanto à confirmação do protagonismo do tema "corrupção", como também à consolidação de alguns conceitos ligados ao crime e sua fenomenologia.

A respeito do "Mensalão", pode-se fazer uma reconstrução histórica com base na bibliografia:

> Ainda em julho de 2005, em pleno desenvolvimento dos trabalhos da CPI dos correios, o STF recebeu o inquérito do mensalão, originário da Justiça Federal de Minas Gerais, e que foi aberto em 16 de maio.
>
> Dez meses depois, em março de 2006, o Procurador-Geral da República, Antonio Fernando Barros e Silva de Souza, denunciou quarenta pessoas envolvidas no Mensalão. [...]
>
> Foram ouvidos na Ação Penal 470, ao longo de cinco anos, mais de seiscentas testemunhas e realizadas 34 perícias. Todo o processo estava registrado em 235 volumes, com quinhentos apensos, sendo um total de 50.508 páginas. [...]
>
> O sol se apresentou logo cedo, às 6h37. O céu estava claro. A temperatura às 9 horas da manhã alcançava os 22 °C. Tendia a aumentar no decorrer do dia, como que prenunciando o clima da sessão da tarde. Finalmente, depois de 1.951 dias após o recebimento da denúncia, o julgamento iria começar. E a atenção do país estava voltada para Brasília.[109]

Com penas que variaram entre cinco e quarenta anos, nove pessoas foram condenadas pelo Supremo Tribunal Federal. Entre os crimes imputados estavam corrupção ativa e corrupção passiva.

---

[109] VILLA, Marco Antonio. *Mensalão:* o julgamento do maior caso de corrupção da história política brasileira. São Paulo: Leya, 2012.

Segundo se infere do relatório da decisão condenatória:

> O Procurador-Geral narrou, na denúncia, uma "sofisticada organização criminosa, dividida em setores de atuação, que se estruturou profissionalmente para a prática de crimes de peculato, lavagem de dinheiro, corrupção ativa, gestão fraudulenta, além das mais diversas formas de fraude".
>
> Segundo a acusação, "todos os graves delitos que serão imputados aos denunciados ao longo da presente peça têm início com a vitória eleitoral de 2002 do Partido dos Trabalhadores no plano nacional e tiveram por objetivo principal, no que concerne ao núcleo integrado por JOSÉ DIRCEU, DELÚBIO SOARES, SÍLVIO PEREIRA e JOSÉ GENOÍNO, garantir a continuidade do projeto de poder do Partido dos Trabalhadores, mediante a compra de suporte político de outros Partidos Políticos e do financiamento futuro e pretérito (pagamento de dívidas) das suas próprias campanhas eleitorais. (...) Nesse ponto, e com o objetivo unicamente patrimonial, o até então obscuro empresário MARCOS VALÉRIO aproxima-se do núcleo central da organização criminosa (JOSÉ DIRCEU, DELÚBIO SOARES, SÍLVIO PEREIRA e JOSÉ GENOÍNO) para oferecer os préstimos da sua própria quadrilha (RAMON HOLLERBACH, CRISTIANO DE MELLO PAZ, ROGÉRIO TOLENTINO, SIMONE VASCONCELOS e GEIZA DIAS DOS SANTOS) e troca de vantagens patrimoniais no Governo Federal" (5.621/5.622).
>
> Além disso, teria sido necessário contar com os réus KÁTIA RABELLO, JOSÉ ROBERTO SALGADO, VINÍCIUS SAMARANE e AYANNA TENÓRIO, os quais, no comando das atividades do Banco Rural, juntamente com o Sr. José Augusto Dumont, falecido em abril de 2004, teriam criado as condições necessárias para a circulação clandestina de recursos financeiros entre o núcleo político e o núcleo publicitário, através de mecanismos de lavagem de dinheiro, que permitiriam a tais réus o pagamento de propina, sem que o dinheiro transitasse por suas contas (fls. 6 e 7 da sentença).[110]

Basicamente, a Procuradoria-Geral da República entendeu que havia um ajuste entre personagens políticos-chave do governo federal, empresários e o Banco Rural,[111] para que fossem pagos valores aos agentes políticos em troca do recebimento de vantagens a suas empresas, como vitória em processos licitatórios para contratação de fornecimento de serviço ou venda de produtos ao governo federal.

---

[110] BRASIL. *Relatório Mensalão*: Ação Penal 470 Minas Gerais. Disponível em: <www.stf.jus.br/arquivos/cms/noticianoticiastf/anexo/relatoriomensalao.pdf>. Acesso em: 17 jan. 2019.

[111] Atualmente liquidado extrajudicialmente, conforme informação obtida em seu *site*: "o Sr. Liquidante do BANCO RURAL S.A – Em Liquidação Extrajudicial, cumprindo o disposto no artigo 26, da Lei nº 6.024, de 13 de março de 1974, comunica aos interessados que, esgotado o prazo legal para oferecimento de impugnações a créditos constantes do QUADRO GERAL DE CREDORES, cujo aviso foi publicado na imprensa oficial e comum, e julgadas todas elas, considera-se definitivo referido 'QUADRO', a partir desta data, sem qualquer modificação, vez que não acolhidas as impugnações, encontrando-se cópias do aludido documento na sede da Liquidanda, na Rua Rio de Janeiro, 927, 8º andar/parte, Belo Horizonte(MG), CEP 30160-041, para conhecimento geral e devidos fins de direito. Belo Horizonte, 24 de outubro de 2018 – Osmar Brasil Almeida – Liquidante". Fonte: <rural.com.br>. Acesso em: 17 jan. 2019.

Ao longo dos cinco anos em que a Ação Penal 470 tramitou no Supremo, novos personagens foram aparecendo, sendo incluídos no polo passivo, à medida que réus e testemunhas eram ouvidos e os fatos eram desdobrados.

O acórdão, com 8.405 páginas, foi disponibilizado em 17 de dezembro de 2012. Dele são extraídos conceitos importantes, como o do próprio crime de corrupção. Ou, pelo menos, ele retrata a leitura que a Suprema Corte faz do crime.

Assim como ocorreu com a Ação Penal 470, em que figuravam como protagonistas figuras-chave da estrutura política nacional, a Operação Lava Jato – mais recentemente – projetou (ou consolidou) a importância do debate acerca da corrupção no Brasil.

Desenvolvida a partir de março de 2014 pela polícia federal do Paraná, a Operação, como descreve o próprio Ministério Público Federal, decorre da "maior investigação de corrupção e lavagem de dinheiro que o Brasil já teve".[112]

Também do *site* do MPF extrai-se a informação de que: "estima-se que o volume de recursos desviados dos cofres da Petrobras, maior estatal do país, esteja na casa de bilhões de reais. Soma-se a isso a expressão econômica e política dos suspeitos de participar do esquema de corrupção que envolve a companhia".

A investigação, que culminou com a instauração da ação penal em 2014, iniciou em 2009 e visava a apurar os "crimes de lavagem de recursos relacionados ao ex-deputado federal José Janene, em Londrina, no Paraná. Além do ex-deputado, estavam envolvidos nos crimes os doleiros Alberto Youssef e Carlos Habib Chater".

Alberto Youssef era um antigo conhecido dos Procuradores da República e policiais federais, pois já havia sido investigado e processado por crimes contra o sistema financeiro nacional e de lavagem de dinheiro no Caso Banestado.[113]

A primeira denúncia de que se tem registro foi oferecida em desfavor de Arianna Azevedo Costa Bachmann, Humberto Sampaio de Mesquita, Marcio Lewkowicz, Paulo Roberto Costa e Shanni Azevedo Costa Bachmann, em 21 de abril de 2014. Teve a imputação de embaraço de investigação de organização criminosa, ao argumento de que os denunciados teriam impedido que se desenvolvesse a investigação, ocultando provas.

Nos dias que sucederam à primeira denúncia, foram também denunciados Alberto Youssef, Leonardo Meirelles, Leandro Meirelles, Pedro Argese Júnior, Esdra de Arantes Ferreira, Raphael Flores Rodrigues e Carlos Alberto Pereira da Costa, por evasão de divisas, lavagem de dinheiro e formação de organização criminosa; Rene Luiz Pereira, Alberto Youssef, Carlos Habib Chater, André Catão de Miranda, Sleiman El Korossy e Maria de Fatima Stocker, por lavagem de dinheiro, evasão de divisas e associação para o tráfico de drogas; Raul Henrique Srour, Rodrigo Henrique Gomes de Oliveira, Rafael Henrique Srour, Valmir José França, Maria Lúcia Ramires Cardena e Maria Josilene da Costa por crimes contra o sistema financeiro; Alberto Youssef, Antônio Almeida Silva, Esdra de Arantes Ferreira, Márcio Andrade Bonilho, Murilo Tena Barros, Leandro Mcirelles, Leonardo Meirelles, Paulo Roberto Costa, Pedro Argese Júnior e

---

112   MINISTÉRIO PÚBLICO FEDERAL. Entenda o caso. Disponível em: <http://www.mpf.mp.br/grandes-casos/caso-lava-jato/entenda-o-caso>. Acesso em: 31 maio 2019.

113   MINISTÉRIO PÚBLICO FEDERAL. Por onde começou. Disponível em: <http://www.mpf.mp.br/grandes-casos/caso-lava-jato/atuacao-na-1a-instancia/parana/investigacao/historico/por--onde-comecou>. Acesso em: 31 maio 2019.

Waldomiro de Oliveira, por lavagem de dinheiro desviado da Petrobras; Nelma Mtisue Penasso Koadama, Iara Galdino da Silva, Luccas Pace Júnior, João Huang, Cleverson Coelho de Oliveira, Juliana Cordeiro de Moura, Maria Dirce Penasso, Faiçal Mohamed Nacirdine e Rinaldo Gonçalves de Carvalho, por organização criminosa, evasão de divisas e lavagem de dinheiro; Carlos Habib Chater, André Catão de Miranda, Ediel Viana da Silva, Ricardo Emílio Esposito, Katia Chater Nasr, Tiago Roberto Pacheco Moreira, Julio Luis Urnau, Francisco Angelo da Silva e André Luis de Paula Santos, por organização criminosa e crimes contra o SFN.

Alberto Youssef que, como indicado no *site* do MPF, já era "antigo conhecido dos Procuradores da República e policiais federais", ajustou um dos primeiros acordos de colaboração premiada da Operação Lava Jato,[114] ouvido em 2 de outubro de 2014 na Superintendência Regional do Departamento da Polícia Federal em Curitiba.[115]

O acordo, embora não marque o início da Operação que aqui já contava com meio ano desde a primeira denúncia (e duas colaborações anteriores), fortalece muito a atuação da acusação e da polícia judiciária, à medida que Youssef traz uma série de informações e detalhes acerca de como se davam algumas operações levadas a cabo pelos demais denunciados.

Indicou, ademais, que participou de reuniões cuja pauta era o alinhamento das comissões que as empreiteiras envolvidas na Operação precisavam pagar para não sofrer retaliação; confirmou algumas empresas e trouxe outras empreiteiras que estavam envolvidas nos esquemas.

Importante destacar que, no ano anterior à inclusão da Operação Lava Jato, houve uma relevante movimentação popular no Brasil, denominada "Vem pra Rua",[116] o que, posteriormente, se tornou o nome de um movimento de combate à corrupção.[117]

Na Lava Jato foi denunciado, ainda, Luiz Inácio Lula da Silva por corrupção passiva, corrupção ativa e lavagem de dinheiro (Processo 5046512-94.2016.404.7000); e, também, por corrupção e lavagem decorrentes de contratos firmados entre Petrobras e Odebrecht S/A (Processo 5063130-17.2016.404.7000).

O Mensalão e a Lava Jato são dois marcos a consolidar o debate institucional e popular acerca da corrupção, o que se sustenta, notadamente do ponto científico, quando pesquisas efetivamente apontam que a corrupção afeta o natural desenvolvimento de uma nação.

A respeito desse movimento, deve-se registrar a contribuição de CASTELLS:

> Aconteceu também no Brasil. Sem que ninguém esperasse. Sem líderes. Sem partidos nem sindicatos em sua organização. Sem apoio da mídia. Espontanea-

---

[114] Lucas Paz e Paulo Roberto Costa celebraram seus acordos antes de Alberto Youssef.

[115] SUPREMO TRIBUNAL FEDERAL. *Petição nº 5245*. Disponível em: <https://www.jota.info/wp--content/uploads/2015/03/%C3%8Dntegra-Youssef.pdf>. Acesso em: 31 maio 2019.

[116] Extrai-se da mídia da época os números dos movimentos de junho de 2013. GLOBO.COM. Protestos pelo país reúnem mais de 250 mil pessoas. Disponível em: <http://g1.globo.com/brasil/noticia/2013/06/protestos-pelo-pais-reunem-mais-de-250-mil-pessoas.html>. Acesso em: 31 maio 2019.

[117] A respeito do movimento: VEMPRARUA.NET. O movimento. Disponível em: <https://www.vemprarua.net/o-movimento/>. Acesso em: 31 maio 2019.

mente. Um grito de indignação contra o aumento do preço dos transportes se difundiu pelas redes sociais e se foi transformando no projeto de esperança de uma vida melhor, por meio da ocupação das ruas em manifestações que reuniram multidões em mais de 30 cidades.

[...]

A partir dessa autonomia, as palavras, as críticas e os sonhos dos movimentos se estenderam à maior parte da sociedade. No Brasil, mais de 75% dos cidadãos apoiavam o movimento duas semanas depois de seu início na avenida Paulista.[118]

No posfácio à edição brasileira, redigida em julho de 2013, CASTELLS descreve precisamente os movimentos de junho de 2013, que mostram a importância coletiva, em todas as instâncias, dada ao tópico "corrupção" no Brasil.

Diz mais, e se deve destacar:

[...] o mais significativo do movimento brasileiro até o momento tem sido a resposta das instituições políticas. Por um lado, como ocorreu no mundo de maneira geral, a classe política em sua grande maioria rechaçou o movimento como demagógico e irresponsável. O governador do estado de São Paulo, tucano, e governador de Brasília, petista, disputaram para ver quem reprimia com mais violência as primeiras manifestações. Apenas algumas vozes isoladas, particularmente a da líder ecológica e progressista Marina Silva, colocaram-se desde o princípio ao lado dos jovens que se arriscavam a dizer o que muitos pensavam: basta de corrupção e de pseudodemocracia.

[...]

É nesse contexto que a reação da presidenta Dilma Rousseff adquire todo seu significado. Pela primeira vez, desde que, em 2010, se iniciaram esses movimentos em rede em noventa países diferentes, a mais alta autoridade institucional declarou que "tinha a obrigação de escutar a voz das ruas". E fez com que seu gesto de legitimação do movimento fosse acompanhado da recomendação, seguida pelas autoridades locais, de se anularem os aumentos das tarifas de transporte.

A postura adotada pela classe política brasileira, à época dos movimentos, deu escopo à aceleração do processo legislativo da nova Lei Anticorrupção, sancionada em 1º de agosto de 2013, portanto, bem no curso dos movimentos populares que tomaram o país.

Aliás, é precisamente a Lei Anticorrupção que traz a primeira previsão formal quanto aos programas de *compliance*, já que indica no seu art. 7º, *caput* e VIII, que "serão levados em consideração na aplicação das sanções [...] a existência de mecanismos e procedimentos internos de integridade, auditoria e incentivo à denúncia de irregularidades e a aplicação efetiva de códigos de ética e de conduta no âmbito da pessoa jurídica".[119]

---

[118] CASTELLS, Manuel. *Redes de indignação e esperança*: movimentos sociais na era da internet. Rio de Janeiro: Zahar, 2013. p. 182-184.

[119] BRASIL. *Lei nº 12.846, de 1º de agosto de 2013*. Dispõe sobre a responsabilização administrativa e civil de pessoas jurídicas pela prática de atos contra a administração pública, nacional

Com efeito, é elementar à propagação de um debate nacional acerca da corrupção a participação da mídia e das instituições em grandes casos de corrupção (como já ocorreu em outros países), o que no Brasil tem ensejo principalmente com a importância dada à Ação Penal 470 (Mensalão) e à Operação Lava Jato.

Aliados a isso, os movimentos sociais que naturalmente exsurgem de tais situações – o que também já se deu em outros países –, colocam a corrupção como pauta definitiva do País, como protagonista, e acabam levando o Brasil a ser o país que, segundo a Transparência Internacional, apresenta maior índice de preocupação social com a corrupção.

4.6 *CRIMINAL COMPLIANCE* COMO FERRAMENTA DE *LAW ENFORCEMENT* ANTICORRUPÇÃO

A partir da apresentação dos objetos corrupção, *law enforcement* e *compliance*, chega-se ao derradeiro capítulo que se propõe a analisar se a hipótese de que o *compliance* pode ser utilizado como ferramenta de *law enforcement* anticorrupção no Brasil se sustenta.

Para que se possa avaliar tal possibilidade, essencial que se identifique quais são as atuais ferramentas de efetivação da lei penal, sem olvidar que, dentro de um modelo constitucional e democrático, o propósito a que se volta o sistema penal não deveria ser o da reatividade.

Para isso, o processo penal precisa ser tido como instrumento de garantia constitucional, de modo que assegure ao acusado meios de rechaçar a imputação que contra si pesa.

Por esse motivo, o capítulo parte de uma análise contextual de para que serve o sistema penal no Brasil, para contextualizá-lo e identificá-lo a partir da fenomenologia dos crimes de colarinho branco, para então examinar se o *compliance* pode ser ferramenta preventiva e restaurativa, servindo como uma alternativa válida ao modelo atual.

4.6.1 O uso do processo penal como ferramenta de *enforcement* da lei penal – a aplicação da lei penal por meio do processo reduz a incidência de crimes?

Este item tem o propósito de avaliar se o processo penal está sendo preponderantemente usado como ferramenta de mudança de hábitos e para evitar a proliferação da violência como instrumento retributivo, de isolamento e apaziguamento social por meio da ilusão da segurança jurídica que decorre do fortalecimento do sistema penal.

Insta destacar novamente que não parece ser possível afirmar que o processo criminal serve apenas para aplicar a lei penal. Mais voltado está à proteção dos direitos e das garantias fundamentais do acusado, e deveria servir mais como instrumento de aplicação da Constituição Federal do que da lei penal material.

---

ou estrangeira, e dá outras providências. Disponível em: <http://www.planalto.gov.br/ccivil_03/_ato2011-2014/2013/lei/l12846.htm>. Acesso em: 31 maio 2019.

LOPES JR.[120] dedicou-se a demonstrar que o processo penal deveria ser "fundamento à instrumentalidade constitucional", dando efetividade aos princípios basilares do Estado Democrático de Direito, notadamente aqueles contidos no art. 5º da Constituição Federal:

[...] A pergunta poderia ser sintetizada no seguinte questionamento: Processo Penal, para que(m)?

Buscar a resposta a essa pergunta nos conduz à definição da lógica do sistema, que vai orientar a interpretação e a aplicação das normas processuais penais. Noutra dimensão, significa definir qual é o nosso paradigma de leitura do processo penal, buscar o ponto fundante do discurso.

Nossa opção é pela leitura constitucional e, desta perspectiva, visualizamos o processo penal como instrumento de efetivação das garantias constitucionais.[121]

Na mesma linha, ZANETTI JR. já consignou, enfatizando a importância no princípio do contraditório para a reconceituação do processo após a Constituição Federal de 1988:

A Constituição Federal de 1988, ao incluir em seu texto diversos princípios de direito processual que não estavam anteriormente expressos (*v.g.*, contraditório), assumiu expressamente essa postura garantista. É justamente no contraditório, ampliado pela Carta do Estado Democrático brasileiro, que se irá apoiar a noção de processo democrático, o processo como procedimento em contraditório, que tem na sua matriz substancial a "máxima cooperação".[122]

Com efeito, o uso ideal ao processo penal seria como ferramenta de defesa do acusado, já que ele é um pressuposto à condenação, e a Constituição determina que ninguém será privado da liberdade ou de seus bens sem o devido processo legal (art. 5º, LIV, CF).

O devido processo legal apenas se consolida se atendidos os princípios processuais, como ampla defesa e contraditório material, presunção e estado de inocência, *nemo tenetur se detegere* etc.

Ademais, o Código de Processo Penal instrumentaliza essas diretrizes constitucionais, indicando que a falta de prova deve resultar na absolvição do acusado (art. 386, II, V e VII), de modo que é evidente, mesmo do ponto de vista infraconstitucional, que o processo serve para que a acusação confirme sua versão dos fatos, por meio da produção de provas, cujo ônus é de sua incumbência estática.

---

[120] Sua base teórica foi GOLDSCHIMIDT, que cita também nas primeiras páginas de seu texto: "por que supõe a imposição da pena a existência de um processo? Se o *ius puniendi* corresponde ao Estado, que tem o poder soberano sobre seus súditos, que acusa e que também julga por meio de distintos órgãos, pergunta-se: por que necessita que prove seu direito em um processo?". GOLDSCHIMIDT, J. *Problemas jurídicos y políticos del proceso penal*, p. 7, *apud* LOPES JR., Aury. *Introdução crítica ao processo penal*: fundamentos da instrumentalidade constitucional. 4. ed. Rio de Janeiro: Lumen Juris, 2006. p. 1.

[121] LOPES JR., Aury. *Introdução crítica ao processo penal*: fundamentos da instrumentalidade constitucional. 4. ed. Rio de Janeiro: Lumen Juris, 2006. p. 1.

[122] ZANETTI JR., Hermes. *A constitucionalização do processo*. São Paulo: Atlas, 2014. p. 179.

O processo também é o local onde o acusado pode fazer a contraprova, caso almeje (já que não é obrigado a comprovar sua inocência), pelo que se confirma como um espaço de defesa.

E, finalmente, e diferentemente do que ocorre no processo civil[123] (em que o processo tem o escopo de fazer o fato se subsumir à norma), o processo separa o acusado da condenação.

Antes da existência do processo, a condenação era praticamente inerente à acusação, já que o Estado acusava e julgava por meio do mesmo sujeito processual. O processo, portanto, surge para o escopo de afastar a condenação, evitá-la, ou, pelo menos, para isso deveria servir.

Ocorre que – e nas primeiras linhas deste trabalho já foram registradas pistas disso –, aparentemente, juristas têm se inclinado a utilizar o processo como ferramenta de aplicação da pena no Brasil.

E, para isso, tem-se renunciado a uma série de garantias fundamentais constitucionalmente previstas, a serviço do que se denomina eficiência na aplicação da pena – aqui, eficiência sendo lida e interpretada como a entrega veloz de uma resposta jurisdicional exemplar.

Em outras palavras, trata-se da flexibilização de direitos fundamentais, como o contraditório material, em prol da aplicação rápida da pena. Regras processuais infraconstitucionais também estão sofrendo o efeito do foco na velocidade da entrega jurisdicional veloz, como as que versam sobre o ônus da prova.[124]

COUTINHO já teve a oportunidade de atentar para o fato de que:

---

[123] Quanto às distinções do processo civil e do penal, algumas linhas devem ser registradas. Embora se tenha dito que institutos como a colaboração premiada aparecem no processo civil como algo inicialmente simples (para alguns uma modalidade de negócio jurídico processual atípico), não se está a dizer que tal leitura dos fenômenos processuais, que se apresentam no âmbito do processo civil, deveriam ser incorporados ao processo penal. Não há dúvidas de que inexiste uma teoria geral do processo que se revela no procedimento e na maneira como são conduzidos os atos procedimentos em uma e outra seara do direito. Se há uma teoria geral, ela está adstrita ao aspecto constitucional que o processo, qualquer processo, deve ter. A respeito, COUTINHO já teve a oportunidade de falar há trinta anos: "sem embargo disso, *per fas et nefas*, a teoria geral do processo civil, a cavalo na teoria geral do processo, penetra no processo penal e, ao invés de dar-lhe uma teoria geral, o reduz a um primo pobre, uma parcela, uma fatia da teoria geral. Em suma, teoria geral do processo é engodo; teoria geral é a do processo civil e, a partir dela, as demais". COUTINHO, Jacinto Nelson de Miranda. *A lide e o conteúdo do processo penal*. Curitiba: Juruá, 1989. p. 118-119. Veja-se, não se trata de ser purista, ou de negar a importância do estudo do direito processual civil também aos processualistas penais (e vice-versa). Diz respeito, outrossim, a compreender as diferenças existentes, e que precisam ser reconhecidas, para que não haja a utilização equivocada de institutos que servem para determinadas situações no processo civil, mas não cabem no processo penal. Por exemplo, quando se trata de conceituar eficiência ao processo, no civil há uma tendência em acreditar que é eficiente o que é rápido. No processo penal, contudo, nem sempre o que é rápido é mais eficiente, ao passo que, como o processo é instrumento de defesa, seus meios devem ser exauridos. É disso que se trata: identificar as diferenças e não utilizar equivocadamente ferramentas que não se prestam a determinada finalidade.

[124] O que pode ser explorado no tópico em que se tratou da responsabilização objetiva do gestor/administrador em crimes empresariais.

O problema é que o Direito é o reino das palavras, das imagens. Vale o argumento mais hábil discursivamente, pela qualidade ou, pior, pela quantidade. Aqui a ideologia é um segundo momento; antes está o Poder: quem o detém tem "as chaves do céu" e para afirmar sua "razão" cria dogmas e, logo, exprime algo incompatível com a investigação [...]. A questão é tentar quase o impossível: compatibilizar a Constituição da República, que impõe um Sistema Acusatório, com o Direito Processual Penal brasileiro atual e sua maior referência legislativa, o CPP de 41, cópia malfeita do *Codice Rocco* de 30, da Itália, marcado pelo princípio inquisitivo nas duas fases da *persecutio criminis*, logo, um processo penal regido pelo Sistema Inquisitório.[125]

Com efeito, o que se revela no processo penal brasileiro é uma tendência à preponderância do princípio unificador inquisitivo, o que torna o modelo processual vigente no Brasil o inquisitório, embora a vontade da Constituição – e o que se revela do extenso catálogo de direitos e garantias fundamentais criados após um considerável período de redução de direitos (Ditadura Militar) e reconstrução de paradigmas sociais globais (Segunda Guerra Mundial, Declaração Universal dos Direitos Humanos e Criação da ONU), que tenham em conta a dignidade da pessoa humana – fosse a maior hipertrofia dos direitos pessoais e sociais.

Para se refletir um tema, qualquer tema, é imprescindível que se compreenda o seu fundamento. Por isso, para se pensar no processo penal é necessário retornar aos seus fundamentos, encontrando-se, assim, subsídio a uma eventual hipótese.

Não se trata, outrossim, apenas de identificar a matriz de algo, mas de conseguir contextualizar o tema a partir dela. A matriz deve ser refletida a partir das pessoas que a cunharam, do momento histórico em que foi cunhada etc., para que possa ser considerada como objeto.

Pensando no processo e na sua matriz na acepção *carneluttiana*, pode-se dizer que é um conjunto de atos, voltados a um fim. Esse fim pode ser o acertamento do caso penal[126] ou, para alguns, a coisa julgada.[127]

---

[125] COUTINHO, Jacinto Nelson de Miranda. O núcleo do problema no sistema processual penal brasileiro (originalmente publicado no *Boletim do IBCCrim*, v. 175, p. 11-12, 2017, republicado em *Observações sobre os sistemas processuais penais*. Curitiba: Observatório da Mentalidade Inquisitória, 2018. p. 135).

[126] "A jurisdição atua para fazer o acertamento do fato, e o processo é o meio que utiliza para concluir se o réu deve ser punido ou não. Para expressar essa reconstituição que se efetiva no processo penal – geralmente de forma conflitual, mas não sempre –, e tem importância prática já na primeira fase de persecução penal, o ideal seria uma expressão ainda não comprometida com outros significados relevantes: caso penal, por exemplo. Trata-se, entenda-se bem, de encontrar uma palavra, uma expressão, adequada ao fenômeno que se dá no processo e, dessa maneira, o melhor é deixar, na medida do possível, um menor espaço à indeterminação, por natureza sempre presente. Caso penal cumpre o requisito a contendo. Com ele, estamos diante de uma situação de incerteza, de dúvida, quanto à aplicação da sanção penal ao agente que, com sua conduta, incidiu no tipo penal. E não sendo autoexecutável a sanção, não há outro caminho que o processo para fazer o acertamento do caso penal. A jurisdição, ademais, é indefectível e atua, até o acertamento positivo, de condenação, alheia a elementos de ordem subjetiva". COUTINHO, Jacinto Nelson de Miranda. *A lide e o conteúdo do processo penal*. Curitiba: Juruá, 1989.

[127] Apenas se abrem parêntesis para questionar, independentemente da lição e do pensamento de Chiovenda, se existe coisa julgada contra o réu em matéria criminal, já que a decisão

4 · CRIMINAL COMPLIANCE E COMPLIANCE ANTICORRUPÇÃO | 161

Contudo, independentemente do fim (e esse não será desconsiderado, mas apenas refletido adiante), não se pode negar que o processo se caracteriza por uma sequência de atos. E não quaisquer atos, mas sim atos ajustados a uma finalidade comum e que se sustentam em uma base de direitos fundamentais.

O processo é, pois, um conjunto de atos harmônicos entre si. A harmonia é a essência do processo, assim como sua conformação com os princípios constitucionais processuais é um dos elementos que o distinguem do mero procedimento.

A inter-relação entre atos e a necessidade de harmonia refletem o caráter sistemático que o processo tem. Assim como o sistema solar é composto por nove planetas, que se harmonizam por meio da gravidade – o que garante, inclusive, a vida na Terra –, os atos processuais também se conectam por uma "gravidade processual", que faz que todos tenham (ou devessem ter) higidez e concisão.

Se um planeta é removido do sistema solar, o caos é instaurado (e sabe-se lá o que poderia ocorrer), da mesma forma que se um ato processual é suprimido, todo o conjunto é afetado pela desarmonia consequentemente provocada.

Daí vem a teoria das nulidades, que serve, justamente (e teoricamente[128]) para assegurar higidez aos atos, evitando que sejam maculados, mitigados ou suprimidos, e que isso provoque desarmonia e, consequentemente, uma decisão ilegal.

Ilegal, porque a decisão é o resultado do processo; é por meio de seus atos que se busca garantir o acerto do caso penal, de modo que sejam os culpados sancionados – aplicando-se o preceito secundário da norma – e os inocentes absolvidos.

O fim do processo penal não é, portanto, a punição, mas o acertamento do caso penal, que resulta do conhecimento do fato como ocorreu, reconstruído (na medida do possível) pela prova produzida pelas partes.

Se um dos atos é afetado, e isso desarmoniza o contexto processual, a decisão será necessariamente afetada em sua essência, e não se estará acertando o caso penal (porque pautado em um processo não sistematizado).

Se há uma prova ilícita – por exemplo, a confissão obtida mediante tortura –, ela coloca em xeque toda a harmonia processual, porque questionável a sua credibilidade. A condenação pautada nessa confissão não é ilegal por mera formalidade, mas porque baseada em premissa não verossímil, que enseja uma decisão injusta (porque fundada em uma inverdade).

---

condenatória jamais se estabiliza, em razão da possibilidade de ajuizamento da revisão criminal, sem incidência de prazo decadencial. A coisa julgada pró réu, em contrapartida, por ser analisada como uma das mais enraizadas, já que não há previsão de revisão criminal a desconstituir decisão absolutória. Isso seria tema para uma tese autônoma, por isso apenas se registra a provocação, e fecham-se os parênteses.

[128] Fala-se teoricamente, apenas, pela consagração do uso do princípio do *pas de nullité sans grief*, utilizado amplamente pela jurisprudência dos tribunais, em teses jurídicas. Assim, não basta a simples não higidez para que se anule um processo, é imperioso que se demonstre que a falta de harmonia provocou prejuízo; o que enseja uma tendência kafkiana na qual, mesmo abarcado pelo estado e pela presunção de inocência, afirmados pela estaticidade do ônus probatório em material criminal, o acusado se vê na situação de demonstrar prejuízo para que seja viável a anulação do ato/processo. Mais uma tese poderia nascer daqui; por isso, apenas se faz o registro e a provocação.

Portanto, o processo é sistêmico porque composto por um conjunto de atos articulados uns aos outros, que devem estar em harmonia. E sua exegese é um princípio unificador. Esse princípio revela o formato do sistema e a sua direção *a priori*.

Se a verdade do processo é dita pelo juiz, cabendo a ele a construção e o acertamento do caso penal, o princípio unificador desse processo será o inquisitivo. Se as partes constroem a verdade do processo, trazendo os fatos e as provas, cabendo ao magistrado tão só o acertamento do caso penal, o princípio norteador desse sistema é o dispositivo, ou acusatório.

Não se trata, pois, apenas da separação da função de acusar e julgar, mas do princípio unificador que prepondera. O verbo "preponderar" parte da compreensão de que dificilmente haverá um sistema puro, mas que ele será identificado pelo princípio mais presente em sua dialética.

O princípio unificador preponderante, porque ligado a quem incumbe a construção do caso penal, está necessariamente tangenciado pela gestão da prova (por como a prova é manejada no processo em concreto). E, acima de tudo, pela influência que o juízo tem sobre a gestão da prova, e em que medida ele constrói verdade, em vez de apenas analisar as circunstâncias com equidistância.

É por isso que o modelo do Tribunal do Júri se consagra como retrato do modelo acusatório. Nele, os jurados que não tiveram qualquer contato prévio com a construção dos elementos de convicção, têm apresentadas as evidências e aplicam um veredicto.

A necessidade da unanimidade é mais um elementar ao procedimento do Júri, já que a dúvida impera sempre em favor do acusado, pelos princípios do estado e da presunção de inocência.

Identificado que o fundamento do processo (porque sistêmico) é seu princípio unificador, e também esclarecidos os critérios para se aferir qual princípio unificador vigora (e tem preponderância), o segundo passo é contextualizar esse fundamento – essa matriz – a partir de uma análise do modelo brasileiro, espectro de afetação desta obra.

4.6.2 A linguagem preponderante ao modelo processual penal brasileiro – breve elucidação histórica

O Código de Processo Penal brasileiro, que entrou em vigor em 1º de janeiro de 1942, é reflexo das reformas penais italianas. A história do Código de Processo Penal italiano de 1930, denominado *Codice Rocco*, está relatada em texto de fôlego do Professor Miletti intitulado "A ciência no Código – o direito processual penal na Itália fascista", publicado na obra *L'inconscio inquisitorio*.[129]

Miletti se propõe a analisar (e, por que não, criticar) a ideia de que o Código de Alfredo Rocco era a "mais elevada expressão do moderno pensamento científico" (p. 57). Isso num cenário de redefinição legal pautado pelo regime fascista.

Não é à toa que os mesmos personagens (Alfredo e Arturo Rocco, Manzini etc.) tornam a aparecer repetidamente no curso da criação histórica desse Código,

---

[129] MILETTI, Marco Nicola. La scienza nel codice. Il diritto processuale penale nell'Italia fascista. In: GARLATI, Loredana (Org.). *L'inconscio inquisitorio*. L'eredità del codice Rocco nella cultura processualpenalistica italiana. Milano: Giuffrè, 2010.

escrito de capa a capa por uma única pessoa, e sem a instituição de qualquer comissão legislativa.

Nada obstante houvesse a intenção clara de alterar a norma para deixá-la coerente com as premissas do fascismo, a justificativa oficial, ou melhor, aquela defendida e disseminada publicamente, foi a de que era necessário estabelecer uma estrutura científica para o processo penal, considerado atrasado quando em comparação ao processo civil.

O autor registra que, em 30 de dezembro de 1923, o governo foi autorizado a revisar o Código Civil, a formular um novo Código Comercial, outro de Processo Civil e a legislação de Marinha Mercantil.

Dos "bancos da esquerda", então, e a partir da ideia de modernização legislativa de algumas áreas do direito, surgiu a solicitação de estender a reforma aos Códigos Penal e de Processo Penal.

E, por isso, em janeiro de 1925, Alfredo Rocco apresentou um projeto de lei delegada para a reforma do Código de Processo Penal, o que era prioridade ao executivo pela necessidade de combate à "delinquência habitual".[130]

Com efeito, foi a bancada antifascista que deu o primeiro passo a justificar a reforma, o que veio a calhar com a intenção dos simpatizantes do regime, a começar pelo próprio Mussolini.

Todavia, diz MILETTI, a matriz da reforma era política, principalmente porque Guglielmo Sabatini percebeu que o Código Zanardelli e Finocchiaro-Aprile (de 1913, revogado integralmente pelo *Codice Rocco*, em 1930), embora não fosse obsoleto, estava em contraste com os princípios e ideais do fascismo.

Com efeito, a reforma somente ocorre porque os simpatizantes e os seguidores do modelo fascista concordam que o Código de 1913 impede a expansão do seu movimento.

Assim, o intento fascista de se empoderar por meio do sistema normativo foi "comprado" pelo Legislativo, que deu início à reforma penal, tendo durado cinco anos desde seu início até a vigência dos respectivos Códigos Penal e de Processo Penal.

Posteriormente, a reforma integral, que culminou com a revogação do CPP de 1913 e com a vigência do de 1930, foi atribuída, por MILETTI, não a qualquer imperfeição técnica, mas à necessidade política de se adequar o cenário normativo aos ideais do fascismo (antiliberais). Confirmando, pois, a hipótese de que o nascedouro do CPP italiano – reproduzido no Brasil na década de 1940 –, foi justamente a necessidade de garantir a estrutura de poder do fascismo, e sua manutenção por Benito Mussolini, seu idealizador.

---

[130] O discurso que sustenta uma norma é essencial para que se defina qual o princípio unificador que prepondera. No caso do Código italiano, deveria ter sido possível antever que, diante do discurso majoritário, a tendência era a consagração de um modelo penal extremamente punitivo e restritivo, alheio a garantias constitucionais. Vale dizer, outrossim, que nessa época ainda não estava tão disseminada mundialmente a preocupação com o social, que se intensifica precisamente pelos resultados da Segunda Guerra Mundial, e os números do Holocausto. Já que a premissa que cunhou o Código à época foi a tentativa de combater o que se denominava "delinquência habitual", fácil antever que se voltava a uma hipertrofia da função do julgador e carência de critérios quanto ao manejamento da prova.

Onze anos depois, o Decreto-lei 3.689, de 3 de outubro de 1941, que institui em todo o território nacional o Código de Processo Penal brasileiro, é aprovado, e, após *vacatio legis* de menos de três meses, entra em vigor em 1º de janeiro de 1942.

Em 1941 estava em curso o denominado Estado Novo, e o Brasil era presidido por Getúlio Vargas, na segunda metade relevante de seu mandato de quinze anos. Nessa época várias leis foram introduzidas no ordenamento brasileiro, entre as quais o novo Código de Processo Penal, cujo anteprojeto foi encabeçado por Alcântara Machado e apresentado ao então Presidente Getúlio Vargas pelo Ministro da Justiça, Francisco Campos.

Esses personagens são essenciais para compreender a história do Código de Processo Penal de 1941 e para criar mecanismos de interpretação de seu texto.

O governo federal solicitou um projeto. O Professor Alcântara Machado, da Universidade de São Paulo (Faculdade de Direito) o entregou. Francisco Campos, que o apresentou ao Presidente, posteriormente marca a história como redator do Ato institucional 1, que deu início, em 1964, ao período de gestão militar do Brasil.

E foi também ele (Francisco Campos) quem subscreveu a exposição de motivos do Código de Processo Penal de 1941, apresentando seu fundamento e sua essência, cuja importância é absolutamente olvidada nos bancos universitários.[131]

Sua relevância reside no fato de que a exposição de motivos reflete a finalidade do Código, qual seja, aumentar a repressão pela ideia de que a persecução criminal era muito leniente com os "criminosos". Premissa idêntica à da criação do novo Código de Processo Penal italiano, qual seja, combater a "delinquência". A relação entre ambas as normas é indiscutível, nesse sentido.

O fundamento do Código de Processo Penal de 1941 está, pois, também na repressão e na ideia equivocada de excessiva leniência estatal, com o uso da tutela penal como mecanismo de manutenção de poder.

E o Presidente fica absolutamente satisfeito com o resultado, já que o Código de Processo Penal de 1941 é a reprodução praticamente fiel do Código de Processo Penal italiano de 1930, idealizado por Alfredo Rocco e redigido por Manzini, e supostamente resultado da mais alta reflexão e tentativa de modernização legislativa.

Denota-se, pois, que o processo é lealmente tratado como o caminho a se percorrer, no intuito de dar vigência à lei penal material, subsumindo o fato à regra e condenando o réu, para que se consagre seu propósito e seu fundamento: eliminar a leniência com os acusados, reduzir suas garantias fundamentais e afirmar a força do Estado.

E, mesmo após as reformas parciais havidas em 2008, o núcleo do modelo processual vigente continuou sendo o princípio inquisitivo, o que já foi denunciado por COUTINHO à época:

---

[131] Toda norma precisa ser compreendida pelos fundamentos históricos e pelo contexto em que está inserida. Não estudar a exposição de motivos na graduação em Direito é um dos principais fatores que levam à interpretação inadequada da finalidade da norma. E apenas compreendendo que a lei em vigor foi feita com um condão autoritário, poder-se-á admitir que deve ser reinterpretada (ou reformada), para que se adeque aos novos padrões trazidos pela Constituição Federal de 1988.

Quando o assunto é reforma, o primeiro ponto é fundamental porque trata do núcleo dos problemas: é preciso manter o foco no que há de ser reformado, fugindo-se às questões intrassistemáticas para se reconhecer que o problema está no próprio sistema, o que não se atinge com reformas parciais e, desde este ponto de vistas, meros remendos. [...] Infelizmente, no entanto, é, no fundo, o anseio punitivo que pauta e motiva as reformas parciais, em que pese o espírito democrático (sincero) de muitos dos autores das ideias reformistas; e é por isso que o país continua assim: porque se reforma e se reforma para não mudar nada, seguindo na crença que se melhora com mais pena, mais prisão, mais punição.[132]

Isso se deve ao que a doutrina crítica do processo penal tem denominado "mentalidade inquisitória", na qual as reformas parciais são atores relevantes que forjam a mudança, porém reproduzem o que está posto, havendo quase unanimidade no sentido de que é necessária a reforma global do processo penal brasileiro, a edição de um novo Código de Processo Penal que esteja calcado no princípio acusatório.[133]

O PLS 156/2009, que estabelece o novo Código de Processo Penal, e que se encontra na Câmara para revisão desde março de 2011, se propõe a isso, quando já em suas primeiras linhas disciplina a figura do juiz de garantias, como um coordenador e garantidor da legalidade da fase pré-processual.

Durante o trâmite do Projeto de Lei mencionado (praticamente estagnado desde sua chegada à Câmara, onde recebeu o número de PL 8.045/2010), a Lei 13.964/2019 veio implementar a figura do juiz de garantias, incluindo os arts. 3º-A e seguintes ao Código de Processo Penal, que disciplina que "o processo penal terá estrutura acusatória, vedadas a iniciativa do juiz na fase de investigação e a substituição da atuação probatória do órgão de acusação".

Com efeito, a reforma parcial realizada em 2019 vem confirmar o propósito de consolidar o modelo preponderantemente acusatório ao processo penal brasileiro. O Projeto de Lei também faz isso quando propõe a cisão das fases pré-processual e processual (instrutória), de modo que o magistrado a quem incumbirá a coleta da prova (esta efetivamente contraditada, como deve ser), não terá sequer contato com o conteúdo do inquérito policial, que está pautado, exclusivamente, em elementos indiciários.

Desse modo, não se contaminaria com o conteúdo do inquérito, tendo mais isenção e equidistância a analisar o conteúdo da prova, à medida que é construída ao longo das audiências, na instrução.

---

[132] COUTINHO, Jacinto Nelson de Miranda. As reformas parciais do CPP e a gestão da prova: segue o princípio inquisitivo (publicado originalmente no Boletim *IBBCCrim*, v. 188, jul. 2008; republicado em *Observações sobre os sistemas processuais penais*. Curitiba: Observatório da Mentalidade Inquisitória, 2018).

[133] "Precisamos, assim, de uma reforma processual penal global, total e, para tanto, faz-se mister começar logo, porque a empreitada não é singela. [...] Mudanças, no entanto, pedem um câmbio de mentalidade, antes de tudo, sem abrir mão dos valores democráticos. Quem, porém, está disposto a tanto?" COUTINHO, Jacinto Nelson de Miranda. Estado-da-arte da justiça criminal no Brasil: distorções políticas e o futuro. In: COUTINHO, Jacinto Nelson de Miranda. *O direito e o futuro do direito*. Coimbra: Almedina, 2008.

Propõe-se a isso, inicialmente; mas, ao longo da leitura mais detida do Projeto de Lei, pode-se perceber o mesmo fenômeno que assola as reformas parciais, ao passo que são mantidos alguns elementos de gestão de prova que acabam inclinando-o ao modelo inquisitório.

A evidência é que mesmo já com a vigência efetiva do juiz das garantias, a fisionomia do processo penal em seu exercício de dia a dia, protagonizado pelos seus atores tradicionais, não dá sinais de inclinação consistente ao modelo acusatório – ainda refletindo um senso de autoritarismo e propósito de condenação que segue em dissonância ao que disciplina a Constituição Federal desde 1988.

Diante desse cenário, o processo penal parece agonizar, não conseguindo cumprir a finalidade a que se presta (instrumentalizar a Constituição), mas sendo visto como o empecilho que deve ser vencido eficazmente pela acusação (e, pior, pelo magistrado) para que se possa, finalmente, aplicar a pena exemplar.

Sanção essa que, aparentemente, é vista como uma solução a problemas como a corrupção,[134] com a ideia de que serve para dissuadir as pessoas a agirem de maneira corrupta quando, na verdade, isso pressupõe uma mudança cultural, que parece não ser viável apenas com a criação de normas mais enfáticas.

O que se constata, portanto, é que o processo penal não tem mais servido à garantia dos direitos individuais do processado, e que, notadamente em face do discurso do combate à corrupção, tem sido traído pela flexibilização de direitos.

Em face disso, estando o processo agora a serviço da aplicação da pena e da negação de sua finalidade primária, existem duas soluções, que, necessariamente, passam por uma mudança de cultura.

A uma, fazer uma reforma global do processo penal, garantindo, no entanto, que todos introjetem e adotem seu novo conteúdo. O que se quer dizer com isso é que mesmo que se faça uma reforma que altere substancialmente a espinha dorsal da legislação processual penal, isso é menos importante do que treinar os sujeitos que operarão seu conteúdo nos casos práticos.

Em outras palavras, parece ser possível afirmar que de nada adiantaria a alteração legislativa sem que as pessoas fossem mudadas. Do contrário, os operadores das normas, e, notadamente, os magistrados (a quem incumbe a sua derradeira aplicação),

---

[134] "No caso da operação italiana [*Mani Pulite* – Mãos Limpas], porém, na extragrande maioria das vezes se respeitaram as leis e quando isso não aconteceu houve controle em grau de recurso. O Brasil, ao contrário, tem afrouxado as regras e princípios constitucionais, quando não se os nega absolutamente, em uma situação atípica de anomia, tal como havia acontecido no período do nazismo com a 'Auflockerung'. [...] O combate à corrupção tem-se demonstrado, desde este ponto de vista, uma farsa. Incute, quem sabe, um tanto de medo, mas não resolve o problema e, sendo assim, ajuda a esgarçar o tecido das instituições democráticas. Os meios de comunicação – principalmente – inflam o ódio; e as injustiças revoltam cada vez mais o país e se distancia do espaço democrático, o qual é preciso manter de todas as formas, mesmo porque no seu oposto está a guerra, e ela não pode ser desejada por ninguém." COUTINHO, Jacinto Nelson de Miranda. Democracia e sistema inquisitório: a farsa do combate à corrupção no Brasil. In: COUTINHO, Jacinto Nelson de Miranda; SILVEIRA, Marco Aurélio Nunes da; PAULA, Leonardo Costa de (Org.). *Mentalidade inquisitória e processo penal no Brasil*: estudos sobre a reforma do CPP no Brasil. Curitiba: Observatório da Mentalidade Inquisitória, 2018. v. 4, p. 111.

encontrarão subsídios para tergiversar seu conteúdo e apenas continuar reproduzindo o que já vinham fazendo.

A duas, parece ser inexorável que se precise pensar em uma nova maneira de utilização do processo.

Ora, se a gestão da prova é o que caracteriza e identifica um sistema processual,[135] no que tange aos crimes empresariais (como gênero) e à corrupção (como uma de suas espécies), poderiam ser úteis a documentação e o registro de todos os atos dos gestores, o que se obtém por meio da implantação de um programa de *compliance*, para que, na hipótese de qualquer imputação/acusação, seja possível negar com facilidade a autoria e/ou mesmo a materialidade.

Tratar-se-ia de criar o hábito do registro prévio (preventivo), de modo que, caso se concretizasse uma imputação futura, a empresa teria subsídios para mostrar a sua impropriedade.

Como visto, alguns dos princípios para qualquer programa eficiente de *compliance* são a documentação de todos os atos conduzidos em nome da empresa e o processamento interno dos desvios, antes que isso venha a se tornar um problema dos órgãos de controle externo, como Fisco, Tribunais de Contas e o Ministério Público.

Todavia, assim como aconteceria com a iniciativa de proceder a uma reforma global do Código de Processo Penal,[136] seria imprescindível também, nessa segunda opção, o incentivo ao uso do *compliance*, e isso passa também pelas instituições de controle externo.

---

[135] E que quem acusa não pode julgar. A respeito, *vide* FRÍAS, Eduardo Gallardo. Conferencia inicial del tercer Mentalidade Inquisitória. In: COUTINHO, Jacinto Nelson de Miranda; SILVEIRA, Marco Aurélio Nunes da; PAULA, Leonardo Costa de (Org.). *Mentalidade inquisitória e processo penal no Brasil*: estudos sobre a reforma do CPP no Brasil. Curitiba: Observatório da Mentalidade Inquisitória, 2018. v. 4. p. 49; bem como COUTINHO, Jacinto Nelson de Miranda. As reformas parciais do CPP e a gestão da prova: segue o princípio inquisitivo. In: COUTINHO, Jacinto Nelson de Miranda. *Observações sobre os sistemas processuais penais*. Curitiba: Observatório da Mentalidade Inquisitória, 2018. p. 261.

[136] Aqui importante abrir parêntesis para registrar algumas conclusões parciais a que se chegou durante os estudos à construção deste livro: a repetição é natural e automática, e mesmo quando se procede a uma reforma global, e quando se faz um esforço considerável para minar as más práticas que se desenvolviam habitualmente na aplicação do direito, algo sempre vai escapar, e os atores processuais, notadamente os magistrados (a quem incumbe a aplicação final da lei), tentarão continuar repetindo seus hábitos e percepções. Em outras palavras, se a partir de hoje o Código de Processo Penal dissesse expressa e categoricamente que o juiz é expectador, é sujeito passivo da prova, que a ele cabe apenas mediar a sua construção, mantendo a ordem e assegurando as garantias individuais do acusado, isso definitivamente não significaria que todos os magistrados automaticamente iriam compreender o conteúdo dessa ordem e cessar sua interferência habitual à construção da prova. Não adianta mudar as leis sem que se mudem as pessoas. Do contrário, mesmo uma reforma global estaria fadada a mais do mesmo. No Chile, por exemplo, a fim de dar efetividade à alteração normativa que visava a estabelecer um modelo preponderantemente acusatório, foi garantido um desligamento incentivado aos magistrados que não estavam de acordo com as novas premissas do modelo almejado. Assim, caso determinado juiz não concordasse em aplicar o processo penal de maneira acusatória, caso quisesse continuar influenciando na gestão da prova, a ele era dada a oportunidade de se aposentar. Trata-se apenas de uma análise sistêmica e comparada, não se está a dizer que isso deveria ser feito no Brasil.

De nada adianta estimular o uso do *compliance* como requisito a uma colaboração premiada, por exemplo (e sobre isso se falará oportunamente), sem que o Ministério Público leve a sério a concessão final do prêmio ao acusado.

Sem *fair play*,[137] jamais haverá a consolidação do *compliance* como ferramenta de *enforcement* anticorrupção. Se o acusado aceita abrir mão do processo, celebrar um acordo e se compromete a implantar um programa eficiente de *compliance* como condição à obtenção do prêmio que lhe cabe na avença, ele precisa recebê-lo quando cumprir sua parte da barganha.

Dito de outra forma, o Ministério Público não pode, em hipótese alguma, prometer e não cumprir. Naturalmente, por isso, os conceitos devem ficar mais claros, de modo que possa haver critérios e previsibilidade quanto aos parâmetros que serão observados pelo Ministério Público, a fim de confirmar se o acordo foi ou não cumprido. E, naturalmente, o papel do juiz também precisa ficar mais bem definido.

O que a doutrina parece estar tentando dizer é que o processo penal, em vez de estar sendo utilizado como instrumento de confirmação constitucional, está a serviço do autoritarismo.

Assim, se o processo penal não tem servido necessariamente como instrumento de conformação com a Constituição, para o que foi concebido, o uso do *compliance* como mecanismo de resguardo ao acusado parece ser uma boa solução. Mas isso vai depender da seriedade que as instituições de controle externo darão a ele.

Notadamente no que tange ao crime de corrupção, não parece que a aplicação da lei penal por meio do processo esteja servindo como estimulador da redução de seus índices, e que a punição exemplar esteja provocando uma melhora na fisionomia do Brasil perante o mercado global quanto ao quesito transparência e integridade.

Isso porque o crime de corrupção, que está enquadrado na categoria crime de colarinho branco, possui uma fenomenologia específica, conforme se terá a oportunidade de tratar neste último capítulo da obra.

Para fechar o raciocínio, parece indispensável que se avalie o comportamento processual do crime de corrupção, de que maneira os tribunais têm tratado seu processamento e quais os possíveis resultados práticos para a coletividade.

4.6.3 Processo penal e os crimes de colarinho branco – a punição do criminoso de colarinho branco diminui a sua incidência em crimes empresariais e, particularmente, no crime de corrupção?

A partir da conclusão parcial de que, embora concebido como ferramenta de conformação constitucional, o processo penal tem servido preponderantemente como simples instrumento de aplicação da lei penal, portanto como meio à confirmação da responsabilidade penal e imposição da sanção, parece ser possível afirmar que o uso do processo não necessariamente reduz a incidência de ilícitos.

---

[137] A respeito do uso da teoria dos jogos aplicada ao processo penal, pode-se mencionar a contribuição de ROSA, Alexandre Morais da. *Teoria dos jogos e processo penal*: a short introduction. Florianópolis: Empório Modara, 2017.

Em outras palavras, a aplicação da pena possui caráter preponderantemente retributivo – mas não pedagógico e de alteração de hábitos – de modo que seu efeito prospectivo (para frente) não é dissuadir pessoas de cometer crimes.

Insta mencionar o posicionamento de WELZEL, rechaçado por BUSATO à medida que o direito penal é *ultima ratio*, e nem se deveria esperar fosse utilizado pedagogicamente.

Com efeito, sujeitos que já foram condenados e que já cumpriram pena, não deixam de reincidir nas condutas que foram consideradas penalmente relevantes, pelo simples fato de já terem sido punidos pela mesma conduta. Se assim não fosse, os índices de reincidência não seriam tão altos como revela o Conselho Nacional de Justiça (CNJ).[138]

Dito isso, deve-se considerar uma particularidade na análise da fenomenologia que provoca um indivíduo a cometer crimes. Em geral, tem-se uma imagem do criminoso, e o sujeito que se encaixa nessa *persona* acaba etiquetado pelo sistema, porque é intuitivamente esperado que ele cometa crimes.

A criminologia se ocupou de trabalhar esse fenômeno, normalmente atribuído à relação do sujeito com o capital. Numa sociedade de consumo, a busca por conforto financeiro e capacidade de compra (e, portanto, pertencimento) é um fator que leva as pessoas a cometerem crimes.

Quando se ingressa na seara dos denominados "crimes de colarinho branco", que possuem uma fenomenologia muito particular, a situação se torna mais curiosa; porém, ao que parece, mais facilmente rechaçável com o uso de medidas alternativas à aplicação da pena.

O criminoso de colarinho branco não se enquadra na *persona* do criminoso tradicional, normalmente associado a pessoas de menor poder aquisitivo, pessoas negras e jovens.

O criminoso de colarinho branco não é um excluído social. A pessoa que tem espaço para incorrer em corrupção precisa ter ligações tênues com a estrutura de poder e, portanto, foge do conceito clássico de criminoso.

Dada essa particularidade, que parece ser decisiva quando se pensa em uma alternativa ao uso do processo como ferramenta de confirmação da lei penal, o que se pretende fazer nos próximos pontos é situar os "crimes de colarinho branco" – gênero de que a corrupção é espécie – dentro da problemática apresentada: de que o uso do processo e a aplicação da pena não parecem ser a melhor ferramenta para diminuir a ocorrência de crimes de corrupção no Brasil.

4.6.4 Crimes de colarinho branco

A terminologia "crime de colarinho branco" faz alusão àqueles ilícitos de natureza criminal cometidos por pessoas que não compunham originalmente o que se reconhecia como clientela penal.

---

[138] Disponível em: <https://www.cnj.jus.br/wp-content/uploads/2011/02/716becd842164334 0f61dfa8677e1538.pdf>. Acesso em: 22 ago. 2021.

Trata-se de um conceito cunhado por SUTHERLAND (1940) e que visa a enquadrar crimes cometidos por pessoas que compõem uma "faixa social mais alta" do que aquelas popularmente adaptáveis ao conceito clássico de "criminoso".

Quando produziu seu ensaio a respeito dos crimes de colarinho branco, Sutherland ponderou que as ciências criminais, em regra, formulam seus índices a partir de agências que analisam o resultado criminoso.

Fica obscura, todavia, a denominada "cifra negra", representada pelos crimes não reportados ou aqueles que são cometidos com tal empenho que sua apuração é difícil ou "impossível", dada sua natureza.[139] O autor, portanto, já exultava a necessidade de uma complementação de paradigma que atendesse à problemática da cifra negra, já que tais crimes não têm uma solução dada pelo Estado, porque sua sofisticação torna inviável a persecução penal.

Tratou, pois, de formular uma análise da criminalidade que não rechaçasse a teoria segundo a qual a clientela penal é majoritariamente composta por pessoas de "classe baixa"[140] e que se enquadram no clássico perfil criminoso,[141] mas considerando a variável de que não se pode negar a ocorrência de crimes também relacionados a pessoas que ocupam local de pleno destaque na cadeia de consumo.

A respeito do assunto, também vale destacar a contribuição de MACIEL em uma leitura de SUTHERLAND:

> Por tudo isso, a doutrina, como em GULLO, conclui que os delitos econômicos não são consequência da pobreza ou da necessidade, mas sim da busca pelo enriquecimento ilícito, perpetrada por agentes pertencentes a classes mais ricas, como em SUTHERLAND e sua definição de "white collar crimes".[142]

A respeito, Sutherland faz pertinente recuperação histórica ao tratar dos barões das ferrovias norte-americanas como ilustração daquilo que se propunha a descrever e a prescrever:

> Os "barões ladrões" da segunda metade do século XIX eram criminosos de colarinho branco, algo que, atualmente, todos agora concordam. As suas atitu-

---

[139] Exemplo é o crime de cartel, previsto originalmente pela Lei 8.884/1994 e, mais recentemente, pela Lei 12.529/2011. Por ser um crime que se perpetra na obscuridade, é de difícil apuração. Por isso, há a iniciativa de órgãos de controle em criar mecanismos paralelos de averiguação, como a leniência perante o Conselho Administrativo de Defesa Econômica (Cade). A respeito: LAMY, Anna Carolina Pereira Cesarino Faraco. *Reflexos do acordo de leniência no processo penal*: a implementação do instituto ao direito penal econômico brasileiro e a necessária adaptação ao regramento constitucional. Rio de Janeiro: Lumen Juris, 2014.

[140] Utiliza-se o termo pejorativo apenas porque é essa a terminologia adotada pelo autor.

[141] Aqui se fala em perfil criminoso não a partir daquilo que existia na criminologia antropológica. Não se trata do sujeito que possui características físicas que o "definam" como criminoso, mas aqueles que são mais suscetíveis de cair na malha do sistema. Precisamente pessoas com menos oportunidades, que virão a cometer os crimes mais "populares": tráfico de entorpecentes, aqueles contra o patrimônio etc.

[142] MACIEL, Frank R. Reche. *O aspecto econômico de todo o direito penal*. Dissertação (Mestrado) – Universidade Federal do Paraná, Curitiba, 2014. p. 36-37.

des são ilustradas pelas seguintes declarações: Coronel Vanderbilt perguntou: "Você não acredita que pode administrar uma ferrovia em conformidade com as leis, não?" A.B. Stickney, um presidente de ferrovia, disse para outros dezesseis de sua classe, na casa de J.P. Morgan, em 1890: "Eu tenho o mais profundo respeito por vocês, cavalheiros, individualmente, mas, como presidentes de ferrovias, eu não confiaria a vocês o meu relógio sem perdê-lo de vista". Charles Francis Adams afirmou que "A dificuldade na administração de ferrovias [...] reside na cobiça, o desejo de boa-fé, o baixo tom moral dos administradores de ferrovias, a completa ausência de qualquer padrão alto de honestidade comercial".[143]

Analisando SUTHERLAND como referência teórica, pode-se concluir que algo muito parecido com uma das hipóteses que se pretende confirmar a partir deste trabalho foi desenvolvido pelo autor norte-americano.

Comunga-se da ideia de que a criminologia pauta seus resultados pelo estudo de estatísticas mais ligadas a crimes comuns e acaba ignorando (para fins estatísticos) as "cifras negras".[144] Também crê que, por isso, os crimes cometidos por pessoas de "colarinho branco" *são* mais difíceis de apuração (quem dirá condenação).

Tratando-se, em regra, de pessoas que têm formação e/ou experiência de mercado e negociações, além de estrutura, o criminoso de "colarinho branco" acaba utilizando mais sofisticação na consecução dos seus ilícitos. Não se pode olvidar que boa parte dos crimes de "colarinho branco" atualmente apurados é cometida dentro de uma rede (criminalidade organizada), em que cada sujeito possui função bem delimitada.

Por isso, não se nega que a clientela majoritária é, sim, composta pelas pessoas "pobres" (e aquelas reconhecidas a partir do paradigma da reação social), mas não se pode negar que existem criminosos que não se enquadram nessa descrição e que atualmente estão sendo protagonistas no que tange à autoafirmação do Estado persecutor no Brasil.

É possível cogitar, pois, o reconhecimento de um novo paradigma à criminologia, estabelecido a partir da percepção de uma nova clientela complementar, composta por sujeitos que têm destaque social, e que não são vítimas de desigualdade, mas estão movidos pela vontade de poder, notadamente aquele que decorre da impunidade.[145]

---

[143] MACIEL, Frank R. Reche. *O aspecto econômico de todo o direito penal*. Dissertação (Mestrado) – Universidade Federal do Paraná, Curitiba, 2014. nota 12.

[144] Os crimes de colarinho branco compõem precisamente esse grupo, haja vista a sofisticação na sua perpetração.

[145] Ao cometer um crime, o sujeito se alimenta do gozo da superação da baliza. Ele se legitima pela negação em aceitar conceitos e molduras. Infringir a lei ainda é uma escolha, mas quando se faz tal escolha deve-se ter em mente a possibilidade de sofrer uma penalidade (caso seja descoberta). O cometimento de um crime sem ser descoberto e, portanto, sem qualquer sanção, aumenta a sensação do gozo.

As pessoas mais sujeitas ao sistema penal (notadamente quanto à tradicional pena de prisão, nos moldes daquilo que é recorrente no Brasil[146]), continuam sendo aquelas que compõem a clássica clientela (a partir dos limites do paradigma da reação social).

E também é verdade que àqueles que são criminosos de colarinho branco existem prerrogativas interessantes (notadamente pela possibilidade econômica em patrocinar boas defesas).

Mas o reconhecimento de um novo contingente, mesmo que sujeito a melhores configurações que aquelas a que se submete o "criminoso tradicional", é essencial ao desenvolvimento da ideia central desta obra.

Tentam-se propor alternativas ao cometimento dos crimes de "colarinho branco". Parte-se da hipótese que, utilizando ferramentas diferentes daquelas classicamente concebidas como o aparato de controle social (a prisão, o manicômio, a tornozeleira eletrônica, a restrição de direitos etc.), pode-se fomentar uma cultura que rechace o crime de corrupção – cuja tipologia e fenomenologia foram debulhadas no primeiro capítulo desta obra – porque "a cultura antecede a regra".[147]

Assim, o recorte temático do presente trabalho é analisar medidas que coíbam preventivamente os crimes de colarinho branco, notadamente a corrupção. Trata-se de uma análise dessa nova clientela, desse novo paradigma; acima de tudo, propõe-se a assumir e a reconhecer essa nova configuração e, a partir dela, trazer propostas de soluções que possam ser eficientes, não somente do ponto de vista do controle repressivo,[148] mas da culturalização e da mudança de hábitos e valores.

Trata-se, outrossim, de uma virada de paradigma do próprio processo penal. Novamente, não nega que o processo para existir tem de ser democrático,[149] porque pressupõe a concretização do contraditório material e da dialética.

---

[146] Aqui se referencia à situação dos estabelecimentos prisionais brasileiros. Já em 2014 a ONU fez relatórios que tornavam pública a precariedade das prisões no Brasil. UN NEWS. Brazil must address prison overcrowding and implement measures against torture: UN expert. Disponível em: <http://www.un.org/apps/news/story.asp?NewsID=51644#.WWf0FojyvIU>. Acesso em: 13 jul. 2017.

[147] COLOMBO, Gherardo. *Lettera a un figlio su Mani Pulite*. Milano: Garzanti, 2015.

[148] Este trabalho não parte da negação do sistema penal. Não utiliza como referencial teórico o abolicionismo, mas analisa o sistema em sua concretude. Parte da realidade fática e atual para traçar propostas de medidas de rechaço preventivo à corrupção. Também não se trata de um trabalho que tem o intuito de combater a corrupção, nem qualquer outra carga ideológica nesse sentido. Ele é descritivo (da realidade atual) e propositivo, trazendo opções de medidas interessantes a rechaçar a corrupção a partir do panorama da culturalização e reprogramação social.

[149] Aqui se adota o conceito de processo de LAMY, Eduardo de Avelar; RODRIGUES, Horácio Wanderlei. *Teoria geral do processo*. 5. ed. São Paulo: Atlas, 2018. Dizem os autores a esse respeito: "nessa perspectiva, o processo pode ser conceituado de modo amplo, como um ato jurídico complexo constituído pela operação de um núcleo de direitos fundamentais sobre uma base procedimental, não somente no âmbito da jurisdição e não apenas para declarar os direitos, mas principalmente para satisfazê-los no mundo dos fatos, na vida dos litigantes" (p. 9). E, mais adiante: "o processo é instrumento da jurisdição e a jurisdição é instrumento para a satisfação dos direitos. Logo, o processo é meio para a jurisdição, que, por sua vez,

E deve ser assim: havendo uma imputação criminal, é imprescindível garantir ao sujeito o direito de se manter inocente, responder aquilo que deseja e de não ser condenado sem provas cabais e categóricas.

E se o processo pudesse ser evitado? Não por uma negociação processual penal, como tem ocorrido com o estancamento da ação penal pela celebração de colaborações premiadas, mas pela construção de uma cultura da conformidade normativa.

Aqui parece ser possível prever a crítica de parte da doutrina, que adere às ideias do garantismo e da teoria crítica ao direito penal. Podem dizer que o trabalho está trazendo soluções formais para que se "perdoe" o criminoso de "colarinho branco" e que essa prerrogativa não está sendo dada ao "criminoso clássico", que ainda é o maior contingente do sistema criminal brasileiro.

Certamente vai-se dizer que é um trabalho de direita, que está trazendo uma receita para favorecer o criminoso de colarinho branco e que isso apenas reforça a opressão sofrida pelo sujeito criminoso tradicional.

Ora, não e não. A pretensão não é criar um subsídio ou um atalho ao criminoso de colarinho branco e, aqui, especificamente, àquele que comete crime de corrupção. Esse trabalho tem muito mais um caráter pedagógico e quer precisamente apontar o dedo para essa criminalidade que não recebe o mesmo tratamento despendido ao criminoso clássico.

Não se nega que já há prerrogativas suficientes ao criminoso de colarinho branco e que existe um tratamento absolutamente díspar, e que isso não é correto do ponto de vista dos direitos e das garantias fundamentais.

Esta obra é apresentada a partir da premissa de que é possível evitar o cometimento de crimes por meio da assunção de uma cultura de conformidade. Que isso é mais forte e mais eficiente que a criação de mais regras a engrossar o caldo normativo. Que é melhor do que novos crimes continuarem a ser inventados para enquadrar toda e qualquer conduta que possa ferir um "bem jurídico".

Acima de tudo, este trabalho não nega a crítica ao modelo repressivo adotado pelo sistema penal brasileiro, inquisitório, pobre em garantias e farto em sofrimento. A crítica ao fato de que cabe a uma minoria decidir o que é crime e que comportamentos serão taxados como criminosos. Tudo isso a partir da necessidade de se reconhecer uma tendência decisionista, revelada em um Poder Judiciário que nunca esteve mais longe da utopia dworkiniana do juiz Hércules, que constrói a decisão no curso do processo, coletando e relatando seus fundamentos com profundidade e precisão.

Feita essa digressão, passa-se a situar o reconhecimento desse novo paradigma misto, que não nega a clientela penal composta de pessoas que são externamente enquadradas como "criminosas", que não têm oportunidades e que são afetadas pelo desequilíbrio da desigualdade, como enuncia a criminologia crítica.

é meio para o fim da prestação da Justiça. Não é razoável, sob o ponto de vista lógico nem sob o aspecto ético, que premissas teóricas processuais desatualizadas impeçam o Poder Judiciário de tutelar direitos com efetividade" (p. 91).

Não nega, entretanto, a existência e o crescimento considerável de uma categoria de "criminosos" (aqui se optou por adotar o termo "de colarinho branco"), e que estão servindo à espetacularização do processo penal contemporâneo – *vide* o destaque que o Mensalão e a Operação Lava Jato adquiriram no Brasil, muito pela atuação da mídia, o que já se teve a oportunidade de analisar anteriormente.

O que se denota é o foco a bens jurídicos, que não são tradicionalmente protagonistas. Quando se pensa no senso comum e nos crimes que parecem ter mais afetação social, automaticamente vêm à mente o homicídio, os crimes sexuais e os patrimoniais, que têm mais reprovação coletiva.

Porém, com o aumento de atenção que o crime de corrupção recebeu em função de toda uma conjuntura social, histórica e política – notadamente em face do Mensalão e da Operação Lava Jato – a ordem econômica e a incolumidade da administração pública ganham destaque como bens jurídicos relevantes.

4.6.5 Crimes empresariais[150] – a consagração da ordem econômica e da incolumidade da administração pública como bens jurídicos penalmente relevantes e a ressignificação de conceitos em direito e processo penal

A fenomenologia que envolve os crimes empresariais acaba provocando, na linha do que foi registrado alhures, um movimento natural de ressignificação dos conceitos de direito e processo penal.

O crime ocorrido no âmbito de uma pessoa jurídica detém complexidade específica, a começar pela sofisticação da execução das condutas legalmente previstas como penalmente relevantes.

Com efeito, também consagram e afirmam o bem jurídico "ordem econômica" como protagonista nos discursos penais mais recentes. A respeito dessa tendência, os autores já tiveram a oportunidade de discorrer em obra específica.[151]

---

[150] "Criminalidade empresarial é uma expressão genérica que abrange, segundo Bernd Schünnemann, os crimes econômicos cometidos por intermédio de uma pessoa jurídica. Para aquele doutrinador, a criminalidade de empresa (*Unternehmenskriminalität*) não se confundiria com a criminalidade da empresa (*Betriebskriminalität*), isto é, os crimes cometidos dentro ou contra a própria empresa, na medida em que, neste último caso, as regras tradicionais do direito penal se prestariam a solucionar a atribuição de responsabilidade penal." (SOUZA, Artur de Brio Gueiros. Atribuição de responsabilidade na criminalidade empresarial: das teorias tradicionais aos modernos programas de *compliance*. *Revista de Estudos Criminais*, São Paulo, ano XII, n. 54, p. 94). O autor destaca que a questão central quando se trata de crimes consumados por intermédio de uma empresa é a atribuição de autoria, precisamente o que se almeja explorar no presente tópico e nos subsequentes.

[151] "Com a consagração da ordem econômica como assunto com *status* constitucional, e pelos efeitos da já mencionada globalização econômica, passa-se a conviver com o reconhecimento de uma nova categoria de bem jurídico, que, pela sua relevância, passou a merecer a tutela estatal, na forma de repressão penal. O advento dos chamados crimes econômicos se deu justamente em consequência de todo esse processo, estando eles previstos expressamente em nosso ordenamento desde a Lei 4.137/62, que também criou o Conselho Administrativo de Defesa Econômica." LAMY, Anna Carolina Faraco; LAMY, Eduardo de Avelar. *Reflexos do*

Tratando, na oportunidade, dos reflexos que o acordo de leniência celebrado no âmbito do Conselho Administrativo de Defesa Econômica (Cade) teria para o processo penal, os autores concluíram que a importação de ferramentas de controle já consolidadas em outros países significa a admissão de que o universo de bens jurídicos a tutelar não comporta apenas uma solução de *law enforcement*.[152]

O acordo de leniência para o Cade foi uma ferramenta alternativa ao processo administrativo e, consequentemente, à imposição de sanção, que, por meio dos requisitos que são impostos ao leniente, garantem que ele adeque sua operação aos parâmetros indicados pelo Cade como ideais, a fim de evitar a multa que decorreria de uma condenação administrativa.

Trata-se de ferramenta de direito premial que, como a colaboração premiada, dá uma alternativa ao processo e ao *enforcement* da lei. Quando o sujeito adere a um acordo, ou constrói junto com o Cade os termos em que se dará o acordo de leniência, esse instrumento prevê ferramentas de confirmação da lei antitruste, como cessar determinada conduta e não mais incorrer nela.

Por meio dele, evita-se o processo administrativo e se tem, às vezes, uma ferramenta mais eficiente que a sanção, que, em se tratando de multas do Cade, pode inviabilizar a atividade da empresa condenada, o que afeta a sua função social.

Quando uma empresa encerra sua atividade em razão da inviabilidade econômica decorrente de uma sanção, além de deixar de participar da economia formal, produzindo e movimentando riqueza, seus empregados sofrem as consequências.

E, com isso, pode-se concluir que o tema "ordem econômica" possui diversas peculiaridades, que dependem da atenção do intérprete, a ensejar, inclusive, a criação de mecanismos alternativos à clássica aplicação da lei penal por meio do processo criminal, o que não necessariamente atende aos anseios da coletividade afetada pela consumação do ilícito.

Quando um determinado sujeito comete um crime – seja qual for e contra qualquer bem da vida – está dispondo de um bem da vida alheio, de algo que não lhe pertence e, com isso, nega a carga proibitiva da norma penal, como se a desafiasse.

Com a consumação dessa ação vedada, que nega cogência à proibição contida na norma, estar-se-ia diante da execução do que se pode denominar "crime".

Aplicando essa complexa construção teórica à fenomenologia dos crimes empresariais, constata-se que os bens jurídicos tutelados – em regra –, e que são coletivos, são a economia e a incolumidade da administração pública. Trata-se de tutelar a proibição de que um sujeito manipule a economia e/ou a estrutura da administração pública para obter benefícios para si.

---

acordo de leniência no processo penal: a influência do *compliance* concorrencial. 2. ed. Rio de Janeiro: Lumen Juris, 2018. p. 6-7.

[152] A terminologia *enforcement*, que aparece nesta obra, deve ser compreendida como reforço, afirmação, confirmação. Quando se fala de ferramentas de *enforcement* se está a falar de mecanismos que dão eficácia à norma, que viabilizam o resultado que o sistema jurídico almeja quando cria uma proibição.

Quando um sujeito corrompe funcionário público para, por exemplo, sagrar-se vencedor em uma licitação (mesmo não cumprindo os requisitos formais para a vitória), ele está alterando o curso natural da concorrência.

O resultado dela seria a vitória de uma empresa que, efetivamente, cumprisse os requisitos e merecesse ser contratada. Trata-se, pois, da manipulação indevida da economia e da administração pública, o que nega vigência à determinação penal de que não se pode alterar o curso de uma licitação para obter benefícios ilegais.

Quando suprime a declaração de tributo devido e utiliza para si o valor que deveria ser pago ao cofre público e servir de subsídio à execução de medidas de interesse coletivo, está manipulando a economia a seu favor.

Quando grandes empresas se unem fixando preço e estabelecendo uma estrutura cartelizadora, estão afetando a livre concorrência, essencial ao desenvolvimento econômico de maneira orgânica.

Os exemplos são diversos, mas têm em comum a ordem econômica e/ou a incolumidade da administração pública.

Parece possível afirmar que essa complexa fenomenologia enseja a alteração de paradigmas do direito e do processo penal. Já se falou da importação de ferramentas alternativas ao processo, como o acordo de leniência e a colaboração premiada.

Tais mecanismos vêm para atender às necessidades que surgem pela diferença essencial que os crimes empresariais têm. Normalmente cometidos de maneira sofisticada e feitos para não ser descobertos, eles acabam sendo de difícil persecução.

A alternativa é criar e recriar ferramentas novas, inclusive para a produção da prova, que pode levar ao desmantelamento de uma organização criminosa, por exemplo.

Quanto ao crime de cartel, SALOMÃO FILHO afirma que "todo resultado de mais de um século de estudos econômicos de oligopólios é que não existem critérios definitivos para identificar a presença de cartéis".[153]

Se há essa dificuldade declarada pela doutrina há tantos anos, é possível afirmar que a persecução tradicional de um crime de cartel tem boas chances de não conseguir confirmar a materialidade e/ou a autoria delitivas, de modo que o processo será um ônus ao Estado e não encontrará a solução a que se propõe.

Pode-se supor o mesmo da corrupção. Quando pessoas ligadas a uma organização decidem corromper um funcionário para obter vantagens ou, na via contrária, quando um funcionário público solicita vantagens econômicas para fornecer um resultado almejado por uma organização, as negociações ocorrerão necessariamente na clandestinidade, tornando dificílima a apuração por meio de simples prova documental.

De outro norte, eventuais pessoas que possam servir como material de prova oral acabam tão envolvidas com a execução dos atos que se tornam potenciais coautores ou partícipes, a depender do grau de contribuição e importância para a consecução do resultado.

Por isso, a utilização da colaboração premiada como meio de obtenção de prova é útil, notadamente dentro de uma linguagem colaborativa, consagrada no regime jurídico brasileiro, principalmente, pela vigência do Código de Processo Civil de 2015.

---

[153] SALOMÃO FILHO, Calixto. Apontamentos para a formulação de uma teoria jurídica dos cartéis. *Revista de Direito Mercantil, Industrial, Econômico e Financeiro*, ano XL, n. 121, jan./mar. 2001.

O que para os processualistas penais é algo (por vezes) inconcebível,[154] na linguagem do processo civil se revela com a modicidade de um negócio jurídico processual,[155] embora haja lá, também, dissidência da doutrina.[156]

---

[154] A colaboração (ou delação) premiada mereceu fortes críticas da doutrina processual penal, pela ideia de que estaria a premiar a deslealdade do sujeito que está disposto a delatar os demais corréus em troca de uma redução, ou mesmo isenção, de pena. A respeito, pode-se citar a contribuição de Jacinto Coutinho: "busca-se com isso um meio de prova que já se mostrou ineficaz na Inglaterra e, posteriormente, nos EUA: a *witness of the crown* (testemunha da coroa), ou seja, pessoas que confessam crimes e delatam outras pessoas, sem oferecer nenhuma – absolutamente nenhuma! – prova das suas alegações. Todavia, por força daquela desvirtuação da prova precipitada, adquirem caráter de irrefutáveis, justo porque se enquadram nas hipóteses previamente traçadas, bem como advertiu FRANCO CORDEIRO". COUTINHO, Jacinto Nelson de Miranda; CARVALHO, Edward Rocha de. Acordos de delação premiada e o conteúdo ético mínimo do Estado. *Revista Jurídica*, Porto Alegre, v. 54, n. 344, p. 91-99, jun. 2006.

COUTINHO e CARVALHO têm razão em dizer que a colaboração premiada teve seu conteúdo desvirtuado nos EUA. Basta avaliar o que a doutrina norte-americana tem dito a respeito, e aqui se destaca o texto "Why innocent people plead guilty" (Rakoff, Jed S. Why innocent people plead guilty. *The New York Times*, Nov. 2014. Disponível em: <https://www.nybooks.com/articles/2014/11/20/why-innocent-people-plead-guilty/>. Acesso em: 13 jul. 2017), bem como a contribuição de RICHARD L. LIPPKE, no livro *The ethics of plea bargaining*, publicado em 2012 na Oxford Scholarship On Line.

Ambos indicam ser comum pessoas inocentes se declararem culpadas a fim de firmar acordos de colaboração com o Ministério Público, temendo uma condenação indevida no futuro. Naturalmente, a finalidade do instituto não parece ter sido essa, a de condenar qualquer um apenas para forjar uma resposta penal.

Muito tem de se trabalhar a colaboração e suas premissas para que efetivamente possa ser aceita como um mecanismo democrático. É muito criticada no sistema brasileiro pela ausência de contraditório, de modo que a versão do colaborador não pode ser contraditada pelo delatado. Trata-se de um longo caminho de amadurecimento teórico e prático a percorrer, para que seja possível afirmar que a colaboração é uma ferramenta eficiente.

Mas não se pode negar que a dificuldade de persecução de determinados crimes, dada sua natureza clandestina – e a sofisticação dos meios empregados a sua consecução –, deixa pouca margem de solução, pelo que a colaboração, caso utilizada com bom senso e de maneira procedimental e constitucional, poderia ser uma ferramenta útil de *enforcement* da lei penal.

[155] DIDIER JR. e BOMFIM afirmam que a colaboração premiada tem natureza de negócio jurídico processual atípico: "a colaboração premiada na Lei nº 12.850/2013 é um negócio jurídico. Veja-se. O seu suporte fático tem, em seu núcleo, como elemento cerne, a vontade exteriorizada das partes, que, no caso, são (i) delegado de polícia, com a participação do Ministério Público, ou apenas o Ministério Público, e (ii) acusado, assistido por seu defensor. O juiz não é parte no negócio; ele não exterioriza a vontade jurisdicional para a sua formação. O órgão jurisdicional atua em momento posterior, no juízo de homologação, fator de eficácia negocial. É o que diz, inclusive, o art. 6º da Lei: 'O juiz não participará das negociações realizadas entre as partes para a formalização do acordo de colaboração, que ocorrerá entre o delegado de polícia, o investigado e o defensor, com a manifestação do Ministério Público, ou, conforme o caso, entre o Ministério Público e o investigado ou acusado e seu defensor'. DIDIER JR., Fredie; BOMFIM, Daniela Santos. A colaboração premiada como negócio jurídico processual atípico nas demandas de improbidade administrativa. *Revista de Direito Administrativo & Constitucional*, Belo Horizonte, ano 3, n. 11, jan./março 2003.

Também há decisões do STF no sentido de que se trataria de negócio jurídico processual (HC 12.483/PR, Rel. Min. Dias Toffoli, j. em 27.08.2015).

[156] A doutrina processual civil também encontra dissidências: "a regra geral, no entanto, é que os efeitos do acordo celebrado apenas sejam plenamente conhecidos com o advento da sentença, principal ato judicial no processo – o juiz, enquanto terceiro estranho ao acordo,

De todo modo, a partir de uma perspectiva empírica, necessário constatar que o uso da colaboração como meio de obtenção de prova se consagrou na jurisprudência, inclusive com respaldo do Supremo Tribunal Federal, que já definiu quais são os requisitos para a concessão de perdão judicial ao acusado colaborador (Inq. 3.757); os limites à atuação do magistrado na homologação do acordo (Pet. 7.074/DF) e, posteriormente, que o delegado de polícia também é legítimo para conduzir e celebrar acordos (MI 6.874).

Com efeito, mesmo aos críticos do instituto, deve-se concluir que se trata de uma ferramenta que veio para ficar, mas que precisa, no entanto, sofrer necessária adaptação a algumas questões, como os parâmetros em que se concede o prêmio e qual será a carga valorativa que se pode conferir à colaboração.[157] E, também, o que se considera voluntariedade para fins de celebração do acordo, notadamente diante das

---

por expressa previsão legal, só é atingido em alguma medida, não se vinculando a ele plenamente (aspecto *ultra partes* da colaboração). Merece ressalvas, portanto, a simplista conclusão de que o acordo de colaboração tem natureza de negócio jurídico. [...] O raciocínio se aplica mesmo que se considerasse como obrigatória a aplicação dos benefícios penais do *caput*, havendo discricionariedade para o magistrado apenas escolher entre eles. Ainda assim, não seria de se falar em negócio jurídico propriamente dito, porque os celebrantes não podem predeterminar algo que não é da sua alçada. Em suma, embora se reconheça que a processualística se dirige para um cenário em que mesmo o juiz possa não apenas verificar a validade dos acordos das partes em matéria processual, como também com elas celebrar negócios, não é o que ocorre na colaboração premiada, restando impossível, com os conceitos postos pela doutrina, alçar o referido acordo ao patamar de negócio jurídico, sem que se considere uma verdadeira espécie *sui generis*". PINHO, Humberto Dalla Bernardina de; PORTO, José Roberto Sotero de Mello. Colaboração premiada: um negócio jurídico processual? *Revista Magister de Direito Penal e Processo Penal*, ano XIII, n. 73, p. 42-44, ago./set. 2016.

[157] A respeito da importação de conceitos e institutos do regime jurídico norte-americano, JACINTO COUTINHO teve a oportunidade de tratar: "concomitante com a CR e de certa forma incompatível com ela surge, como modelo epistêmico, o neoliberalismo. A nova ordem (apoiada em um pensamento economicista mercadológico), agora, é do mundo; e vai exportada desde os países centrais para funcionar como pensamento único, como profetizou Ignacio Remonet. A pretensão era gigantesca, mas era séria; e foi, paulatinamente, nos mais variados espaços do saber, sendo colocada em prática. O Direito e, em particular, o processo penal, não iriam escapar. Por trás de tudo isso estava uma velha disputa entre *common law* e *civil law*, sobre a qual é despiciendo tratar. Sem embargo, com o domínio econômico dos norte-americanos era sintomático que eles influenciassem a todos e, com maiores estragos, os Direitos dos países de *civil law*, dado que o modelo epistêmico que adotam – com poucas leis e regido substancialmente por princípios – aponta para uma práxis que, com frequência, afronta, ou mesmo nega as estruturas legais, inclusive constitucionais. Nos EUA, contudo e como se sabe, as questões constitucionais são tensionadas de modo candente – eis o esforço hermenêutico – até poderem ter definições satisfatórias dos institutos, as quais vão questionadas mas sempre respeitadas, salvo desvios que se controlam na ordem recursal. Veja-se, neste passo, o que se passou com a prova ilícita. [...] Estes simples exemplos mostram, sobretudo, a incoerência da chamada americanização radical, ou seja, o transplante de regras do *common law* norte-americano para todos os demais países, sobremaneira para aqueles de *civil law*, de modo a servirem, como são, neles. Eis as roupas sem ensanchas. O processo penal é, quem sabe, um dos melhores exemplos disso; senão o melhor". COUTINHO, Jacinto Nelson de Miranda. Processo penal e a americanização à brasileira: resistência (Prefácio). In: KHALED JR., Salah H. (Coord.). *Sistema penal e poder punitivo*: estudos em homenagem ao Prof. Aury Lopes Jr. 2. ed. Florianópolis: Empório do Direito, 2015.

situações em que o investigado ou acusado celebra o acordo de colaboração estando preso e tendo como uma das promessas de premiação a soltura imediata (o que se viu em alguns episódios durante o curso da Operação Lava Jato).

Neste diapasão, reconhece-se a necessidade de se proceder à construção de uma teoria geral da colaboração premiada,[158] que, principalmente, estabeleça um procedimento e defina seus limites, estabelecendo *ab initio*, as regras do jogo.

Assim, não se pode negar que o processo e o direito penal brasileiro estão sofrendo os efeitos do aumento de relevância dos crimes empresariais, notadamente em face de casos concretos, como a Ação Penal 470 e a Operação Lava Jato.

---

[158] Naturalmente com enfoque na realidade do sistema jurídico brasileiro, mas sem negar que o instituto se encontra em um momento de crise nos países em que se consagrou como ferramenta absolutamente eficiente, como é o caso dos Estados Unidos. Como já indicado alhures, a doutrina tem questionado os moldes nos quais a colaboração é celebrada, podendo-se citar como um dos condutores desse discurso o Professor Richard Lippke: "Aqueles que defendem a visão contratual podem argumentar plausivelmente que são as táticas de pressão implementadas pelos oficiais do Estado em alguns países que constituem o problema, e não o mero fato de os oficiais do Estado terem o monopólio da força. Se os promotores públicos acusarem réus de maneira verídica e eles e os juízes se abstiverem de ameaçar os acusados com penas decorrentes do julgamento, seu *status* de monopolistas não deveria nos perturbar. Afinal, réus criminais não poderiam reclamar da falta de punições alternativas se os oficiais do Estado baseassem suas acusações em evidências convincentes sobre os crimes que os indivíduos perpetraram". Tradução livre de: "Defenders of the contract view might plausibly argue that it is the pressure tactics employed by state officials in some countries trat constitute the problem, not the mere fact that those officials are monopoly providers. If prosecutors charge defendentes veridically, and if they and judges refrain from threatening trial penalties, then their status as monopolists shold not trouble us. After all, criminal defendantes cannot reasonably complain about the lack of alternative suppliers of punishment if state officials base the charges they bring and sanctions they impose, on convincing evidence about the crimes individuals have commited". Ainda, sobre a realidade em que sujeitos inocentes se declaram culpados em face das ameaças utilizadas como tática de barganha pelos oficiais do Estado: "O problema prático, é claro, é que somos incapazes de distinguir entre acusados inocentes e a vasta maioria de culpados. Com efeito, podemos ter de afirmar que acordos de colaboração feitos entre acusados e Estado persecutor por seus oficiais não é seguro, e devemos nos preocupar que a voluntariedade desses acordos está comprometida pelo fato de que uma das partes está sendo mantida cativa. Felizmente, nós podemos esperar que o número de acordos que sofrem desta falha é pequeno". Tradução livre de: "The practical problem, of course, is that we are unable to distiguish such innocent defendants from the vast majority who are guilty. Hence, we may have little recourse but to affirm plea agreements reached between prosecutors and defendants held on remand, though we might worry that the voluntariness of some of those agreements is compromised by the fact that one of the parties is held captive. Fortunately, we can reasonably hope that the number of agreements that suffer from this flaw is small". É muito importante destacar que o autor não afirma que se pode ficar tranquilo porque um número pequeno de acordos está afetado pela falha de mitigação da voluntariedade em razão de o acusado estar preso. Ele diz que se pode esperar que assim seja, sem dados estatísticos que confirmem o percentual de acusados que aceitam acordos de colaboração pelo simples fato de terem a promessa da liberdade imediata. Esse cenário pode comprometer muito o conteúdo delatado, ao passo que é possível afirmar que, em troca da liberdade, o sujeito pode estar disposto a praticamente tudo, inclusive confirmar a versão da autoridade policial ou da acusação, apenas para que possa ser solto.

No que tange à percepção de que novos institutos passam a ganhar voz, mencionou-se a colaboração premiada, justamente porque o contexto em que tais crimes ocorrem e os meios empregados a sua ocultação não deixam escolha senão a criação de ferramentas paralelas.

Isso é o que muitos criticam como sendo a americanização do processo penal brasileiro, com o transplante de institutos da *common law* para o regime jurídico do Brasil, que é de *civil law*.[159]

Contudo, cogita-se que a crítica tenha mais operabilidade quando se constata que esse "transplante" não se ocupou de refletir e empregar as adaptações necessárias para que o instituto importado encontre coerência com a Constituição Federal.

E isso é essencial, à medida que o processo penal deve ser uma ferramenta de defesa pessoal, ele separa o inocente da pena injusta, e nela há espaço para que se confirme a versão acusatória, extreme de dúvida (em face dos princípios da presunção e do estado de inocência).

O problema é que, na prática, nem o processo penal tem sido adequadamente tratado (como meio de defesa) – encontrando diversas dissonâncias ao que o constituinte originário definiu como limites democráticos –, nem os institutos estrangeiros estão sendo importados com a devida preocupação a sua adaptação ao modelo brasileiro.

E isso confirma a existência de uma crise no modelo penal brasileiro, que, basicamente, e porque fundado em uma estrutura inquisitória, deixa de lado diversos limites constitucionais sob o argumento do excesso de casos, da falta de estrutura e da necessidade de se conceder uma resposta eficiente, apenas do ponto de vista temporal.

Em face desse novo contexto, e ficando evidente que a relevância que se tem dado aos crimes empresariais faz nascer a necessidade de ressignificar conceitos em direito e processo penal, pode-se afirmar não o surgimento, mas a consagração de um novo criminoso: aquele sujeito que não compõe o que foi reconhecido pela criminologia como o criminoso clássico – normalmente envolvido em crimes contra a vida, tráfico de drogas e patrimoniais –, o sujeito não periférico que pode não estar sendo movido pelas mesmas forças que motivam o réu envolvido em tráfico de drogas ou em crimes patrimoniais.

4.6.6 Um novo criminoso – situação político-social a fomentar a criminalização de sujeitos que fogem ao modelo clássico de criminoso

A criminalidade de colarinho branco e as medidas tomadas no sentido de estancar organizações criminosas compostas por pessoas que se enquadram no conceito de criminoso de colarinho branco, invariavelmente, atraem a curiosidade acadêmica.

---

[159] A respeito do "pacote anticrime" deve-se citar a contribuição de DOTTI, René Ariel; SCANDELARI, Gustavo Britta. Acordos de não persecução e de aplicação imediata da pena: o *plea bargain* brasileiro. *Boletim IBCCRIM*, n. 317, abr. 2019. Disponível em: <https://www.ibccrim.org.br/boletim_artigo/6312-Acordos-de-nao-persecucao-e-de-aplicacao-imediata-de-pena--o-plea-bargain-brasileiro>. Acesso em: 13 jul. 2017; COUTINHO, Jacinto Nelson de Miranda. *Plea bargaining* no projeto anticrime: crônicas de um desastre anunciado. *Boletim IBCCRIM*, n. 317, abr. 2019.

Soma-se a isso o aumento de registros públicos e a importância outorgada coletivamente a casos penais que versam sobre crimes praticados no contexto empresarial.

Já em 2013 tem-se um marco significativo ao reconhecimento desse novo paradigma: o julgamento da Ação Penal 470,[160] popularmente denominada "Mensalão", que teve enorme repercussão social, inclusive com a transmissão ao vivo do julgamento pelo Plenário do Supremo Tribunal Federal.

Inobstante tivesse como protagonista a problemática da "corrupção", o que estava em discussão era basicamente a relação havida entre empresas e o poder público. Pode-se cogitar que a questão afeta à corrupção como fenômeno penalmente relevante passa pela relação que existe entre pessoas jurídicas de direito privado e o Estado, em suas mais variadas fisionomias.

Com o advento da Ação Penal 470, "heróis" e "bandidos" passaram a ocupar o imaginário popular. A discussão binária de bem e mal, os ministros do bem e os do mal.[161] Enfim, com toda uma participação especial da mídia, teve espaço um primeiro episódio de espetacularização da criminalidade de "colarinho branco".

Posteriormente, situação semelhante tomou forma na Operação Lava Jato. O endeusamento do juiz da causa, a assunção de lados, o bem e o mal, o certo e o errado. A ênfase midiática também contribuiu (como ocorreu em 2013) com a proliferação de manifestações e a assunção de lados,[162] sendo impossível ignorar que a mídia se tornou uma considerável ferramenta de *status quo* e controle de massas.

Sobre a espetacularização do processo penal,[163] que acaba sendo alimentada pela mídia, alguns autores indicam que serve apenas a si mesma, já que seu intuito único é manter o espetáculo.

Não rechaçando essa constatação, pode-se, ainda, cogitar que a mídia pode ter algum intuito além da simples manutenção do espetáculo. Indo um pouco além, a mídia como ferramenta está a serviço apenas do espetáculo, de si, ou ao dispor de cada um que tiver interesse em manuseá-la? Será que existe um posicionamento preestabelecido ou a mídia está disposta a aderir à volatilidade do momento, pendendo para o lado que melhor atende a seus interesses?

---

[160] SUPREMO TRIBUNAL FEDERAL. *Ação Penal 470*. Disponível em: <http://www.stf.jus.br/portal/cms/verNoticiaDetalhe.asp?idConteudo=236494>. Acesso em: 13 jul. 2017.

[161] Importante enfatizar que o ministro bom ou mau é analisado do ponto de vista do desejo do interlocutor. A mesma pessoa será considerada boa a um e má a outro observador, a depender da coesão ou não das suas ideologias. Se uma pessoa se sente mais à vontade com a ideologia da intolerância à corrupção, ou se é nutrida pelos discursos que naturalmente gravitam no entorno da questão, ela entenderá que o Ministro mais libertário que, ao aplicar a lei entende ter havido abusos, está prestando um desserviço à coletividade, porque se espera que cada um avalie a atuação dos ministros do Supremo a partir das discordâncias que tem ou não com a visão de cada um.

[162] A assunção de lados pela mídia é recorrente em se tratando de disputas políticas e situações que afetam o cenário político, *vide* historicamente o duelo Fox *x* CNN quanto às eleições norte-americanas. Da mesma forma, a importância que a mídia possui nesse contexto é evidente, e já foi tema de estudos: SCHREIBER, Anderson. *Direito e mídia*. São Paulo: Atlas, 2013.

[163] CASARA, Rubens R. R. *Processo penal do espetáculo*: ensaios sobre o poder penal, a dogmática e o autoritarismo na sociedade brasileira. Florianópolis: Empório do Direito, 2015.

Importante destacar que, quando se fala de mídia, a referência não é apenas à disseminação de conteúdo via televisão, jornal impresso ou outro meio tradicional. Deve-se adaptar ao cenário atual no qual se vislumbram diversos mecanismos de mídia digital.

Cite-se, por exemplo, a utilização do Twitter pelo ex-Presidente dos Estados Unidos da América, Donald Trump, e o poder de alcance que a rede social assumiu durante seu mandato.[164] Ou mesmo as especulações de manipulação de resultado das eleições naquele país[165] e a tentativa de manipulação da mídia (inclusive por meio de *hackers*) na eleição francesa.[166-167]

No que tange, contudo, às redes de televisão, às revistas e aos jornais, o ponto central da análise é: a mídia está premida de algum projeto seu ou apenas a serviço dos projetos de outrem? Quando se fala da mídia pessoal feita, por exemplo, pelo ex-Presidente dos Estados Unidos no *Twitter®*, não há dúvidas de que seu intento é legitimar seus projetos e ideias.

No entanto, no que se refere àquelas situações em que uma emissora de televisão se posiciona em um sentido ou outro, está apenas a serviço do espetáculo, tem interesses próprios no lado a que aderiu ou serve a alguém?

Isso porque não se pode negar seu crescente papel na manutenção do monopólio do poder, principalmente, ao fomentar o medo e confirmar o discurso autoritário.[168]

Trazendo essas elucubrações para a concretude do presente trabalho, a questão central é como a mídia serve ao discurso de eficiência das Operações de "combate à corrupção", entre as quais se destaca a Lava Jato.

Não se discute que, assim como ocorreu na Operação Mãos Limpas na Itália, a Lava Jato expôs diversos sujeitos políticos do país. Inúmeras prisões de ocupantes de altos cargos políticos e a famigerada condenação de um ex-Presidente da República marcam as situações mais relevantes dessa Operação.

E quando se fala em política não se pode deixar de lado a tendência de veículos de comunicação aderirem a algum posicionamento. Dentro da linguagem já colocada, poder-se-ia dizer que os veículos de disseminação de informação estão a serviço de

---

[164] O uso do Twitter pelo ex-Presidente foi (e ainda é) frequentemente questionado pelos veículos de comunicação norte-americanos. Menciona-se a CNN como referencial, pelo alinhamento com o Partido Democrata. Para mais: WILLS, Amanda; LOVE, Alysha. All the President's tweets. Disponível em: <http://edition.cnn.com/interactive/2017/politics/trump-tweets/>. Acesso em: 13 jul. 2017.

[165] Para um panorama do nível das discussões acerca da ocorrência ou não de manipulação de eleitores por meio de um uso calculado da mídia: THE GUARDIAN. Smoke and mirrors: how Trump manipulates the media and opponents. Disponível em: <https://www.theguardian.com/us-news/2017/jan/18/donald-trump-media-manipulation-tactics>. Acesso em: 13 jul. 2017.

[166] A respeito: LOPES, Philippe. Hackers came, but the french were prepared. Disponível em: <https://www.nytimes.com/2017/05/09/world/europe/hackers-came-but-the-french-were--prepared.html>. Acesso em: 13 jul. 2017.

[167] E, para a mídia, em sua defesa: HALBROOKS, Glenn. How politicians use media to win elections. Disponível em: <https://www.thebalance.com/how-politicians-use-media-to-win--elections-2315204>. Acesso em: 13 jul. 2017.

[168] CASARA, Rubens. *Processo penal do espetáculo*: ensaios sobre o poder penal, a dogmática e o autoritarismo na sociedade brasileira. Florianópolis: Empório do Direito, 2015.

4 · CRIMINAL COMPLIANCE E COMPLIANCE ANTICORRUPÇÃO | **183**

determinado partido político? E, se sim, não acabariam manipulando informação com o intuito de ver prevalecer um partido e/ou outro?

A questão central é: não se pode ignorar a feição política da Operação Lava Jato e a repercussão nacional e internacional que tem. E os recados que dela irradiam são enviados por mídia, sejam redes de televisão, seja mídia digital (e redes sociais[169]).

Com efeito, o contexto político e social acaba sendo difusor do aumento de prisões e processos criminais ligados a crimes cometidos por pessoas de "colarinho branco".

A ideia de um movimento em prol da erradicação da corrupção, embora se sustente apenas no seu aspecto ideológico, afirma que existe um clamor popular pela tomada de medidas, que acaba justificando e fomentando o fortalecimento das instituições e a manutenção do *status quo*.

O discurso do combate à corrupção está plenamente alimentado por todo esse contexto,[170] que lhe é muito favorável. Nesse panorama, a afirmação do "colarinho branco" como tema de análise e objeto de estudo do processo penal se revela principalmente diante do aumento de autores que exploram mecanismos como a colaboração premiada,[171] algo que se tornou característico e recorrente na Operação Lava Jato.

O discurso do combate à corrupção, a exposição da Operação Lava Jato, o papel da mídia nesse contexto e a ênfase do estudo a respeito de temas ligados ao cenário atual – como a colaboração premiada e a barganha no processo penal – são todos sinais da necessidade de se pensar o fenômeno da criminalidade de "colarinho branco" e, notadamente, do crime de corrupção.

4.6.7 O criminoso de colarinho branco, a responsabilidade penal objetiva do administrador e a responsabilização penal da pessoa jurídica em cotejo ao *compliance*

No contexto do que foi elaborado nos tópicos anteriores, deve-se analisar como estão sendo processadas e punidas as pessoas acusadas por crimes de colarinho branco, que normalmente ocorrem no contexto empresarial, e qual a inclinação do Judiciário quando lida com esse tipo de ilícito criminal.

---

[169] As redes sociais são importante veículo de convocação dos grupos de manifestação de rua. Cita-se o exemplo do denominado Movimento Brasil Livre (MBL), que coordena o grupo de pessoas mais tradicionais e inclinadas à direita. É possível obter mais informações no *site* <http://mbl.org.br/>.

[170] SILVEIRA, Renato de Mello Jorge. *Compliance* e direito penal na era pós-lava jato. *Revista dos Tribunais*, São Paulo, ano 106, v. 979, maio 2017.

[171] A respeito: COUTINHO, Jacinto Nelson de Miranda; CARVALHO, Edward. Acordos de delação premiada e o conteúdo ético mínimo do Estado. *Revista Jurídica*, ano 54, n. 344, jun. 2006. Já se teve a oportunidade de tratar do tema em: LAMY, Anna Carolina Faraco; LAMY, Eduardo de Avelar. *Reflexos do acordo de leniência no processo penal*: a influência do *compliance* concorrencial. 2. ed. Rio de Janeiro: Lumen Juris, 2018; ainda, VASCONCELLOS, Vinicius Gomes de. *Barganha e justiça criminal negocial*. São Paulo: IBCCRIM, 2015; ROSA, Alexandre Morais da. *Guia do processo penal conforme a teoria dos jogos*. Florianópolis: Empório do Direito, 2016. Tantos outros se dedicaram ao tema, que é um dos mais aquecidos no processo penal na atualidade.

Insta consignar que não se trata de apontar o sujeito passivo de crimes empresariais como hipossuficiente, nem de reconhecê-lo como cliente do sistema penal. Busca-se mais avaliar as peculiaridades de crimes que são cometidos, em regra, tendo como espaço o ambiente empresarial.

Os denominados "crimes de colarinho branco" são, preponderantemente, cometidos no contexto de uma pessoa jurídica.[172]

O crime de corrupção, por exemplo – que é o foco deste trabalho –, pode estar associado à atividade de uma pessoa jurídica, e essa relação é importante quando se trata do assunto *compliance*, que é o tema central desta obra.

Isso porque é possível concluir, pela doutrina estrangeira, que nos países em que se consagrou a responsabilização penal da pessoa jurídica, como Espanha e Portugal, o *compliance* se fortaleceu, o que demonstra, ao que tudo indica, um padrão.[173]

Diferentemente do que ocorre com os crimes ambientais no regime jurídico brasileiro, que autoriza a inclusão da pessoa jurídica no polo passivo da ação penal, os crimes econômicos, contra a ordem de consumo, a corrupção, as fraudes etc., quando vinculados à atividade de uma empresa, não autorizam seja ela tratada como ré.

Em suma, as pessoas jurídicas só podem ser rés de ações penais que estejam apurando crimes ambientais.[174] Em todos os outros casos, deve-se averiguar quem

---

[172] O presente tópico abordará conceitos como o da responsabilização penal da pessoa jurídica, inobstante não tenha o propósito de exauri-lo. Tratar-se-á apenas de demonstrar, a partir principalmente da bibliografia estrangeira, que, em países que passaram a adotar a responsabilização criminal da pessoa jurídica, o *compliance* foi fortalecido como ferramenta de *enforcement*. Neste sentido, cita-se notadamente a Espanha e Portugal, local de onde parte toda a reflexão do Prof. Paulo Mendes, utilizado como marco teórico à reflexão do *law enforcement*.
Para aprofundamento na temática específica da responsabilização penal da pessoa jurídica, recomenda-se a leitura de REINALDET, Tracy Joseph. *A responsabilidade penal da pessoa jurídica*: o exemplo brasileiro e a experiência francesa. Joinville: Clube de Autores, 2015.

[173] Confirmando tal hipótese, tem-se: "Outra proposta feita para evitar os danos colaterais que uma imputação poderia causar à pessoa jurídica passaria por antecipar a avaliação sobre a existência de um programa efetivo de *compliance* no momento da imputação, de tal forma que a entidade que contasse com um programa eficaz de prevenção ao crime, poderia impedir que o processo criminal contra ela fosse formalizado". PENA, Ana María Neira. *La instrucción de los procesos penales frente a las personas jurídicas*. Valencia: Tirant lo Blanch, 2019. p. 77. Tradução livre de: "Otra propuesta que se realiza en orden a evitar los daños colaterales que una imputación podría causar a la persona jurídica, pasaría por adelantar la valoración sobre la existencia de un compliance programa efectivo al momento de la imputación de tal forma que, la entidad que contase con un programa de prevención de delitos eficaz, podría evitar que se formalizase el proceso penal frente a ella".

[174] Importante destacar o julgamento do Recurso Extraordinário n. 548.181, relatoria da Ministra Rosa Weber, em que se definiu não ser necessária a inclusão de ambos: pessoa jurídica e pessoa física correlacionada, para fins de ensejar a persecução criminal por crime ambiental: "Recurso Extraordinário. Direito penal. Crime ambiental. Responsabilidade penal da pessoa jurídica. Condicionamento da ação penal à identificação e à persecução concomitante da pessoa física que não encontra amparo na Constituição da República. 1. O art. 225, § 3º, da Constituição Federal não condiciona a responsabilização penal da pessoa jurídica por crimes ambientais à simultânea persecução penal da pessoa física em tese responsável no âmbito da empresa. A norma constitucional não impõe a necessária dupla imputação. 2. As

é a pessoa física responsável pela consumação da ação ou da omissão que compõe o núcleo do tipo penal.

No caso do processamento de crime de corrupção ativa, cometida em nome de, e para beneficiar ou obter vantagem a uma organização, deve-se, pois, encontrar quem é o sujeito (pessoa física: colaborador, diretor, gestor etc.) que agiu no sentido de oferecer ou prometer vantagem indevida a funcionário público a fim de determiná-lo a praticar, omitir ou retardar ato de ofício.

A autoria do crime cometido em nome de empresa deve ser constatada na prática e a partir da prova, para que a conduta (ação/omissão) possa ser atribuída a quem incorreu nos verbos nucleares do tipo; o que também deve ocorrer no crime tributário, no cartel, na concorrência desleal etc., que ocorrem também no ambiente corporativo, sob pena de se incorrer em responsabilização criminal objetiva, o que é vedado pelo ordenamento jurídico brasileiro.[175]

Nada obstante isso, tem-se operado na prática uma flexibilização quanto à necessidade de se demonstrar liame específico entre a conduta e o autor, bastando, e é o que se denota de alguns julgados,[176] que seja descrito o ilícito e demonstrada sua

---

organizações corporativas complexas da atualidade se caracterizam pela descentralização e distribuição de atribuições e responsabilidades, sendo inerentes, a esta realidade, as dificuldades para imputar o fato ilícito a uma pessoa concreta. 3. Condicionar a aplicação do art. 225, § 3º, da Carta Política a uma concreta imputação também a pessoa física implica indevida restrição da norma constitucional, expressa a intenção do constituinte originário não apenas de ampliar o alcance das sanções penais, mas também de evitar a impunidade pelos crimes ambientais frente às imensas dificuldades de individualização dos responsáveis internamente às corporações, além de reforçar a tutela do bem jurídico ambiental. 4. A identificação dos setores e agentes internos da empresa determinantes da produção do fato ilícito tem relevância e deve ser buscada no caso concreto como forma de esclarecer se esses indivíduos ou órgãos atuaram ou deliberaram no exercício regular de suas atribuições internas à sociedade, e ainda para verificar se a atuação se deu no interesse ou em benefício da entidade coletiva. Tal esclarecimento, relevante para fins de imputar determinado delito à pessoa jurídica, não se confunde, todavia, com subordinar a responsabilização da pessoa jurídica à responsabilização conjunta e cumulativa das pessoas físicas envolvidas. Em não raras oportunidades, as responsabilidades internas pelo fato estarão diluídas ou parcializadas de tal modo que não permitirão a imputação de responsabilidade penal individual. 5. Recurso Extraordinário parcialmente conhecido e, na parte conhecida, provido".

[175] Vale citar precedentes do STJ que confirmam a necessidade de demonstração de nexo volitivo entre o sujeito imputado e a conduta, não bastando sua posição como administrador ou sócio:
"6. É sempre necessário correlacionar o crime com as atividades dos acusados integrantes de pessoa jurídica – ainda que em decorrência de poderes de gerência ou de administração, melhor delimitados no decorrer da instrução criminal –, pois o mero exercício do cargo de diretor não constitui, por si só, fato ilícito, sob pena de admitir odiosa responsabilidade penal objetiva" (HC 283.610/ES, Rel. Min. Rogerio Schietti Cruz, j. em 12.12.2017); no mesmo sentido RHC 66.633/PE, HC 106.611/PR, HC 240.249/MG, PExt no RHC 41.666/SP, todos do Min. Schietti; RHC 39.188/SC de relatoria do Min. Sebastião Reis Junior; RHC 34.957/PA e HC 250.020/PB de relatoria da Min. Laurita Vaz.

[176] TJSC:"Arguição de erro de proibição – Inviabilidade – Condição de administradora da empresa que afasta a alegação de desconhecimento da lei – Ré que responde a outros processos de crimes contra a ordem tributária – Sentença mantida. Não prospera a alegação de ocorrência de erro de proibição, porquanto o desconhecimento da lei não pode ser utilizado como

fundamento para a exclusão da culpabilidade, conforme disposto no art. 21 do CP, bem como porque inexiste nos autos prova de que a apelante não tivesse plena consciência dos seus atos" (Ap. Crim. 2015.041249-0, de Joinville, Rel. Des. Getúlio Corrêa, Segunda Câmara Criminal, j. em 04.08.2015); "Mérito. Pleito absolutório. Não acolhimento. Materialidade comprovada pela notificação fiscal que constituiu o crédito tributário e pelas declarações do ICMS e do movimento econômico que apontam o não recolhimento do ICMS decorrente do fato gerador declaradamente ocorrido. Autoria não impugnada. Agente sócio administrador de pessoa jurídica. Sujeito passivo da obrigação tributária que deixa de recolher ao fisco, no prazo legal, valor de ICMS declarado e cobrado do consumidor final" (Ap. Crim. 0900036-07.2016.8.24.0036, de Jaraguá do Sul, Rel. Des. Carlos Alberto Civinski, Primeira Câmara Criminal, j. em 13.09.2018); Negativa de autoria do apelante G.P. calcada na alegação de que exercia apenas funções comerciais na sociedade, cabendo a escrituração fiscal exclusivamente ao coapelante. Inviabilidade. Contrato social que atribui a ambos a administração da pessoa jurídica à época dos crimes. Domínio do fato. Atos de gestão da empresa, inclusive de fiscalização contábil, que também lhe competiam" (Ap. Crim. 0900052-16.2017.8.24.0071, de Tangará, Rel. Des. Ernani Guetten de Almeida, Terceira Câmara Criminal, j. em 11.09.2018). Também se pode destacar situação em que se entendeu por ônus da defesa provar a responsabilização de algum colaborador da organização, negando vigência ao ônus estático da acusação: "Autoria demonstrada. Contrato social e exercício da administração admitidos em juízo. Imputação de responsabilidade a terceiro. Ausência de prova (CPP, art 156). Sujeito passivo da obrigação tributária que deixa de recolher ao fisco, no prazo legal, valor de ICMS declarado e cobrado do consumidor final" (Ap. Crim. 0900011-24.2015.8.24.0005, de Balneário Camboriú, Rel. Des. Carlos Alberto Civinski, Primeira Câmara Criminal, j. em 12.04.2018).

No TJRS, destaque para a ementa padrão em que se lê prova da autoria e materialidade, mas apenas fundamenta quais foram as evidências à ocorrência do delito, sem apontamento quanto ao liame entre sujeito e fato: "Apelação. Crime contra a ordem tributária. Art. 1º, inc. II c/c art. 11, inc. I, ambos da Lei 8.137/90, na forma do art. 71, *caput*, do CP. Suficiência probatória. Condenação mantida. O reexame do conjunto probatório não permite afastar a conclusão da sentença recorrida de que a prova produzida pela acusação, sob o crivo do contraditório e da ampla defesa, trouxe ao processo a certeza necessária para embasar um juízo de condenação. Demonstrado, à saciedade, a autoria e a materialidade da infração, consistente na inserção de dados inexatos no livro de registro de entradas a fim de reduzir o tributo devido ao fisco, mediante fraude na emissão de notas fiscais. Recurso defensivo desprovido" (TJRS, Ap. Crim. 70068658608, Quarta Câmara Criminal, Rel. Mauro Evely Vieira de Borba, j. em 04.10.2018); "Apelação criminal. Art. 1º, II, da Lei 8.137/90. Fraude à fiscalização tributária. Provas da autoria e materialidade. Dolo evidenciado. Continuidade delitiva. *Quantum* de aumento. 1. Pratica o crime do art. 1º, II, da Lei nº 8.137/90 quem reduz ICMS, fraudando a fiscalização tributária ao deixar de registrar as mercadorias adquiridas por seu estabelecimento e também deixa de documentar a posterior saída. A prova confirma a supressão dos tributos pelo período de cerca de 6 meses, em mais de 200 operações realizadas em nome da firma individual do réu. Condenação mantida. 2. Compete ao Juízo da origem definir a pena adequada ao caso, comportando alteração, em grau de recurso, apenas em situações em que a modificação não for arrazoada, proporcional ou contrariar disposição legal ou preceito constitucional. Caso concreto em que a pena está adequada. Pena mantida. 3. Com base nos critérios de proporcionalidade estabelecidos junto ao STJ, verificando-se a ocorrência de 229 supressões, está adequado o aumento operado em 2/3, que vai mantido. Apelação desprovida" (TJRS, Ap. Crim. 70077237725, Quarta Câmara Criminal, Rel. Julio Cesar Finger, j. em 30.08.2018).

E no TJSP, ênfase para a imputação da autoria apenas pelo acusado assinar pela empresa, e constar no contrato social como sócio administrador: "Crime contra a ordem tributária. Artigo 1º, inciso I, da Lei nº 8.137/90. 1. O conjunto probatório fornece certeza quanto à autoria e materialidade delitiva. 2. Dolo do réu demonstrado. Sociedade permaneceu unipessoal durante período em que verificados os crimes narrados na denúncia, passando o acusado

materialidade, além da presunção de culpabilidade do administrador ou da ideia de que tem ele o dever de zelo perante a organização (domínio do fato).

A perplexidade se torna mais consistente quando considerado que os Tribunais Superiores não fazem análise de fato e prova, de modo que se encerra nos Tribunais Estaduais ou Regionais Federais a questão afeta à demonstração efetiva do liame entre o sujeito e a conduta imputada.

Com efeito, embora os Tribunais Superiores firmem posicionamento no sentido de que a simples condição de sócio não deva repercutir na imposição da autoria, o que se vislumbra é que os Tribunais Estaduais e Regionais Federais têm por vezes utilizado fundamentação padrão para negar vigência ao entendimento consolidado pelo Superior Tribunal de Justiça acerca da proibição à responsabilidade penal objetiva.[177]

Basta a indicação genérica de que há prova de materialidade e autoria para se justificar decreto condenatório em face do sujeito que figura formalmente no contrato social como detentor da função de administração.

Isso acaba criando um efeito rebote, no qual é imputada, e por vezes condenada, uma pessoa que figura formalmente como administradora da pessoa jurídica, e o sujeito que efetivamente agiu no sentido de provocar o resultado penalmente relevante não sofre qualquer consequência ou sanção.

A respeito, pode-se destacar a lição de SOUZA:

> A doutrina tem envidado esforços para superar as dificuldades ora apresentadas. Tradicionalmente, o ponto de partida à elucidação da autoria e participação nos crimes empresariais provém do direito penal clássico ou nuclear, isto é, pela dogmática do concurso de agentes. Contudo, outras construções doutrinárias, como a teoria da instigação-autoria, a teoria da coautoria delitiva, as teorias do domínio e dos delitos de infração de dever, objetivam contribuir para esse fim. [...] O objetivo maior de toda essa discussão é o de evitar os efeitos negativos daquilo que chamam de "irresponsabilidade organizada" – isto é, evitar lacunas de impunidade dos criminosos de colarinho branco. No entanto, cumpre atentar para que não ocorra o efeito inverso, ou seja, a indevida atribuição de autoria penal coletiva – ou objetiva – dos que intervêm no âmbito da pessoa jurídica.[178]

Um dos problemas com esse modelo de condenação é que a resposta penal não afeta o sujeito que efetivamente incorreu na violação ao conteúdo da norma

---

a ser sócio e administrador, assinando pela empresa. Dever de verificar a legalidade de suas atividades, sob pena de responder por eventuais ilícitos. Alegada dificuldade financeira insuficiente para afastar o elemento subjetivo do agente" (Ap. Crim. 0011856-16.2014.8.24.0019, Segunda Câmara Criminal, Rel. Des. Kenarik Boujikian, j. em 03.12.2018).

Todas interpretações equivocadas do sentido da norma e quanto à necessidade de demonstração de autoria delitiva, que consiste na confirmação de que o acusado tinha domínio sobre o fato e agiu para alcançar o resultado penalmente relevante.

[177] Como se constata dos precedentes trazidos em notas anteriores.

[178] SOUZA, Artur de Brito Gueiros. Atribuição de responsabilidade na criminalidade empresarial: das teorias tradicionais aos modernos programas de *compliance. Revista de Estudos Criminais*, ano XIII, n. 54.

proibitiva, de modo que uma das finalidades da pena, que é a retributividade, resta prejudicada.

Ademais, não haverá qualquer finalidade pedagógica na condenação de pessoa que não tenha efetivamente cometido o ilícito penal, o que retira uma das eficácias que se almejam com o processo penal.

Quando resta condenado o administrador, porque formalmente é assim qualificado pelo contrato social, mas na verdade – e em uma gestão descentralizada –, a função que foi desviada a fim de cometer o crime é exercida por outra pessoa, a pena que o administrador sofre não tem qualquer caráter pedagógico nem preventivo.

Trata-se, outrossim, da mera condenação da pessoa errada; e quem efetivamente cometeu a conduta não sofre qualquer consequência, de modo que não se sentirá instado a cessar tal prática, pela consciência de que está acobertado pela existência de um administrador, que normalmente irá arcar com o peso da sanção.[179]

A grande dificuldade se encontra no fato de que a acusação aparentemente não tem se ocupado de apurar a efetiva autoria delitiva, ou seja, quem foi que incorreu no verbo nuclear e acabou por consumar o conteúdo do preceito primário da norma penal.

E mais, mesmo construída a contraprova – o que não deveria ser necessário, haja vista o ônus probatório estático da acusação[180] – o Judiciário tem se detido à análise da materialidade delitiva, sem se ocupar de tratar com rigor a obrigação, que incumbe à acusação, de demonstrar que o resultado penalmente relevante decorreu de ação ou de omissão do sujeito que consta como administrador no instrumento constitutivo.

Atribui-se esse fenômeno à falta de compreensão acerca do funcionamento do organismo empresarial. A depender da sua dimensão, a empresa tem em seu corpo colaboradores especializados, que executam funções de gestão descentralizada.

O setor de recursos humanos atua no sentido de gerir os colaboradores; o financeiro-contábil no controle interno (que também pode ser conduzido pela controladoria);

---

[179] E, pelo que foi visto em tópico anterior, quando se tratou da responsabilização do oficial de *compliance*, existe um risco considerável, que não pode ser ignorado, de as empresas contratarem programas formais apenas com o intuito de tornar o oficial um garante do cumprimento normativo, transferindo a ele, portanto, a responsabilização objetiva na hipótese de desvio.

[180] STF: "As acusações penais não se presumem provadas: o ônus da prova incumbe, exclusivamente, a quem acusa. – Nenhuma acusação penal se presume provada. Não compete, ao réu, demonstrar a sua inocência. Cabe, ao contrário, ao Ministério Público, comprovar, de forma inequívoca, para além de qualquer dúvida razoável, a culpabilidade do acusado. Já não mais prevalece, em nosso sistema de direito positivo, a regra, que, em dado momento histórico do processo político brasileiro (Estado Novo), criou, para o réu, com a falta de pudor que caracteriza os regimes autoritários, a obrigação de o acusado provar a sua própria inocência (Decreto-lei nº 88, de 20/12/37, art. 20, n. 5). Precedentes. – Para o acusado exercer, em plenitude, a garantia do contraditório, torna-se indispensável que o órgão da acusação descreva, de modo preciso, os elementos estruturais ('essentialia delicti') que compõem o tipo penal, sob pena de se devolver, ilegitimamente, ao réu, o ônus (que sobre ele não incide) de provar que é inocente. – Em matéria de responsabilidade penal, não se registra, no modelo constitucional brasileiro, qualquer possibilidade de o Judiciário, por simples presunção ou com fundamento em meras suspeitas, reconhecer a culpa do réu. Os princípios democráticos que informam o sistema jurídico nacional repelem qualquer ato estatal que transgrida o dogma de que não haverá culpa penal por presunção nem responsabilidade criminal por mera suspeita" (HC 88.875, Rel. Min. Celso de Mello, j. em 07.12.2010).

a empresa pode ou não estar sujeita a auditoria interna ou externa (a depender da sua roupagem jurídica ou da preocupação dos sócios com essa ferramenta de gestão e controle interno); ao setor de tecnologia da informação fica a incumbência de garantir segurança da informação e controle de dados.

Além disso, haverá distinção também em se tratando de formatos empresariais diversos. A sociedade limitada tem um comportamento típico, a S.A. outro. Também se deve considerar a existência ou não de conselho fiscal ou de uma diretoria coletiva, bem como se tem capital aberto ou fechado e qual é sua abrangência de mercado (se possui influência em mercado relevante ou não, por exemplo).

Tais elementos identificadores e distintivos, no entanto, não parecem ser considerados nem pela defesa do acusado quando formula suas teses, menos ainda pelo Judiciário, quando provocado à análise do caso penal.

Os exemplos de setores e funções específicas são inúmeros, e apenas confirmam a essencialidade de não se imputar a autoria delitiva do crime de colarinho branco ao sócio administrador.

Da mesma forma, as peculiaridades de cada modalidade empresarial afetam a maneira como sua gestão ocorre na prática, em algumas circunstâncias até mesmo por previsão legal expressa.

Isso porque o simples fato de um determinado sujeito estar indicado no contrato social como sócio administrador não significa que materialmente acumule todas as funções que compõem a complexa estrutura de gestão que uma empresa normalmente possui.

Além disso, quando se faz uma análise normativa orgânica – o que pressupõe a importação de conceitos de outras áreas do direito, inclusive com função integrativa, para o preenchimento de lacunas normativas –, denota-se que o conceito de administrador trazido pelo Código Civil não impõe a ele a execução de todos os atos de gestão da empresa.

O art. 1.011 do Código Civil disciplina apenas que "o administrador da sociedade deverá ter, no exercício de suas funções, o cuidado e a diligência que todo homem ativo e probo costuma empregar na administração de seus próprios negócios", complementando, em seu § 2º, que ao administrador se aplicam, no que couber, as disposições concernentes ao mandato.

Ao tratar das obrigações do mandatário, o CC, em seu art. 667, restringe-se a consignar que "o mandatário é obrigado a aplicar toda sua diligência habitual na execução do mandato, e a indenizar qualquer prejuízo causado por culpa sua ou daquele a quem substabelecer, sem autorização, poderes que devia exercer pessoalmente", de modo que se pode concluir que, mesmo do ponto de vista civil, cuja fenomenologia é bem menos rigorosa que no âmbito penal, espera-se que seja demonstrada a culpa do administrador para que lhe possa ser atribuído qualquer dever de indenizar.

A doutrina também se ocupou em afirmar que as funções atinentes à administração podem ser as mais variadas. MAMEDE[181] diz que, "a rigor, comprar produtos de limpeza que faltam é ato de administração".

---

[181] MAMEDE, Gladston. *Direito empresarial brasileiro*. São Paulo: Atlas, 2010. p. 121.

É imperiosa, outrossim, a análise casuística acerca das funções de administração e de deliberação social. A sociedade limitada, por exemplo, além de ter a previsão facultativa de criação de conselho fiscal, depende de deliberação dos sócios para diversas funções, como aprovação de contas, modificação do contrato social e M&A (art. 1.071 do CC).

Nesse sentido, ser administrador não significa acumular todas as funções de administração da empresa. Mesmo porque, a depender da dimensão da organização, seria humanamente impossível a concentração de todas as tarefas administrativas em uma única pessoa.

Diante dessas considerações, parece possível afirmar que a dificuldade reside na falta de condição e/ou preparo do Judiciário em analisar a estrutura orgânica de uma empresa, o que dependeria do sopesamento de todas essas variáveis.

Notadamente porque, no recorte de competência, a vara em que tramita o caso penal será criminal, e não especializada, como ocorre com crimes de violência doméstica contra a mulher ou cometidos por organizações criminosas.[182]

E essa situação não aparenta ter solução fácil, à medida que decorreria de uma capacitação dos magistrados quanto às configurações de gestão que uma empresa pode ter. Seria necessária uma análise multidisciplinar, que considerasse os aspectos cíveis/empresariais aliados aos conceitos criminais, todos atendendo aos limites trazidos pela Constituição Federal.

Ademais, implicaria que os magistrados atuantes em varas criminais tivessem uma visão interdisciplinar do fenômeno empresarial, naturalmente garantindo o cumprimento de todas as garantias que o processo penal prevê ao acusado.

A maneira como se tem aplicado a lei penal leva em consideração apenas um modelo de negócio, no qual a pessoa indicada como administradora no contrato social efetivamente exerce todas as funções administrativas da empresa.

Isso pode parecer viável quando se trata de uma pequena ou média empresa ou de empresário individual. Não se pode dizer o mesmo, no entanto, quando a estrutura de que se trata possui centenas de empregados, operações com outros estados ou mesmo com o exterior, o que traz uma variação de sujeitos especializados a fim de viabilizar seu funcionamento.

Com efeito, a não criminalização da pessoa jurídica por crimes ocorridos em ambiente empresarial – que deveria ser algo positivo, à medida que a condenação do gestor dependeria (num modelo ideal) de prova robusta do liame subjetivo entre ele a conduta – deixa de ser eficiente quando a jurisprudência retrata que sócios de empresas têm sido condenados por elementos formais, como sua indicação como administrador no contrato social ou por ter a tarefa de assinar em nome da empresa.

Inobstante haja crítica à criminalização da pessoa jurídica, principalmente após a decisão do Supremo Tribunal Federal que determinou ser desnecessária a inclusão do empresário no polo passivo em se tratando de crime ambiental, para fins de legi-

---

[182] A comarca de Florianópolis, por exemplo, possui varas especializadas para o processamento de crimes de violência doméstica cometidos contra a mulher, crimes cometidos por organizações criminosas e, inclusive, mais recentemente, crimes ambientais.

timação adequada, imperioso admitir que a questão deve voltar ao foco do debate de maneira menos pejorativa.

Isso porque parece possível afirmar que a rotina que se estabeleceu no Judiciário em condenar o sócio administrador por questões estritamente documentais só teria solução caso houvesse efetiva percepção do magistrado acerca da operação concreta da empresa; compreensão quanto a quem pertence cada função materialmente no organismo da empresa. Mesmo porque, a prova de que a conduta foi perpetrada por uma determinada pessoa incumbe, em princípio (e em face da presunção e do estado de inocência), à acusação.

Caberia, *a priori*, ao Ministério Público, valendo-se do trabalho da polícia judiciária, demonstrar pela prova oral que foi o acusado quem efetivamente incorreu na norma proibitiva.

Claro que muitos argumentos surgirão no sentido de desincumbir a acusação dessa função, por exemplo, a questão da prova diabólica.[183] A jurisprudência revela a ideia de que não se pode exigir do Ministério Público demonstre como se dá a operação, porque supostamente não teria elementos para aferir qual é, efetivamente, a função de cada sujeito dentro da organização.

No entanto, isso parece pouco sustentável, à medida que não há óbice ao arrolamento como testemunha de diversas pessoas que compõem a diretoria da empresa e sua estrutura organizacional, de modo que se esclareça quem teria efetivamente o domínio sobre o fato criminoso perpetrado.

---

[183] A prova diabólica é um conceito de processo civil que não encontra equivalência quando transplantado para o processo penal. A prova diabólica decorre, conforme leciona FERREIRA, da quebra de igualdade das partes: "se forem insuficientes medidas punitivas ou coercitivas no plano financeiro, ter-se-á um caso-limite, em que o ônus da prova não estará objetivamente servindo para a solução do processo, mas para a manipulação de uma das partes, especialmente quando uma das partes não detém informações suficientes ou condições tecnológicas, havendo uma 'quebra na igualdade de possibilidades probatórias das partes'; neste caso, caberia ao juiz, atento ao princípio da igualdade real (substancial), reconhecer a impossibilidade de produção de prova derivada de uma postura não cooperativa de uma das partes – embora baste a impossibilidade –, hipótese em que caberá redistribuir o ônus da prova, *ope iudicis*, parametrizando-o, reconhecendo a maior condição de uma das partes, sob pena de a outra sucumbir diante de uma *probatio* diabólica". FERREIRA, William Santos. *Princípios fundamentais da prova cível*. São Paulo: RT, 2014. p. 26. Veja-se que a ideia de prova diabólica decorre da quebra de igualdade entre as partes em face da habilidade de produzir a prova. No processo penal, no entanto, denota-se a hipossuficiência do acusado em face da estrutura estatal persecutória, de modo que, do ponto de vista da igualdade material, já se define a distribuição estática do ônus à acusação, porque tem a seu serviço a polícia judiciária. De mais a mais, a prova diabólica apenas se consolida, conforme se depreende da doutrina, quando há manipulação por uma das partes. Quando, sabendo que será impossível à parte contrária produzir a prova necessária para rechaçar sua versão, a parte trata de invocar fatos que não poderiam ser contrapostos. Com efeito, deve-se constatar a inviabilidade do aproveitamento desse conceito da teoria probatória ao processo, notadamente em face dos princípios da presunção e do estado de inocência, pilares do processo penal democrático.
Inobstante isso, e como já foi consignado no corpo do texto, não é difícil encontrar precedentes que condenam o acusado porque sua alegação seria impossível de ser rechaçada pela acusação; por exemplo, a Apelação Criminal 019276-21.2004.8.24.0038, TJSC, Rel. Des. Cinthia Beatriz da Silva Bittencourt Schaefer, j. em 21.06.2016.

E mais, se o Ministério Público não logra êxito em comprovar quem é o sujeito que concretamente incorreu na norma incriminadora, estar-se-ia diante de situação na qual não é possível a condenação, em face do princípio *in dubio pro reo*.

A falta de provas da autoria é fundamento para a absolvição, segundo dispõe o art. 386, V, do Código de Processo Penal brasileiro.

Em face desse cenário que se revela, em que a imputação e a condenação pelo crime empresarial acabam recaindo sobre o sujeito que formalmente figura como administrador ou sócio da pessoa jurídica em detrimento do efetivo autor, o que se pode observar, pela pesquisa bibliográfica a respeito do tema, é que a doutrina se tornou menos intolerante à ideia de estender, para além dos crimes ambientais, a possibilidade da responsabilização criminal da pessoa jurídica.

Aliás, há autores que já tratam desse movimento como inexorável, a exemplo de PAULO CÉSAR BUSATO e TRACY REINALDET:

> Nesse sentido, também importa delimitar que não se abordará, por inoportuno, no presente artigo, a discussão a respeito da necessidade e possibilidade da responsabilidade penal de pessoas jurídicas, tomando-a já por certa, eis que se trata de uma tendência inexorável revelada pelas recentes reformas dos Códigos Penais das principais matrizes europeias de produção dogmática em matéria penal – à exceção da Alemanha – e da América Latina, conforme revelam os recentes projetos de novos Códigos Penais em gestação no Brasil e na Argentina.[184]

BUSATO e REINALDET se referem ao PLS 236, em trâmite no Congresso Nacional, e que propõe a reforma global do Código Penal de 1940. No seu art. 41 prevê expressamente a responsabilidade penal da pessoa jurídica, nos seguintes termos:

> As pessoas jurídicas de direito privado serão responsabilizadas penalmente pelos atos praticados contra a administração pública, a ordem econômica, o sistema financeiro e o meio ambiente, nos casos em que a infração seja cometida por decisão do seu representante legal ou contratual, ou de seu órgão colegiado, no interesse ou benefício da sua entidade.

REINALDET teve a oportunidade de esmiuçar o tema da responsabilização penal da pessoa jurídica, isolando os objetos de reflexão que servem de embasamento para que possa ser aceita como adequada:

> [...] o campo de aplicação da responsabilidade penal da pessoa jurídica será determinado, em primeiro lugar, pelos tipos de sociedade que podem ser penalmente responsáveis e, em segundo lugar, pelo grupo de infrações e formas de participação que podem servir de fundamento para a condenação das corporações.[185]

---

[184] BUSATO, Paulo César; REINALDET, Tracy Joseph. Crítica ao uso dogmático do *compliance* como eixo de discussão de uma culpabilidade de pessoas jurídicas. In: GUARANI, Fábio André; BUSATO, Paulo César (Coord.); DAVID, Décio Franco (Org.). Compliance *e direito penal*. São Paulo: Atlas, 2015. p. 38-39.

[185] REINALDET, Tracy. *A responsabilidade penal da pessoa jurídica*: o exemplo brasileiro e a experiência francesa. Joinville: Clube de Autores, 2015. p. 28.

Frisa, pois, que a incorporação de um regime de responsabilização penal da pessoa jurídica no Brasil, ao que sinaliza o art. 41 do PLS 236, depende do reconhecimento de quais sociedades podem ser penalmente responsáveis e que tipo de infração é compatível com a responsabilização penal das pessoas jurídicas.

Trata-se, pois, de começar pela conceituação e pelo reconhecimento do terreno de aplicação do fenômeno, sendo importante enfatizar que o legislador não está eximindo a acusação de demonstrar a autoria. Não se trata de escusar o Ministério Público da prova de quem efetivamente cometeu a ação ou a omissão consciente a fim de alcançar o resultado.

Isso se denota do trecho "nos casos em que a infração seja cometida por decisão do seu representante legal ou contratual", ou seja, caberá, ainda, ao titular da ação penal a comprovação de que a ação ou a omissão que acarretou o resultado penalmente relevante derivou de decisão do representante legal ou contratual da empresa.

Também insta consignar que, seguindo a orientação já consolidada pela Suprema Corte, a inclusão da empresa no polo passivo da ação penal não pressupõe seja o autor direto do fato também réu. Nesse sentido, basta analisar o conteúdo do § 1º do art. 41 do PLS 236: "a responsabilidade das pessoas jurídicas não exclui a das pessoas físicas, autoras, coautoras ou partícipes do mesmo fato, nem é dependente da responsabilização destas".

Resta saber se, na prática, quando não for possível confirmar a autoria do fato, a pessoa jurídica efetivamente poderá ser responsabilizada. Porque, nesse caso, estar-se-ia diante de uma responsabilização penal subsidiária absoluta, já que a prova da autoria da empresa se confunde com a simples materialidade delitiva.

Ora, se há prova de que o evento se consumou na sua estrutura, poder-se-ia cogitar já existirem elementos suficientes à condenação da pessoa jurídica, que pode ser sancionada, segundo dispõe o art. 42 do PLS 236/2012, com a imposição de multa, de restrição de direitos, de prestação de serviços à comunidade e perda de bens e valores.

Quanto às penas possíveis, deve-se reconhecer o aspecto monetário que adquire, a exemplo do que ocorre em outros países que já adotaram o regime da responsabilização penal da pessoa jurídica, e, também, a distinção da prestação de serviços à comunidade em face da restrição de direitos.

Quando se trata da imposição de pena alternativa a pessoas físicas, a prestação de serviços à comunidade é uma espécie do gênero restrição de direitos. Aqui, o legislador optou por proceder a uma distinção expressa entre ambas e se ocupou de prever o rol de penas restritivas de direitos que as pessoas jurídicas podem sofrer, no art. 43 do PLS 236.

No que tange à tendência da responsabilização da pessoa jurídica em países europeus, destaca-se a experiência da Espanha, para fins de uma análise incipiente de direito comparado:

> La L.O. 5/2010, de 22 de junio, de reforma del CP introdujo un novedoso régimen de responsabilidad penal de las personas jurídicas en el ordenamiento jurídico español que supone da derogación definitiva del principio *societas delinquere non potest*. Desde la entrada en vigor de la referida reforma, las personas jurídicas responden penalmente por la comisión de ciertos delitos, convirtiéndose en acreedoras de auténticas penas y, por ende, en sujetos pa-

sivos del proceso penal, en tanto que único sistema apto para la imposición de sanciones penales.[186]

PENA destaca em seu estudo que o desafio à efetiva consagração da responsabilidade penal da pessoa jurídica é a garantia dos direitos constitucionais da imputada. Assim como vale para os acusados pessoas físicas, a pessoa jurídica deve ter atendidos os princípios basilares do processo, notadamente ampla defesa e contraditório material.

Sim, pois, nessa nova sistemática, o processo não deixa de ser ferramenta de defesa do acusado, e a pessoa jurídica, como acusada que será, deverá ter atendidos todos os princípios que valem à pessoa física.

Nesse sentido, importante reiterar o que foi registrado alhures acerca da possibilidade de se interpretar a responsabilização penal da pessoa jurídica como subsidiária e absoluta do Brasil, de modo que servirá para que alguém seja condenado quando a acusação falhar no seu múnus de fazer prova da ocorrência do ilícito e da sua autoria.

O que a autora espanhola deixa evidente em sua pesquisa é que deverá ser criada uma sistemática específica para a responsabilização penal da pessoa jurídica na Espanha, de modo a estabelecer parâmetros mínimos de processamento. Aliás, ela avalia essa necessidade desde a fase pré-processual, também quando constata que a efetivação da persecução penal em face das pessoas jurídicas será um incentivo à implementação de programas de prevenção delitiva.

Finalmente, avalia que o movimento do legislador em incluir a pessoa jurídica no rol de potenciais réus de ação penal tem como finalidade incentivar a cooperação processual, algo que deve ser reconhecido como contemporâneo na legislação brasileira, em face da recente reforma do Código de Processo Civil, sobre a qual já se tratou oportunamente.

Na mesma linha do que se operou no direito espanhol, também se deve consignar o movimento havido no direito português, com o consequente fortalecimento de mecanismos preventivos, como o uso dos programas de *compliance* como ferramenta de gestão.

As empresas portuguesas estão cada vez mais atentas à importância de acolherem práticas de *compliance* e de governança responsável. Naturalmente, a consciência desta necessidade tende a variar em função da dimensão das empresas e também dos respectivos setores de atividade. Importa reforçar

---

[186] Trecho da introdução da tese da autora, Prof. Ana María Neira Pena, em que se ocupou de investigar o tratamento penal dado às pessoas jurídicas, que passam a ser potenciais sujeitos passivos penais a partir da reforma penal espanhola de 2010. PENA, Ana María Neira. *La instrución de los procesos penales frente a las personas jurídicas.* Valencia: Tirant lo Blanch, 2017. Tradução livre: "a Lei Ordinária 5/2010, de 22 de junho, de reforma do CP introduziu o novel regime de responsabilidade penal das pessoas jurídicas no ordenamento jurídico espanhol, que supõe a derrogação definitiva do princípio *societas delinquere nos potestas*. Desde a entrada em vigor da referida reforma, as pessoas jurídicas respondem penalmente pelo cometimento de certos delitos, convertendo-se em credoras de autênticas penas e, portanto, em sujeitos passivos do processo penal".

a sensibilização para esta necessidade em todas as empresas e setores de atividade.[187]

Por fim, ou voltando ao começo, deve-se resgatar a experiência norte-americana, já que foi lá, em 1909, que se introduziu a possibilidade da responsabilização penal da pessoa jurídica:

> Após os estágios iniciais da atribuição da responsabilidade penal empresarial, marcados pelo rechaço do *no soul to damn, no body to kick*, ou como na tradição penal continental europeia, *societas delinquere non potest*, a aplicação da responsabilidade penal da pessoa jurídica (*corporate criminal liability*) remonta ao caso New York Central & Hudson River *vs*. United States (1909). A centenária decisão que criou a responsabilidade penal da pessoa jurídica deu-se em contexto histórico de concorrência desorganizada, ausência de governança nacional e controle social da atividade empresarial, marcado por forte tendência à agressividade na formação de monopólios de mercado norte-americano do final do século XIX e início do século XX. Essa "porosidade" identificada na formação da responsabilidade pena empresarial traduz problemas igualmente centenários e até hoje recorrentes no debate científico: além do reconhecimento da personalidade, a desarticulação do sistema sancionatório e a compreensão ainda embrionária da responsabilidade moral e jurídica das empresas.[188]

Dos registros do julgamento mencionado pelo autor, pode-se coletar a seguinte introdução:

> O Congresso pode imputar a uma corporação o cometimento de determinados crimes e a submeter a persecução criminal. Em ações por delito, uma corporação pode ser considerada responsável pelos danos causados pelos atos de seus agentes no exercício de sua função, Lake Shore Michigan Southern R. Co. *v*. Prentice, 147, S. S. 101, mesmo que tenham sido cometidos por dolo, culpa ou contra a expressa ordem do ordenador. [...] Enquanto corporações não podem cometer determinados crimes, elas podem cometer crimes que consistem em fazer coisas proibidas pelo estatuto, propositalmente, e em tais casos podem ser acusadas com o conhecimentos dos atos de seus agentes que agem de acordo com a autoridade a eles conferida.[189]

---

[187] MENDES, Paulo de Sousa. *Law enforcement* e *compliance*. In: PALMA, Maria Fernanda; DIAS, Augusto Silva; MENDES, Paulo de Sousa (Coord.). *Estudos sobre* law enforcement, compliance e direito penal. Coimbra: Almedina, 2018. p. 19.

[188] SAAD-DINIZ, Eduardo. Brasil *vs*. Golias: os 30 anos da responsabilidade penal da pessoa jurídica e as novas tendências em *compliance*. *Revista dos Tribunais*, São Paulo, ano 107, v. 988, p. 32, fev. 2018.

[189] Tradução livre de: "(Syllabus) Congress can impute to a corporation the commission of certain criminal offenses and subject it to criminal prosecution therefor. In actions for tort, a Corporation may be held responsible for damages for the acts of its agent within the scope of his employment, Lake Shore & Michigan Southern R. Co. v. Prentice, 147 U. S. 101, even if done wantonly, recklessly or against the express orders of the principal. [...] While corporations cannot commit some crimes, they can commit crimes which consist in purposely doing

Destaque para o trecho final em que se trata da responsabilização da empresa pelos atos de seus colaboradores, quando esses cometem deslizes às regras propositalmente e se valendo da autoridade que lhes é conferida.

Trata-se da ideia de que o gestor tem obrigação de possuir ciência global acerca da operação, e sobre a qual também já se teve a oportunidade de discorrer. Tratou-se desse assunto do ponto de vista crítico, ao analisar que o tamanho da organização pode tornar inviável que o gestor primário tenha ciência global da operação.

Para o que interessa a este trabalho, vale consignar que o resultado prático da consagração da pessoa jurídica como possível sujeito passivo em processo penal tornou protagonista o debate doutrinário e pragmático da temática do *compliance*.

Foi o que ocorreu nos Estados Unidos, na Espanha e em Portugal; e é o que se constata da análise da doutrina nacional, já que nos últimos anos o tema *compliance* se tornou mais familiar.

Absolutamente consolidado como ferramenta de gestão em modelos de *common law*, como o norte-americano – não parecendo ser coincidência que os Estados Unidos foram os precursores da ideia de responsabilização penal da pessoa jurídica –, os países que foram adotando esse novo regime jurídico acabaram por fortalecer o debate acerca da implantação de programas de conformidade.

No Brasil não é diferente. O PLS 236 sequer finalizou seu trâmite no Congresso Nacional e a doutrina brasileira visivelmente se prepara para receber o *compliance* como um tema sobre o qual se deve tratar.

É o que constata SAAD-DINIZ, em trabalho feito para um segmento especial do volume 988 da *Revista dos Tribunais*, dedicado à análise do *compliance*:

> Dentre os penalistas, a discussão se especializou no plano da estruturação dos deveres de cumprimento na empresa. Parte-se do pressuposto abstrato da "autorregulação regulada", que permitiria corregulação entre as práticas empresariais e os parâmetros de cumprimento normativo ditados pelas autoridades públicas. Segundo esse modelo, a estruturação de deveres no ambiente empresarial seria a alternativa preferencial para suprir o déficit entre capacidade estatal/especialização organizacional.[190]

Para o autor, o *compliance* surge como uma alternativa à regulação do Estado, e essa conclusão encontra eco no que já foi abordado neste trabalho.

Quando se tratou da falta de habilidade do Poder Judiciário em tratar de questões afetas às pessoas jurídicas, notadamente a tendência de responsabilizar o sócio ou o administrador objetivamente, estava-se apontando para essa constatação: a de que é mais pertinente à pessoa jurídica estabelecer um modelo regulatório interno, que

---

things prohibited by statute, and in such case they can be charged with knowledge of acts of their agents who act within the authority conferred upon them". JUSTIA US SUPREME COURT. New York Central R. Co. *v.* United States, 212 U.S. 481 (1909). Disponível em: <https://supreme.justia.com/cases/federal/us/212/481/>. Acesso em: 22 dez. 2018.

[190] SAAD-DINIZ, Eduardo. Brasil *vs.* Golias: os 30 anos da responsabilidade penal da pessoa jurídica e as novas tendências em *compliance*. *Revista dos Tribunais*, São Paulo, ano 107, v. 988, p. 46, fev. 2018.

leve em conta suas peculiaridades, em detrimento de se deixar à mercê da análise do Estado.

Com efeito, quando se fala em responsabilização criminal da pessoa jurídica, e mesmo diante de todas as críticas que mereceu da doutrina ao longo dos anos, trata-se, outrossim, de uma oportunidade.

A oportunidade de evitar que o gestor continue sendo responsabilizado objetivamente e a de que a empresa crie para si um sistema de controle interno, que evite a interferência do Estado.

Caso tenha condição de construir um modelo de autorregulação eficiente, afastará o Estado da sua operação.

E não se trata de forjar uma solução que apenas a retire do foco de auditorias e investigações. Trata-se, outrossim, de consolidar boas práticas, prezar pela transparência e pelo registro de todos os atos corporativos, de modo que, quando houver qualquer desvio ou irregularidade, seja simples avaliar quem foi o responsável direto pela ação que ensejou tal resultado.

É o que também ocorreu no modelo espanhol, segundo discorre PENA:

> Frente a la práctica de los fiscales estadunidenses de evitar la acusación formal y el en judiciamiento penal de aquellas entidades que, a pesar de la comisión de un delito en su seno, contaban con programas de cumplimento aparentemente eficaces para la prevención de delitos, cabe afirmar que la apreciación de la existencia, vigencia y eficacia de tales programas no debiera sustraerse al pertinente juicio jurisdiccional.[191]

Com efeito, tais considerações trazem inevitavelmente o seguinte questionamento: se numa empresa que possui um modelo de cumprimento interno ocorrer desvios, isso poderia ser suficiente para desacreditar o sistema implementado?

Em outras palavras: os desvios de alguns colaboradores, em uma empresa que possui um programa de *compliance*, são elementos suficientes para se afirmar que o programa falhou?

E, indo além, se, em vez de um colaborador, um dos membros da alta administração se desvia dos parâmetros previstos pelo manual de *compliance* da sua organização, poder-se-ia dizer que o programa falhou?

Se falhou, é justo tratar a empresa como se não tivesse um programa de *compliance*? Na hipótese de serem criadas vantagens às empresas que possuam programas de *compliance*, caso se constatem desvios, é correto tratá-las como se não possuíssem o programa?

---

[191] PENA, Ana María Neira. *La instrucción de los procesos penales frente a las personas jurídicas.* Valencia: Tirant lo Blanch, 2019.Tradução livre: "Diante da prática dos promotores estadunidenses de evitar a acusação formal e o julgamento penal das entidades que, apesar da prática de um crime em seu meio, aparentemente tinham programas efetivos de cumprimento para a prevenção de crimes, pode-se dizer que a avaliação da existência, validade e eficácia de tais programas não deve escapar à decisão judicial pertinente". É pertinente destacar que, segundo indica a autora, no modelo espanhol, a análise acerca da qualidade do programa fica a critério do Poder Judiciário.

Todas essas são questões que ainda padecem de solução no modelo brasileiro e que precisam ser debatidas pela doutrina, a fim de confirmar o *compliance* como alternativa ao clássico modelo persecutório.

Ao que interessa para a presente obra, o que se constata é que existe uma tendência de responsabilizar objetivamente gestores e sócios administradores, com base na previsão contratual, e que isso poderia ser rechaçado pela responsabilização penal da pessoa jurídica.

Naturalmente isso não justifica responsabilizar objetivamente a pessoa jurídica, que estará sujeita à demonstração do nexo de causalidade e da autoria delitiva, assim como ocorre com a pessoa física.

Ademais, também parece ser possível afirmar que, em países que adotaram a responsabilização penal da pessoa jurídica, como é o caso dos Estados Unidos e da Espanha, o *compliance* encontrou espaço, como uma ferramenta de autotutela.

Tanto em tais países como aqui no Brasil, porém, o tema carece de muita reflexão, notadamente acerca de como se delineia na prática. Porém, aparentemente, ele já serve como ferramenta de *enforcement* anticorrupção em outros países, entre os quais se destaca Portugal, pelo que parece válida a hipótese de que tal fenômeno poderia se repetir no Brasil.

4.7 *CRIMINAL COMPLIANCE* COMO FERRAMENTA DE *LAW ENFORCEMENT* ANTICORRUPÇÃO

Feitas essas constatações iniciais, com destaque para a questão da efetividade ou não do processo penal como ferramenta de aplicação efetiva do direito, chega-se ao ponto derradeiro deste livro, em que se almeja avaliar se o *compliance* pode ser uma ferramenta de *law enforcement* anticorrupção, servindo para estimular os sujeitos a cumprir voluntariamente o sentido da norma e, com isso, viabilizar a aplicação efetiva do direito.

Para isso, o *compliance* será avaliado como uma ferramenta para aplicação efetiva do comando anticorrupção, tanto preventivamente à ocorrência do fato penalmente relevante (o que é o cenário mais ideal de todos) quanto em um sentido prospectivo, estimulando uma reprogramação que evite a consumação de situações futuras idênticas.

4.7.1 *Compliance* anterior à consumação do ilícito de corrupção – prevenção e mudança de cultura

Situados os objetos *law enforcement* e *compliance*, feita uma análise acerca da eficiência ou não do processo como ferramenta de aplicação da lei penal, bem como reconhecendo um novo paradigma em que os crimes empresariais ganham importância e, com isso, tem-se uma transição à responsabilização penal da pessoa jurídica, não se pode negar que seria extremamente positivo caso o *compliance* pudesse ser utilizado como ferramenta de aplicação da Lei Anticorrupção preventivamente.

Nesse cenário, o ilícito penal sequer chegaria a se consumar, porque as organizações estariam preventivamente comprometidas com um programa de *compliance* efetivo, que teria o condão de criar meios pelos quais a empresa mantivesse rotinas de conformidade, rechaçando qualquer ato de solicitação de vantagem e/ou concordância no fornecimento de vantagem para a obtenção de benefícios.

Dentro do que disse COLOMBO, e já se teve a oportunidade de debulhar sua reflexão, a cultura antecede a regra e, antes de se aplicar a norma penal incriminadora, tratar-se-ia de reculturalizar as empresas brasileiras, a fim de que se sentissem motivadas em implantar programas de *compliance*, e de que compreendessem que não é qualquer programa que lhes garantirá conformidade, mas apenas um programa efetivo.

Com efeito, tratar-se-ia de obter um duplo compromisso: o de que as empresas investiriam em *compliance*, para tentar garantir conformidade anticorrupção, e o de que haveria a aplicação efetiva das ferramentas de *compliance*, de modo que não se tenha um programa meramente formal, mas um que materialmente afete a vida dos colaboradores.

Para isso, naturalmente, um dos primeiros passos seria o compromisso da própria alta direção, em atenção ao que disciplina a norma que regulamentou os programas de *compliance* no Brasil, mas, acima de tudo, para que se possa cogitar de um programa efetivo (sem envolvimento do alto escalão, a consolidação do *compliance* é impossível).

Numa lógica de direito premial, que também acabará sendo a tônica da utilização do *compliance* como ferramenta prospectiva (em exercício de justiça restaurativa e conforme se tratará em breve), para que exista interesse das organizações brasileiras em consolidar o *compliance* como prioridade de gestão, deve-se esperar algum esforço dos atores que usualmente manejam o processo.

Devem compreender que de nada adiantará querer que o *compliance* sirva como fator de neutralização de rotinas de corrupção nas organizações se, na hipótese da eventual instauração de investigação, a empresa não receber nenhum benefício por ter implantado um programa de *compliance* efetivo.

Rapidamente a ferramenta cairá em descrédito, e nenhum gestor vai sequer cogitar em investir em *compliance* se nenhuma diferença concreta advier de seu comprometimento com a ferramenta.

Com efeito, devem ser concebidos "prêmios" às empresas que demonstrarem que se engajaram na criação e na consolidação de um programa de *compliance* efetivo, que verdadeiramente afetou as rotinas e as vidas das pessoas.

Trata-se de valorizá-lo, criar vantagens ao gestor que investe em *compliance*, bem como entender que a existência de tal ferramenta interna deve interferir no poder do órgão acusatório de instaurar ações penais em face do gestor e, quiçá da organização (aqui já se pensando no momento em que a responsabilização penal da pessoa jurídica se consolidar no sistema jurídico brasileiro).

4.7.1.1 A valorização da organização em compliance *como influência a sua projeção e adaptação cultural*

Toda empresa estabelece no seu plano de negócios e planejamento estratégico quais serão suas prioridades, normalmente a partir de um ponto de vista operacional. Com efeito, considera quais são suas principais dores e, reconhecendo isso, decide quais serão suas prioridades de gestão em períodos que podem ser anuais, trianuais ou a critério do gestor.

Para que o *compliance* entre efetivamente na pauta de eventuais prioridades que uma organização pode ter – e somente assim conseguirá se consolidar como ferramenta de efetivação normativa –, deve-se criar algum benefício a sua implementação.

No intuito de motivar as organizações a escolherem o *compliance* como prioridade de gestão e, com isso, estabelecerem regras, políticas e rotinas que guardem conformidade com a legislação anticorrupção (seja nos aspectos administrativo e civil, abordados pela Lei 12.846, seja seu viés penal, previsto nos arts. 317 e 333 do CP), parece imprescindível que o Estado, como detentor do poder punitivo, considere a existência do programa efetivo como fator de distinção ao tratamento das organizações, sob pena de que o *compliance* acabe desacreditado.

Se uma empresa se ocupar de implementar um programa de *compliance*, preocupar-se em garantir sua efetividade, estiver imbuída de compromisso real da alta diretoria, e, ainda assim, for tratada com uma empresa comum, como alguém que não tem *compliance* – em outras palavras, se a existência do programa efetivo for inútil à organização em termos operacionais –, dificilmente se consagrará como ferramenta de *enforcement* da legislação de combate à corrupção.

Isso parece depender, inexoravelmente, da percepção de que a existência do programa efetivo afetará a atuação da acusação, e de que será subsídio à flexibilização do princípio da obrigatoriedade. Também, que o programa afetará não somente a legitimação e a pretensão da acusação, mas a própria fenomenologia do processo – notadamente no que tange às suas condições de procedibilidade.

Finalmente, e para que isso seja efetivado na prática, parece indispensável um reconhecimento de novas competências aos sujeitos processuais, de que o programa visa a substituir o processo, que o *compliance* acaba mitigando o processo como ferramenta de efetivação da norma. Somente a partir de tais caminhos parece possível cogitar da viabilidade da utilização do *compliance* como ferramenta de *enforcement* anticorrupção.

4.7.1.2 Afetação da ação da acusação – o compliance precisa garantir diferença de tratamento

Para que se possa pensar em usar o *compliance* como ferramenta de *enforcement* à Lei Anticorrupção é imprescindível que as empresas que se comprometam com a implantação de um programa sejam efetivamente tratadas diferentemente em razão disso.

Caso não exista expectativa real de que a existência do programa efetivo (e cuja efetividade evidentemente será avaliada a partir dos parâmetros legais existentes) afete positivamente a empresa na hipótese de se ver sujeita a qualquer modalidade de investigação por crime de corrupção, por qual motivo a organização incluiria a implantação de um programa de *compliance* no seu planejamento estratégico?

Com efeito, caso exista a instauração de inquérito policial para a apuração da ocorrência de crime de corrupção que tenha, supostamente, algum envolvimento de membro da organização que possua programa de *compliance* efetivo vigente, isso deve ser considerado, inclusive, nos trâmites de condução do procedimento.

A uma, deve-se esperar que seja mais um aspecto a garantir a individualização da conduta e a demonstração da efetiva autoria e culpabilidade. Diferentemente do que tem ocorrido em alguns crimes perpetrados no âmbito empresarial (neste trabalho já se usou o exemplo dos crimes fiscais), a simples suposição da ocorrência de crime de corrupção ou a comprovação da materialidade do ilícito não devem servir como fator de imputação de autoria ao sujeito que figura no contrato social como administrador.

Mais ainda em se tratando de organização que tenha implantado e que possua em curso programa de *compliance* anticorrupção, em que um dos elementos a serem avaliados para fins de efetividade é, precisamente, o compromisso da alta direção.

4.7.1.3 Ação penal como movimento da acusação – compliance como condição negativa de procedibilidade e necessidade de fair play

Na linha do que já se desenvolveu desde o primeiro capítulo desta obra, quando se falou do diálogo institucional e da participação dos atores a quem incumbe a imputação (acusação) e a aplicação/interpretação (juiz) da Lei Anticorrupção e do Código Penal na configuração de programas ideais de *compliance*, também em complemento ao que se teve a oportunidade de desenvolver nos tópicos anteriores, a existência de programa efetivo de *compliance* deve servir como fator de distinção do sujeito de direitos.

O empresário que se preocupa com a criação e a efetivação de um programa de *compliance* em sua organização não pode ser tratado como um que não o fez, na hipótese de ocorrência de algum desvio que chame a atividade jurisdicional.

Com efeito, o gestor que efetivamente se ocupou em dialogar com os entes de controle externo e que buscou implementar em sua organização rotinas de cumprimento da norma anticorrupção não pode ter tal iniciativa desconsiderada pela acusação.

Como já consignado, deve-se perceber uma mudança no papel preponderante da acusação (e que ela não deve perder), que é formular a imputação e construir o caso penal para confirmar autoria e materialidade delitiva.

O Ministério Público deve reconhecer em si também um papel de consultor, notadamente quando empreende verdadeiro diálogo e se envolve com a criação das diretrizes do programa.

Um exemplo pode servir para ilustrar o que se diz: se uma organização procura o Ministério Público, formula um programa efetivo a partir das métricas por ele indicadas, se compromete em efetivar tais rotinas na prática da empresa, e um de seus membros, em violação a essa norma interna (que reflete uma obrigação contida na legislação federal), atua no sentido de prometer vantagem a funcionário público, o MP não pode ter o reflexo de investigar a empresa e seu administrador/sócio como faria com alguém que não teve todo esse esforço.

É necessário, portanto, *fair play*, à medida que as regras do jogo mudam com a entrada do *compliance* no circuito como ferramenta alternativa, e ignorar esse elemento é trair a avença desenvolvida (e que pode trazer inúmeros benefícios pela conscientização e por uma reconstrução de cultura).

A aplicação de *fair play* na relação entre Ministério Público, Poder Judiciário e jurisdicionado (aqui, o empresário que se ocupou de proceder à implantação do programa) é corolário da dialética, que será, inclusive, elementar ao processo (lá chamado contraditório material).

Ora, se no processo criminal deve-se usar de *fair play*, também assim deve seguir o curso de medidas tomadas com a participação dos atores processuais, adaptadas às novas ferramentas que eventualmente se revelam e que podem ser mais eficientes que a clássica aplicação da sanção pelo processo após a concretização do ilícito.

Sobre o *fair play*, ROSA já teve a oportunidade de se posicionar quanto à sua importância para o processo criminal:

> [...] O que se deve buscar é a possibilidade de estabelecimento de contraditório, em igualdade de tratamento, dentro do *fair play*. Falo de interpretação entre jogadores, com uso de blefe, truque, trunfos, ameaças e barganha. Mesmo assim, o jogo limpo pressupõe a não surpresa [...].[192]

Trazendo essa reflexão para a realidade em que o *compliance* pode ser tido como uma alternativa ao processo, em que quem implanta com seriedade um programa efetivo não deve ser processado e punido como aquele sujeito que não o fez, parece ser possível transplantar esse importante conceito da realidade do processo para a realidade do diálogo institucional em que se estabelecem as premissas sobre as quais se deve fundar o programa.

Como se abordará adiante, um dos fatores de incentivo ao uso do *compliance* parece ser, precisamente, o envolvimento dos sujeitos processuais, quais sejam, aqueles que eventualmente atuariam em dialética na hipótese de um processo por corrupção, para que construam juntos a melhor roupagem ao programa.

Nessa oportunidade, Ministério Público e Judiciário poderão opinar e sugerir rotinas que considerem ideais, bem como indicar quais são os atos que veem como limítrofes e como consumação de corrupção na prática.

Com efeito, uma vez trazidos para participar do diálogo do qual resultará a estrutura ideal ao programa, é afronta ao *fair play* se, na hipótese de desvio, e – claro – estando evidente que a alta diretoria efetivamente se portou no sentido de assegurar aplicabilidade ao seu programa, ignorar esse comprometimento do gestor e incluí-lo, reflexivamente, no polo passivo da ação penal.[193]

Na mesma linha, poder-se-ia dizer que a ação de processar o gestor que estivesse comprometido com programa de *compliance* criado a partir de parâmetros definidos coletivamente, em equipe com os entes que se ocupam do processamento e da decisão quanto à ocorrência do ilícito penal, seria *venire contra factum proprium*, o que também destacou ROSA em seus estudos, quando tratou do *fair play* na relação entre sujeitos processuais:

> Ganha espaço, dentro do contexto do jogo de boa-fé, a discussão sobre o comportamento processual contraditório, conhecido no direito civil pela expressão "venire contra factum proprium", consistente no estabelecimento, a partir da confiança e da boa-fé objetiva, de uma expectativa sobre os comportamentos futuros, a saber, um primeiro comportamento do jogador,

---

[192] ROSA, Alexandre Morais da. *Guia do processo penal conforme a teoria dos jogos*. 4. ed. Florianópolis: Empório do Direito, 2018. p. 357.

[193] Como habitualmente se faz em ações que versam sobre ilícitos perpetrados no ambiente empresarial, como já se teve a oportunidade de analisar nesta obra.

incluindo o julgador, promove a necessidade de coerência com o comportamento posterior.[194]

Também já se teve a oportunidade de tratar a respeito da aplicação da lógica do *venire contra factum proprium* para além do direito civil, quando se analisou o papel do Ministério Público na confirmação da leniência concorrencial como ferramenta de *enforcement* da legislação antitruste:

> O que se depreende do modelo de acordo de leniência implementado no ordenamento brasileiro é que os Poderes Legislativo e Executivo estão em sintonia no que tange aos reais objetivos do programa. Contudo, o Ministério Público insiste em fazer sua atuação colidir com as premissas do estado de inocência e da autorização de não produzir provas contra si, fraudando a boa-fé do leniente e utilizando os elementos por ele coletados para processá-lo criminalmente. Esse ato não é apenas contrário ao regramento da nova legislação antitruste, mas, partindo da lógica da moralidade administrativa de GIACOMUZZI, afirma-se como nítido e inexorável ato de imoralidade e traição de confiança depositada, pelo jurisdicionado, na figura do Estado.[195]

Em se tratando de *compliance* como ferramenta preventiva à aplicação efetiva do direito de maneira voluntária, não parece ser o momento de se falar em seu uso como fundamento à negativa de autoria, já que se trataria de tema de mérito, que somente seria avaliado em sentença.

Pelo momento em que implantado o programa – anteriormente à ocorrência do desvio (que não lhe retira a efetividade[196]) – tratar-se-ia de hipótese que afeta a admissibilidade da ação penal (no caso de oferecimento de denúncia), ou seja, seu próprio nascedouro.

Com efeito, seria hipótese de pressuposto processual negativo, como ocorreria, talvez, em se tratando de situação em que se entabulou colaboração premiada preliminar e que foi homologada ou que tenha havido a celebração de *sursis* ou transação penal.

---

194   ROSA, Alexandre Morais da. *Guia do processo penal conforme a teoria dos jogos*. 4. ed. Florianópolis: Empório do Direito, 2018. p. 359.

195   LAMY, Anna Carolina Faraco; LAMY, Eduardo de Avelar. *Reflexos do acordo de leniência no processo penal*: a influência do *compliance* concorrencial. Rio de Janeiro: Lumen Juris, 2018. p. 175.

196   Importante destacar que o desvio de algum membro da organização, desde que não integre a alta diretoria, não pode ser tido isoladamente para atestar a não efetividade do programa. Se um membro da diretoria age em desvio às regras de *compliance* parece evidente que existam ao menos indícios muitos relevantes de não efetividade. Porém, se se tratar de membro da organização que não possui qualquer posição de gerência e coordenação, não pode seu desvio ser tratado como suficiente para rechaçar todo o esforço envidado na consolidação do programa. Outros elementos precisarão ser coletados no intuito de confirmar se o programa realmente não foi transmitido adequadamente aos membros da organização, tornando-se meramente formal. Os requisitos trazidos pelo Decreto 8.420 são taxativos e não podem ser interpretados contrariamente ao gestor, a exemplo do que ocorreria em eventual ação penal – em que a interpretação deve ser a mais favorável ao acusado.

Sobre o conceito de pressuposto processual, DELL'AGNOL traz o escorço de VON BÜLOW (que cunhou o termo):

> Von Bülow, pelo visto, elaborou o conceito de pressupostos processuais como "requisitos de admisibilidad y las condiciones previas para la tramitación de toda la relación procesal" ou "elemento constitutivo de la relación jurídica procesal" ou, ainda, "codiciones de existencia del proceso mismo".[197]

Revela, pois, que a inexistência de um pressuposto processual torna o processo inviável, faz que não se possa sustentar. Pensando numa via de mão dupla, caso tenha se concretizado uma situação que substituiu o processo e com a anuência de seus operadores (MP, juízo e parte), não se sustenta processo posterior.

A respeito dos pressupostos processuais na categoria micro do direito processual penal, e em complementação ao que já fora destacado, pode-se mencionar a contribuição de PACELLI: "por pressupostos deve-se entender apenas o antecedente logicamente necessário à própria existência do objeto, em cujo campo se poderá afirmar a validade ou invalidade das atividades nele desenvolvidas".[198]

Por isso, a questão do cumprimento dos pressupostos processuais, que são requisitos positivos (que devem existir) ou negativos (que não devem existir), está atrelada à teoria das invalidades processuais.

O cenário ideal é a não inclusão do gestor comprometido com o programa de *compliance* no polo passivo de eventual ação penal (o que não afasta do MP a titularidade e a legitimidade para averiguar quem desviou; o que pode fazer – inclusive – com auxílio de documentos trazidos pela própria organização em *compliance*[199]), mas não deve ele intuir a responsabilidade do membro da alta diretoria.[200]

Do contrário, caso mantenha a rotina de, embora existente e efetivo o programa de *compliance*, responsabilizar o gestor, isso será um desestímulo à sua consolidação e, assim, jamais poderá se valer dos benefícios que dele poderiam advir em termos de efetivação do direito.

Veja-se que não se trata de dizer que a simples existência do diálogo institucional e a criação de bases ao programa com a participação dos sujeitos processuais já justificam o afastamento do gestor quanto à investigação de autoria.

Diz-se, outrossim, que o efetivo comprometimento do gestor com as rotinas estabelecidas no programa de *compliance* deve ser suficiente para evitar que ele sofra qualquer afetação em razão do desvio.

A análise quanto ao comprometimento efetivo perpassa pela verificação do cumprimento das rotinas indicadas pelo Ministério Público e pelo Poder Judiciário, de modo

---

[197] DELL'AGNOL, Jorge Luís. *Pressupostos processuais*. Porto Alegre: Letras Jurídicas, 1988. p. 14.

[198] OLIVEIRA, Eugenio Pacelli. *Curso de processo penal*. 11. ed. Rio de Janeiro: Lumen Juris, 2009. p. 108.

[199] Como uma das rotinas recomendadas para organizações em *compliance* é o registro documental de todos os atos cometidos em nome da empresa, ele pode auxiliar na apuração e na coleta de elementos de confirmação da efetiva autoria delitiva.

[200] Como às vezes faz em crimes cometidos no cenário empresarial, e isso ficou evidente da jurisprudência colacionada em tópicos anteriores.

que a consolidação desses processos em equipe (com a participação dos demais sujeitos processuais) cria uma *check list* de cumprimento, que torna mais objetiva e neutra a avaliação da efetividade (já que efetividade tem uma carga subjetiva, podendo ser interpretada de maneiras diversas por pessoas diferentes – trata-se de um conceito aberto).

Assim, para que se consolide o *compliance* preventivo como ferramenta de *enforcement* anticorrupção, no sentido de estimular as organizações a uma virada de paradigma (alteração de cultura), a fim de abolir rotinas limítrofes e estabelecer outras de resguardo e rechaço de qualquer ato corruptivo, é evidente que a existência do programa efetivo e o comprometimento da alta diretoria devem, em um movimento de *fair play*, servir como condição negativa à procedibilidade da eventual ação penal em face do respectivo gestor.

Com efeito, caso ocorrido desvio perpetrado por sujeito que não componha a estrutura da alta diretoria (que precisa estar 100% comprometida com o programa, por força do art. 42, I, do Decreto 8.420), a existência do programa eficaz deve servir para afastar a possibilidade de se instaurar ação penal em face da diretoria. O que, evidentemente, não é vedação à instauração de ação penal em face do sujeito que efetivamente cometeu a ação contida no art. 333 do CP (corrupção ativa), oferecendo ou prometendo vantagem indevida a servidor público.

Para que seja possível, no entanto, a lapidação desse sistema colaborativo, em que os atores processuais se esforçam em equipe para a criação de programas efetivos, é imprescindível a reconfiguração do papel de cada um, afastando o cacoete sancionatório e disseminando a ideia de que o *compliance* preventivo pode ser uma ferramenta de diminuição dos casos de corrupção.

Caso se torne habitual a consulta aos entes responsáveis pela imputação e pela interpretação quanto à ocorrência do crime, visando a assegurar de antemão a criação de rotinas que garantam efetividade a suas premissas preventivas, parece possível cogitar que os índices de corrupção reduzirão, ou seja, que o crime será menos cometido. O que é vantagem a todos, já que em vez de punir o resultado, investindo muito dinheiro público em um processo judicial criminal que é sempre dispendioso, podem-se estabelecer meios alternativos que evitem o resultado.

Mesmo porque, após a consolidação do resultado danoso decorrente da ação ilegal, independentemente do cumprimento exemplar da pena, todo o prejuízo já está perfectibilizado. No caso da corrupção, especificamente, independentemente de o autor arcar com considerável pena corporal, os prejuízos decorrentes da corrução já se consolidaram, afetando toda a coletividade.

4.7.1.4 Conscientização dos atores processuais acerca da importância do compliance *como técnica pedagógica: deixando para trás o cacoete sancionatório – capacitação*

Para que a implantação de um programa de *compliance* seja atrativa para a organização, é imperioso que exista comprometimento dos sujeitos processuais de que, efetivamente, considerarão a existência de um programa eficiente como impeditivo à deflagração de ações penais e/ou condenações criminais.

Aqui se trata não de infligir a organização a implantar o programa, mas de fomentar seu uso como ferramenta preventiva. Com efeito, não se está falando da implantação do programa a fim de reduzir condenação, quando, após uma apuração, fica evidenciado que houve algum desvio às normas externas.

Trata-se, outrossim, de mostrar às organizações que, se tiverem programas de *compliance* efetivo implementados e em pleno funcionamento, serão tratadas e vistas de forma diferente na hipótese de deflagração de alguma investigação.

A empresa ficará interessada em implantar o programa apenas quando tiver algum grau de segurança de que isso efetivamente fará diferença na prática, caso ela seja palco a algum desvio normativo.

Se, mesmo tendo um programa efetivo em curso, for tratada como se não tivesse tido tal preocupação, por que motivo uma organização vai investir na implantação de *compliance*?

Em vez de impor o *compliance* como alternativa à imposição da pena – talvez como um requisito em acordo penal (o que se verá oportunamente) – tratar-se-ia antes de fazer a "propaganda" da ferramenta, para que as empresas fiquem interessadas em tê-la, nem que seja, num primeiro momento, apenas por temor da futura ocorrência de uma imputação.

Para que isso se consolide, no entanto, é inadmissível que a acusação desconsidere a existência do programa quando for proceder a qualquer investigação criminal.

Em outras palavras, se a empresa autuada/investigada tiver um programa de *compliance* em curso, é absolutamente imperioso que a autoridade analise os termos em que está se desenhando na organização e sua eficácia entre os colaboradores e membros da alta administração, a fim de tomar uma decisão de conduzir ou não uma investigação ou um processo em face dela.

Caso contrário, as empresas brasileiras não terão confiança na seriedade do propósito e acabarão não tendo a implantação do programa como um item importante.

Toda empresa tem um planejamento estratégico e financeiro e toma a decisão do que vai tratar como prioridade em cada ano a partir dos possíveis resultados positivos que pode obter.

Supondo que a empresa A incluiu em seu planejamento estratégico a contratação de uma consultoria para implantação de um programa de *compliance*. Seu motivo imediato é o resguardo dos gestores em face de eventuais desvios de membros dos conselhos fiscal, consultivo etc. e de colaboradores que ocupam cargos-chave e que possuem elevado grau de autonomia decisória.[201] Os objetivos mediatos são o aumento do controle interno e o aprimoramento da operação.

---

[201] Parece não ser tão relevante que o primeiro fator a mover a decisão da empresa seja a busca por meios de resguardo. É algo absolutamente compreensível, já que todas as decisões estratégicas de uma organização partem de uma pesquisa que retrate quais são os benefícios que ela vai adquirir com a implantação de uma determinada ferramenta. O que interessa é que se desperte o interesse e a curiosidade dos gestores em assumir o compromisso de implantar um programa efetivo de *compliance*, que significa um compromisso com o cumprimento voluntário das normas internas e externas e dos princípios morais e éticos que melhoram a relação em sociedade. Isso dá *enforcement* à Lei Anticorrupção, naturalmente em um cenário em que o gestor esteja interessado em implantar um programa efetivo, e não apenas criar uma aura de regularidade.

4 · CRIMINAL COMPLIANCE E COMPLIANCE ANTICORRUPÇÃO | 207

Ela estabelece que isso é uma prioridade de gestão e que durante o ano X vai se dedicar a efetivar as bases do programa e solidificar seus princípios. Tem-se aqui o compromisso da alta administração, um dos requisitos para um programa eficiente.[202]

Suponha-se, agora, que, embora a empresa esteja cumprindo os parâmetros disciplinados pelo Decreto 8.420/2015, notadamente seu art. 42, ocorra um desvio em um dos segmentos de sua administração.

Um membro da diretoria, sócio minoritário e não administrador, que não está comprometido nem engajado com as diretrizes do programa, acaba buscando um agente público e lhe oferece uma vantagem financeira para que forneça uma licença com mais brevidade.

O Ministério Público toma conhecimento e processa o administrador da empresa, pelo exercício automático de incluir o sujeito contratualmente previsto como administrador no polo passivo de ações penais.

Nesse caso, o comprometimento da empresa e do sócio majoritário e administrador com o programa de *compliance* concebido de nada serviria no que tange à indicação adequada do sujeito que perpetrou o ilícito.

Em vez de afastar a responsabilidade do administrador contratual, o Ministério Público deixou de considerar a existência do programa e não procedeu à análise acerca de sua existência e aplicação para fins penais. Em outras palavras, deixou de considerar a situação concreta da organização, algo que, como já se teve a oportunidade de analisar, não é pouco recorrente.[203]

Com base nisso, não usou a existência do programa eficiente de *compliance* como condição negativa de procedibilidade, o que deveria ser a regra. Na prática, a existência do programa não trouxe absolutamente nenhuma vantagem à organização, que, em face de tal resultado, provavelmente deixará de considerar o *compliance* como tema de prioridade de gestão, e aqui se estará perdendo uma excelente oportunidade de usar o *compliance* como mecanismo a evitar a consumação da corrupção.

Na verdade, estar-se-á inserindo o *compliance* no mais profundo descrédito, já que, na prática, a boa-fé e o comprometimento da organização não trouxeram absolutamente nenhum resguardo ao administrador, colocado automaticamente no polo passivo da ação penal sem que se considerasse a factualidade concreta.

Ora, o aumento de trabalho investigativo da acusação, provocado pela necessidade de se avaliar a efetividade do programa, justifica-se a fim de confirmar o *compliance* como ferramenta de *enforcement* anticorrupção e de alteração substancial de cultura.

A exemplo do que ocorreu com a leniência concorrencial, quando passou a ser prevista pela legislação antitruste brasileira, não deve o Ministério Público, porque titular da ação penal pública incondicionada, usar o argumento do princípio da obrigatoriedade para negar vigência a um instituto útil.

---

[202] Segundo dicção do art. 42, I, *d*, Decreto 8.420/2015, que se ocupou de regulamentar as bases ao que se entenderá como programa efetivo para fins de abrandamento de sanção.

[203] Tomam-se aqui os exemplos colacionados quanto à responsabilização criminal objetiva do sócio administrador segundo o contrato, em detrimento da apuração da factualidade concreta no que concerne aos crimes tributários.

Já se teve a oportunidade de debruçar sobre o tema da leniência e da dificuldade pela qual passou em função da iniciativa do Ministério Público de não considerar os efeitos automáticos da celebração do acordo, conforme determinou o legislador por força do art. 87, parágrafo único, da Lei 12.529/2011.

Diz o referido dispositivo legal que, uma vez cumpridos os requisitos do acordo de leniência celebrado no âmbito do processo administrativo conduzido junto ao Cade, haverá a extinção da punibilidade do agente colaborador.

O Ministério Público, porém, apresentou uma tremenda resistência a essa disposição,[204] utilizando, entre outros argumentos, o de que, por força do princípio da obrigatoriedade, não teria como deixar de oferecer a ação penal em face do leniente.[205]

Em razão disso, parte da doutrina concluiu que a solução seria trazer o Ministério Público para tomar parte do acordo celebrado no âmbito do Conselho Administrativo de Defesa Econômica (Cade),[206] o que efetivamente acabou ocorrendo, de modo que atualmente o Ministério Público ocupa uma cadeira na sessão de julgamento do tribunal administrativo.

Porém, disso se discordou, pois nenhuma das justificativas dadas sustenta-se do ponto de vista do devido processo legal substantivo. Tentar justificar a apresentação de denúncia em face de sujeito que se comprometeu em um acordo, aguardando boa-fé

---

[204] Retratada, por exemplo, no artigo de SOARES, Rafael Junior. Da impossibilidade do uso do acordo de leniência como forma de impedir o oferecimento de denúncia pelo Ministério Público. *Revista Brasileira de Ciências Criminais*, n. 215, out. 2010.

[205] A respeito, já se teve a oportunidade de tratar: "as alegações que vêm justificando a posterior apresentação de denúncia – na qual restará, como prova preliminar, o inquérito administrativo no qual estarão reunidas as provas produzidas por intermédio do próprio leniente – se consubstanciam-se no seguinte: a) o Ministério Público é legitimado exclusivo à propositura da ação penal pública incondicionada, exatamente a modalidade de ação cabível nos crimes contra a ordem econômica; b) muito embora não haja qualquer previsão legal neste sentido – nem mesmo na regulamentação da delação premiada no art. 106 do novo Código Penal (PLS 236/12) –, o Ministério Público se considera o único capaz de propor acordos de delação premiada, assim, sua função estaria sendo supostamente usurpada pelo Ministério da Justiça; e, c) a extinção da punibilidade somente pode ser decretada por meio de decisão judicial, ou seja, não tendo sido as provas apresentadas no procedimento administrativo submetidas à análise do magistrado, não se poderia cogitar de extinção de punibilidade". LAMY, Anna Carolina Faraco; LAMY, Eduardo de Avelar. *Reflexos do acordo de leniência no processo penal*: a influência do *compliance* concorrencial. Rio de Janeiro: Lumen Juris, 2018.

Veja-se que nenhum dos argumentos se sustenta, nem mesmo do ponto de vista técnico-processual. A uma, o Ministério Público não é legitimado único à propositura da ação penal pública incondicionada, ao passo que existe previsão legal de ação penal privada subsidiária da pública na hipótese de inércia do órgão acusatório. Quanto à legitimação única à realização de acordos penais, como o de colaboração premiada, já não se sustentava à época, e agora menos ainda, em função da autorização expressa de que a polícia judiciária celebre acordos de colaboração, conforme ADI 5.508, em controle difuso e com caráter vinculante. Finalmente, no que diz respeito à declaração da extinção de punibilidade ter de ser feita por meio de decisão judicial, poder-se-ia tratar, tranquilamente, de uma decisão homologatória do acordo de leniência, a exemplo do que ocorre com a decisão que homologa a colaboração premiada, e na qual o magistrado se limita a averiguar a legalidade da condução do acordo, portanto de seus requisitos formais.

[206] SALOMI, Maira Beauchamp. *O acordo de leniência e seus reflexos penais*. Dissertação (Mestrado) – Faculdade de Direito da Universidade de São Paulo, São Paulo, 2012.

de seu interlocutor, é uma violação ao devido processo legal substancial. Além de ser a propagação da ausência de *fair play*, que é essencial para o equilíbrio processual.[207]

Trazer o Ministério Público para tomar parte no acordo pode ser uma solução; porém, não deveria ser obrigatório, a fim de evitar uma ilegalidade. A ilegalidade da imposição da participação pela acusação em acordo celebrado por outro órgão da estrutura estatal (Cade) se sustenta tanto do ponto de vista da tipicidade conglobante, concebida por ZAFFARONI,[208] quanto pela vedação ao *venire contra factum proprium*.[209]

Se o legislador manifestou sua vontade de prever como reflexo automático da celebração e cumprimento da leniência a extinção da punibilidade do colaborador em âmbito criminal, não se sustenta qualquer argumento – menos ainda quando substanciado em um argumento tão frágil quanto à obrigatoriedade que, evidentemente, comporta flexibilização pela sua carga principiológica – a exigir a participação da acusação na celebração do acordo.

Não se sustenta, outrossim, dar ao Ministério Público, titular por lei de futura e eventual ação penal, acesso à identidade do leniente, já que se espera que o acordo seja conduzido sob sigilo, a fim de proteger o colaborador de eventuais represálias.

De todo modo, o que se visa a sustentar com base no exemplo da leniência concorrencial é que, para que o *compliance* passe a efetivamente ser visto como prioridade pelas empresas brasileiras, precisa haver efetivo comprometimento dos atores processuais de que ele será tido como um diferencial.

Valendo-se de *fair play* e da boa-fé que regula qualquer relação negocial – privada ou pública –, é imprescindível que o gestor comprometido com um programa de *compliance* efetivo não pague objetivamente por atos desviantes de pessoas que compõem o quadro da sua organização, para que a ferramenta não caia em descrédito.

Para que isso seja possível, parece irremediável que haja capacitação dos atores processuais para que aprendam a utilizar essa ferramenta alternativa, dando a ela, antes de mais nada, credibilidade e efetividade.

A realização de treinamentos e cursos acerca de como usar o *compliance* e da sua importância parece curial à sua consolidação, para evitar que haja uma postura institucional, seja por parte do Ministério Público, seja da advocacia (privada e pública),

---

[207] ROSA, Alexandre Morais da. *Guia do processo penal conforme a teoria dos jogos*. Florianópolis: Empório do Direito, 2018.

[208] "Para ZAFFARONI, 'as normas jurídicas não vivem isoladas, mas num entrelaçamento em que umas limitam as outras, e não podem ignorar-se mutuamente', ao passo que, sendo determinado pela legislação antitruste vigente que existe uma autorização legal no sentido de que, havendo acordo de leniência, o leniente poderá contar com a proteção do Estado, sendo-lhe garantida isenção à submissão a processo criminal, não é coerente, nem legítimo, pensando-se no contexto do ordenamento como um todo harmônico, que haja atuação contrária a essa determinação, nem outra determinação que a confronte. Em outros termos, a apresentação da exordial acusatória encontraria óbice concreto no regramento antitruste, configurando a atuação do Ministério Público em sobreposição aleatória a uma autorização legal expressa, em contraponto aos critérios formais e tecnicistas para corroborar sua atuação verdadeiramente antijurídica." LAMY, Anna Carolina Faraco; LAMY, Eduardo de Avelar. *Reflexos do acordo de leniência no processo penal*: a influência do *compliance* concorrencial. Rio de Janeiro: Lumen Juris, 2018. p. 163.

[209] Disso já se falou no item anterior.

seja do Judiciário, no sentido de desconsiderar a existência de um programa quando uma determinada organização é posta no foco de uma investigação.

Como tudo que é novo – e pode-se aqui usar o exemplo dos métodos alternativos de resolução de conflitos, como a mediação e a arbitragem, que igualmente passaram por um processo de introjeção e adaptação do sistema jurídico brasileiro –, a ferramenta deve ser conhecida para ser usada com coerência.

Assim, para que se possa solidificar o *compliance* como ferramenta preventiva de *enforcement* anticorrupção, devem-se garantir vantagens e tratamento diferenciado à empresa em *compliance*; parece imperioso que a existência de um programa efetivo sirva como condição negativa de procedibilidade e de fator de isolamento fático, principalmente no que tange à culpabilidade.

Havendo compromisso efetivo da alta administração, impossível inserir automaticamente o sócio administrador no polo passivo de ação de corrupção, sem atentar para quem agiu ou se omitiu no sentido de consumar o ilícito.

Entretanto, para que tudo isso se consolide, parece que outro caminho não há que não a familiarização dos atores processuais com a ferramenta, por meio de treinamento e capacitação, a fim de que, por suas ações concretas, no exercício da sua função, não atirem o *compliance* em descrédito.

Tendo-se tratado da possibilidade do uso do *compliance* como ferramenta preventiva, portanto, no sentido de evitar a perpetração do ilícito pela reculturalização das empresas, não se pode deixar de considerar o eventual uso da ferramenta com função prospectiva.

Caso se tenha perpetrado a conduta ilegal, parece ser possível cogitar que o *compliance* poderia ser igualmente utilizado como ferramenta de virada de paradigma, no sentido de, a partir do erro – que decorre da sujeição a investigação criminal, e eventual indiciamento a culminar com a potencial inclusão no polo passivo de uma ação penal – aproveitar-se esse momento tão oportuno de temor às eventuais consequências da condenação para convencer o gestor que agiu em corrupção a implantar um programa efetivo, que evite novos casos de corrupção em sua empresa.

4.7.2 *Compliance* posterior à consumação do ilícito de corrupção – restauração e mudança prospectiva de cultura

Além do fomento à percepção das vantagens que decorrem da implantação de um programa de *compliance* e, com isso, da criação do interesse em empresas na implantação de programas com o intuito de assegurar conformação normativa, uma boa solução de entrosamento da ferramenta com a realidade empresarial brasileira é sua utilização como sanção premial.

A exemplo do que ocorre com a previsão de cessação da conduta delitiva, do auxílio efetivo na confirmação do ilícito e da identificação dos coautores, que são requisitos à obtenção de "prêmios" negociados em acordos penais, poderia se tornar habitual a previsão de implantação de programas de *compliance* anticorrupção efetivos como requisito de acordos de colaboração premiada.

Aqui se está a tratar da situação na qual o dano decorrente da ação delitiva já se consolidou, está sob investigação da autoridade competente, e, no curso do processo criminal, surge a oportunidade de o gestor optar pela celebração de acordo de colaboração premiada, para, desde já, definir os termos da sentença.

Nessa situação, a utilização do *compliance* como requisito de cumprimento do acordo fomenta a sua introjeção como ferramenta de controle, e ainda serve como instrumento preventivo à consumação de novos ilícitos.

Inobstante o processo penal seja uma ferramenta de autodefesa e sirva para evitar a condenação do inocente, a escolha voluntária do acusado culpado a firmar acordo que lhe dê o controle de participação na atribuição da sua pena já foi aceita pelo Supremo Tribunal Federal como válida.

Embora objeto de críticas por boa parte da doutrina penal e processual penal, a colaboração foi considerada uma ferramenta válida de substituição ao processo. E a previsão do *compliance* como requisito de cumprimento pode servir como garantidor de popularidade à ferramenta.

Em uma país em que ainda não é habitual que empresas optem voluntariamente por investir em programas de *compliance*, a sua previsão como requisito de sanção premial pode alavancar seu uso preventivo que, definitivamente, parece ser o melhor formato.

Acima de tudo, deve-se considerar a maneira como o processo penal tem sido recorrentemente aplicado, sem maiores parâmetros ou rigor, o que retira previsibilidade ao acusado, e acaba tornando a celebração do acordo mais vantajosa pelo simples fato de ser clara e segura.

Para isso, contudo, é absolutamente essencial que seja feita uma reconfiguração dos atores processuais, notadamente do Ministério Público, como legitimado primário da ação penal pública, hipótese em que se enquadra o crime de corrupção.

Isso porque parece imperioso que se negue o modelo clássico do processo penal, em que o Ministério Público, como parte, busca a condenação do indivíduo imputado, a fim de que lhe seja atribuída uma pena que tem caráter preponderantemente retributivo (inobstante se sustente que a pena também teria escopo pedagógico).

Assim, alguma reflexão deve-se desenvolver acerca do papel do Ministério Público, e de como ele poderia se adaptar a essa nova formatação, sendo um porta-voz dos programas de *compliance*, à medida que pode prevê-los como condições em acordos penais e, com isso, disseminar as boas práticas de gestão, controle interno e integridade, dando *enforcement* à Lei Anticorrupção.

4.7.2.1   Mettere il pubblico ministero a suo posto – ed anche il giudice

Para que se possa obter sucesso no uso do *compliance* como ferramenta de efetividade normativa – já que, como se consignou alhures, um dos conceitos possíveis de *compliance* é o cumprimento voluntário das normas postas pelo Estado e internas à organização, bem como dos valores éticos que atuam em benefício coletivo –, parece ser essencial a adequação dos sujeitos processuais a esse novo paradigma.

Também já se tentou consolidar a convicção de que a simples mudança normativa não é capaz de – sozinha – alterar a realidade fática do direito e do processo penal. Sem que as pessoas sejam mudadas, acredita-se que permanecerão tentando repetir as rotinas que lhes são habituais, porque isso é reflexivo ou, mesmo, instintivo.

E acredita-se que um dos principais exercícios de mudança se encontra, precisamente, na preparação dos atores processuais, notadamente Ministério Público e Poder Judiciário, para que efetivamente se interessem em aderir à linguagem de um processo penal preponderantemente acusatório (no que tange à metamorfose do sistema processual que hoje prepondera no Brasil).

Disso já se tratou, a partir de outro local de fala, quando abordada a necessidade de treinamento e capacitação dos atores processuais a fim de consolidar o *compliance* como uma ferramenta de *enforcement* preventivo, visando a evitar a conduta penalmente relevante.

Sem que sejam preparadas as pessoas que vão "manusear" a ferramenta, parece impossível que ela seja utilizada da maneira adequada. Seria como utilizar um novo dispositivo eletrônico sem ler seu manual e esperar que ele alcance a melhor *performance*.

Quanto ao Ministério Público, especificamente, não se trata de debate recente, mas de algo que há muito já foi alertado por CARNELUTTI:

> Se existe uma figura ambígua no processo civil e penal, é o ministério público. Quando comecei dele me ocupar, nas primeiras tentativas de sistematização do direito processual, a sua ambiguidade me tocou a tal ponto de me fazer vir à cabeça a quadratura do círculo: não é quadrar um círculo construir uma parte imparcial?[210]

A ambiguidade de que trata CARNELUTTI diz respeito à ideia de que ora o Ministério Público figura como parte na relação processual penal, ora será considerado fiscal da lei (notadamente em outros ramos do direito, como no civil e, mais especificamente, na área da família). O ponto é que quando é reconhecidamente como parte, não haverá que se cogitar ser ele imparcial, ou mesmo isso dele se exigir.

Uma das conclusões do autor italiano é colocar o Ministério Público no seu lugar, e isso significa definir qual é seu papel no processo penal, é *veramente una tra le necessità urgenti della reforma processuale*.[211]

Para COUTINHO,[212] a reforma deveria ser no sentido de reconhecer o Ministério Público como parte, ao que afirma que isso apenas "agigantaria sua função", de modo que caiba exclusivamente a ele a função de produzir a prova da acusação.

---

[210] "Se c'è una figura ambigua nel processo, civile e penale, è il pubblico ministero. Quando cominciai a occuparmene, nei primi tentativi di sistematizacione nel diritto processuale, la sua ambiguità mi ha colpito a tal segno da farmi venire in mente la quadratura del circolo: non è come quadrare un circolo construire una parte imparciale?" Tradução de COUTINHO, Jacinto Nelson de Miranda. *Mettere il pubblico ministero al suo posto – ed anche il giudice. Boletim IBCCrim*, 6 jul. 2009. Disponível em: <https://www.ibccrim.org.br/noticias/exibir/4823/>. Acesso em: 23 ago. 2021.

[211] "[...] verdadeiramente uma das necessidades urgentes da reforma processual." CARNELUTTI, Francesco *apud* COUTINHO, Jacinto Nelson de Miranda. *Mettere il pubblico ministero al suo posto – ed anche il giudice. Boletim IBCCrim*, 6 jul. 2009. Disponível em: <https://www.ibccrim. org.br/noticias/exibir/4823/>. Acesso em: 23 ago. 2021.

[212] Outros autores, inclusive na doutrina estrangeira, como Leonel González, também colocaram isso como um dos elementos decisivos para a consolidação de um modelo sistêmico preponderantemente acusatório: "neste trabalho tentamos desenvolver três grandes ideias: a reforma

Assim também se colocaria o juiz em seu devido lugar, evitando que ele se sinta instado a "sair em busca de prova",[213] o que, em um modelo preponderantemente acusatório, não se sustenta.

No mesmo sentido, e aqui no que tange à consagração do *compliance*, é indispensável que Ministério Público e Poder Judiciário levem tal instrumento a sério e lhe deem *enforcement*. E, parece ser possível afirmar, somente assim o *compliance* poderá dar *enforcement* às normas de combate à corrupção ou a quaisquer outras.

Se, do contrário, for feito um esforço estritamente normativo para que o *compliance* seja utilizado como ferramenta de alteração de cultura, por exemplo, por meio de sua previsão como requisito a acordos penais (o que se desenvolverá adiante), sem que haja uma ocupação sincera em pensar a respeito de como influenciar os intérpretes da lei a levar a iniciativa a sério, não parece ser possível que ele se torne uma ferramenta de *enforcement* anticorrupção.

Não se trata somente de colocar as partes em seus lugares constitucionalmente demarcados, evitando que o juiz queira produzir prova e que o Ministério Público se apresente como neutro.

Trata-se, outrossim, de encontrar verdadeiro comprometimento institucional com o *compliance*, e isso apenas se conquista dando bons exemplos da sua utilização.

Parece inexorável, portanto, e essa é uma conclusão parcial, que o *compliance* encontra o ápice da sua utilidade em sistemas preponderantemente acusatórios, em que, por ter sua função delimitada e clara (como parte), o Ministério Público possui mais elementos para negociar com o acusado.

Também porque, e isso já foi igualmente apontado por GONZÁLEZ POSTIGO,[214] em um modelo preponderantemente adversarial (acusatório) há mais flexibilidade ao princípio da obrigatoriedade.

---

processual penal consiste prioritariamente em uma mudança de práticas nos operadores do sistema; o Ministério Público, sob o novo modelo acusatório, assume um paradigma de atuação ativo ao se converter no protagonista do sistema; e os princípios da obrigatoriedade e de fiscal da lei devem ser repensados a partir de sua configuração histórica e das exigências que se impõem a um processo penal acusatório". GONZÁLEZ POSTIGO, Leonel. A função estratégica do Ministério Público: reflexões sobre os princípios da obrigatoriedade e de fiscal da lei. In: COUTINHO, Jacinto Nelson de Miranda; SILVEIRA, Marco Aurélio Nunes da; PAULA, Leonardo Costa de (Org.). *Mentalidade inquisitória e processo penal no Brasil*: estudos sobre a reforma do CPP no Brasil. Curitiba: Observatório da Mentalidade Inquisitória, 2018. v. 4. p. 67.

[213] "Afinal, quando o juiz sai em busca de prova – e nem deve sair! –, ao MP caberá a prova da acusação. O que é óbvio diante da CR. Só não há que se esquecer que o princípio da presunção de inocência, como hoje já se tem pela posição do e. STF, em tendo previsão iluminada pela CR, não só vai exigir maior atenção como, por outro lado, deverá encontrar um juiz que não está do lado do MP; mais uma vez Carnelutti poderia ser lembrado." COUTINHO, Jacinto Nelson de Miranda. *Mettere il pubblico ministero al suo posto – ed anche il giudice*. Boletim IBCCrim, 6 jul. 2009. Disponível em: <https://www.ibccrim.org.br/noticias/exibir/4823/>. Acesso em: 23 ago. 2021.

[214] "A adoção de um novo paradigma de atuação por parte do Ministério Público pressupõe a discussão de certos princípios e exigências que caracterizam seu trabalho sob a lógica tradicional. Um deles, localizado entre os problemas mais importantes, é a obrigatoriedade dos promotores no exercício da ação penal em todos os casos com aparência de delito. Este princípio, que ainda vige no Brasil, é na realidade uma declaração de valor e uma projeção

Embora recomendável que seja feita uma reforma global do processo penal no Brasil, na tentativa de aproximá-lo mais do modelo acusatório, e rechaçar seu formato atual (em que é preponderantemente inquisitório), ela não é pressuposto à tentativa de já irem sendo redefinidos os papéis constitucionalmente demarcados a cada parte, notadamente a acusação e o juiz.

Até porque uma mudança legislativa global depende de uma conjuntura muito específica, e não parece coerente que se fique esperando esse alinhamento para que se tenha alguma melhora no cenário atual do sistema de justiça criminal, que se encontra em indiscutível estado de crise.

A exemplo do que ocorre com a colaboração premiada – já tão consolidada como meio de obtenção de prova em razão das "famosas" operações havidas em âmbito nacional –, em que há a negação da obrigatoriedade de processar o colaborador em prol da realização do acordo, que ocorre, *a priori*, no interesse da Justiça, também o *compliance* pode ser concebido como a mitigação do princípio da obrigatoriedade em prol de garantir a construção pedagógica de uma realidade que rechace a corrupção.

E aqui, como já se fez anteriormente, é necessário reforçar que o princípio da obrigatoriedade, que efetivamente rege a atividade da acusação, pode e deve ser flexibilizado na prática a fim de dar espaço a ferramentas alternativas que tenham qualquer potencial de servir como aprimoramento do atual modelo, que já não se sustenta mais.

No que tange ao uso do *compliance* após a consumação do delito, trata-se de a acusação abrir mão de processar o acusado, em prol de indicar a ele como sanção premial a obrigação de implantar um programa eficiente. Com efeito, se trata de neutralizar a obrigatoriedade, em face de algo que pode ser mais eficiente que a instauração de uma ação penal (a exemplo do que ocorre com a colaboração premiada).

Além de depender da boa vontade e da boa-fé da acusação em apreciar o interesse coletivo, à medida que a implantação do programa eficiente pode mudar paradigmas e firmar novos hábitos e rotinas que evitam a perpetração de atos corruptivos, também é necessário que se interesse no preparo técnico para averiguar se o programa implantado é eficiente.

Naturalmente, isso parte da consolidação clara dos parâmetros que o programa deve ter, que servirão como roteiro ao seu cumprimento. Por ocasião da recomendação coercitiva da implantação do programa, a autoridade deve desde já indicar como espera que esse programa seja implantado.

Passa, outrossim, pelo envolvimento de outros ramos do conhecimento que possam aprimorar a atuação de fiscalização e avaliação da efetividade do programa implantado. Já há exemplos, que serão abordados em breve, em que o Ministério Público enriqueceu sua atuação com a participação de uma auditoria externa e independente,

---

idealista que não tem correlato direto na prática cotidiana dos sistemas judiciais. Na realidade, foi indicado que este princípio aparenta ser contrafático, ou seja, correspondente a uma declaração que não se cumpre e não tem nenhuma possibilidade de ser cumprida na realidade." GONZÁLEZ POSTIGO, Leonel. A função estratégica do Ministério Público: reflexões sobre os princípios da obrigatoriedade e de fiscal da lei. In: COUTINHO, Jacinto Nelson de Miranda; SILVEIRA, Marco Aurélio Nunes da; PAULA, Leonardo Costa de (Org.). *Mentalidade inquisitória e processo penal no Brasil*: estudos sobre a reforma do CPP no Brasil. Curitiba: Observatório da Mentalidade Inquisitória, 2018. v. 4.

para que ambos avaliassem a efetividade de programa de *compliance* previsto como requisito de acordo de colaboração celebrado no âmbito da Operação Lava Jato.

Apenas com esse nível de dialética será efetivamente possível utilizar o *compliance*, sem que ele se torne um inimigo do acusado, que não terá segurança acerca de como o Ministério Público vai se portar.

A conformação do uso do *compliance* como ferramenta de *enforcement* à lei anticorrupção em um país cujo sistema processual preponderante é o inquisitório depende, portanto, e ao que parece, de um comprometimento institucional para que as partes utilizem de *fair play* na consecução de um objetivo comum.

Isso porque, *a priori*, pode-se dizer que o *compliance* tem o potencial para remediar o dano eventualmente havido em decorrência do cometimento do ato ilícito, ao passo que cria um esforço coletivo para extirpar das rotinas da empresa os atos que acabaram sendo reconhecidos como ilegais.

Esforço coletivo em que estão comprometidos o autor do fato delituoso e o órgão a quem incumbe processá-lo, e que deverá ser capaz de dar a tônica de como espera que o programa atue no sentido de eliminar rotinas corruptivas, sem focar em obter elementos que sirvam para justificar futuras condenações.

Tratar-se-ia de uma mudança de foco, da alteração de um hábito pelo próprio Ministério Público, que, pela sua função rotineira, acaba prestando atenção no que possui de elementos a sustentar uma condenação.

Em vez de pensar na busca e na organização de elementos de condenação, precisará focar em como avaliar se o programa é efetivo e no que pode fazer para estimular a empresa a estabelecer um programa material.

Esse tipo de esforço coletivo pode ser igualmente visto em outras técnicas de justiça restaurativa, de modo que, em se tratando do uso do *compliance* pós-consumação do ilícito, servirá como ferramenta de restauração do dano e de mudança de cultura.

Quanto à mudança de foco, é curial à consolidação de técnicas restaurativas, como se denota das conclusões que a doutrina alcançou após se debruçar sobre o tema.

4.7.2.2 Justiça restaurativa como alternativa ao modelo penal clássico

No modelo penal clássico, a ocorrência de um ilícito deve ser apurada pela polícia judiciária, informada ao titular da ação penal e, eventualmente, acaba por resultar em um processo criminal, em que o Ministério Público (ou querelante) tenta confirmar sua versão dos fatos por meio da produção de prova.

Caso se confirme a versão da denúncia ou da queixa, o acusado será condenado e sujeito ao cumprimento de pena privativa de liberdades ou restritiva de direitos, a depender da quantidade de pena atribuída, que tem o escopo de retribuir[215] a ocor-

---

[215] "O sistema penitenciário atual é inspirado no modelo que outrora fora utilizado pelos mosteiros antigos como penitência pela expiação, ou seja, o monge se enclausurava e se isolava dos demais para se retirar e meditar sobre a conduta danosa que cometera. Seria uma forma de reparação ao dano que praticou e o faria pensar e visualizar seu erro para que não tornasse a cometê-lo." GONÇALVES, Antonio Baptista. Justiça restaurativa: novas soluções para velhos problemas. *Revista IOB de Direito Penal e Processo Penal*, ano IX, n. 53, p. 190, dez. 2008/jan. 2009.

rência da conduta penalmente relevante perpetrada e, teoricamente,[216] desestimular sua repetição.

Embora esse seja o modelo posto, apresenta diversas falhas, notadamente o fato de que, em regra, o cumprimento de pena não desestimula o condenado a cometer novos crimes ou a repetir aquele pelo qual já foi condenado.

Os índices de reincidência apresentados por diversos institutos de pesquisa revelam reincidência que varia de 25% (para o CNJ) a 70% (para o Depen). Os números são muito alarmantes, quando se conclui que a condenação não está evitando o cometimento de crimes nem reduzindo a violência.

Isso se potencializa quando reconhecidos os problemas que o sistema prisional brasileiro tem, notadamente no que tange à absoluta ausência de estrutura e de dignidade mínima aos condenados.

A crise do sistema prisional foi, inclusive, uma das pautas da ex-Presidente do Supremo Tribunal Federal, Min. Cármen Lúcia, que procedeu a uma série de projetos com o intuito de revelar essa situação de desconstrução do sistema e pensar em potenciais alternativas.[217]

Tudo isso vai ao encontro do que a doutrina reconheceu como consagração do paradigma punitivo no modelo brasileiro, que é aquele no qual "a única resposta fornecida ao crime é a resposta verticalizada, aflitiva e punitiva. Neste modelo de solução, qualquer finalidade que se confira ao direito penal será sempre almejada por meio da punição".[218]

O paradigma punitivo se traduz por meio de dois modelos: o dissuasório (ou punitivo-retributivo) e o ressocializador. O primeiro se sedimenta na ideia de "retribuição, punição e castigo";[219] o segundo se sustenta na ideia de que o sistema penal estaria voltado a melhorar o indivíduo, criando subsídios que viabilizassem seu "retorno à sociedade".

Tal abordagem estatal, por meio da retribuição ou da imposição do que denomina "ressocialização" – mas que não fica claro do que se trata –, mostra sua insuficiência também no que concerne aos crimes de colarinho branco e, aqui, especificamente, quanto à corrupção.

---

216 Dados do Conselho Nacional de Justiça apontaram, em 2015, que a cada quatro condenados um reincide, resultando em uma taxa de 25%; porém, o mesmo relatório não rechaça dados fornecidos por outros órgãos, como o Depen [Departamento Penitenciário Nacional], que apontam para a impressionante taxa de reincidência de 70% (IPEA. *Reincidência criminal*: relatório de pesquisa. Disponível em: <http://www.cnj.jus.br/files/conteudo/destaques/arquivo/2015/07/572bba385357003379ffeb4c9aa1f0d9.pdf>. Acesso em: 22 mar. 2019.)

217 No caso, porém, a alternativa aparentemente encontrada seria construir mais presídios (CONSELHO NACIONAL DE JUSTIÇA. Cármen Lúcia: "Temos um débito enorme com a sociedade". Disponível em: <http://www.cnj.jus.br/noticias/cnj/86167-carmen-lucia-temos-um-debito--enorme-com-a-sociedade>. Acesso em: 23 mar. 2019).

218 LUZ, Ilana Martins. Da sanção ao preceito: o contributo da justiça restaurativa para a modificação da racionalidade penal moderna. *Revista Síntese de Direito Penal e Processo Penal*, ano XI, n. 70, p. 78, 2011.

219 LUZ, Ilana Martins. Da sanção ao preceito: o contributo da justiça restaurativa para a modificação da racionalidade penal moderna. *Revista Síntese de Direito Penal e Processo Penal*, ano XI, n. 70, p. 78, 2011.

Vale lembrar que o marco zero da Operação Lava Jato foi a colaboração premiada de indivíduo que já havia formulado acordo semelhante anteriormente. Novamente processado criminalmente, por fatos idênticos aos que ensejaram o primeiro acordo entabulado com a acusação, parece ser possível dizer que condenações e/ou a responsabilização criminal – genericamente – (e mesmo que mitigada e no bojo de um acordo de colaboração premiada) não servem, *a priori*, para desestimular o colaborador a incorrer novamente em condutas idênticas.

Por isso, a doutrina já se ocupou de trabalhar alternativas ao modelo penal posto, entre as quais se pode destacar a utilização de técnicas de justiça restaurativa, notadamente porque:

> [...] o modelo atual de resolução dos conflitos penais concebe o crime como uma ofensa ao Estado soberano, focando sua preocupação na pessoa do delinquente e na sanção que o Estado deve lhe aplicar. Ficam relegados a segundo plano (quando muito) os interesses da vítima e da sociedade ofendidas pela conduta delitiva.[220]

No mesmo sentido, pode-se coletar a contribuição de ANGELO e CARVALHO, que confirmam tal hipótese, de deslocamento da importância da vítima e do ofensor ao Estado, como vítima maior do fato penalmente relevante:

> [...] a partir do momento em que o Estado se apropria do conflito, a noção de dano é substituída pela de infração, passando o Estado a ser considerado o principal ofendido, o que acaba por preterir as reais vítimas da conduta lesiva. Com esse confisco do conflito pelo Estado e a substituição da vítima, verifica-se não só o afastamento da verdadeira vítima, que é colocada em segundo plano, como também o direcionamento da justiça criminal para o delito praticado e seu autor – qualificado como o inimigo.[221]

A utilização da justiça restaurativa como modelo alternativo ao que tradicionalmente se tem utilizado à resolução do conflito penal visa, mais do que à retribuição, a restaurar os efeitos do crime, que, segundo seus defensores, deveria ser o intuito primário do sistema criminal.[222]

---

[220] LUZ, Ilana Martins. Da sanção ao preceito: o contributo da justiça restaurativa para a modificação da racionalidade penal moderna. *Revista Síntese de Direito Penal e Processo Penal*, ano XI, n. 70, p. 82, 2011.

[221] ANGELO, Natieli Giorisatto de; CARVALHO, Thiago Fabris de. A justiça restaurativa à luz das contribuições abolicionistas como modelo efetivamente alternativo dos conflitos. *Revista de Estudos Criminais*, ano CVII, p. 77, 2018.

[222] "Assim sendo, havendo uma lesão causada pelo delito, o objetivo precípuo de um sistema de gestão de crime deveria ser a restauração dos efeitos desta lesão. Essa é a distinção básica entre a 'velha' (paradigma punitivo) e a 'nova' resposta (paradigma restaurador): enquanto a justiça retributiva visa à punição e ao estabelecimento da culpa como forma de justiça, o modelo restaurador objetiva recuperar os interesses da vítima, em uma visão prospectiva". LUZ, Ilana Martins. Da sanção ao preceito: o contributo da justiça restaurativa para a modificação da racionalidade penal moderna. *Revista Síntese de Direito Penal e Processo Penal*, ano XI, n. 70, p. 82, 2011.

No espectro da justiça restaurativa deve-se pensar no crime não apenas como transgressão à norma, mas como "um ato que afeta pessoas, causando danos e estremecendo relacionamentos sociais".[223]

Com efeito, a doutrina já teve a oportunidade de dizer que a utilização de técnicas restaurativas serve como um modelo alternativo de administração dos conflitos, inclusive quando se trata do conflito de natureza penal.

E os tribunais também já puderam sedimentar o sentido que dão à justiça restaurativa como técnica de administração do conflito, podendo-se mencionar o exemplo do Tribunal de Justiça do Estado de São Paulo, que oportunamente a conceituou como:

> [...] um processo de resolução de conflito participativo, por meio do qual pessoas afetadas direta ou indiretamente pelo conflito (intersubjetivo, disciplinar, correspondente a um ato infracional ou um crime) se reúnem voluntariamente e de modo previamente ordenado para estabelecer juntas, mediante o diálogo (geralmente com a ajuda de um facilitador), um plano de ação que atenda às necessidades e garanta o direito de todos os afetados, com esclarecimento e atribuição de responsabilidade.[224]

Além de destacar a utilidade desse modelo alternativo em face do deslocamento do protagonismo da gestão do conflito novamente às partes efetivamente afetadas pelos seus efeitos, tem-se defendido a sua utilização porque "o modelo punitivo vigente, estruturalmente seletivo, não tem aptidão para produzir efeitos positivos na solução dos conflitos sociais, sendo, pois, necessário repensar o modelo com o qual se lida com tais conflitos".[225]

O estudo da criminologia confirma que existe seletividade na aplicação exemplar da pena, e que, em regra, os personagens do sistema possuem uma *persona* preestabelecida: jovem, negro, de baixa renda e que reside em regiões periféricas.

Com efeito, os sujeitos absorvidos, em regra, pelo sistema, são pessoas que, normalmente, possuem menos oportunidades. O uso do modelo restaurativo também dá uma oportunidade ao ofensor de se reinventar e, eventualmente, refletir e decantar os efeitos de seus atos, o que pode ter um sentido positivo na reconfiguração do indivíduo.

Nesse sentido, muito positivo é o relato de VAN NESS,[226] que em sua obra *Crime and its victims* descreve a história de Steven Williams, preso aos dezoito anos sob a acusação de ter invadido domicílios e furtado aproximadamente 150 mil dólares.

O jovem revelou às autoridades que o motivo das invasões e dos furtos era que tinha vontade de adquirir um carro e manter um determinado padrão. Ao contrário

---

[223] LUZ, Ilana Martins. Da sanção ao preceito: o contributo da justiça restaurativa para a modificação da racionalidade penal moderna. *Revista Síntese de Direito Penal e Processo Penal*, ano XI, n. 70, p. 82, 2011.

[224] Tribunal de Justiça do Estado de São Paulo, Coordenadoria da Infância e da Juventude, Justiça Restaurativa.

[225] ANGELO, Natieli Giorisatto de; CARVALHO, Thiago Fabris de. A justiça restaurativa à luz das contribuições abolicionistas como modelo efetivamente alternativo dos conflitos. *Revista de Estudos Criminais*, ano CVII, p. 88, 2018.

[226] *Apud* LEAL, Cesar Barros. Justiça restaurativa: nascimento de uma era. *Revista Brasileira de Direitos Humanos*, ano 1, n. 1, p. 39-40.

de inseri-lo no sistema e relegá-lo a um processo criminal sem dia para acabar – o que representa, vale consignar, ônus ao próprio Estado, que o banca – o juiz determinou três penas alternativas: faria aos finais de semana serviços comunitários, como limpar e cuidar de jardins, pintar edifícios etc.; teria de ressarcir as vítimas pelos valores delas subtraídos (o que levou o jovem a, naturalmente, ter de vender o tão almejado carro); e, finalmente, conversaria com as pessoas afetadas pelos furtos, o que, para Williams, segundo relatado por ele próprio, teria sido o mais difícil.

Ao final do período de cumprimento das penas, as vítimas estavam ressarcidas de seus respectivos prejuízos financeiros, tinham exprimido sua revolta, insatisfação e dor pelas perdas sofridas, e a comunidade onde residiam deixou de ter uma visão negativa do rapaz, que pôde se reinserir no convívio social gradativamente e mostrando seu valor.

A narrativa mostra uma situação concreta em que se deu a total restauração do crime – claro que aqui se tratava de crime com cunho patrimonial, talvez o mesmo não sirva para ilícitos que afetem outros bens jurídicos, como a vida e, principalmente, a liberdade sexual.

A utilização da justiça restaurativa como modelo alternativo à gestão do conflito penal também decorreria da falência do cárcere, que não estaria servindo a coibir o cometimento de novos crimes, ou mesmo de local de isolamento efetivo (quando se constata que uma das consequências precípuas da prisão é o isolamento social).

A respeito, cita-se a contribuição de LEAL:

> Apesar do emprego massivo, o cárcere se revelou um fracasso pela impossibilidade fática de alcançar seus objetivos:
>
> a. de punição (por suas falhas, suas distorções, como as regalias concedidas a presos poderosos e endinheirados, as progressões sem mérito, as autorizações indevidas de saída, as fugas favorecidas pela corrupção, etc., nem sequer logra levar a cabo esta que é, no imaginário coletivo, sua principal meta);
>
> b. de intimidação (prevenção geral negativa) responsável pelo paroxismo da pena, bandeira içada pelo direito penal simbólico, sem ressonância positiva na prevenção da criminalidade – como adverte reiteradamente Günter Jakobs –, assim como a mão dura na execução (emblemático exemplo é o RDD – Regime Disciplinar Diferenciado, excessivamente rigoroso, adotado em muitas prisões brasileiras), geradoras de conflitos e motins;
>
> c. de ressocialização (prevenção especial positiva), antigo mítico postulado do direito penal, presente no discurso dos gestores penitenciários, com o qual intentam enganar o cidadão comum, ignorante da lição de Oscar Wilde de que "não é os reclusos que teríamos que reformar, senão os cárceres", construídos "com tijolos de infâmia e fachadas com trancas por temor a que Cristo veja como mutilam os homens seus irmãos".[227]

Com efeito, por meio da utilização do modelo restaurativo, seria novamente das partes afetadas pelo conflito o domínio sobre a sua solução, porque a crítica é consis-

---

[227] LEAL, Cesar Barros. Justiça restaurativa: nascimento de uma era. *Revista Brasileira de Direitos Humanos*, ano 1, n. 1, p. 64-65.

tente no sentido de que o monopólio do Estado sobre o direito criminal não atenta suficientemente ao que os sujeitos diretamente afetados pelo ato penalmente relevante têm como ideal em termos de solução.

O Estado estabelece uma solução pronta, a ser empregada em todos os conflitos, que é a utilização do processo como meio de reconstrução da verdade, para que seja possível a aplicação da sanção em face do culpado.

Ocorre que essa sanção foi prevista em um Código Penal da primeira metade do século passado, que raramente acompanha a evolução da fenomenologia do direito penal, tampouco considera o atual cenário social e político, ou mesmo acerta na equalização das penas e crimes, havendo crimes mais graves do ponto de vista da importância do bem jurídico com penas proporcionalmente menores.

Ademais, sendo os Códigos Penal e Processual Penal anteriores à Constituição Federal, deveriam ser lidos a partir dela, garantindo que o processo seja instrumento das garantias constitucionais do indivíduo.

Porém, não há consolidação desse raciocínio, e não raro o processo penal é visto como ferramenta de protelação da defesa ou de empecilho à imediata e exemplar aplicação da sanção.

Aliando-se a isso, têm-se as estatísticas do sistema penitenciário, que apontam para uma crise, notadamente revelada nos relevantes índices de reincidência, de modo que o cárcere parece estar falindo e o modelo tradicional não está tendo a eficiência desejada na gestão do conflito e na redução dos índices de criminalidade e violência.

Finalmente, é inegável uma tendência atual de se buscarem meios consensuais de resolução de conflitos, notadamente porque tal iniciativa garante protagonismo às partes afetadas. O aumento de importância que se tem dado à mediação, à conciliação e à arbitragem, no direito civil, e, no penal, à colaboração premiada, revela uma inclinação à virada de paradigma na gestão dos conflitos.

Não se nega a existência de autores que indicam haver incompatibilidade na utilização da justiça restaurativa em métodos alternativos de resolução do conflito penal,[228]

---

[228] Embora trate da incompatibilidade da justiça restaurativa com a transação penal, a crítica serve para se contrapor também ao seu uso para outras modalidades de barganha, entre as quais se destaca a colaboração premiada: "essa é a primeira das grandes diferenças entre esse instituto e os preceitos característicos da justiça restaurativa. Ao invés de primar pela restauração do dano, a transação penal é centrada em uma sanção, uma restrição de direitos, que poderia ser convertida em pena de prisão, em certas situações. Também merece menção a questão relativa à pressão exercida sobre o autor do fato, para que aceite a proposta oferecida (um grave defeito do *plea bargaining*), o que é inadmissível em um sistema garantista. Ora, a solução não surge de uma verdadeira mediação de conflito, já que o acusado, querendo se ver livre de um eventual processo penal, aceita as condições impostas sem ser ouvido de fato, bem como sem opinar construtivamente na definição de qual restrição de direitos será aplicada. Logicamente que isso possibilita graves limitações sobre direitos de acusados que eventualmente podem não possuir responsabilidade sobre o fato *sub judice* (inocentes), os quais irão preferir aceitar a proposta oferecida a correr os sérios riscos de ser processados criminalmente. Portanto, não se trata a transação penal de uma construção interativa, nem tampouco esse instituto se aproxima de uma tentativa de redução dos danos decorrentes da ação criminosa". SANTOS, Hugo Leonardo Rodrigues. Incompatibilidade entre justiça restaurativa e o instituto da transação penal. *Revista Síntese de Direito Penal e Processual Penal*, ano XIV, n. 80, p. 49-50, jun./jul. 2013.

porém a crítica se sustenta na ideia de que tais institutos, como a transação penal e a colaboração premiada, estão sendo efetivados de maneira equivocada e forçada.

Com efeito, não se trataria de afirmar a incompatibilidade da justiça restaurativa com os meios alternativos de gestão e resolução do conflito penal, mas apenas de dizer que tais meios estão sendo utilizados de maneira equivocada na prática, o que lhes tolhe a oportunidade de servir como ferramenta hábil à resolução do conflito penal.

Quando se afirma, por exemplo, que a utilização de métodos de justiça restaurativa seria incompatível com a colaboração premiada porque na prática não existe voluntariedade e o acusado acaba forçado a aceitar o acordo para evitar a sujeição ao processo, parece que a crítica se sustenta muito mais no sentido de que a colaboração deveria estar pautada na voluntariedade do acusado, que no fato de ser incompatível com o uso de técnicas de justiça restaurativa.

Em outras palavras, parece ser possível dizer que, caso se corrija o grave defeito de condução do acordo que acaba levando à mitigação ou à neutralização da vontade livre e efetiva do acusado, poder-se-iam utilizar técnicas de justiça restaurativa como requisitos de cumprimento de um acordo de colaboração premiada.

Ou seja, a crítica reside muito mais na forma como se conduzem tais ferramentas: colaboração premiada, transação penal, suspensão condicional etc., do que propriamente na sua incompatibilidade com o uso de métodos de justiça restaurativa.

Não se nega que tanto no Brasil, onde mais recentemente se consolidaram, quanto em países onde estão já sacramentadas – como Estados Unidos da América –, as modalidades de *plea bargaing*, e especificamente a colaboração premiada, sofrem graves críticas pela maneira como são efetivadas na prática entre acusado e polícia judiciária ou Ministério Público.

Não apenas graves, mas consistentes são as críticas desenvolvidas ao entorno do instituto, que passam tanto pela moralidade – pois seria uma forma de premiar o "dedo duro" –, quanto pela técnica, como os meios pelos quais é garantida a voluntariedade e em que medida pessoas inocentes se declaram culpadas porque sentem que a condenação é inerente, e não têm a mínima chance de rechaçá-la em um processo criminal. Notadamente quando o processo criminal é mais visto como um entrave à aplicação exemplar da lei penal ou uma alegoria a serviço da defesa, do que como instrumento de efetivação dos ditames da Constituição Federal, mais especificamente daqueles contidos no catálogo do art. 5º.

Porém, se utilizada a partir de parâmetros constitucionalmente adequados, e havendo mais transparência e previsibilidade, parece inexorável dizer que o uso da justiça restaurativa somente traria benefícios aos afetados pelo conflito penal, mesmo que decorresse da celebração de acordo de colaboração premiada.

Pode-se tomar como exemplo o caso do funcionário da rede Carrefour® que matou um animal a pauladas, o que gerou enorme comoção social e duras críticas à impunidade e à falta de rigor em face dos fatos.

O Ministério Público formulou acordo com a referida rede no sentido de que ela se envolvesse, inclusive financeiramente, em projetos de cuidado e preservação de animais abandonados.[229]

---

[229] CHANGE.ORG. JUSTIÇA! Queremos CADEIA para quem matou o cão do CARREFOUR de Osasco! Disponível em: <https://www.change.org/p/justi%C3%A7a-queremos-cadeia-para--quem-matou-o-c%C3%A3o-do-carrefour-de-osasco>. Acesso em: 6 abr. 2019.

Não há dúvidas de que nesse cenário ninguém vai preso, mesmo porque pela gravidade dada ao crime pela lei penal, não se trataria de hipótese de prisão. Porém, o caráter restaurativo é evidente, e talvez desse fato decorra uma reconfiguração da organização no sentido de se envolver mais em causas sociais e filantrópicas e se dedicar mais ao coletivo.

Note-se, outrossim, que a confecção e a celebração do acordo decorreram de uma petição feita em um *site* chamado *Change.org*,[230] no qual qualquer pessoa pode iniciar um "abaixo-assinado", que é posteriormente encaminhado às autoridades para providências.

Fica, assim, muito evidente o caráter restaurativo, ao passo que a própria coletividade que se sentiu afetada pelos fatos teve a iniciativa que culminou na celebração de acordo, cujo objeto era restaurar os efeitos do famigerado fato.

Assim, a partir de todos os elementos ora considerados, e sem olvidar da crítica que se posiciona contrariamente à utilização de técnicas restaurativas em métodos alternativos de resolução do conflito penal, parece possível que, a partir do uso adequado das ferramentas alternativas, como a colaboração premiada, poder-se-ia utilizar o *compliance* como técnica restaurativa, exigindo que a organização envolvida no ilícito de corrupção implante programa efetivo e que provoque o ressarcimento aos cofres públicos.

Parece, outrossim, viável que por meio dessa iniciativa poder-se-ia promover uma reprogramação na organização, de modo que não reproduza os atos de corrupção pelos quais seu gestor foi punido e também sirva como multiplicador do exemplo positivo de conformidade.

Com efeito, aqui se propõe que é perfeitamente possível a previsão da implantação de programa de *compliance* (integridade/conformidade) como requisito a acordos processuais penais, notadamente de colaboração premiada, que estarão sujeitos à fiscalização, por parte do Ministério Público, da eficácia do acordo, no sentido de atestar a efetividade do programa (que se trata de programa de *compliance* material, e não meramente formal).

4.7.2.3   *Acordos processuais penais como cenário à utilização do* compliance *posterior à consumação do ilícito – técnica restaurativa*

Embora a temática da colaboração premiada já fosse pauta na doutrina brasileira,[231] parece que o advento da Operação Lava Jato e o seu uso mais recorrente pelos atores processuais penais acabaram fortalecendo a sua utilização como ferramenta a serviço do sistema jurídico brasileiro.

Inegável que o conteúdo ético da premiação do colaborador deve ser tema de reflexão,[232] da mesma forma que os críticos indicam que se trataria de prova obtida

---

[230]   Disponível em: <https://www.change.org/>. Acesso em: 6 abr. 2019.

[231]   COUTINHO, Jacinto Nelson de Miranda; CARVALHO, Edward Rocha de. Acordos de delação premiada e o conteúdo ético mínimo do Estado. *Revista Jurídica*, Porto Alegre, v. 54, n. 344, p. 91-99, jun. 2006.

[232]   "Não obstante o uso crescente desta ferramenta facilitadora da investigação e da prova criminal, grande é a crítica que sobre ela investe. Ataca-se o fundamento moral da premiação ao

em caráter fraudulento e sigiloso, de modo que o delatado não toma conhecimento do que foi alegado contra si, restando, assim, prejudicado o exercício do contraditório.

Deve-se consignar, nesse sentido, o entendimento do STF no sentido de que os coautores delatados não podem impugnar o conteúdo do acordo formatado com o colaborador (HC 127.483), dando a ele caráter praticamente imutável.

Esse posicionamento acaba fazendo eco à crítica da situação de fragilidade que o delatado encontra em razão do valor atribuído à fala do delator.

Ainda se deve consignar a opinião de que a colaboração pode acarretar um certo acomodamento nos órgãos a quem incumbe a persecução. O cerne dessa crítica é que a delação apenas justifica investigações deficientes, sendo um paliativo à parca atuação do Estado.

Estaria consubstanciada em meio pelo qual o Ministério Público, titular da ação penal pública incondicionada, poderia buscar elementos de convicção aptos a fundamentar o sumário de culpa, isentando-se da coleta das provas necessárias[233], e natural à sua atuação, já que ela incumbe o ônus estático de provar sua versão.

Em outros termos, a carga probatória,[234] que é imposta ao órgão acusatório pela premissa do estado de inocência, estaria sendo deslocada para o próprio sujeito ativo da conduta.

COUTINHO e CARVALHO[235] vão além, dizendo que o acusado se sub-roga no papel do próprio Ministério Público, substituindo sua atuação, que se torna dispensável. Por isso, o Supremo Tribunal Federal já discutiu se os acordos de colaboração poderiam se dar também no âmbito da investigação, retirando do órgão acusatório a legitimação exclusiva a propô-los e conduzi-los.

Nessa linha de raciocínio, o devido processo legal estaria sendo ferido pela unilateralidade da medida, eis que o delator confessa e imputa a conduta a terceiros que não terão acesso às alegações coletadas no acordo entre o colaborador e o Ministério Público, o que também repercute em desrespeito à ampla defesa e ao contraditório material.

---

traidor, incentivando o Estado o agir imoral, renegado em grau extremo pela própria ética de convivência: o alcaguete é premiado! Aponta-se a inconstitucionalidade do ato desvirtuador do devido processo legal, desrespeitando o princípio da inocência e do pleno contraditório. Critica-se o exclusivo interesse do acomodado estado-persecutor, a falta de controle sobre o procedimento, realizado sem a participação ou mesmo ciência dos delatados, de modo que não se abrem as pressões e os favores ofertados ao delator, não se conhecem os critérios de escolha dos beneficiados, não se controlam os resultados prometidos ou a exclusão do favor na posterior constatação de falsidades... Criticam-se, ainda, as concretizadas negociações do direito de ação sem suporte legal, sem procedimentos e parâmetros previamente estabelecidos, que pela casuística adaptação tendem ao excesso no uso e nos limites." CORDEIRO, Néfi. Delação premiada na legislação brasileira. *Revista da AJURIS*, v. 37, n. 117, p. 277, mar. 2010.

[233] Por evidente, aqui, isentando a autoridade policial de seu papel de coleta de provas para a propositura da denúncia também quando o acordo é feito antes da instauração de processo criminal.

[234] LOPES JR., Aury. *Introdução crítica ao processo penal*: fundamentos da instrumentalidade constitucional. 4. ed. Rio de Janeiro: Lumen Juris, 2006.

[235] COUTINHO, Jacinto Nelson de Miranda; CARVALHO, Edward Rocha de. Acordos de delação premiada e o conteúdo ético mínimo do Estado. *Revista Jurídica*, Porto Alegre, v. 54, n. 344, p. 93, jun. 2006.

Quanto à inderrogabilidade da jurisdição, encontra-se obstada por se tratar de acordo firmado exclusivamente entre o autor dos fatos – que delata a conduta dos demais coautores – e o órgão acusatório, colocando em risco o convencimento do magistrado, que deve ser pautado em provas globais, e, automaticamente, chamando sua atenção para essa única evidência originária do acordo e que carrega consigo a segurança e a importância outrora concedidas à confissão.[236]

Noutros termos, a delação (ou colaboração) premiada pode ser compreendida como uma confissão de terceiros, patrocinada por coautor em troca de benefícios no que tange à aplicação da sanção penal.

O colaborador/delator define o destino de outro coinvestigado/codenunciado/coautor, sem que esse tenha ao menos a oportunidade de rechaçar o conteúdo da versão apresentada.

Porém, e mesmo em face da relevância e da pertinência das críticas registradas, parece ser igualmente importante (ou talvez até mais importante) pensar o instituto numa ótica de ser – já que seu uso foi autorizado pelo Supremo Tribunal Federal –, até para que o instituto possa ser aprimorado, no sentido de se aproximar o máximo possível do ideal constitucional que se almeja em um processo penal democrático.

Até que a Suprema Corte[237] ofereça um posicionamento diverso, o uso da colaboração continua autorizado no Brasil, mas o formato em que ela deve ocorrer precisa de aperfeiçoamento, para que não se torne também no sistema jurídico brasileiro o que acabou virando no modelo norte-americano.[238]

Feito esse corte introdutório, insta adentrar na essência do que se visa a tratar, que diz respeito ao uso da colaboração premiada como ferramenta de *enforcement* da

---

[236] A respeito da confissão, vale destacar que faz que o operador do direito se sinta mais seguro para proferir sentença penal condenatória, de modo que a manifestação do agente no sentido de sua culpa é uma prova mais que razoável da autoria. Com efeito, estar-se-ia em contato com a verdade real, posto que a versão de ambos, autor e réu, convergem, o que repercute em uma sensação de segurança na prolação da sentença. No entanto, conforme já vem sendo amplamente debatido na doutrina penal contemporânea, a verdade é um mito (um dogma), mesmo porque o objetivo precípuo do processo criminal passou a ser a persuasão racional do magistrado, sujeito passivo da prova. No entanto, não se pode desconsiderar o efeito que a confissão possui em um processo criminal, sendo difícil para o magistrado não atribuir, a essa prova, um valor por vezes excessivo. Tudo isso é herança das raízes inquisitórias do sistema penal brasileiro, amplamente divulgado pelas características estruturais do Código de Processo Penal de 1942, espelhado no Código italiano de cunho eminentemente fascista. A respeito da verdade real: LIMA, Marcellus Polastri. *A prova penal*. 3. ed. Rio de Janeiro: Lumen Juris, 2009. E a respeito do papel de magistrado como sujeito passivo da prova: DIDIER JR., Fredie; BRAGA, Paula Sarno; OLIVEIRA, Rafael de. *Curso de direito processual civil*. 5. ed. Salvador: JusPodivm, 2010. v. II.

[237] O STF já teve a oportunidade de tratar de assuntos ligados à colaboração, natureza jurídica e procedimento, mas não rechaçou sua legalidade ou declarou sua inconstitucionalidade. Pelo contrário, o que se deve inferir da discussão quanto aos meandros do instituto é que a Suprema Corte a reconhece, já que se ocupa de estabelecer regras e parâmetros.

[238] RAKOFF, Jed S. Why innocent people plead guilty. *The New York Times*, 2014. Disponível em: <https://www.nybooks.com/articles/2014/11/20/why-innocent-people-plead-guilty/>. Acesso em: 22 mar. 2019; LIPPKE, Richard L. *The ethics of plea bargaining*. Oxford: Oxford Scholarship Online, 2012.

lei, à medida que nela pode vir previsto como requisito de cumprimento do acordo a implantação de programa de *compliance* anticorrupção.

Já que os termos do acordo são livres, devendo apenas seguir a legalidade, a proposta pelo MP de que a implantação de um programa efetivo sirva como fator de diminuição de pena, ou obtenção de outros benefícios, parece um bom caminho à utilização do *compliance* como mecanismo de combate à corrupção.

Claro que o programa deve ser efetivo, nos termos do que dispõem os arts. 41 e seguintes do Decreto 8.420/2015, estabelecendo parâmetros que, como já se teve a oportunidade de analisar, serão avaliados pelo próprio Ministério Público, já que cabem a ele a imputação originária e as tratativas a culminar na celebração do acordo.

Com efeito, independentemente da polêmica que gravita no entorno do instituto da colaboração premiada no Brasil, parece ser ela uma boa ferramenta de confirmação do *compliance*, já havendo registro de acordos de colaboração celebrados no âmbito da Operação Lava Jato, em que a implementação de programa de *compliance* foi prevista como requisito de cumprimento e obtenção dos benefícios advindos da avença, a exemplo do que já ocorria no âmbito concorrencial (como se pôde ver anteriormente nesta obra).

No acordo firmado entre Ministério Público Federal e o acusado/colaborador Ricardo Ribeiro Pessoa,[239] por exemplo, ficou estabelecido que:

> i) Imediatamente após o início de cumprimento da pena, o COLABORADOR deverá dar ciência de sua injunção gerencial para a implementação e a evolução do **programa de *compliance* e governança na gestão empresarial das pessoas jurídicas UTC/CONSTRAN e subsidiárias, devidamente fiscalizado por empresa independente de auditoria externa semestral**, com acompanhamento e comunicação ao Juízo e ao Ministério Público Federal, durante o período de cumprimento da pena estabelecida na letra "c".

Com efeito, o Ministério Público previu como pena[240] acessória a implantação de programa de *compliance* na empresa do colaborador e nas subsidiárias, criando uma ferramenta de justiça restaurativa, que visa a alterar a estrutura da empresa, a fim de evitar reiterações da conduta tida como ilegal, que foi apurada nos autos em que se celebrou a colaboração.

Importante destacar aqui o que já se havia introduzido em tópicos anteriores, vez que nessa situação concreta utilizada como exemplo o Ministério Público se reconheceu como parte (da ação penal e do acordo) e foi porta-voz dos programas de integridade, dando *enforcement* à Lei Anticorrupção, à medida que a implantação efetiva de controles internos e de políticas de conformidade é condição à obtenção dos benefícios almejados pelo colaborador.

---

[239] SUPREMO TRIBUNAL FEDERAL. *Petição 5624*. Disponível em: <https://politica.estadao.com.br/blogs/fausto-macedo/wp-content/uploads/sites/41/2015/12/RPESSOA-1.pdf>. Acesso em: 22 mar. 2019.

[240] Aliás, talvez aqui não se trate de uma sanção, mas da provocação à promoção de uma estrutura com controles internos aprimorados, que sirvam para tentar evitar novos episódios de corrupção.

Veja-se, ademais, que no caso do acordo do colaborador Ricardo Ribeiro Pessoa, o Ministério Público Federal determina que a fiscalização será feita por empresa independente de auditoria, de modo que não se coloca sozinho no papel de avaliar a efetividade do programa, mas traz a auditoria externa para contribuir com o projeto, já que poderá ter uma visão mais isenta acerca dos resultados obtidos.

Sim, pois, tendo sido o Ministério Público propositor do acordo e parte integrante da avença, não possui a equidistância necessária para avaliar a efetividade do programa.

Ademais, a análise acerca do alcance do programa pode depender de visões especializadas em outras áreas do conhecimento – como contabilidade e administração –, o que não seria adequadamente analisado por um jurista; nesse caso, membros do Ministério Público Federal.

Vide o fenômeno que se configura no que tange aos crimes tributários, em que a tendência de criminalização objetiva decorre, em parte, da falta de conhecimento específico dos atores processuais em relação aos fenômenos empresariais, mais bem compreendidos por profissionais da área de gestão.

Nesse sentido, parece ser possível propor que a implantação de programa efetivo de *compliance*, cuja qualidade será avaliada e fiscalizada pelo MPF – mas também por auditorias independentes que possam ter uma visão mais isenta –, pode servir como ferramenta de *enforcement* da Lei Anticorrupção, à medida que provoca uma alteração na essência da empresa e utiliza como ensejo o interesse do colaborador em evitar o cumprimento da pena que naturalmente decorreria da sua conduta ilícita.

A colaboração premiada parece um terreno fértil ao desenvolvimento do *compliance*, porque o acusado que se propõe a firmar o acordo está efetivamente interessado em evitar a concretização da pena corporal originalmente prevista ao ilícito atribuído.

Sabe ele que o não cumprimento dos requisitos previstos acarreta a não obtenção dos benefícios que invariavelmente almeja, de modo que, caso não leve a sério a implantação de programa efetivo de *compliance*, pode acabar tendo de cumprir a pena corporal, substituída por força do acordo.

Com efeito, trata-se, aparentemente, de espaço muito suscetível à consolidação do *compliance* como ferramenta de *enforcement* anticorrupção.

Inobstante não exista previsão expressa da possibilidade de indicar a implantação de programa de *compliance* como requisito à obtenção dos benefícios da colaboração, também inexiste proibição nesse sentido.

E, ademais, já tendo sido utilizado anteriormente para essa finalidade, e se tratando de acordo já homologado, abre um precedente relevante à confirmação de seu uso com tal fim.

Guardadas as devidas proporções, e mantendo vidrada a atenção na legalidade dos acordos firmados – notadamente no que tange à observação da voluntariedade, que também é tema de robusto questionamento por parte da doutrina (quando se fala, por exemplo, do acordo firmado com colaborador preso) –, o *compliance* como requisito ao acordo pode viabilizar seu uso como ferramenta de *enforcement* da Lei Anticorrupção e do próprio Código Penal.

No caso da colaboração, a celebração do acordo converte a pena, flexibilizando o resultado que tradicionalmente se obteria do cometimento do crime de corrupção.

Em vez de ser processado criminalmente, em uma ação judicial que muito custa ao poder público, o colaborador se comprometeria a estabelecer um programa efetivo de *compliance*, e seria fiscalizado pelo Ministério Público.

4.7.2.4 A Câmara Internacional do Comércio e o Conselho Administrativo de Defesa Econômica – o modelo concorrencial como referencial positivo do uso do compliance como ferramenta de enforcement prospectivo

O acordo de leniência e os termos de compromisso de cessação são métodos alternativos de resolução de conflitos e podem ser conduzidos e celebrados no âmbito concorrencial e perante órgãos de controle externo, como tribunais de contas e controladorias.

A principal diferença entre os acordos de leniência e os termos de compromisso de cessação é que, no primeiro caso, é pressuposto à celebração a assunção da culpa[241] e a confissão da incursão em conduta lesiva à livre concorrência.

Já no caso dos compromissos de cessação, não há confissão e basta que o acordante se comprometa a cessar condutas que possam ser potencialmente anticoncorrenciais.

Veja-se que na leniência se parte da premissa de que efetivamente houve infração à concorrência e, em face disso, o Conselho Administrativo de Defesa Econômica (Cade) se compromete a garantir isenção ou redução da sanção administrativa cabível em face da contribuição do leniente.

Em razão disso, pode a leniência ser qualificada como negócio sobre sentença, à medida que, uma fez tendo confessado sua participação na conduta ilícita e cumpridos os requisitos previstos pelo órgão de controle econômico, a pena é substituída por uma sanção premial.

Trata-se de uma ferramenta muito semelhante à colaboração premiada, com a diferença de ser conduzida e firmada pela pessoa jurídica e o Cade, já que a pessoa jurídica pode ser ré de processos administrativos.

Na colaboração premiada o acusado abre mão do processo judicial, que é uma ferramenta de autodefesa, para que em troca receba redução ou isenção de pena. Na leniência, a empresa, por intermédio de seu representante legal, abre mão do processo administrativo, e de produzir contraprova às alegações trazidas pelo Cade, para que receba redução ou isenção de pena pecuniária.

---

[241] "Art. 86. O Cade, por intermédio da Superintendência-Geral, poderá celebrar acordo de leniência, com a extinção da ação punitiva da administração pública ou a redução de 1 (um) a 2/3 (dois terços) da penalidade aplicável, nos termos deste artigo, com pessoas físicas e jurídicas que forem autoras de infração à ordem econômica, desde que colaborem efetivamente com as investigações e o processo administrativo e que dessa colaboração resulte:

[...]

§ 1º O acordo de que trata o *caput* deste artigo somente poderá ser celebrado se preenchidos, cumulativamente, os seguintes requisitos:

[...]

IV – a empresa confesse sua participação no ilícito e coopere plena e permanentemente com as investigações e o processo administrativo, comparecendo, sob suas expensas, sempre que solicitada, a todos os atos processuais, até seu encerramento."

No entanto, é possível constatar que, inobstante o leniente receba benefícios em face do processo administrativo que se encontra em curso perante o Cade, nada impede seja processado nas demais searas sancionatórias, notadamente a penal e a cível.[242]

Embora a Lei 12.529/2011 preveja que o cumprimento dos requisitos estabelecidos pelo Cade reflete diretamente no processo penal,[243] impedindo seja instaurada ação penal contra o gestor da empresa compromissária, na prática, não havendo participação direta do Ministério Público Federal ou Estadual (titular da ação penal pública, hipótese do crime de cartel), o órgão acusatório entendia ser possível o processamento do leniente, em verdadeiro *venire contra factum proprium*.

Sim, pois o Estado legislador que optou por prever como reflexo direto do cumprimento dos termos da leniência a extinção de punibilidade do gestor da empresa acaba agindo no sentido de processar o leniente, mesmo após ter ele mesmo fornecido todo o arcabouço probatório que tem o condão de o incriminar.[244]

Vale aqui lembrar que um dos pressupostos à celebração da leniência é a assunção de culpa pela empresa leniente e a confissão de que efetivamente tomou parte no esquema cartelizador.

Bem por isso conclui-se que a celebração de termo de compromisso de cessação é muito mais benéfica para a empresa de boa-fé, que esteja disposta a mudar paradigmas e, é claro, agir de acordo com as premissas do Cade para não ser condenada.

No TCC, o acordante não precisa confessar culpa, mas apenas se comprometer a cessar uma conduta que o Cade tenha entendido ser potencialmente lesiva à concorrência. Está-se na etapa que antecede à efetiva consumação do ilícito concorrencial (que tem equivalente penal). Não há – segundo o próprio Cade – efetivo

---

[242] SOARES, Rafael Junior. Da impossibilidade do uso do acordo de leniência como forma de impedir o oferecimento de denúncia pelo Ministério Público. *RBCCrim*, n. 215, out. 2010.

[243] "Art. 87. Nos crimes contra a ordem econômica, tipificados na Lei nº 8.137, de 27 de dezembro de 1990, e nos demais crimes diretamente relacionados à prática de cartel, tais como os tipificados na Lei nº 8.666, de 21 de junho de 1993, e os tipificados no art. 288 do Decreto-Lei nº 2.848, de 7 de dezembro de 1940 – Código Penal, a celebração de acordo de leniência, nos termos desta Lei, determina a suspensão do curso do prazo prescricional e impede o oferecimento da denúncia com relação ao agente beneficiário da leniência.

Parágrafo único. Cumprido o acordo de leniência pelo agente, extingue-se automaticamente a punibilidade dos crimes a que se refere o *caput* deste artigo."

[244] Isso porque tanto os incisos I e II do *caput* do art. 86 quanto o inciso IV do seu parágrafo único preveem que é pressuposto à obtenção das benesses da leniência o auxílio na identificação dos demais envolvidos, o fornecimento de documentos e informações acerca da ocorrência do ilícito, a fim de consolidar a prova, bem como a cooperação irrestrita do leniente com a investigação. Com efeito, parece ser possível afirmar que o processo administrativo será instruído por provas que somente foram levadas ao conhecimento da autoridade porque o leniente os forneceu. De outro modo, e considerando a natureza do crime de cartel, e que ocorre, geralmente, na clandestinidade, talvez nem a autoridade antitruste nem mesmo o MP teriam elementos suficientes para conduzir processo em face do leniente. Como é comum que ações penais sejam instruídas pelos processos administrativos, processos disciplinares e/ou processos fiscais, todos os elementos fornecidos pelo leniente estarão contidos no arcabouço utilizado pelo MP para provocar a ação penal, o que representa indiscutível afronta ao princípio do *nemo tenetur se detegere*.

cometimento de ilícito, mas apenas a potencialidade de se cometer um ilícito caso a empresa processada mantenha as rotinas consideradas potencialmente lesivas pelo órgão antitruste.

O que se denota é que a celebração de termos de compromisso de cessação supera em muito os acordos de leniência celebrados pelo Cade, embora o TCC, em princípio, só possa ser utilizado até a decisão final, ou seja, necessariamente antes da definição quanto à ocorrência ou não do ilícito e atribuição da autoria.

Essa estatística pode ser constatada porque em 28 de dezembro de 2017 o Cade divulgou pela primeira vez seus dados numéricos no Portal Brasileiro de Dados Abertos.[245] Apresentou-os em três categorias: Controle de Decisão, Histórico de Arrecadação e Multas Aplicadas.

Os dados de maior interesse são as multas aplicadas, vinculadas à data, ao processo que as originou e com divulgação dos valores. Em 2017, o Cade aplicou 74 multas, contra 47 aplicadas em 2016, apresentando aumento de 63% de um ano para o outro.

Das 74 multas aplicadas, 60 foram em decorrência de termos de compromisso de cessação, o que equivale a 81% das multas aplicadas.

O maior número de termos de compromisso que de processos administrativos mostra uma tendência conciliatória do Cade, que, em regra, oportuniza meios consensuais e alternativos à resolução do conflito concorrencial.

Os dados também revelam a eficiência e a rapidez do Cade em apreciar seus feitos: dos processos que acarretaram multas em 2017, apenas cinco não haviam iniciado no mesmo ano. Segundo os dados, quatro processos têm sua origem em 2016 e apenas um em 2014.

Os outros 69 processos (entre termos de compromisso de cessação, processos administrativos puros e atos de concentração) foram iniciados e finalizados no ano de 2017, o que revela a agilidade habitual do Cade em emitir decisão final em seus processos.

Quanto às multas aplicadas, a mais baixa foi de R$ 45.000,00, a mais vultosa foi de R$ 135.205.940,12, ambas – também – em termos de compromisso de cessação.

Várias conclusões podem ser alcançadas em uma análise mesmo que superficial dos dados: (i) o Cade aumentou sua atuação, com um incremento em 63% em aplicação de multas, quando comparado seu desempenho em 2016 e 2017; (ii) há uma inclinação, ou mesmo tendência do Cade, em priorizar termos de compromisso de cessação. Isso revela um órgão mais consensual e focado em técnicas alternativas; (iii) o Cade decide rápido, em regra os processos iniciam e finalizam no mesmo ano; e (iv) há uma tendência em aplicar multas a partir de percentual do faturamento em detrimento dos valores fixos previstos em lei.

Nesses termos de compromisso de cessação tem sido frequente a previsão de programas de *compliance* concorrencial, a fim de garantir os benefícios possibilitados pela lei. O Cade, inspirado no *ICC ToolKit*, da Câmara Internacional do Comércio,

---

[245] CONSELHO ADMINISTRATIVO DE DEFESA ECONÔMICA. Cade publica primeiros dados abertos à sociedade. Disponível em: <http://www.cade.gov.br/noticias/cade-publica-primeiros--dados-abertos-a-sociedade>. Acesso em: 28 dez. 2018.

estabeleceu um guia de *compliance* concorrencial,[246] cuja introdução trata da faceta incentivadora ao cumprimento da Lei de Defesa da Concorrência:

> Antes de entrar em maiores detalhes a respeito do que seja o programa de *compliance*, quais seus benefícios específicos e sua forma de estruturação, é importante ressaltar o motivo pelo qual os agentes econômicos, sejam eles grandes, médios ou pequenos, devem se preocupar em cumprir a LDC. Há duas respostas para essa questão, uma primeira relacionada à punibilidade advinda do não cumprimento, e uma segunda que diz respeito aos benefícios que a observância da lei traz tanto para a sociedade quanto para as próprias companhias. Como explicitam os artigos 37 e 38 da LDC, as sanções a que se sujeitam os agentes privados por tais infrações são bastante graves. Além disso, empresas podem sofrer processos na esfera cível, e as pessoas físicas, na esfera criminal, por força da Lei 8.137/1990. Dessa forma, e por meio da atuação crescente do Cade, que vem multiplicando suas investigações e realizando um número cada vez maior de julgamentos de processos administrativos, busca-se minorar os incentivos para que as companhias se engajem em infrações. Dentre as possíveis sanções a serem impostas estão [...].

O caráter pedagógico almejado pelo Conselho Administrativo de Defesa Econômica é nítido na linguagem adotada em seu guia. E na mesma linha é a abordagem da Câmara Internacional do Comércio em seu *The ICC Antitrust Compliance Toolkit*:

> Estar em *compliance* com as leis tem se tornado particularmente importante no campo da legislação antitruste, em que a proliferação de leis através do globo não tem precedentes. As leis antitruste que estão em vigência estão em constante progresso e novas leis estão sendo adotadas. Sanções por violações antitruste são frequentemente substanciais e danos reputacionais às companhias são massivos, como resultado de descobertas de desvio à legislação antitruste.[247]

Embora não se possa negar que ambos os órgãos também utilizam como mecanismo de incentivo a compreensão de que a eventual condenação por infração concorrencial pode significar danos substanciais à organização.

O formato dos programas de *compliance* do Cade ainda tem muito espaço de aprimoramento. Contudo, a simples iniciativa precursora em incentivar a implantação de programas a fim de obter benefícios às empresas tem caráter muito positivo.

---

[246] CONSELHO ADMINISTRATIVO DE DEFESA ECONÔMICA. *Guia para programas de* compliance. Disponível em: <http://www.cade.gov.br/acesso-a-informacao/publicacoes-institucionais/guias_do_Cade/guia-*compliance*-versao-oficial.pdf>. Acesso em: 28 dez. 2018.

[247] INTERNATIONAL CHAMBER OF COMMERCE. *The ICC Antitrust Compliance Toolkit*: practical antitrust compliance tools for SMEs and larger companies. Disponível em: <https://cdn.iccwbo.org/content/uploads/sites/3/2013/04/ICC-Antitrust-*Compliance*-Toolkit-ENGLISH.pdf>. Acesso em: 29 dez. 2018. Tradução livre de: "Compliance with the law has become particular important in the field of antitrust law, where the proliferation of law across the globe has been unprecedent. Existing antitrust laws are constantly evolving and new laws being adopted. Sanctions for antitrust violations are often substantial and reputational damage to companies as a result of an adverse antitrust finding massive compliance".

Para o Cade, os programas de *compliance* têm servido como poderosas ferramentas de conformidade concorrencial. Estabelecidos como requisito à obtenção das benesses decorrentes da celebração de termo de compromisso de cessação, as empresas não deixam de ser fiscalizadas pelo órgão de defesa da concorrência, a fim de se constatar se está havendo efetivo cumprimento às premissas do acordo.

Com efeito, não se trata de dizer que, após celebrado o acordo, o órgão de controle externo cessa sua atividade fiscalizatória. Há uma dialética entre Cade e empresa, a fim de se obter um denominador comum, que seja considerado pelo Conselho adequado do ponto de vista de *enforcement* da Lei de Defesa da Concorrência.

Os programas têm confirmado a cogência da lei e garantido uma mudança de paradigma à organização, que muda seus hábitos e rotinas guiados pelos limites estabelecidos pelo Cade e considerados como ideais.

Para ilustrar um bom parâmetro dos programas de *compliance* concorrencial, apresenta-se como referencial empírico programa de *compliance* de cuja implantação se participou.

Ele decorreu de um termo de compromisso de cessação de que tomou parte uma federação de cooperativas de serviços médicos. Na oportunidade, o Cade havia autuado a federação, algumas cooperativas e outros órgãos representativos da classe por conduta potencialmente lesiva à concorrência.

Isso porque, valendo-se da influência de mercado, decorrente do grande número de filiados, alguns profissionais estavam fazendo boicote ao cumprimento de contratos (notadamente públicos) pelo não adimplemento ou não reajuste, e impondo tabelas de preço como definitivas.

Embora o Cade reconheça as tabelas como possíveis referenciais de preço, a imposição da tabela, com o uso de coerção e a ameaça de não contratação (em se tratando da única ou uma das poucas opções de mercado), afeta diretamente a concorrência, tanto quando a imposição é feita ao poder público – tratando-se de contratos de prestação de serviços em hospitais públicos – quanto quando o grupo de profissionais impõe seu preço a operadoras privadas de saúde (como planos de saúde suplementar).

A descrição do caso e de seus desdobramentos serve como fator descritivo da eficiência que o *compliance* tem tido no modelo concorrencial[248] e do potencial que possui como ferramenta para outros âmbitos do direito.

O que pode ser constatado, também pela atuação prática perante o Cade, é que o órgão em regra estabelece com muita precisão as condutas que considera contrárias

---

[248] "O primeiro passo na implantação das políticas de *compliance* é reconhecer a atividade que pode representar risco concorrencial. E isso não é tão difícil quando temos parâmetros já estabelecidos pelo Conselho Administrativo de Defesa Econômica. Como já foi visto, o Cade condenou algumas organizações, apontando quais seriam suas falhas e atos que afligiam a livre concorrência. Esses hábitos condenados pelo Cade são o parâmetro, e, a partir deles, deve-se estabelecer um padrão do que o Cade considera anticoncorrencial em se tratando de gestão corporativa, para que na prática sempre seja possível avaliar e reconhecer eventual rotina anticoncorrencial com facilidade, e evitá-la". LAMY, Eduardo de Avelar; LAMY, Anna Carolina Faraco. Breves considerações sobre a importância e o papel dos programas de *compliance* concorrencial. In: LAMY, Eduardo (Org.) Compliance: aspectos polêmicos e atuais. Belo Horizonte: Letramento, 2018. p. 66.

à concorrência, tornando mais simples a percepção de rotinas conduzidas em organizações que estejam em confronto com os parâmetros do Cade.

O grau de certeza e previsibilidade que se pode ter, em razão da clareza do Conselho Administrativo de Defesa Econômica quanto ao que é, na prática, anticoncorrencial, torna mais simples a verificação da rotina lesiva e sua eliminação.

Com efeito, nota-se que o Cade foi pioneiro na adoção do *compliance*, e isso não é apenas um benefício para a empresa – ao passo que impede a imposição da sanção – mas se trata de um movimento positivo à coletividade, à medida que altera rotinas de descumprimento normativo e estabelece boas práticas a partir dos limites da lei.

Se num primeiro momento a empresa resiste à alteração de suas rotinas porque está contrariada com o tom coercitivo que o Cade adota a fim de convencê-la a aderir a um programa de conformidade, ao longo do tempo vai introjetando as novas práticas, o que as torna naturais, como normalmente ocorre em um processo de culturalização.

4.7.2.5 Coerência institucional e previsibilidade acerca do que será considerado crime de corrupção

Diferentemente do que ocorre com relação aos ilícitos concorrenciais, o subjetivismo do julgador ao analisar a ocorrência ou não de um crime de corrupção, concretamente, pode ser um fator mitigador à efetiva consolidação do *compliance* como ferramenta de *enforcement* anticorrupção.

Inobstante o Ministério Público tenha (em nome do interesse público) legitimação para a condução de inquéritos civis públicos a fim de apurar a ocorrência de uma infração concorrencial, o Cade é o órgão máximo de proteção à concorrência.

Suas decisões não são vinculantes por força de lei; porém, parece possível afirmar que serão consideradas pelo Ministério Público ou quaisquer outros órgãos fiscalizatórios, no que tange ao reconhecimento e à conceituação de uma infração à concorrência.

No caso da Febracan, ficou evidente o que o Cade entendia ser atividade potencialmente lesiva à concorrência, de modo que tornou mais simples à organização se adequar aos limites claros e fundamentos trazidos pelo Conselho.

Quanto mais evidente fica ao jurisdicionado o que pode ser considerado contrário à norma para as autoridades a quem cabe o controle externo, mais eficácia terá o *compliance* como ferramenta de *enforcement*.

Para que ele tenha certeza do que pode ou não fazer, o ideal é que os órgãos fiscalizatórios deixem evidente e fundamentado o que entendem por corrupção.

O raciocínio fica mais claro quando colocado em um exemplo. Supondo que o sujeito A, que possui uma empresa de cargas e transporte a carne da empresa B, tome conhecimento de que a empresa B está mantendo negociações espúrias com membros do poder público para obter benefícios fiscais.

A empresa B é de suma importância à atividade do sujeito A, empresário individual. O Ministério Público acaba tomando conhecimento do conluio havido entre a empresa B e agentes públicos e descobre também que o sujeito A sabia de todo o esquema, mas deixou de informar as autoridades.

Em razão disso, a acusação opta por colocar o sujeito A como corréu da ação penal e avalia grau de autoria idêntico ao da empresa B, por entender que ele tinha o dever de reportar o fato ilícito de que tinha conhecimento às autoridades, porque, do contrário, estava tomando parte no conluio.

Supondo agora que, em sua resposta à acusação, o sujeito A traga o argumento de que foi coagido pela empresa B, que, tomando conhecimento da sua ciência acerca dos atos ilícitos perpetrados, disse que se ele reportasse a alguma autoridade teria sua empresa destruída. Imagine-se que a prova inicial seja uma mensagem na qual o gestor primário da empresa B diz que "acha que o sujeito A não deveria tomar qualquer medida, para o seu próprio bem e da sua empresa".

Em face dessa narrativa hipotética, e com base apenas nos elementos trazidos, qual o grau de certeza que se poderia ter de que, em qualquer vara que conduzisse o processo criminal, o resultado seria o mesmo?

Falando de outro modo: qual a certeza que se tem de que o Judiciário, como instituição (e não o juiz isoladamente), possui uma visão uniforme acerca do que é corrupção e, a partir disso, que qualquer juiz atribuído de competência dará rigorosamente a mesma resposta penal ao sujeito A?

Parece ser possível cogitar de mais de uma resposta: (1) que haveria juízes que, analisando o caso penal, entenderiam pela coautoria do sujeito A, nos termos da denúncia; (2) que haveria juízes que absolveriam o sujeito A por inexigibilidade de conduta diversa, já que ele foi coagido a mal injusto para que não reportasse o fato; ou (3) que haveria juízes que entenderiam que o sujeito A, embora tenha tido participação, porque deixou de reportar (mesmo que sob coação), não agiu em coautoria, mas em uma categoria de culpa diferente da empresa B.

Com efeito, poderia haver mais de uma resposta judicial ao mesmo caso penal, a depender da maneira pela qual o juiz interpretaria a situação fática concreta. Dependeria, ainda, de se é um juiz mais técnico e que compreende os graus de autoria dos sujeitos, se é garantista e confia na individualização da penal, ou se é mais rigoroso e entende que a sanção deve ser exemplar para evitar que outros sujeitos tenham a mesma postura.

Em suma, o Poder Judiciário não parece ter uma conclusão uniforme acerca do que é corrupção, e cada magistrado acabará fazendo uma análise particular do caso, sem ao menos (em algumas situações) fundamentar adequadamente sua conclusão.

Aliás, e embora o Supremo Tribunal Federal já tenha tido a oportunidade de se manifestar acerca do que entende como crime de corrupção (*vide*, por exemplo, os votos da Ação Penal 470), não existe consenso, nem previsibilidade.

A respeito da necessidade de previsibilidade, leciona MARINONI:

> O "desencantamento do direito" – que não pode ser confundido com a categoria do "desencantamento do mundo", na medida em que significa somente a passagem do poder de julgar do divino ou transcendental para o humano – assume especial importância quando o direito passa a ser formalmente racional. É aí que surge a necessidade de uma demonstração racional da decisão e, acompanhada dela, uma espécie de previsibilidade dotada de sentido.[249]

---

[249] MARINONI, Luiz Guilherme. *A ética dos precedentes*: justificativa do novo CPC. São Paulo: RT, 2014. p. 35.

E:

> Não existe identidade entre racionalidade formal do direito e previsibilidade, uma vez que a previsibilidade é uma consequência de um sistema jurídico a despeito da sua maior ou menor racionalidade. A previsibilidade é objetivo de um sistema dotado de abrangência e clareza organizacional, mas pode decorrer de um sistema menos racional ou até mesmo de um direito formalmente irracional, como é o primitivo *common law* inglês para Weber.[250]

Diante de uma realidade na qual não parece possível antecipar qual será a solução provável dada pelo juízo ao caso concreto, parece ser difícil a consolidação do *compliance* como ferramenta de *enforcement* anticorrupção. Pelo menos enquanto não houver mais coerência institucional acerca do que deve ou não ser concretamente considerado corrupção, e mais uniformidade na maneira de analisar a sua fenomenologia.

Devem-se criar signos pelos quais todos os juízes atribuídos de competência, ao avaliar o caso hipotético apresentado, tenham um processo de tomada de decisões minimamente semelhante.

De outro modo, qual a garantia que o jurisdicionado tem de que poderá rechaçar rotinas consideradas proibidas? Se não houver consenso quanto ao proibido, torna-se inviável coibi-lo.

Se o *compliance* preventivamente ao ilícito tem o condão de evitar a consumação de rotinas e práticas que possam ser interpretadas como corruptivas, deve haver mais consistência acerca da factualidade que envolve o ilícito penal de corrupção.

Vai-se além para tentar elaborar a problemática apresentada: nessa configuração, suponha-se que o sujeito A, no curso da instrução processual, opte por celebrar um acordo penal no qual se compromete a cessar a sua conduta ilícita e colaborar com as autoridades a fim de elucidar os limites do ilícito penal, com o reconhecimento, por exemplo, de outros coatores da empresa B.

Qual o grau de certeza de que a cessação da conduta considerada ilícita pela acusação, no caso concreto, exaurirá o que é proibido do ponto de vista legal?

Veja-se: supondo que para o Ministério Público da vara da comarca C o ilícito foi o sujeito A tomar parte em reuniões havidas com os agentes públicos que estavam beneficiando a empresa B, poder-se-ia afirmar, categoricamente, que, cessando a participação em reuniões com os agentes públicos que estavam beneficiando a empresa B o sujeito A estará totalmente protegido de sofrer novas investidas por parte do Ministério Público?

Não o da vara da comarca C, naturalmente, porque esse já se posicionou acerca do que entende, em sua interpretação, como ilícito.

Contudo, parece possível supor que poderá haver outro membro do Ministério Público, vinculado à vara da comarca D, que entenda que a conduta corruptiva não

---

[250] MARINONI, Luiz Guilherme. *A ética dos precedentes*: justificativa do novo CPC. São Paulo: RT, 2014. p. 36.

depende da reunião com os agentes públicos que estavam favorecendo a empresa B, bastando a ciência e não reporte.[251]

Parece factível a conclusão de que diferentes membros do Ministério Público e do Poder Judiciário podem ter percepções diversas dos mesmos fatos, e chegar a conclusões, por vezes, diametralmente opostas. Esse, aliás, parece ser um dos principais entraves para que se consolide efetivamente um sistema de precedentes no Brasil.

Tanto no que tange à materialidade delitiva – e os limites dos tipos penais previstos pelos arts. 317 e 333 do Código Penal e suas elementares – quanto (e talvez principalmente) à autoria e à participação, é muito difícil dizer que a jurisprudência mantém coerência quando se depara com situações fáticas idênticas, e que possa existir algum grau de segurança em apostar numa solução.

Enquanto isso for uma realidade, ficará mais difícil a consolidação do *compliance* como ferramenta de *enforcement* anticorrupção, já que não haverá limites consolidados e seguros acerca do proibido, tornando de extrema dificuldade a criação de rotinas que mitiguem os riscos de incursão em ilicitudes. Isso porque a proibição estará constantemente em movimento e transformação.

A questão é que o conceito de ilícito quando se trata da corrupção não parece tão consolidado quanto o de ilícito concorrencial. O Cade aparenta ter mais maturidade conceitual e mais condição e esforço em fundamentar seu raciocínio e estabelecer os limites das condutas que considera relevantes.

Ademais, não se pode ignorar que o Cade possui um tribunal administrativo com competência muito específica e que se envolve com a resolução de muito menos casos por ano do que o Poder Judiciário.

O interessante seria que no âmbito do direito penal empresarial e, notadamente, da anticorrupção, houvesse mais previsibilidade e certeza acerca do que as autoridades avaliam como ilícito.

Para que isso seja possível, parece evidente a necessidade de um amadurecimento orgânico do Ministério Público e da Magistratura, para que as imputações e os julgamentos sejam feitos de acordo com o que se entende como lícito e ilícito organicamente.

Em outras palavras, a opinião do juiz acerca do caso concreto deve ser menos importante do que a opinião do Poder Judiciário, como instituição, e essa, sim, precisa ser uniforme e coerente.

---

[251] Guardadas as devidas proporções, parece ser o que ocorreu com a relação entre Cade e Ministério Público no que concerne aos efeitos dos acordos de leniência no processo penal. Parte da doutrina, preponderantemente representada por membros do Ministério Público, entendeu que, embora a norma previsse expressamente que a celebração da leniência no âmbito administrativo geraria extinção da punibilidade para fins penais, isso não afastaria o princípio da obrigatoriedade, e que o Cade não teria legitimação para formular um acordo que definisse o que o Ministério Público iria fazer com seu múnus. Trata-se de uma postura visivelmente inorgânica e não sistemática, já que o Estado representado pelo legislativo (autor da norma) e pelo Cade (executor da previsão legal) entende possível que o efeito imediato do cumprimento seja a impossibilidade de se processar criminalmente o leniente, mas o Ministério Público não concorda e processa o sujeito utilizando (pior) elementos por ele mesmo coletados em razão do compromisso assumido.

Não é viável consolidar uma ferramenta de controle preventivo enquanto cada vara aplicar um sistema jurídico próprio, ignorando o fator orgânico que ele deve ter.

E, como já se viu neste trabalho, há um quase consenso da doutrina brasileira no sentido de que o modelo processual penal que prepondera é o inquisitório, o que torna ainda mais delicada a consolidação de uma ferramenta que depende de coerência e previsibilidade mínima; notadamente pela importância que o juiz ganha nessa configuração, o que já consignou COUTINHO ao dizer que: "em verdade, imperando o sistema inquisitório (regido pelo princípio inquisitivo), senhora das provas (leia-se do conhecimento) e do processo era e é o juiz, cabendo às partes um papel secundário".[252]

Com efeito, enquanto houver a preponderância do princípio unificador inquisitivo, existirá invariavelmente acúmulo de poder na mão da pessoa do juiz (não do Poder Judiciário, mas do próprio magistrado do caso), de modo que não causa surpresa sintam-se os magistrados instados a exprimir sua percepção pessoal, sem analisar detidamente o que o sistema diz a respeito de um determinado tema, fazendo lembrar um pouco o cenário em que as decisões eram proferidas a partir de "critérios fundados em considerações práticas e éticas sobre cada caso".[253]

No que tange ao papel do Superior Tribunal de Justiça como intérprete máximo da legislação infraconstitucional e do Supremo Tribunal Federal quanto à Constituição Federal, aquilo que não tem efeito declaradamente vinculante por vezes não se projeta na jurisprudência dos Tribunais Estaduais e Regionais Federais.

Não parece ser possível dizer que os Tribunais Estaduais e os Regionais Federais efetivamente se considerem subordinados ao STJ e ao STF, ou melhor, à interpretação que o Tribunal Superior e que a Suprema Corte dão às regras e à Constituição. A não ser quando, repita-se, for atribuído efeito vinculante, como ocorre com as súmulas.

De mais a mais, não é possível submeter questões fáticas à apreciação do STJ e do Supremo, por força das Súmulas 7[254] e 279,[255] respectivamente, de modo que a tarefa de convencer os Tribunais Estaduais e Regionais Federais, por ocasião da prelibação à remessa, bem como conseguir efetivamente uma resposta jurisdicional, passa antes pelo crivo de diversas barreiras legais.

No caso hipotético criado para ilustrar a problemática que se almejava explorar, não há sequer certeza de que, havendo divergência entre dois juízos acerca de casos faticamente idênticos (portanto com relação de precedente), se interposto recurso

---

[252] COUTINHO, Jacinto Nelson de Miranda. Processo penal e a americanização à brasileira: resistência (Prefácio). In: KHALED JR., Salah H. (Coord.). *Sistema penal e poder punitivo*: estudos em homenagem ao Prof. Aury Lopes Jr. 2. ed. Florianópolis: Empório do Direito, 2015.

[253] A respeito: "no direito substancialmente racional, as decisões operam mediante leis ou critérios, mas o sistema de direito, por estar ancorado num pensamento externo, fica na dependência da possibilidade da compreensão dos princípios que orientam o pensamento e lhe dá sustentação". MARINONI, Luiz Guilherme. *A ética dos precedentes*: justificativa do novo CPC. São Paulo: RT, 2014. p. 32.

[254] SUPERIOR TRIBUNAL DE JUSTIÇA. *Súmula 7*: A pretensão de simples reexame de prova não enseja recurso especial. Disponível em: <http://www.stj.jus.br/docs_internet/VerbetesSTJasc.pdf>. Acesso em: 28 dez. 2018.

[255] SUPREMO TRIBUNAL FEDERAL. *Súmula 279*: Para simples reanálise de provas não cabe recurso extraordinário. Disponível em: <http://www.stf.jus.br/portal/jurisprudencia/menuSumarioSumulas.asp?sumula=2174>. Acesso em: 28 dez. 2018.

especial, ele efetivamente ascenderia ao Superior Tribunal de Justiça, e que, chegando, teria uma decisão acerca do seu cerne (inobstante a existência de uma hipótese de cabimento específica para o caso de divergência jurisprudencial).

O que se quer consignar, portanto, em face dessas premissas (ausência de previsibilidade, tendência à prolação de decisões judiciais diversas em casos penais que versem acerca de casos faticamente idênticos, protuberância do juiz em um sistema preponderantemente inquisitório e falta de subordinação dos Tribunais Estaduais e Regionais Federais à interpretação traçada pelo STJ e pelo Supremo), é que existe uma série de questões anteriores que precisam ser solucionadas para que se possa cogitar que o uso do *compliance* efetivamente ensejará *law enforcement* anticorrupção.

Sim, pois, enquanto não for pelo menos possível identificar quais são as condutas práticas que o Judiciário, sistemicamente, entende enquadráveis no crime de corrupção, será muito difícil a criação de rotinas que expurguem quaisquer práticas das empresas.

Aqui não se está a falar de situações teratológicas como a da empresa B (em nosso exemplo). Segundo a imputação ministerial, ela teria oferecido ou aceitado dar vantagens indevidas a agentes políticos a fim de obter benefícios ilegais.

Caso a prova da acusação efetivamente confirme que houve o pedido ou a promessa de vantagem, parece ser consenso que houve crime de corrupção. O problema se encontra nas zonas nebulosas da complexa tipologia do crime de corrupção, notadamente no que tange ao grau de participação de cada sujeito envolvido no enredo da conduta.

A possível solução ao problema apresentado – que é a realidade na qual duas varas, integradas por dois juízes diferentes, podem dar decisões contrárias acerca de casos faticamente idênticos – parece passar pela indexação de jurisprudência e maior certeza da subordinação dos Tribunais Estaduais e Regionais Federais à interpretação dada pelo Superior Tribunal de Justiça e pelo Supremo Tribunal Federal à legislação infraconstitucional e à Constituição, respectivamente.

A partir de uma realidade na qual casos idênticos terão desfechos iguais, torna-se mais simples a consolidação do *compliance* como ferramenta de *law enforcement*, à medida que será possível identificar quais são as condutas que sistemicamente são consideradas corruptivas e qual o grau de participação que um determinado agente pode ter concretamente.

A importância desse movimento fica ainda mais evidente quando se constata que um bom argumento de convencimento para que uma organização adote boas práticas anticorrupção é a possibilidade de seu gestor ser processado e condenado.

Em não havendo consenso quanto aos limites do crime de corrupção, torna-se mais difícil avaliar qual a probabilidade de o gestor se comprometer em razão de condutas perpetradas por seus subordinados.

Sem a clareza dessa possibilidade, e tendo em conta que na atividade empresarial é comum a aceitação de riscos em prol da rentabilidade do negócio, a implantação de um programa de *compliance* e o interesse da empresa em fomentar a alteração de rotinas ficam prejudicados.

Dito isso, entende-se que talvez uma das maneiras mais eficientes de utilizar o *compliance* como mecanismo de *enforcement* da lei anticorrupção (no aspecto administrativo da conduta) e do Código Penal é a utilização dele como requisito nos acordos penais, a exemplo do que tem feito o Conselho Administrativo de Defesa Econômica na celebração de termos de cumprimento de cessação.

Pelo menos enquanto não se tiver criado a cultura de investir em *compliance*, a sua utilização como ferramenta de sanção premial é eficiente.

Contudo, quando se ingressa na questão dos acordos penais como instrumento de previsão do *compliance*, a situação parece se tornar ainda mais delicada, ao passo que não existe hoje certeza quanto à percepção que a autoridade condutora do acordo e a que o homologa terão no que tange ao cumprimento adequado ou não dos termos da avença.

As normas que preveem a possibilidade de celebração de acordos penais não são suficientemente claras acerca dos requisitos e da maneira como será avaliado o seu cumprimento.

Com efeito, a subjetividade que se opera para a análise dos limites do proibido também parece colocar em risco a eficácia dos acordos penais celebrados. O colaborador não tem nenhuma garantia de que a sua interpretação (e da sua defesa) acerca do conteúdo dos requisitos é a mesma do órgão acusatório.

Pode acontecer de o acusado agir de um determinado modo fornecendo provas e auxiliando na coleta de informações, acreditando que com isso estará exaurindo a obrigação por ele contraída em razão do acordo, mas a autoridade condutora (Ministério Público ou delegado de polícia) não concorde que houve efetivo cumprimento das premissas da avença.

E, verdade seja dita, ao final acaba sendo um exercício do Judiciário e da acusação (ou polícia judiciária) avaliar se aceita ou não o acordo como cumprido.

Com efeito, há a necessidade de se buscar maior previsibilidade e coerência quanto ao que é efetivamente considerado como corrupção, o que parece depender do amadurecimento da jurisprudência, do respeito aos precedentes – e principalmente daqueles exarados dos Tribunais Superiores – e do aperfeiçoamento de um modelo de indexação, que crie uma estrutura orgânica, sistêmica e uniforme.

4.7.2.6 Propostas legislativas e cartilhas educativas – o compliance *situado na* civil law

A consolidação de normas claras, que especifiquem com concretude o que se espera de um programa para que seja considerado efetivo, também parece um esforço útil à consolidação do *compliance* como ferramenta de *enforcement* anticorrupção.

Como se trata de país que adota o modelo da *civil law*, em que a fonte primária do direito acaba sendo a norma, e inobstante se reconheça que existe uma tendência normatizante no Brasil, de modo que situações da vida real acabam instigando o legislador a, basicamente, legislar sobre tudo, parece inexorável que o Estado precisa se dedicar um pouco mais a auxiliar na construção do modelo de *compliance* brasileiro (ou modelos possíveis) por meio da criação de normas que estabeleçam requisitos para a existência de um programa efetivo.

Embora o legislador seja peremptório em dizer que apenas gozarão dos benefícios previstos aquelas organizações que possuírem programa efetivo, deixa de estabelecer quais serão os critérios considerados para confirmar a efetividade do programa.

Essa abertura de conceitos dá espaço à subjetividade do órgão a quem incumbirá a fiscalização do cumprimento, acabando por criar situações diversas a pessoas idênticas, a depender de quem esteja avaliando a efetividade do seu programa.

Nesse cenário, uma pessoa que firmou acordo de colaboração que previa a implantação de programa de *compliance* com o Ministério Público Federal no estado X pode ter um tratamento diverso da que firmou acordo com o Ministério Público Federal no estado Y; e esse não é o cenário ideal para que uma ferramenta se consolide.

Dentro de uma realidade de insegurança jurídica, dificilmente o *compliance* vai prosperar, porque notadamente aquele que é implementado preventivamente (em uma escolha de gestão da organização) não será visto como prioridade pela alta direção se não tiver a potencialidade de efetivamente lhe trazer benefícios e a garantia de um tratamento diferenciado.

O Decreto 8.420/2015 se ocupou de trazer algumas diretrizes para regulamentar a Lei 12.846/2013, que previa apenas de maneira abstrata que o programa de integridade poderia ser utilizado como fator de abrandamento em eventual condenação (art. 7º, VIII).

A norma apenas dizia que a existência de mecanismos de integridade seria levada em consideração para a aplicação da sanção, mas não estabelecia o que era um programa de integridade, e o que deveria conter.

Com efeito, o Decreto 8.420, principalmente em seu art. 42, ocupou-se de estabelecer alguns requisitos, como o compromisso da alta direção, a existência de manual e de ferramentas de controle de terceiros, a realização de treinamentos periódicos, canais de denúncia e processos claros para a aplicação de sanções.

Contudo, ainda não fica claro o que o legislador quis dizer com compromisso da alta administração, se existe um formato específico para que se faça prova de tal requisito, ou o que será considerado diligência apropriada para contratação (art. 42, XIII), temas que poderiam passar por um processo de melhor identificação.

A exemplo do que fez o Conselho Administrativo de Defesa Econômica, que se inspirou do regime da Câmara Internacional do Comércio, a criação de cartilhas educativas, que tragam as bases do que a instituição entende como ideal na implantação de um programa, pode ser de grande valia.

A Câmara Internacional do Comércio dá o tom pedagógico da cartilha quando a chama de "caixa de ferramentas" (*ICC ToolKit*), mostrando como seu caráter é procedimental, como um passo a passo às organizações que estão se ocupando de estabelecer um programa de conformidade concorrencial.

O Cade, para quem tal formato já era conhecido e habitual,[256] cria um manual também aos programas de *compliance* concorrencial,[257] que, denominado *Guia para programas de* compliance, estabelece já em sua introdução que se presta a orientar

---

[256] O Conselho possui outras cartilhas, como a de combate a cartéis e programa de leniência, em que explica de maneira coloquial o que é cartel e como as empresas podem auxiliar no fomento da boa concorrência realizando acordos de leniência, que preveem a cessação da conduta anticompetitiva (Secretaria de Direito Econômico – Ministério da Justiça. *Combate a cartéis e programa de leniência*. Disponível em: <http://www.cade.gov.br/acesso-a-informacao/publicacoes-institucionais/documentos-da-antiga-lei/cartilha_leniencia.pdf>. Acesso em: 17 abr. 2019).

[257] CONSELHO ADMINISTRATIVO DE DEFESA ECONÔMICA. *Guia para programas de* compliance. Disponível em: <http://antigo.cade.gov.br/acesso-a-informacao/publicacoes-institucionais/guias_do_Cade/guia-compliance-versao-oficial.pdf>. Acesso em: 17 abr. 2019.

sobre a estruturação e os benefícios de se implementar um programa de *compliance* concorrencial.

A Controladoria-Geral da União segue o ritmo e estabelece o guia *Programa de integridade*: diretrizes para empresas privadas, em que define, inclusive, o formato que políticas de brindes e a relação com o poder público devem ter do ponto de vista da integridade anticorrupção.

Esses documentos criados por dois órgãos a quem eventualmente incumbirá a análise da efetividade de programas de *compliance* dão o tom do que se vê como ideal a fim de consolidar o *compliance* como ferramenta de *enforcement* anticorrupção.

Claro que, em complementariedade à simples criação das cartilhas, estas devem ser introduzidas aos operadores do direito, preferencialmente desde sua formação, a fim de que o tema se torne corriqueiro e habitual.

Incumbindo ao Ministério Público e às polícias a celebração de acordos de colaboração premiada, poderia ser pertinente que tais órgãos também se ocupassem de estabelecer um passo a passo aos colaboradores que estão dispostos a se comprometer com a implementação de programas de *compliance*.

Nesse sentido, e na linha do que já se consignou no tópico anterior, o canal de comunicação institucional estaria consolidado, de modo que já haveria, de largada, condições de avaliar os termos em que as instituições almejam seja conduzido o processo de implantação do programa.

Ademais, havendo parâmetros consolidados, e postos pela própria autoridade a quem incumbirá fiscalizar o cumprimento a contento, também será possível controlar a sua atividade de avaliação.

Apenas com premissas consolidadas e seguras acerca dos requisitos e dos critérios a serem observados pelos colaboradores poder-se-ão evitar subjetividades e posicionamentos opostos de órgãos diversos em situações absolutamente idênticas.

Se esse guia definir, por exemplo, que o compromisso da alta direção será avaliado a partir da sua participação nos treinamentos, da aposição de um compromisso escrito e que está proibido que qualquer desvio seja praticado por um dos membros da diretoria, fica mais simples ao órgão fiscalizatório avaliar o cumprimento adequado, bem como à empresa que possui o programa garantir que, cumprindo tais requisitos, estará efetivamente apta à obtenção dos benefícios dele advindos.

Nesse caso, na hipótese de um desvio ser verificado na chefia de RH, estando delimitado que o chefe de RH não compõe a alta diretoria, desde o início da implantação do programa, não poderão o Ministério Público ou a polícia, subscritores de eventual acordo, dizer que ele foi descumprido e prosseguir com a medida penal em face do colaborador.

Para demonstrar do que se trata, faz-se um esboço do que se consideraria adequado a um guia para programas de *compliance* para acordos de colaboração premiada.

4.7.2.7 *Proposta de guia: programa de* compliance *para acordos de colaboração premiada – previsibilidade e concretude de requisitos*

Uma das abordagens desta obra é que o *compliance* poderia ser utilizado de maneira prospectiva, quando previsto como requisito de cumprimento a acordos de

4 · CRIMINAL COMPLIANCE E COMPLIANCE ANTICORRUPÇÃO | 241

colaboração premiada, que podem ser celebrados com o Ministério Público e, por força de decisão da Suprema Corte, também podem ser conduzidos pelas polícias judiciárias (federal e civil).

Também ficou claro que o *compliance* já foi utilizado concretamente como requisito à obtenção dos benefícios da colaboração, como no caso do acordo firmado com o acusado Ricardo Pessoa, no âmbito da Operação Lava Jato.

Naquela oportunidade, o Ministério Público condutor da avença estabeleceu que se incumbiria de avaliar o efetivo cumprimento do programa e que, para isso, contaria com o apoio de uma auditoria independente – prova concreta de que a utilização do *compliance* nessa circunstância é uma possibilidade que deve ser cogitada e pensada, para que cumpra sua finalidade.

Com efeito, e na linha do que está disciplinado pelas normas que já se ocuparam de estabelecer algumas métricas ao *compliance* no Brasil, caberá ao órgão fiscalizatório que tem o poder de punir (ou de imputar o fato ilícito) a avaliação da efetividade do programa, já que apenas programas efetivos darão à empresa (na hipótese de confirmação da responsabilização penal objetiva, que é uma aposta) ou ao sócio administrador (afastando o *cacoete* da responsabilização objetiva, tão recorrente em crimes empresariais) direito a gozar dos benefícios decorrentes.

No âmbito concorrencial já foram estabelecidas pelo Conselho Administrativo de Defesa Econômica – que recorrentemente tem utilizado o *compliance* como requisito dos TCCs firmados – métricas para avaliação da efetividade do programa.

A Controladoria-Geral da União também editou importante documento que, de maneira muito transparente, informa às empresas privadas quais serão os elementos observados quando se estiver avaliando a efetividade de um programa de *compliance* anticorrupção.

Porém, no que concerne aos acordos de colaboração premiada, celebrados em âmbito criminal, ainda não foi estabelecida nenhuma métrica para avaliação dos requisitos de efetividade do programa de *compliance*.

Embora evidente, não custa consignar: eventual documento dessa natureza – editado pelo Ministério Público ou pelas polícias – não pode jamais ir de encontro à cartilha já editada pela CGU.

Naturalmente, espera-se que a fonte para a construção desse documento seja o Decreto 8.420/2015, que, em seu art. 42, trouxe alguns requisitos do programa eficiente. Tudo isso em uma lógica de tipicidade conglobante, em que uma regra não pode confrontar outra, a fim de que haja harmonia sistêmica.

Pois bem. Alcançadas essas conclusões parciais, procede-se à proposição de alguns elementos que poderiam estar contidos em uma eventual cartilha especificamente criada para estabelecer os critérios a serem considerados quando a implantação de um programa de *compliance* for prevista como requisito para a celebração de acordo de colaboração premiada.

Parece que, em razão da previsão de que é indispensável o compromisso da alta diretoria (art. 42, I, Decreto 8.420/2015), o primeiro ponto a ficar estabelecido nesse documento seria estabelecer, entre Ministério Público e/ou polícia conducente do acordo e o candidato a colaborador, quem são as pessoas que compõem a alta diretoria da organização.

Isso é importante a fim de que tais pessoas não incorram em desvios, já que eventuais condutas contrárias ao programa podem ser toleradas no que concerne a colaboradores comuns, mas, se a alta diretoria, que precisa estar efetivamente envolvida no processo, incorre em desvios, parece difícil cogitar de que tal programa está sendo efetivo.

A exemplo do que a CGU fez em sua cartilha, imperioso indicar quais são os principais pontos de estrangulamento, enfatizando a delicadeza das relações entre empresas privadas e poder público, e como devem se desenvolver.

Um programa de *compliance* anticorrupção eficiente precisa estar preocupado em criar rotinas que previnam situações de aliciamento por parte de servidores públicos, como a documentação de todos os atos e a necessidade de reuniões com agentes públicos ou pessoas politicamente expostas serem gravadas.

Do mesmo modo, deve haver um capítulo que se ocupe de estabelecer critérios ao oferecimento de brindes e presentes a servidores públicos.

O *Guia do* compliance *na colaboração premiada* também precisa mencionar as ferramentas que devem ser criadas: manual, realização de treinamentos, canal de denúncia, rotinas de diligência de terceiros etc., esclarecendo qual a leitura que a autoridade fiscalizatória faz dos itens contidos nos incisos do art. 42 do Decreto 8.420/2015.

Na linha do que vem fazendo o Cade na sua atuação, e para que se mantenha a interlocução entre colaborador e autoridade, parece essencial que sejam entregues relatórios periódicos que demonstrem o cumprimento das etapas de implantação e consolidação do programa.

Como requisito de transparência, um eventual desvio (que não parta da alta direção, naturalmente) não deveria servir como fator único para a rescisão da avença. Caso algum colaborador inobserve o conteúdo do manual e as regras de *compliance*, deve haver incentivo a que a organização proceda a processo interno de apuração e sancione exemplarmente o colaborador desviante.

Deve ficar consignado, outrossim, que o desvio de membro da alta direção será suficiente para o cancelamento da avença. Se alguém da diretoria, em plena execução de um acordo de colaboração premiada, inobserva as regras de *compliance*, parece inviável dizer que exista efetividade.

Esses seriam alguns itens que poderiam constar do guia de *compliance* na colaboração premiada, o que deixaria, desde o início, estabelecidos os critérios de avaliação, facilitando a atuação da autoridade incumbida da avaliação da adequação do programa, bem como do colaborador, para cobrar o recebimento da benesse prometida caso cumpra tais requisitos.

Isso porque, para que realmente se possa cogitar da utilização do *compliance* como ferramenta de *enforcement* da legislação de combate à corrupção, caso a empresa realmente cumpra os requisitos a que está submetida, deve ela receber os benefícios prometidos, sob pena de a ferramenta cair no mais absoluto descrédito.

A fim de viabilizar a entrega do prêmio decorrente da implantação de programa efetivo de *compliance*, uma via que parece útil é a propositura de ação declaratória da eficácia do acordo penal, algo que já se tem utilizado no âmbito dos termos de ajustamento de conduta.

4.7.2.8 Garantia da eficácia do acordo penal firmado em favor do jurisdicionado que efetivamente cumpriu seus requisitos

Conforme conceito cunhado pelo próprio Conselho Nacional do Ministério Público (CNMP):

> O termo de ajustamento de conduta é um acordo que o Ministério Público celebra com o violador de determinado direito coletivo. Este instrumento tem a finalidade de impedir a continuidade da situação de ilegalidade, reparar o dano ao direito coletivo e evitar a ação judicial.

O CNMP utiliza o exemplo do dano ambiental como hipótese de cabimento de termo de ajustamento de conduta: "isso ocorre, por exemplo, nos casos em que uma indústria polui o meio ambiente. Nesse caso, o Ministério Público pode propor que ela assine um termo de compromisso para deixar de poluir e reparar o dano já causado ao meio ambiente. Se a indústria não cumprir com seu compromisso, o Ministério Público pode ajuizar ações civis públicas para a efetivação das obrigações assumidas no acordo".[258]

A previsão de cabimento dos termos de ajustamento de conduta está no art. 5º, § 6º, da Lei 7.347/1985,[259] e a sua natureza jurídica é de título executivo extrajudicial, segundo já teve a oportunidade de se manifestar o Superior Tribunal de Justiça,[260] comportando execução direta na hipótese de seu descumprimento.

Com efeito, quando celebrado um termo de ajustamento de conduta e não cumpridos seus requisitos pelo Ministério Público ou pelo sujeito comprometido, pode ele ser executado pela parte prejudicada, como se faria com um título extrajudicial.

Ao que parece, poder-se-ia mais: caso haja dissenso acerca do cumprimento ou não dos requisitos do acordo, pode ser o Judiciário provocado para interpretar seu conteúdo, como faria em relação a um contrato, que também se inclui na categoria de título executivo extrajudicial.

Tudo isso porque os títulos executivos extrajudiciais possuem requisitos de existência, validade e eficácia, a exemplo dos atos jurídicos, categoria de que são espécies; de modo que, uma vez celebrados, têm como efeito a contração de obrigações recíprocas.

---

[258] CONSELHO NACIONAL DO MINISTÉRIO PÚBLICO. O que é o Termo de Ajustamento de Conduta. Disponível em: <http://www.cnmp.gov.br/direitoscoletivos/index.php/4-o-que-e-o-termo--de-ajustamento-de-conduta>. Acesso em: 22 abr. 2019.

[259] "Art. 5º

[...]

§ 6º Os órgãos públicos legitimados poderão tomar dos interessados compromisso de ajustamento de sua conduta às exigências legais, mediante cominações, que terá eficácia de título executivo extrajudicial. (Incluído pela Lei nº 8.078, de 11.9.1990)."

[260] "A jurisprudência do Superior Tribunal de Justiça consolidou-se no sentido de que o TAC, como solução negociada de ajuste das condutas às exigências legais, constitui título executivo extrajudicial e, como tal, na hipótese de descumprimento, enseja a sua execução direta. Nesse sentido os seguintes julgados: AgRg no REsp n. 1.175.494/PR, Rel. Ministro Arnaldo Esteves Lima, Primeira Turma, julgado em 22/3/2011, *DJe* 7/4/2011 e REsp n. 1.521.584/RS, Rel. Ministro Herman Benjamin, Segunda Turma, julgado em 5/11/2015, *DJe* 16/11/2015" (AgInt no REsp 1.665.702/AP, Rel. Min. Francisco Falcão, j. em 12.02.2019).

Se um item ou uma cláusula são ambíguos, comportando interpretações diversas, o Judiciário pode ser provocado a declarar qual é a leitura correta que se deve fazer da disposição. Do mesmo modo, se uma parte se considera lesada pelo não cumprimento da avença, pode provocar o Judiciário para que, declarando a eficácia do negócio jurídico lavrado, determine seu descumprimento e converta a obrigação em perdas e danos.

Usando um exemplo a partir do termo de ajustamento de conduta, lavrado o termo no âmbito de um inquérito civil para a apuração de dano ambiental. Ambas as partes se comprometem com uma obrigação: a empresa, a cumprir as exigências previstas no acordo, e, o Ministério Público, a suspender o trâmite do inquérito civil público e arquivá-lo quando tiverem sido comprovadamente cumpridos os requisitos do acordo.

Suponha, agora, que, entre as obrigações previstas para a empresa, o Ministério Público propõe cláusula que dispõe que ela precisa plantar um número de árvores em uma determinada área. Nada diz a respeito do tipo de árvore; apenas diz que tem de ser um número específico de árvores em um local também predeterminado.

A empresa, dando cumprimento ao conteúdo do acordo, procede ao plantio do número adequado de árvores, da espécie macieira. Porém, o Ministério Público lhe cassa os benefícios prometidos por meio da avença, por entender que a espécie das árvores plantadas deveria ser eucalipto em vez de macieiras.

Prossegue, nesse caso, com seu processamento nos autos do inquérito civil público, considerando descumprido o termo somente em função da espécie das mudas efetivamente plantadas, sendo que, nesse caso, o termo de ajustamento indiscutivelmente não dispunha acerca de que espécie as árvores plantadas deveriam ser, apenas indicando o número de mudas e o local.

Em princípio, não poderia o Ministério Público posteriormente inovar, excedendo os limites da avença originalmente entabulada (e sobre a qual anuiu a empresa), para dizer que deveriam ter sido plantados eucaliptos, de modo que estaria descumprindo as regras que ele próprio criou ao jogo (ausência de *fair play*).

Ele próprio estabeleceu no termo como critério apenas o número de mudas e o local do plantio, omitindo-se quanto à espécie. Uma vez celebrado o acordo nesses termos, não pode o Ministério Público exigir que a empresa adivinhasse qual era a espécie que considerava mais ideal ao plantio.

Nesse caso, parece ser possível defender que a empresa subscritora do acordo poderia propor uma ação judicial visando a ver declarada a ilegalidade da conduta do Ministério Público e a adequação de sua conduta diante da eficácia do acordo.

O juízo deveria declarar que o acordo cumpriu seus requisitos (portanto, que é válido), e que, em face disso, possui eficácia quanto a seus termos específicos e que a exigência de que o plantio fosse de mudas de eucalipto jamais foi aceita pela empresa.

A jurisprudência apresenta diversos casos de execução do termo de ajustamento de conduta e de declaração da sua validade ou eficácia,[261] dos limites da sua eficácia[262]

---

[261] TJDF, Ap. Civ. 693922, Rel. Des. Fernando Habibe, j. em 10.07.2013.
[262] TJSC, Ap. Civ. 0002232-37.2014.8.24.0135, Rel. Des. Hélio do Valle Pereira, j. em 14.03.2019.

4 · CRIMINAL COMPLIANCE E COMPLIANCE ANTICORRUPÇÃO | 245

ou mesmo de readequação de penalidades por descumprimento, em se considerando a moldura fática em que se deu.[263]

Com efeito, evidente que o Judiciário pode ser provocado a se manifestar visando à eficácia do termo de ajustamento de conduta, de modo que ambas as partes cumpram as obrigações de que se incumbiram.

A ação declaratória da eficácia do termo é uma importante ferramenta com o anelo de evitar que o sujeito que efetivamente cumpre sua obrigação deixe de receber o benefício consequente. Medidas com o escopo de lhe garantir interpretação mais adequada do ponto de vista constitucional também se mostram efetivas.

Uma preocupação que precisa ser considerada no presente trabalho é qual a segurança que o colaborador possui quanto ao efetivo recebimento do benefício negociado quando cumpre os requisitos previstos pelo acordo.

Notadamente porque, como já se teve a oportunidade de demonstrar, a fiscalização quanto ao efetivo cumprimento dos requisitos da colaboração ficará a cargo de quem propôs o acordo, no caso, Ministério Público ou polícia judiciária.

Com efeito, incumbirá ao próprio órgão propositor da medida, que possui (portanto) interesse direto, atestar o cumprimento efetivo. Nesse sentido, parece invariável a pergunta: a quem incumbirá fiscalizar o fiscalizador?

Em outras palavras, havendo divergência entre o Ministério Público/polícia e o colaborador quanto ao efetivo cumprimento dos termos do acordo, a quem incumbirá confirmá-lo ou não? Parece inexorável que ao Judiciário, a quem, inclusive, coube a homologação da avença (art. 7º, Lei 12.850/2013), e, portanto, a avaliação quanto à "regularidade", à "legalidade" e à "voluntariedade" da avença.

A exemplo do que já tem ocorrido com os termos de ajustamento de conduta, cuja legitimação à propositura é igualmente do Ministério Público, e inobstante a colaboração premiada tenha sido considerada pelo Supremo Tribunal Federal[264] e pelo Superior Tribunal de Justiça[265] como negócio jurídico processual – portanto, com natureza diversa dos termos de ajustamento de conduta (que, como vistos, são considerados títulos executivos extrajudiciais) –, parece que a ferramenta garante a eficácia do acordo.

---

[263] TJSC, 2013.028913-4, Rel. Des. Pero Manoel Abreu, j. em 25.11.2014.

[264] "Agravo regimental. Inquérito. Pedido de acesso a termo do acordo de colaboração. Sigilo legal. Lei 12.850/2013. Negócio jurídico personalíssimo. Precedente: HC 127.483/PR. Acesso garantido aos termos de depoimento do colaborador. Agravo regimental desprovido. 1. O Termo de Colaboração Premiada revela natureza de negócio jurídico processual, consistindo em meio de obtenção de prova cujo sigilo perdura até que sobrevenha decisão de recebimento da denúncia (art. 7º, § 1º e § 3º, da Lei 12.850/2013)" (STF, Ag. Reg. Inq. 4.619/DF, Rel. Min. Luiz Fux, j. em 10.09.2018).

[265] "2. A colaboração premiada é uma técnica especial de investigação, meio de obtenção de prova advindo de um negócio jurídico processual personalíssimo, que gera obrigações e direitos entre as partes celebrantes (Ministério Público e colaborador), não possuindo o condão de, por si só, interferir na esfera jurídica de terceiros, ainda que citados quando das declarações prestadas, faltando, pois, interesse dos delatados no questionamento quanto à validade do acordo de colaboração premiada celebrado por outrem. Precedentes do STF e STJ" (STJ, RHC 69.988/RJ, Rel. Min. Reynaldo Soares da Fonseca, j. em 25.10.2016).

A relevância disso está no fato de que, se os acordos de colaboração passarem a prever a implementação de programa de conformidade anticorrupção como obrigação ao colaborador, será imprescindível que exista uma ferramenta que garanta o cumprimento efetivo da avença, dando-se ao colaborador o prêmio que lhe é de direito.

Do contrário, e contando-se apenas com a fiscalização do próprio órgão que propôs o acordo, existe insegurança jurídica, de modo que divergências interpretativas acerca da adequação do programa implementado podem levar a descumprimentos por parte do Ministério Público.

Usa-se um novo exemplo, agora para contextualizar a hipótese da colaboração premiada como meio de confirmação do *compliance* como ferramenta de *enforcement*.

Suponha-se que o Ministério Público tenha disposto no acordo de colaboração firmado com o colaborador X que será considerado efetivo o programa de *compliance* da sua empresa caso ela estabeleça um canal de denúncia.

No acordo, não há nenhuma peculiaridade prevista ao canal de denúncia, mas apenas que ele deve existir no âmbito da organização.

O colaborador estabelece um programa de *compliance* anticorrupção na sua empresa, e é criado um canal de denúncia físico, por meio do qual os colaboradores podem colocar em uma urna, localizada nos banheiros feminino e masculino da empresa (a fim de garantir o anonimato) reportes por escrito de desvios ocorridos em seus respectivos setores.

Pois bem. Avaliando o cumprimento efetivo do acordo e a efetividade do programa implementado, o Ministério Público decide que o canal de denúncia deveria ser necessariamente digital, preferencialmente por meio de *software* específico para essa finalidade.

Com base nisso, entende que o acordo de colaboração foi descumprido e retoma a investigação ou a ação penal iniciada em face do colaborador.

Nesse caso, assim como no exemplo outrora dado quanto ao cumprimento da obrigação no âmbito de termo de ajustamento de conduta, não havia previsão específica de que maneira deveria ser criado o canal de denúncia, mas apenas de que a empresa deveria adotar tal ferramenta.

Aqui novamente existe uma inovação do Ministério Público quanto aos termos do acordo originalmente firmado, criando-se uma nova condição não aceita originalmente pelo delator e não passada pelo crivo do juízo quando da homologação do acordo de colaboração.

Nesse caso, como no dos TACs, parece válido ao colaborador se valer de ação que vise a declarar a eficácia do acordo de colaboração firmado, a fim de estabelecer os termos e os limites da obrigação efetivamente contraída, com a consequente determinação para que o Ministério Público não prossiga com a investigação ou a ação penal instaurada.

Assim, caberá ao juízo também a avaliação quanto à adequada interpretação do Ministério acerca do efetivo cumprimento do acordo e da adequação do programa de *compliance* implementado pelo colaborador em sua empresa.

Na mesma linha do que ocorre quanto à necessidade de homologação do acordo, sendo ela um elemento garantidor da legalidade da avença, também quanto ao efetivo

4 · *CRIMINAL COMPLIANCE* E *COMPLIANCE* ANTICORRUPÇÃO | 247

cumprimento de seus termos (e, portanto, quanto à efetividade do programa implementado), parece inexorável a necessária participação do Poder Judiciário.

Evidentemente, disso não se precisaria caso os acordos fossem cumpridos adequadamente e nos limites de suas cláusulas, sem posteriores exercícios interpretativos que pudessem alterar seu sentido original.

Todavia, deve-se naturalmente pensar em ferramentas que garantam a correção de tal problema, e a ação declaratória da eficácia do acordo, com consequente reconhecimento da efetividade do programa é, sem dúvida, um meio útil a tal finalidade.

Caso não exista a preocupação de se estabelecerem meios que possam ser utilizados pelo colaborador quando questionado o cumprimento adequado dos requisitos estabelecidos pelo acordo firmado e, sendo a implantação de programa efetivo de *compliance* uma potencial condição ao cumprimento do acordo, o seu uso como ferramenta de *enforcement* anticorrupção pode ficar muito prejudicado e, até mesmo, cair em descrédito.

Como se teve a oportunidade de tratar, defende-se que a implantação de programas efetivos de *compliance* anticorrupção poderia ser uma ferramenta de *law enforcement* e, mais especificamente, de garantia de eficácia da Lei de Combate à Corrupção (Lei 12.846/2013).

Tal possibilidade se daria de maneira preventiva, de modo que seriam criados benefícios às empresas que implantassem voluntariamente programas efetivos de *compliance*, garantindo-lhes tratamento diferenciado por ocasião de alguma investigação; e também se daria de maneira prospectiva, utilizando-se o *compliance* como requisito de obtenção dos benefícios que advêm de acordos de colaboração premiada.

Nesse segundo caso, teria caráter preponderantemente restaurativo e poderia ser enriquecida pela exigência de ressarcimento ao erário, que já é habitual em acordos de colaboração.

Se, embora tenha interesse em firmar acordo, o colaborador não se puder valer de qualquer meio a confirmar o efetivo cumprimento dos seus termos, acautelando-se em face de qualquer iniciativa no sentido de lhe serem tolhidos os direitos decorrentes do cumprimento da avença, por que se interessaria em fazê-lo em um cenário tão precário?

Justo por isso parece defensável que utilize a ação declaratória da eficácia do acordo firmado, a fim de que o Poder Judiciário, a quem também incumbiu avaliar a legalidade dos termos da avença, verifique se não houve cumprimento adequado da obrigação contraída.

A referência que se pode ter dessa faculdade é o que já ocorre no âmbito dos termos de ajustamento de conduta, em que ambas as partes podem mover ações judiciais que visem a unificar a interpretação possível dos termos da avença, bem como a executar o acordo quando alguém o descumpre ilegalmente.

CONCLUSÕES

Com o ganho de importância que o tema corrupção teve no mundo e no Brasil, em face de importantes casos, alguns dos quais já se teve a oportunidade de aqui tratar, a temática do *law enforcement* – que aqui é pensado como cumprimento efetivo do direito – e do *compliance* – que pode ser compreendido como cumprimento voluntário de normas internas, externas e valores éticos – também assumiu papel de destaque na pauta do país.

Embora já mais amadurecidos em países como Estados Unidos, Espanha e Portugal, por exemplo, a conjuntura atual acabou fomentando o estudo dessas novas ferramentas, que precisam, naturalmente, ser pensadas a partir da realidade do sistema jurídico brasileiro, fugindo das adaptações artificiais que por vezes se fazem a institutos originários de outros sistemas.

Inobstante deva se sujeitar ainda a muita reflexão, a análise do *law enforcement* e do *compliance* provoca a possibilidade de que o *compliance* possa ser utilizado como ferramenta de aplicação efetiva da norma de combate à corrupção, não apenas no que tange à sua versão administrativa-civil (disciplinada pela Lei 12.846/2013), mas também ao seu aspecto criminal, já previsto pelo Código Penal desde a primeira metade do século passado.

Com efeito, para que se possa cogitar da utilização do *compliance* como ferramenta efetiva de aplicação do direito (para além da simples aplicação da norma) – tanto de maneira preventiva quanto prospectiva – importante que algumas bases sejam estabelecidas, justamente no intuito de reconhecer as particularidades que o uso dessas ferramentas terá na realidade concreta dos sistemas jurídicos e da gestão das empresas.

Ocorre que a concepção do *compliance* vinculada apenas ao direito é limitada e limitadora. Os operadores do direito tendem a patrociná-la por ausência de conhecimentos interdisciplinares nos seus currículos de formação e, por vezes, na sua experiência profissional.

Compliance, fora do direito, é forma de identificação de riscos, gerenciamento de riscos, comunicação transversal e atuação eficaz no sentido de enfrentá-los. É importantíssimo canal de comunicação, de debate, de decisão e de execução das organizações que a ele se dedicam.

Compliance, fora do direito, é instrumento promotor do debate dos temas de amplo interesse da organização. É técnica de inclusão das classes que compõem a organização. É técnica legitimadora das decisões. É a mais disseminada e efetiva técnica de governança corporativa.

Não se trata, portanto, fora do direito, de busca pelo cumprimento normativo voluntário, mas sim de percepção e detecção de realidade e das circunstâncias em que a organização recebe todos os elementos para, lucidamente, de forma consciente, decidir correr um ou mais riscos ou decidir tratá-los.

O discurso do cumprimento normativo é romântico e falso moralista. É óbvio que se busca respeitar o sistema jurídico, mas não como fim precípuo. O fim não está no sistema jurídico e muito menos na sua interpretação. O fim está nos riscos do sucesso e na sustentabilidade da operação.

Compliance não significa, portanto, o evitamento do ilícito. Por vezes, a estrutura de *compliance*, pelo contrário, auxilia as organizações a decidir como lidar com a possibilidade de que determinado fato ou conduta seja interpretado, sim, como ilícito.

É necessário perceber que o jurista quase sempre adota uma lógica normativa, de "dever-ser", portanto, prescritiva, a respeito de como deveria ser a atuação do *compliance* nas organizações e de como deveria ser a realidade, sob pena da aplicação de sanções – uma lógica de mudar o mundo por intermédio do *compliance*.

Trata-se de uma ilusão e de um engodo, que mais serve ao discurso de profissionais que desejam propagar o tema.

Por se tratar de uma estrutura interdisciplinar tanto cognitiva quanto executiva interna às organizações, a lógica mais adequada ao *compliance* não é a normativa, mas sim a lógica causal. É a lógica do "ser". Uma lógica descritiva. É a lógica descritiva da realidade e que considera essa realidade do mundo dos fatos e não do mundo das normas, com vistas à percepção dos riscos, ao planejamento, à tomada de decisões e à execução dessas decisões.

Se assim não se pensar, a consequência é a perda, por parte do profissional de *compliance*, da perspectiva necessária para a verdadeira compreensão da sua função, dentro de qualquer empresa ou organização.

Perde-se na visão do cumprimento normativo como fim e no desconhecimento dos desafios alheios. Corre-se o risco de adotar uma visão formalista ou, pior, uma visão, além de formal, por vezes moralista e míope, que não coopera com o exercício das demais funções e dos demais atores inerentes à organização.

Além dessa premissa conclusiva inicial e geral, conclui-se, ainda:

a) É a natural imperfeição das organizações que lhes cria riscos. Embora preventivo, o *compliance* por vezes decorre exatamente da admissão de que a organização incidiu em erros ou em riscos. As organizações que mais admitem riscos ou erros passados, mais previnem o futuro, aperfeiçoando a cultura das equipes.

Nem todo risco corresponde a um problema a ser defenestrado, mas é importante que as organizações estejam absolutamente cientes de ambos, a fim de traçar os seus perfis e buscar o seu desenvolvimento nos temas necessários, de maneira lúcida e coerente. *Enforcement* não apenas legal, mas também cultural.

b) Além da interpretação de que o sentido do termo *law* é mais amplo e que diz respeito à aplicação do direito, também se deve analisar com cuidado que a doutrina enriquece o conceito incluindo a palavra efetiva, registrando que "nenhuma lei perfeita garante uma boa aplicação. É por isso que o conteúdo de aplicação efetiva não é redundante".[1]

---

[1] MENDES, Paulo de Sousa. *Law enforcement* e *compliance*. In: PALMA, Maria Fernanda; DIAS, Augusto Silva; MENDES, Paulo de Sousa (Coord.). *Estudos sobre* law enforcement, compliance *e direito penal*. Coimbra: Almedina, 2018.

Não é redundante porque não há certeza de que todo sujeito vivendo em sociedade, mesmo que compreenda a essência da norma e sua razão, vá efetivamente cumpri-la. Existe uma escolha de atender à norma e sua finalidade, e muitos irão escolher não o fazer.

c) Como o cumprimento voluntário pressupõe a ciência quanto ao conteúdo da norma, deve-se ater também ao sentido que os operadores do direito a ela dão. De nada adiante focar apenas na interpretação que a organização dá à norma, ou mesmo na interpretação dada pelo seu jurídico e pelo seu setor de *compliance*.

d) Se os oficiais de *compliance* servirem de mero "bode expiatório" à manutenção de rotinas inadequadas, o instituto estará condenado. Se os gestores contratarem pessoas para servir de oficial de *compliance* "de fachada" (apenas formal), para que possam manter más práticas e, quando autuados, investigados e/ou condenados, culpar o oficial de *compliance* para se esquivar da responsabilidade, a ferramenta não trará resultados.[2]

Por isso, as normas que passaram a regular os programas de integridade, a exemplo do que já ocorre no exterior, quiseram destacar o compromisso da alta administração[3] como um dos elementos a serem levados em conta quando se está avaliando a sua eficácia.

Se a alta administração não está efetivamente comprometida, não se tem como cogitar de eficiência do programa, que pode ser *good on paper*, mas não surtir efeitos reais nas rotinas das pessoas envolvidas na operação.

Na mesma linha, o oficial de *compliance* tem autonomia e não está subordinado à alta administração. Entre as tarefas que lhe incumbem, está a de fiscalizar os efeitos do programa e os resultados práticos de mudança nas rotinas internas.

e) É necessário haver atenção na identificação do *compliance* como instrumento ideal de combate à corrupção e aos demais riscos empresariais. É sempre válido atentar ao verdadeiro objetivo buscado e aos interesses envolvidos. O uso do combate à corrupção como lema político de justificação de guinada de poder não é algo novo à realidade brasileira. Alcançado o *status* que almejam, aqueles que antes pregavam a luta contra a corrupção por vezes acabaram sugados para um "vórtice" comum, que utiliza atos de corrupção para justificar seus meios.

f) Entre os mecanismos alternativos de tratamento à corrupção estão os programas de *compliance*, ou de integridade, já previstos pela Lei Anticorrupção em 2013, e regulados por diversos órgãos de controle público, como a Controladoria-Geral da União. Certamente, não resolverão sozinhos o problema – nem merecem toda essa responsabilidade –, mas contribuem para o enfrentamento global, não apenas da corrupção, mas também dos demais riscos inerentes à atividade empresarial.

---

[2] A respeito: BUSATO, Paulo César. O que não se diz sobre o *criminal compliance*. In: MENDES, Paulo de Sousa; PALMA, Maria Fernanda; DIAS, Augusto Silva (Coord.). *Estudos sobre* law enforcement, compliance *e direito penal*. Coimbra: Almedina, 2018.

[3] Art. 42, I, do Decreto 8.420/2015, que dispõe acerca da responsabilidade administrativa das pessoas jurídicas pela prática de atos contra a administração.

BIBLIOGRAFIA

ALMEIDA, Guilherme Assis de. *Ética e direito*: uma perspectiva integrada. 2. ed. São Paulo: Atlas, 2004.

ALVAREZ, Inma Valaeije. *Consideraciones sobre el bien jurídico protegido en el delito de cohecho.* Madrid: Editoriales de Derecho Reunidas, 1995.

ALVAREZ, Inma Valeije. *El tratamiento penal de la corrupción del funcionario*: el delito de cohecho. Madrid: Editoriales de Derecho Reunidas, 1995.

ANDRADE, Vera Regina Pereira de. *Pelas mãos da criminologia.* Rio de Janeiro: Revan, 2012.

ANGELO, Natieli Giorisatto de; CARVALHO, Thiago Fabris de. A justiça restaurativa à luz das contribuições abolicionistas como modelo efetivamente alternativo dos conflitos. *Revista de Estudos Criminais,* ano CVII, 2018.

ANITUA, Gabriel Ignácio. *História dos pensamentos criminológicos.* Rio de Janeiro: Revan, 2008.

ANTONIK, Luis Roberto. Compliance, *ética, responsabilidade social e empresarial*: uma visão prática. Rio de Janeiro: Alta Books, 2016.

ARENHART, Sérgio Cruz. Tutela atípica de prestações pecuniárias. Por que ainda aceitar o "É ruim, mas eu gosto?". *Revista de Processo,* ano 43, v. 281, jul. 2018.

ARROYO ZAPATERO, L.; NIETO MARTÍN, A. (Dir.). *El derecho penal económico en la era* compliance. Valencia: Tirant lo Blanch 2013.

ARRUDA ALVIM, Teresa. Provas – novidades recentes. In: VV.AA. *La prueba en el proceso*: II Conferencia Internacional & XXVI Jornadas Iberoamericanas de Derecho Procesal. Barcelona: Atelier, 2018.

ASSI, Marcos. Compliance: como implementar. São Paulo: Trevisan, 2018.

ASSOCIAÇÃO BRASILEIRA DE NORMAS TÉCNICAS (ABNT). Nota brasileira do item 3.17. In: ASSOCIAÇÃO BRASILEIRA DE NORMAS TÉCNICAS (ABNT). *ISO 19600:2014*: sistema de gestão de compliance e diretrizes. Rio de Janeiro: ABNT, 2014.

BAGNOLI, Vicente. A definição do mercado relevante, verticalização e abuso de posição dominante na era do *Big Data.* In: DOMINGUES, Juliana Oliveira. (Org.). *Direito antitruste 4.0*: fronteiras entre concorrência e inovação. São Paulo: Singular, 2019.

BAGNOLI, Vicente; FRANCESCHINI, José Inácio Gonzaga. Direito concorrencial. In: CARVALHOSA, Modesto (Coord.). *Tratado de direito empresarial.* São Paulo: RT, 2016. v. 7.

BARATTA, Alessandro. *Criminologia crítica e crítica ao direito penal*. 6. ed. Rio de Janeiro: Revan, 2013.

BARBACETTO, Gianni; GOMEZ, Peter; TRAVAGLIO, Marco. *Operação Mãos Limpas*. Porto Alegre: CDG, 2016.

BARREIROS, Gustavo Alem. *Estatísticas criminais brasileiras como evidências empíricas*: um estudo comparado ao modelo alemão. 2015, fl. 95. Trabalho de conclusão de curso orientado pelo Prof. Dr. Eduardo Saad-Diniz (Graduação em Direito) – Faculdade de Direito de Ribeirão Preto da Universidade de São Paulo, 2015. Disponível em: <file:///C:/Users/advogados001/Downloads/GustavoAlemBarreiros.pdf>. Acesso em: 12 fev. 2019.

BASTOS, Celso Ribeiro. *Curso de direito constitucional*. 20. ed. atual. São Paulo: Saraiva, 1999.

BATISTA, Quetilin de Oliveira. *Investigações internas*. Florianópolis: Habitus, 2018.

BATISTA, Vera Malaguti. *Introdução crítica à criminologia brasileira*. Rio de Janeiro: Revan, 2011.

BAUMAN, Zygmunt. *A liberdade*. Lisboa: Estampa, 1989.

BB Gestão de Recursos DTVM S.A. *Manual de conformidade*: divisão de conformidade. Disponível em: <http://www.bb.com.br/docs/pub/siteEsp/sitedtvm/dwn/manualconformidade.pdf>. Acesso em: 8 jan. 2019.

BECHARA, Ana Elisa Liberatores S. La evolución político-criminal en el control de la corrupción pública. *Revista General de Derecho Penal*, Madrid, 2012.

BESSA NETO, Luis Irapuan Campelo. *Lei Anticorrupção e a promoção ética do programa de compliance efetivo*: um estudo de caso. Dissertação (Mestrado) – Universidade Federal de Santa Catarina, Florianópolis, 2019.

BIEGELMAN, Martin T.; BIEGELMAN, Daniel R. *Building a world-class compliance program*: best practices and strategies for success. New Jersey: Wiley, 2008.

BLOYDIK, Gerardus. *Roles and responsibilities*. New York: 5StarCooks, 2018.

BRASIL. *Ato institucional nº 1, de 09 de abril de 1964*. Dispõe sobre a manutenção da Constituição Federal de 1946 e as Constituições Estaduais e respectivas Emendas, com as modificações introduzidas pelo Poder Constituinte originário da revolução vitoriosa. Disponível em: <http://www.planalto.gov.br/ccivil_03/AIT/ait-01-64.htm>. Acesso em: 22 maio 2019.

BRASIL. *Decreto nº 4.410, de 7 de outubro de 2002*. Promulga a Convenção Interamericana contra a Corrupção, de 29 de março de 1996, com reserva para o art. XI, parágrafo 1º, inciso "c". Disponível em: <http://www.planalto.gov.br/ccivil_03/decreto/2002/D4410a.htm>. Acesso em: 20 fev. 2019.

BRASIL. *Decreto nº 5.687, de 31 de janeiro de 2006*. Promulga a Convenção das Nações Unidas contra a Corrupção, adotada pela Assembleia-Geral das Nações Unidas em 31 de outubro de 2003 e assinada pelo Brasil em 9 de dezembro de 2003.

Disponível em: <http://www.planalto.gov.br/ccivil_03/_ato2004-2006/2006/decreto/d5687.htm>. Acesso em: 28 jan. 20019.

BRASIL. Exposição de Motivos nº 211, de 9 de maio de 1983. *Lei nº 7.209, de 11 de julho de 1984*. Altera dispositivos do Decreto-lei nº 2.848, de 7 de dezembro de 1940 – Código Penal, e dá outras providências. Disponível em: <https://www2.camara.leg.br/legin/fed/lei/1980-1987/lei-7209-11-julho-1984-356852-exposica-odemotivos-148884-pl.html>. Acesso em: 21 ago. 2021.

BRASIL. *Lei nº 12.846, de 1º de agosto de 2013*. Dispõe sobre a responsabilização administrativa e civil de pessoas jurídicas pela prática de atos contra a administração pública, nacional ou estrangeira, e dá outras providências. Disponível em: <http://www.planalto.gov.br/ccivil_03/_ato2011-2014/2013/lei/l12846.htm>. Acesso em: 31 maio 2019.

BRASIL. *Relatório Mensalão*: Ação Penal 470 Minas Gerais. Disponível em: <www.stf.jus.br/arquivos/cms/noticianoticiastf/anexo/relatoriomensalao.pdf>. Acesso em: 17 jan. 2019.

BRASIL. Justiça Federal. *Ação Penal nº 5046512-94.2016.4.04.7000/PR*. Disponível em: <http://www.mpf.mp.br/grandes-casos/caso-lava-jato/atuacao-na-1a-instancia/parana/denuncias-do-mpf/documentos/LulaSENT1.pdf>. Acesso em: 31 maio 2019.

BRASIL. Tribunal Regional Federal. *Apelação Criminal nº 5046512-94.2016.4.04.7000/PR*. Disponível em: <http://estaticog1.globo.com/2018/02/06/acordao_1.pdf>. Acesso em: 31 maio 2019.

BRITO MACHADO, Hugo de. A denominada sanção premial no âmbito do direito tributário. *Revista Interesse Público*, Belo Horizonte, ano 12, v. 64, 2010.

BUSATO, Paulo César. Historia y perspectivas respecto de la corrupción en Brasil. *Revista Penal*, n. 36, jul. 2015.

BUSATO, Paulo César. O que não se diz sobre o *criminal compliance*. In: MENDES, Paulo de Sousa; PALMA, Maria Fernanda; DIAS, Augusto Silva (Coord.). *Estudos sobre* law enforcement, compliance *e direito penal*. Coimbra: Almedina, 2018.

BUSATO, Paulo César; REINALDET, Tracy Joseph. Crítica ao uso dogmático do *compliance* como eixo de discussão de uma culpabilidade de pessoas jurídicas. In: GUARANI, Fábio André; BUSATO, Paulo César (Coord.); DAVID, Décio Franco (Org.). Compliance e *direito penal*. São Paulo: Atlas, 2015.

CALDEIRA, Jorge. *Nem céu nem inferno*: ensaios para uma visão renovada da história do Brasil. São Paulo: Três Estrelas, 2015.

CAMARGO, Rodrigo Oliveira de. Compliance empresarial e investigação preliminar. In: SOUZA, Bernardo de Azevedo e; SOTO, Rafael Eduardo de Andrade (Org.). *Ciências criminais em debate*: perspectivas interdisciplinares. Rio de Janeiro: Lumen Juris, 2015.

CANDELORO, Ana Paula Pinho; DE RIZZO, Maria Balbina Martins; PINHO, Vinicius. Compliance *360º*: riscos, estratégias e vaidades no mundo corporativo. 2. ed. São Paulo: Edição do Autor, 2015.

CARLIN, Everson Luiz Breda. *Criando valor nas organizações*: do *compliance* à proteção patrimonial – como tornar uma empresa um atrativo. Curitiba: Juruá, 2017.

CARVALHO, Vinicius Marques; MENDES, Francisco Schertel. Compliance, *concorrência e combate à corrupção*. São Paulo: Trevisan, 2017.

CASARA, Rubens. *Processo penal do espetáculo*: ensaios sobre o poder penal, a dogmática e o autoritarismo na sociedade brasileira. Florianópolis: Empório do Direito, 2015.

CASSIN, Richard L. California compliance officer convicted of perjury. Disponível em: <http://www.fcpablog.com/blog/2017/10/6/california-compliance-officer--convicted-of-perjury.html>. Acesso em: 8 jan. 2019.

CASTELLS, Manuel. *Redes de indignação e esperança*: movimentos sociais na era da internet. Rio de Janeiro: Zahar, 2013.

CHANGE.ORG. JUSTIÇA! Queremos CADEIA para quem matou o cão do CARREFOUR de Osasco! Disponível em: <https://www.change.org/p/justi%C3%A7a--queremos-cadeia-para-quem-matou-o-c%C3%A3o-do-carrefour-de-osasco>. Acesso em: 6 abr. 2019.

CHEMIM, Rodrigo. *Mãos Limpas e Lava Jato*: a corrupção se olha no espelho. Porto Alegre: CDG, 2017.

CHOUKR, Fauzi Hassan. *Processo penal de emergência*. Rio de Janeiro: Lumen Juris, 2002.

COCCIOLO, Endirus Eliseo. Las mutaciones del concepto de corrupción: de la ambigüedad de las sociedades arcaicas a la complejidad en la época del Estado regulador y de la sociedad del riesgo. *Revista de Llegua i Dret*, n. 50, 2008.

CÓDIGO FEDERAL DOS EUA. Cláusulas antissuborno e sobre livros e registros contábeis da lei americana anticorrupção no exterior. Disponível em: <https://www.justice.gov/sites/default/files/criminal-fraud/legacy/2012/11/14/fcpa-portuguese.pdf>. Acesso em: 20 fev. 2019.

COLAPRICO, Di Pietro. Colombo: "Cari ragazzi vi racconto Mani Pulite". Disponível em: <http://www.repubblica.it/cultura/2015/03/20/news/colombo_cari_ragazzi_vi_racconto_mani_pulite_-110052704/?refresh_ce>. Acesso em: 13 set. 2018.

COLNAGHI NEVES, Edmo. Compliance *empresarial*: o tom da liderança. São Paulo: Trevisan, 2018.

COLOMBO, Gherardo. *Lettera a un figlio su Mani Pulite*. Milano: Garzanti, 2015.

COMPARATO, Fábio Konder. *Rumo à justiça*. São Paulo: Saraiva, 2010.

CONSELHO ADMINISTRATIVO DE DEFESA ECONÔMICA. Cade publica primeiros dados abertos à sociedade. Disponível em: <http://www.cade.gov.br/noticias/cade-publica-primeiros-dados-abertos-a-sociedade>. Acesso em: 28 dez. 2018.

CONSELHO ADMINISTRATIVO DE DEFESA ECONÔMICA. *Guia para programas de* compliance. Disponível em: <http://www.cade.gov.br/acesso-a-informacao/publicacoes-institucionais/guias_do_Cade/guia-compliance-versao-oficial.pdf>. Acesso em: 28 dez. 2018.

CONSELHO NACIONAL DE JUSTIÇA. Cármen Lúcia: "Temos um débito enorme com a sociedade". Disponível em: <http://www.cnj.jus.br/noticias/cnj/86167-carmen--lucia-temos-um-debito-enorme-com-a-sociedade>. Acesso em: 23 mar. 2019.

CONSELHO NACIONAL DO MINISTÉRIO PÚBLICO. O que é o Termo de Ajustamento de Conduta. Disponível em: <http://www.cnmp.gov.br/direitoscoletivos/index.php/4-o-que-e-o-termo-de-ajustamento-de-conduta>. Acesso em: 22 abr. 2019.

CONTROLADORIA-GERAL DA UNIÃO. *A convenção.* Disponível em: <https://www.cgu.gov.br/assuntos/articulacao-internacional/convencao-da-ocde/a-convencao>. Acesso em: 17 jun. 2019.

CONTROLADORIA-GERAL DA UNIÃO. *Convenção da OEA.* Disponível em: <http://www.cgu.gov.br/assuntos/articulacao-internacional/convencao-da-oea>. Acesso em: 28 jan. 2019.

CONTROLADORIA-GERAL DA UNIÃO. *Empresa Pró-Ética.* Disponível em: <http://www.cgu.gov.br/assuntos/etica-e-integridade/empresa-pro-etica>. Acesso em: 22 maio 2019.

CONTROLADORIA-GERAL DA UNIÃO. *Programa de integridade*: diretrizes para empresas privadas. Disponível em: < https://www.gov.br/cgu/pt-br/centrais-de--conteudo/publicacoes/integridade/arquivos/programa-de-integridade-diretrizes--para-empresas-privadas.pdf >. Acesso em: 20 ago. 2021.

CORDEIRO, Néfi. Delação premiada na legislação brasileira. *Revista da AJURIS,* v. 37, n. 117, mar. 2010.

COSO. *Gerenciamento de riscos corporativos*: estrutura integrada. Disponível em: <https://www.coso.org/Documents/COSO-ERM-Executive-Summary-Portuguese.pdf>. Acesso em: 8 maio 2019.

COSO. *Guidance on enterprise risk management.* Disponível em: <https://www.coso.org/Pages/erm.aspx>. Acesso em: 8 maio 2019.

COSO. *Welcome to COSO.* Disponível em: <https://www.coso.org/Pages/default.aspx>. Acesso em: 8 maio 2019.

COSTA, Helena Regina Lobo da. Corrupção na história do Brasil: reflexões sobre suas origens no período colonial. In: DEL DEBBIO, Alessandra; MAEDA, Bruno Carneiro; AYRES, Carlos Henrique da Silva (Coord.). *Temas de anticorrupção e* compliance. Rio de Janeiro: Elsevier, 2013.

COSTA, José Neves da. Responsabilidade penal das instituições de crédito e do *chief compliance officer* no crime de branqueamento. In: PALMA, Maria Fernanda; DIAS,

Augusto Silva; MENDES, Paulo de Sousa (Coord.). *Estudos sobre* law enforcement, compliance *e direito penal.* Coimbra: Almedina, 2018.

COUTINHO, Jacinto Nelson de Miranda. *A lide e o conteúdo do processo penal.* Curitiba: Juruá, 1989.

COUTINHO, Jacinto Nelson de Miranda. As reformas parciais do CPP e a gestão da prova: segue o princípio inquisitivo (publicado originalmenre no *Boletim IBBC-Crim*, v. 188, jul. 2008; republicado em *Observações sobre os sistemas processuais penais.* Curitiba: Observatório da Mentalidade Inquisitória, 2018).

COUTINHO, Jacinto Nelson de Miranda. Democracia e sistema inquisitório: a farsa do combate à corrupção no Brasil. In: COUTINHO, Jacinto Nelson de Miranda; SILVEIRA, Marco Aurélio Nunes da; PAULA, Leonardo Costa de (Org.). *Mentalidade inquisitória e processo penal no Brasil*: estudos sobre a reforma do CPP no Brasil. Curitiba: Observatório da Mentalidade Inquisitória, 2018. v. 4.

COUTINHO, Jacinto Nelson de Miranda. Estado-da-arte da justiça criminal no Brasil: distorções políticas e o futuro. In: COUTINHO, Jacinto Nelson de Miranda. *O direito e o futuro do direito.* Coimbra: Almedina, 2008.

COUTINHO, Jacinto Nelson de Miranda. *Mettere il pubblico ministero al suo posto – ed anche il giudice. Boletim IBCCrim*, jul. 2009. Disponível em: <https://www.ibccrim. org.br/noticias/exibir/4823/>. Acesso em: 23 ago. 2021.

COUTINHO, Jacinto Nelson de Miranda. O núcleo do problema no sistema processual penal brasileiro (originalmente publicado no *Boletim IBCCrim*, v. 175, p. 11-12, 2017; republicado em *Observações sobre os sistemas processuais penais.* Curitiba: Observatório da Mentalidade Inquisitória, 2018).

COUTINHO, Jacinto Nelson de Miranda. *Plea bargaining* no projeto anticrime: crônicas de um desastre anunciado. *Boletim IBCCRIM*, n. 317, abr. 2019.

COUTINHO, Jacinto Nelson de Miranda. Processo penal e a americanização à brasileira: resistência (Prefácio). In: KHALED JR., Salah H. (Coord.). *Sistema penal e poder punitivo*: estudos em homenagem ao Prof. Aury Lopes Jr. 2. ed. Florianópolis: Empório do Direito, 2015.

COUTINHO, Jacinto Nelson de Miranda; CARVALHO, Edward Rocha de. Acordos de delação premiada e o conteúdo ético mínimo do Estado. *Revista Jurídica*, Porto Alegre, v. 54, n. 344, p. 91-99, jun. 2006.

CREDIDIO, Guilherme Simões. O *compliance* empresarial como ferramenta de redução da corrupção. *Revista CEJ*, Brasília, ano XXII, n. 74, jan./abr. 2018.

DEBORD. Guy. *A sociedade do espetáculo.* Rio de Janeiro: Contraponto, 1997.

DE CASTRO, Lola Anyar. *Criminologia da reação social.* Rio de Janeiro: Forense, 1983.

DELL'AGNOL, Jorge Luís. *Pressupostos processuais.* Porto Alegre: Letras Jurídicas, 1988.

DE LUCCA, Newton. Marco civil da internet. Uma visão panorâmica dos principais aspectos relativos às suas disposições preliminares. In: DE LUCCA, Newton;

SIMÃO FILHO; Adalberto; LIMA, Cíntia Rosa Pereira de (Coord.). *Direito & internet III*: marco civil de internet. São Paulo: Quartier Latin, 2015. t. I.

DEMOCRATICA. Il giudice riabilita Silvio, l'ex Cavaliere è di nuovo candidabile. Disponível em: <https://www.democratica.com/focus/silvio-berlusconi-candidabile/>. Acesso em: 13 set. 2018.

DIDIER JR., Fredie; BOMFIM, Daniela Santos. A colaboração premiada como negócio jurídico processual atípico nas demandas de improbidade administrativa. *Revista de Direito Administrativo & Constitucional*, Belo Horizonte, ano 3, n. 11, jan./mar. 2003.

DIDIER JR., Fredie; BRAGA, Paula Sarno; OLIVEIRA, Rafael de. *Curso de direito processual civil*. 5. ed. Salvador: JusPodivm, 2010. v. II.

DOTTI, René Ariel; SCANDELARI, Gustavo Britta. Acordos de não persecução e de aplicação imediata da pena: o *plea bargain* brasileiro. *Boletim IBCCRIM*, n. 317, abr. 2019. Disponível em: <https://www.ibccrim.org.br/boletim_artigo/6312-Acordos--de-nao-persecucao-e-de-aplicacao-imediata-de-pena-o-plea-bargain-brasileiro>. Acesso em: 13 jul. 2017.

DUHIGG, Charles. *O poder do hábito*: por que fazemos o que fazemos na vida e nos negócios. Rio de Janeiro: Objetiva, 2012.

ENGELHART, Marc. *Sanktionierung von Unternehmen und Compliance*: Eine rechtsvergleichende Analyse des Straf- und Ordnungswidrigkeitenrechts in Deutschland und den USA. Berlin: Duncker & Humblot, 2012. (Schritenreihe des Max-Planck-Instituts für ausländisches und internationales Strafrecht. Reihe S: Strafrechtliche Forschungsberichte, Band 121).

ESOCIAL. Coheça o eSocial. Disponível em: <http://portal.esocial.gov.br/institucional/conheca-o>. Acesso em: 28 fev. 2019.

EUR-LEX. *Comunicação da Comissão ao Conselho, ao Parlamento Europeu e ao Comité Económico e Social Europeu*: sobre uma política global da UE contra a corrupção. Disponível em: <https://eur-lex.europa.eu/legal-content/PT/TXT/?uri=CELEX%3A52003DC0317>. Acesso em: 31 jan. 2019.

EUROPEAN COMISSION. *Mergers*: Commission opens in-depth investigation into Apple's proposed acquisition of Shazam. Bruxelas, 23 Apr. 2018. Disponível em: <http://europa.eu/rapid/press-release_IP-18-3505_en.htm>. Acesso em: 8 maio 2021.

FAORO, Raymundo. *Os donos do poder*. São Paulo: Publifolha, 2000.

FAZZALARI, Elio. *Istituzioni di diritto processuale*. 7. ed. Padova: Cedam, 1996.

FCPA – COMPLIANCE AND ETHICS. The FCPA: tone at the top and in the middle. Disponível em: <http://fcpacompliancereport.com/2010/08/the-fcpa-and-tone--at-the-top-and-in-the-middle/>. Acesso em: 28 fev. 2019.

FERREIRA, William Santos. *Princípios fundamentais da prova cível*. São Paulo: RT, 2014.

FIGUEIREDO, Luciano Raposo. Corrupção no Brasil Colônia. In: AVRITZER, Leonardo et al. (Org.). *Corrupção*: ensaios e críticas. 2. ed. Belo Horizonte: Editora da UFMG, 2012.

FLACH, Daisson. Motivação dos juízos fático-probatórios no novo CPC brasileiro. In: JOBIM, Marco Félix; FERREIRA, William Santos (Coord.). *Direito probatório*. Salvador: JusPodivm, 2015.

FLORES, Marcelo Marcante. Crimes de colarinho branco e a formação do direito penal secundário: o desafio da política criminal contemporânea. Disponível em: <https://www.ibccrim.org.br/tribunavirtual/artigo/22-Crimes-de-colarinho-branco-e--a-formacao-do-Direito-Penal-secundario:-os-desafios-da-politica-criminal--contemporanea>. Acesso em: 22 maio 2019.

FONSECA, João Bosco Leopoldino. *Direito econômico*. 9. ed. Rio de Janeiro: Forense, 2017.

FOUCAULT, Michel. *Vigiar e punir*. Rio de Janeiro: Vozes, 1987.

FRANÇA JÚNIOR, Francisco. Pessoas coletivas e os programas de compliance: a problemática da prova compartilhada com o processo penal de pretensão democrática. *Revista Brasileira de Direito Processual Penal*, v. 4, n. 3, 2018.

FRÍAS, Eduardo Gallardo. Conferencia inicial del tercer Mentalidade Inquisitória. In: COUTINHO, Jacinto Nelson de Miranda; SILVEIRA, Marco Aurélio Nunes da; PAULA, Leonardo Costa de (Org.). *Mentalidade inquisitória e processo penal no Brasil*: estudos sobre a reforma do CPP no Brasil. Curitiba: Observatório da Mentalidade Inquisitória, 2018. v. 4.

FUNDACIÓN ECOLOGÍA Y DESARROLLO/FUNDACIÓN CAROLINA. Negocios limpios, desarrollo global: el rol de las empresas en la lucha internacional contra la corrupción 2007 – avances de las empresas del IBEX 2005-2007. *Informe 2007*. (Colección "La empresa de mañana"). Disponível em: <https://ecodes.org/responsabilidad-social/negocios-limpios-desarrollo-global-el-rol-de-las-empresas--en-la-lucha-internacional-contra-la-corrupcion-2007-avances-de-las-empresas--del-ibex-2005-2007#.XRzCEuhKjIU>. Acesso em: 28 jan. 2019.

GERALDO, Tiago. A responsabilidade penal do *compliance officer*: do dever de vigilância ao *compliance* empresarial. In: MENDES, Paulo de Sousa; PALMA, Maria Fernanda; DIAS, Augusto Silva (Coord.). *Estudos sobre law enforcement, compliance e direito penal*. Coimbra: Almedina, 2018.

GICO JR., Ivo; ALENCAR, Carlos Higino Ribeiro de. Corrupção e Judiciário: a (in)eficácia do sistema judicial no combate à corrupção. *Revista Direito GV*, São Paulo, n. 13, jan./jun. 2011. Disponível em: <file:///C:/Users/advogados001/Downloads/24041-43686-1-PB.pdf>. Acesso em: 12 fev. 2019.

GIOVANINI, Wagner. Compliance: a excelência na prática. São Paulo: Edição do Autor, 2014.

GLOBO.COM. Protestos pelo país reúnem mais de 250 mil pessoas. Disponível em: <http://g1.globo.com/brasil/noticia/2013/06/protestos-pelo-pais-reunem-mais--de-250-mil-pessoas.html>. Acesso em: 31 maio 2019.

BIBLIOGRAFIA | **261**

GOFFMAN, Erving. *Manicômios, prisões e conventos*. São Paulo: Perspectiva, 1974.

GOMEZ-JARA DIEZ, Carlos. *La protección penal transnacional de los mercados financeiros*. Madrid: Marcial Pons, 2014.

GONÇALVES, Antonio Baptista. Justiça restaurativa: novas soluções para velhos problemas. *Revista IOB de Direito Penal e Processo Penal*, ano IX, n. 53, dez. 2008/jan. 2009.

GONZÁLEZ POSTIGO, Leonel. A função estratégica do Ministério Público: reflexões sobre os princípios da obrigatoriedade e de fiscal da lei. In: COUTINHO, Jacinto Nelson de Miranda; SILVEIRA, Marco Aurélio Nunes da; PAULA, Leonardo Costa de (Org.). *Mentalidade inquisitória e processo penal no Brasil*: estudos sobre a reforma do CPP no Brasil. Curitiba: Observatório da Mentalidade Inquisitória, 2018. v. 4.

GRAU, Eros. *A ordem econômica na Constituição Federal de 1988*. 19. ed. São Paulo: Malheiros, 2018.

GREBEY, James F. *Operations due diligence*: an M&A guide for investors and business. McGraw Hill, 2012.

HABERMAS, Jürgen. *Consciência moral e agir comunicativo*. Trad. Guido de Almeida. Rio de Janeiro: Tempo Brasileiro, 1989.

HALBROOKS, Glenn. How politicians use media to win elections. Disponível em: <https://www.thebalance.com/how-politicians-use-media-to-win-elections-2315204>. Acesso em: 13 jul. 2017.

HASSEMER, Winfried. *Introdução aos fundamentos do direito penal*. Porto Alegre: Sergio Antonio Fabris Editor, 2005.

HAYASHI, Felipe Eduardo Hideo. *Corrupção*: combate transnacional, *compliance* e investigação criminal. Rio de Janeiro: Lumen Juris, 2015.

HEINEN, Juliano. *Comentários à Lei Anticorrupção*: Lei nº 12.846/2013. Belo Horizonte: Fórum, 2015.

HOLANDA, Sérgio Buarque de. *Raízes do Brasil*. São Paulo: Companhia das Letras, 2015.

HUBER, Barbara. La lucha contra corrupción desde una perspectiva supranacional. *Anales de La Facultad de Derecho*, 19 dic. 2002.

HUNGRIA, Nelson. *Comentários ao Código Penal*. Rio de Janeiro: Forense, 1959. v. IX.

INSTITUTO BRASILEIRO DE GOVERNANÇA CORPORATIVA (IBGC). *Código das melhores práticas de governança corporativa*. 5. ed. São Paulo: IBGC, 2015.

INSTITUTO BRASILEIRO DE GOVERNANÇA CORPORATIVA (IBGC). Compliance *à luz da governança corporativa*. São Paulo: IBGC, 2017. (Série IBGC Orienta).

INTERNATIONAL CHAMBER OF COMMERCE. *ICC Antitrust Compliance Toolkit*: practical antitrust compliance tools for SMEs and larger companies. Disponível em: <https://iccwbo.org/publication/icc-antitrust-compliance-toolkit/>. Acesso em: 8 jan. 2019.

IPEA. *Reincidência criminal*: relatório de pesquisa. Disponível em: <http://www.cnj. jus.br/files/conteudo/destaques/arquivo/2015/07/572bba385357003379ffeb4c9a a1f0d9.pdf>. Acesso em: 22 mar. 2019.

JUSTIA US SUPREME COURT. New York Central R. Co. *v.* United States, 212 U.S. 481 (1909). Disponível em: <https://supreme.justia.com/cases/federal/us/212/481/>. Acesso em: 22 dez. 2018.

KHUN, Thomas. *A estrutura das revoluções científicas*. São Paulo: Perspectiva, 1991.

KLINTGAARD, Robert. *A corrupção sob controle*. Rio de Janeiro: Jorge Zahar, 1994.

KUHLEN, Lothar; MONTIEL, Juan Pablo; URBINA GIMENO, Íñigo Ortiz de (Org.). Compliance *y teoría del derecho penal*. Madrid: Marcial Pons, 2013.

LAMY, Anna Carolina Pereira Cesarino Faraco. *Reflexos do acordo de leniência no processo penal*: a implementação do instituto ao direito penal econômico brasileiro e a necessária adaptação ao regramento constitucional. Rio de Janeiro: Lumen Juris, 2014.

LAMY, Anna Carolina Faraco; LAMY, Eduardo de Avelar. *Reflexos do acordo de leniência no processo penal*: a influência do *compliance* concorrencial. 2. ed. Rio de Janeiro: Lumen Juris, 2018.

LAMY, Eduardo de Avelar. Compliance *em estudos de caso*. Belo Horizonte: Letramento, 2020.

LAMY, Eduardo de Avelar; LAMY, Anna Carolina Faraco. Breves considerações sobre a importância e o papel dos programas de *compliance* concorrencial. In: LAMY, Eduardo de Avelar (Org.). Compliance: aspectos polêmicos e atuais. Belo Horizonte: Letramento, 2018.

LAMY, Eduardo de Avelar; OLIVEIRA, Rafael Niebhur Maia. Requisitos para o empréstimo judicial ou arbitral da prova colhida em procedimento interno de *compliance*. *Revista de Processo*, São Paulo, n. 317, p. 57-72, jul. 2021.

LAMY, Eduardo de Avelar; RODRIGUES, Horácio Wanderlei. *Teoria geral do processo*. 6. ed. São Paulo: Atlas, 2019.

LAMY, Eduardo de Avelar e outro. A conexão entre a proteção de dados e o direito antitruste e a polêmica processual envolvendo o julgamento do processo administrativo n. 08012.010483/2011-94. *Revista de Processo*, São Paulo, no prelo.

LAMY, Eduardo de Avelar e outros. Representatividade adequada e democracia representativa na composição dos comitês de compliance. *Revista da Faculdade Mackenzie*, 2021.

LAVALLE, Adrian Gurza; VERA, Ernesto Isunza. A trama da crítica democrática: da participação à representação e à *accountability*. *Lua Nova*: revista de cultura e política, n. 84, p. 95-139, 2011. *Online*.

LEAL, Cesar Barros. Justiça restaurativa: nascimento de uma era. *Revista Brasileira de Direitos Humanos*, ano 1, n. 1, p. 39-40.

LEDESMA, Thomás Henrique Welter; RODRIGUES, Maria Lúcia de Barros. Implementação do compliance na Fundação Nacional do Índio – FUNAI. *Revista Jurídica*, Curitiba, v. 2, n. 43, 2016.

LEITE FILHO, José Raimundo. *Corrupção internacional, criminal compliance e investigações internas*: limites à produção e valoração dos interrogatórios de empregados suspeitos realizados em investigações empresariais no âmbito da Lei Anticorrupção (Lei nº 12.846, de 1º de agosto de 2013). Dissertação (Mestrado) – Universidade de Lisboa, Lisboa, 2018.

LÉLIS, Débora Lage Martins; MARIO, Poueri do Carmo. Auditoria interna com foco em governança, gestão de riscos e controle interno: análise da auditoria interna de uma empresa do setor energético. *Anais do Congresso de Controladoria e Contabilidade*. São Paulo: USP, 2009.

LIMA, Marcellus Polastri. *A prova penal*. 3. ed. Rio de Janeiro: Lumen Juris, 2009.

LIPPKE, Richard L. *The ethics of plea bargaining*. Oxford: Oxford Scholarship Online, 2012.

LOPES JR., Aury. *Introdução crítica ao processo penal*: fundamentos da instrumentalidade constitucional. 4. ed. Rio de Janeiro: Lumen Juris, 2006.

LOPES JR., Aury. *Introdução crítica ao processo penal*: fundamentos da instrumentalidade constitucional. 5. ed. Rio de Janeiro: Lumen Juris, 2010.

LOPES, Philippe. Hackers came, but the french were prepared. Disponível em: <https://www.nytimes.com/2017/05/09/world/europe/hackers-came-but-the-french-were--prepared.html>. Acesso em: 13 jul. 2017.

LUZ, Ilana Martins. Da sanção ao preceito: o contributo da justiça restaurativa para a modificação da racionalidade penal moderna. *Revista Síntese de Direito Penal e Processo Penal*, ano XI, n. 70, 2011.

MACÊDO, Lucas Buril de; PEIXOTO, Ravi. *Ônus da prova e sua dinamização*. 2. ed. Salvador: JusPodivm, 2016.

MACEDO, Roberto F. de. Considerações sobre a Operação *Mani Pulite* (Mãos Limpas). Disponível em: <https://ferreiramacedo.jusbrasil.com.br/artigos/187457337/consideracoes-sobre-a-operacao-mani-pulite-maos-limpas>. Acesso em: 22 jun. 2019.

MACIEL, Frank R. Reche. *O aspecto econômico de todo o direito penal*. Dissertação (Mestrado) – Universidade Federal do Paraná, Curitiba, 2014.

MAEDA, Bruno Carneiro. Programas de *compliance* anticorrupção: importância e elementos essenciais. In: DEL DEBBIO, Alessandra; MAEDA, Bruno Carneiro; AYRES, Carlos Henrique da Silva (Coord.). *Temas de anticorrupção e compliance*. Rio de Janeiro: Elsevier, 2013.

MAMEDE, Gladston. *Direito empresarial brasileiro*. São Paulo: Atlas, 2010.

MARINONI, Luiz Guilherme. *A ética dos precedentes*: justificativa do novo CPC. São Paulo: RT, 2014.

MARTIN, Adám et al. *Manual de cumprimento normativo e responsabilidade penal das pessoas jurídicas*. Florianópolis: Tirant lo Blanch, 2018.

MARTIN, Nilton Cano; SANTOS, Lílian Regina dos; DIAS FILHO, José Maria. Governança empresarial, riscos e controles internos: a emergência de um novo modelo de controladoria. *Revista Contabilidade & Finanças*, v. 15, n. 34, 2004.

MARTINS NETO, João dos Passos. *Fundamentos da liberdade de expressão*. Florianópolis: Insular, 2008.

MENDES, Paulo de Sousa. *Law enforcement e compliance*. In: PALMA, Maria Fernanda; DIAS, Augusto Silva; MENDES, Paulo de Sousa (Coord.). *Estudos sobre* law enforcement, compliance *e direito penal*. Coimbra: Almedina, 2018.

MEXÍA, Pablo García. La corrupción en España. *Nueva Revista*, n. 106, jul./sept. 2006.

MIGALHAS. HC 126.292. Disponível em: <https://www.migalhas.com.br/arquivos/2016/2/art20160218-01.pdf>. Acesso em: 3 maio 2019.

MIGUEL, Edward; FISMAN, Raymond. Economía contra la corrupción. *Foreign Policy Edición Española*, n. 29, p. 70-78, oct./nov. 2008.

MILLER, Geoffrey P. *The law of governance, risk management and compliance*. New York: Wolters Kluwer Law & Business, 2014.

MILETTI, Marco Nicola. La scienza nel codice. Il diritto processuale penale nell'Italia fascista. In: GARLATI, Loredana (Org.). *L'inconscio inquisitorio. L'eredità del codice Rocco nella cultura processualpenalistica italiana*. Milano: Giuffrè, 2010.

MINISTÉRIO DA JUSTIÇA E SEGURANÇA PÚBLICA. MJ divulga novo relatório sobre população carcerária brasileira. 2016. Disponível em: <http://www.justica.gov.br/radio/mj-divulga-novo-relatorio-sobre-populacao-carceraria-brasileira>. Acesso em: 5 jun. 2017.

MINISTÉRIO PÚBLICO. O que você tem a ver com a corrupção? Disponível em: <https://www.mpsc.mp.br/campanhas/o-que-voce-tem-a-ver-com-a-corrupcao>. Acesso em: 28 fev. 2019.

MINISTÉRIO PÚBLICO FEDERAL. A Lava Jato em números. 2017. Disponível em: <http://lavajato.mpf.mp.br/atuacao-na-1a-instancia/resultados/a-lava-jato-em--numeros>. Acesso em: 7 jun. 2017.

MINISTÉRIO PÚBLICO FEDERAL. Endenda o caso. Disponível em: <http://www.mpf.mp.br/grandes-casos/caso-lava-jato/entenda-o-caso>. Acesso em: 31 de maio de 2019.

MINISTÉRIO PÚBLICO FEDERAL. Por onde começou. Disponível em: <http://www.mpf.mp.br/grandes-casos/caso-lava-jato/atuacao-na-1a-instancia/parana/investigacao/historico/por-onde-comecou>. Acesso em: 31 maio 2019.

MORITZ, Scott. Operationalizing compliance: conduct at the top, accountability are key. *Protiviti*. Disponível em: <https://blog.protiviti.com/2018/01/04/operationalizing--compliance-conduct-top-accountability-key/>. Acesso em: 28 fev. 2019.

NAÇÕES UNIDAS. *Convenção das Nações Unidas contra a corrupção*. Disponível em: <https://www.unodc.org/documents/lpo-brazil/Topics_corruption/Publicaco-es/2007_UNCAC_Port.pdf>. Acesso em: 28 jan. 2019.

NOONAN JR., John T. *Subornos*. Rio de Janeiro: Bertrand Brasil, 1989.

OLIVEIRA, Edmundo. *Crimes de corrupção*. Rio de Janeiro: Forense, 1994.

OLIVEIRA, Eugenio Pacelli. *Curso de processo penal*. 11. ed. Rio de Janeiro: Lumen Juris, 2009.

ORGANIZAÇÃO DOS ESTADOS AMERICANOS. *Convenção interamericana contra a corrupção*. Disponível em: <http://www.oas.org/juridico/portuguese/treaties/b-58.htm>. Acesso em: 28 jan. 2019.

PAIS, Sofia Oliveira. Concorrência, proteção de dados pessoais e plataformas digitais. In: PAIS, Sofia Oliveira; BAGNOLI, Vicente (Coord.). *Temas atuais de direito da concorrência*: economia digital, direitos fundamentais e outros desafios. Porto: Universidade Católica Editora, 2020.

PENA, Ana María Neira. *La instrucción de los procesos penales frente a las personas jurídicas*. Valencia: Tirant lo Blanch, 2019.

PETROBRAS. Nosso ano em *compliance*. Disponível em: <http://www.petrobras.com.br/fatos-e-dados/nosso-ano-em-compliance.htm>. Acesso em: 8 jan. 2019.

PIMENTEL FILHO, André. *(Uma) Teoria da corrupção*: corrupção, Estado de direito e direitos humanos. Rio de Janeiro: Lumen Juris, 2015.

PINHO, Humberto Dalla Bernardina de; PORTO, José Roberto Sotero de Mello. Colaboração premiada: um negócio jurídico processual? *Revista Magister de Direito Penal e Processo Penal*, ano XIII, n. 73, ago./set. 2016.

PLANAS, Ricardo Robles. El responsable de cumplimiento ("compliance officer") ante el derecho penal. In: SILVA SÁNCHEZ, Jesús-María (Dir.); MONTANER FERNÁNDEZ, Raquel (Coord.). *Criminalidad de empresa y* compliance. Barcelona: Atelier, 2013.

PORTANOVA, Rui. *Princípios do processo civil*. 8. ed. Porto Alegre: Livraria do Advogado, 2013. p. 145-147.

POSNER, Richard A. *Antitrust law*: an economic perspective. Chicago: University of Chicago Press, 1976.

RAKOFF, Jed S. Why innocent people plead guilty. *The New York Times*, Nov. 2014. Disponível em: <https://www.nybooks.com/articles/2014/11/20/why-innocent--people-plead-guilty/>. Acesso em: 13 jul. 2017.

RAWLS, John. *Uma teoria da justiça*. Trad. Almiro Pisetta e Lenita Esteves. São Paulo: Martins Fontes, 2000.

REALE JR., Miguel. *Instituições de direito penal:* parte geral. Rio de Janeiro: Forense, 2004.

REINALDET, Tracy Joseph. *A responsabilidade penal da pessoa jurídica*: o exemplo brasileiro e a experiência francesa. Joinville: Clube de Autores, 2015.

RIOS, Rodrigo Sánchez; ANTONIETTO, Caio. Prevenção e minimização de riscos na gestão da atividade empresarial. *RBCCRIM*, n. 114, 2015.

RIOS, Rodrigo Sanchéz; MACHADO, Allian Djeyce Rodrigues. Criminalidade intra-empresarial, sistemas de denunciação interna e suas repercussões na seara penal: o fenômeno do *whistleblowing*. *RBCCRIM*, n. 137, 2017.

ROSA, Alexandre Morais da. *Guia do processo penal conforme a teoria dos jogos*. Florianópolis: Empório do Direito, 2016.

ROSA, Alexandre Morais da. *Guia do processo penal conforme a teoria dos jogos*. 4. ed. Florianópolis: Empório do Direito, 2018.

ROSA, Alexandre Morais da. *Teoria dos jogos e processo penal*: a short introduction. Florianópolis: Empório Modara, 2017.

ROSSETTI, José Paschoal; ANDRADE, Adriana. *Governança corporativa*: fundamentos, desenvolvimento e tendências. São Paulo: Atlas, 2014.

ROXIN, Claus. *Estudos de direito penal*. Trad. Luiz Greco. Rio de Janeiro: Renovar, 2006.

SAAD-DINIZ, Eduardo. Brasil *vs.* Golias: os 30 anos da responsabilidade penal da pessoa jurídica e as novas tendências em *compliance*. *Revista dos Tribunais*, São Paulo, ano 107, v. 988, fev. 2018.

SAAD-DINIZ, Eduardo; MARTINELLI, Sofia Bertolini. *Gatekeepers* e soluções de *compliance*. *Revista dos Tribunais*, São Paulo, ano 106, v. 979, maio 2017.

SALIBI NETO, José; MAGALDI, Sandro. *Estratégia adaptativa* – as regras da competição mudaram: você está preparado? São Paulo: Gente, 2020.

SALOMÃO FILHO, Calixto. Apontamentos para a formulação de uma teoria jurídica dos cartéis. *Revista de Direito Mercantil, Industrial, Econômico e Financeiro*, ano XL, n. 121, jan./mar. 2001.

SALOMI, Maira Beauchamp. *O acordo de leniência e seus reflexos penais*. Dissertação (Mestrado) – Faculdade de Direito da Universidade de São Paulo, São Paulo, 2012.

SANTOS, Claudia Maria Cruz. *O crime de colarinho branco* (Da origem do conceito e sua relevância criminológica à questão da desigualdade na administração da justiça penal). Coimbra: Coimbra Editora, 2001.

SANTOS, Felipe Augusto dos; MORAES, Ana Paula Bagaiolo. O direito concorrencial e a proteção ao consumidor na era do big data. In: BAGNOLI, Vicente (Coord.). *Concorrência e inovação*: anais do congresso internacional para a promoção de debates acerca do direito da concorrência e inovação tecnológica diante da realidade e desafios da economia digital. São Paulo: Scortecci, 2018.

SANTOS, Hugo Leonardo Rodrigues. Incompatibilidade entre justiça restaurativa e o instituto da transação penal. *Revista Síntese de Direito Penal e Processual Penal*, ano XIV, n. 80, jun./jul. 2013.

SANTOS, Juarez Cirino dos. *Direito penal*: parte geral. 3. ed. Curitiba: Lumen Juris/ ICPC, 2008.

SCANDELARI, Gustavo Britta; POZZOBON, Roberson Henrique. *Shaming* como uma via para a sanção criminal de pessoas jurídicas no Brasil. *Revista Brasileira de Ciências Criminais*, ano 27, v. 151, jan. 2019.

SCHLOSS, Miguel J. Gobernabilidad, corrupción y desarrollo: algunas evidencias estadísticas y experiencias. Disponível em: <https://repositorio.uam.es/bitstream/ handle/10486/679489/EM_27_8.pdf?sequence=1&isAllowed=y>. Acesso em: 21 ago. 2021.

SCHOORISSE, Melissa van; COLE, Miranda. Apple/Shazam: determining the value of data in merger cases. 11 Sept. 2018. Disponível em: <https://www.covcompetition. com/2018/09/apple-shazam-determining-the-value-of-data-in-merger-cases/>. Acesso em: 8 maio 2021.

SCHREIBER, Anderson. *Direito e mídia*. São Paulo: Atlas, 2013.

SCHWARCZ, Lilia Moritz. Corrupção no Brasil Império. In: AVRITZER, Leonardo et al. (Org.). *Corrupção*: ensaios e críticas. 2. ed. Belo Horizonte: Editora da UFMG, 2012.

SEBRAE. Os desafios da empresa familiar: gestão e sucessão. Disponível em: <http:// www.sebrae.com.br/sites/PortalSebrae/ufs/pe/artigos/os-desafios-da-empresa- -familiar-gestao-e-sucessao,fae9eabb60719510VgnVCM1000004c00210aRCRD>. Acesso em: 8 jan. 2019.

SEBRAE. Integridade para pequenos negócios: construa o País que desejamos a partir da sua empresa. Disponível em: <http://www.cgu.gov.br/Publicacoes/etica-e- -integridade/arquivos/integridade-para-pequenos-negocios.pdf>. Acesso em: 28 fev. 2019.

SECRETARIA DE DIREITO ECONÔMICO – MINISTÉRIO DA JUSTIÇA. *Combate a cartéis e programa de leniência*. Disponível em: <http://www.cade.gov.br/acesso- -a-informacao/publicacoes-institucionais/documentos-da-antiga-lei/cartilha_le- niencia.pdf>. Acesso em: 17 abr. 2019.

SIEBER, Ulrich; ENGELHART, Marc. *Compliance programs for the prevention of economic crimes*: an empirical survey of german companies. Berlin: Duncker & Humblot, 2014. (Schritenreihe des Max-Planck-Instituts für ausländisches und internationales Strafrecht. Reihe S: Strafrechtliche Forschungsberichte, Band 140).

SILVA, Daniel Cavalcante; COVAC, José Roberto. Compliance *como boa prática de gestão de ensino superior privado*. São Paulo: Saraiva, 2015.

SILVA, José Afonso da. *Curso de direito constitucional positivo*. 37. ed. São Paulo: Ma- lheiros, 2014.

SILVEIRA, Alexandre di Miceli. *Ética empresarial na prática*: soluções para gestão e governança no século XXI. Rio de Janeiro: Alta Books, 2018.

SILVEIRA, Renato de Mello Jorge. A ideia penal sobre corrupção no Brasil. Da seletividade pretérita à expansão de horizontes atual. *Revista Brasileira de Ciências Criminais*, São Paulo, n. 89, mar./abr. 2011.

SILVEIRA, Renato de Mello Jorge. *Compliance* e direito penal na era pós-lava jato. *Revista dos Tribunais*, São Paulo, ano 106, v. 979, maio 2017.

SINGER, Peter. Ética prática. 2. ed. São Paulo: Martins Fontes, 1998.

SOARES, Rafael Junior. Da impossibilidade do uso do acordo de leniência como forma de impedir o oferecimento de denúncia pelo Ministério Público. *RBCCrim*, n. 215, 2010.

SOUZA, Artur de Brio Gueiros. Atribuição de responsabilidade na criminalidade empresarial: das teorias tradicionais aos modernos programas de *compliance*. *Revista de Estudos Criminais*, São Paulo, ano XII, n. 54.

SOUZA, Laura de Mello e. *O sol e a sombra*: política e administração na América portuguesa do século XVIII. São Paulo: Companhia das Letras, 2006.

SOUZA NETO, Cláudio Pereira de. *Teoria constitucional e democracia deliberativa*. Rio de Janeiro: Renovar, 2006.

STARLING, Heloisa Maria Murgel. Ditadura militar. In: AVRITZER, Leonardo et al. (Org.). *Corrupção*: ensaios e críticas. 2. ed. Belo Horizonte: Editora da UFMG, 2012.

STEINBERG, Richard M. *Governance, risk management, and compliance*: it can't happen to us – avoiding corporate disaster while driving success. New Jersey: Wiley, 2011.

SUPERIOR TRIBUNAL DE JUSTIÇA. *Súmula 7*: A pretensão de simples reexame de prova não enseja recurso especial. Disponível em: <http://www.stj.jus.br/docs_internet/VerbetesSTJ_asc.pdf>. Acesso em: 28 dez. 2018.

SUPREMO TRIBUNAL FEDERAL. *Ação Penal 470*. Disponível em: <http://www.stf.jus.br/portal/cms/verNoticiaDetalhe.asp?idConteudo=236494>. Acesso em: 13 jul. 2017.

SUPREMO TRIBUNAL FEDERAL. *Petição nº 5245*. Disponível em: <https://www.jota.info/wp-content/uploads/2015/03/%C3%8Dntegra-Youssef.pdf>. Acesso em: 31 maio 2019.

SUPREMO TRIBUNAL FEDERAL. *Petição 5624*. Disponível em: <https://politica.estadao.com.br/blogs/fausto-macedo/wp-content/uploads/sites/41/2015/12/RPESSOA-1.pdf>. Acesso em: 22 mar. 2019.

SUPREMO TRIBUNAL FEDERAL. *Súmula 279*: Para simples reanálise de provas não cabe recurso extraordinário. Disponível em: <http://www.stf.jus.br/portal/jurisprudencia/menuSumarioSumulas.asp?sumula=2174>. Acesso em: 28 dez. 2018.

SUTHERLAND, Edwin H. A criminalidade de colarinho branco. *Revista Eletrônica de Direito Penal e Política Criminal*. 2014. Disponível em: <http://seer.ufrgs.br/index. php/redppc/article/view/56251/33980>. Acesso em: 5 jun. 2017.

SUTHERLAND, Edwin H. White collar criminality. *American Social Review*, v. 5. n. 1, 1940.

TAVARES, André Ramos. *Direito constitucional da empresa*. São Paulo: Método, 2013.

THE GUARDIAN. Smoke and mirrors: how Trump manipulates the media and opponents. Disponível em: <https://www.theguardian.com/us-news/2017/jan/18/donald-trump-media-manipulation-tactics>. Acesso em: 13 jul. 2017.

THEODORO JÚNIOR, Humberto; NUNES, Dierle; BAHIA, Alexandre Melo Franco; PEDRON, Flávio Quinaud. *Novo CPC*: fundamentos e sistematização. 3. ed. Rio de Janeiro: Forense, 2013.

TRANSPARENCY INTERNATIONAL. Corruption perceptions index 2016. Disponível em: <https://www.transparency.org/news/feature/corruption_perceptions_index_2016#table>. Acesso em: 22 jun. 2019.

TRANSPARENCY INTERNATIONAL. Corruption perceptions index 2017. Disponível em: <https://www.transparency.org/news/feature/corruption_perceptions_index_2017>. Acesso em: 13 set. 2018.

TRANSPARENCY INTERNATIONAL. Global corruption barometer: citizens' voices from around the world. Disponível em: <file:///C:/Users/advogados001/Downloads/GCB%20Citizens%20voices_FINAL.pdf>. Acesso em: 13 set. 2018.

UNGER, Nrigitte; FERWERDA, Joras; DEN BROEK, Melissa van; DELEANU, Ioana. *The economic and legal effectiveness of the European Union's anti-money laundering policy*. [S.l.]: Edward Elgar, 2014.

UN NEWS. Brazil must address prison overcrowding and implement measures against torture: UN expert. Disponível em: <http://www.un.org/apps/news/story. asp?NewsID=51644#.WWf0FojyvIU>. Acesso em: 13 jul. 2017.

UNITED STATES CODE. *The Foreign Corrupt Practices Act*. Disponível em: <https://www.justice.gov/sites/default/files/criminal-fraud/legacy/2012/11/14/fcpa-english.pdf>. Acesso em: 4 fev. 2019.

UNIVERSIDADE DE COIMBRA. *História da universidade*. Disponível em: <https://www.uc.pt/sobrenos/historia>. Acesso em: 7 jun. 2017.

U.S. DEPARTMENT OF JUSTICE CRIMINAL DIVISION. *Evaluation of corporate compliance programs guidance*. Document Updated, Apr. 2019.

VAINZOF, Rony. Capítulo I – Disposições preliminares. In: MALDONADO, Viviane Nóbrega; BLUM, Renato Opice (Coord.). *LGPD*: Lei Geral de Proteção de Dados comentada. 3. ed. São Paulo: RT, 2021.

VARGAS LLOSA, Mario. *A civilização do espetáculo*. Rio de Janeiro: Objetiva, 2013.

VASCONCELOS, Priscila Elise Alves; FERNANDES, Sanny Bruna Oliveira. Correlação entre os princípios constitucionais e o programa *compliance*. *Revista do Curso de Direito da Uniabeu*, v. 12, n. 1, 2019.

VASCONCELLOS, Vinicius Gomes de. *Barganha e justiça criminal negocial*. São Paulo: IBCCRIM, 2015.

VEMPRARUA.NET. O movimento. Disponível em: <https://www.vemprarua.net/o--movimento/>. Acesso em: 31 maio 2019.

VILLA, Marco Antonio. *Mensalão*: o julgamento do maior caso de corrupção da história política brasileira. São Paulo: Leya, 2012.

VILLAREJO, Jimenez. Democracia contra corrupción. Disponível em: <file:///C:/Users/andre/Downloads/Dialnet-DemocraciaContraCorrupcion-174683.pdf>. Acesso em: 13 set. 2018.

WARAT, Luiz Alberto. *Introdução geral ao direito*: interpretação da lei – temas para uma reformulação. Porto Alegre: Sergio Antonio Fabris Editor, 1994.

WELZEL, Hans. *O novo sistema jurídico-penal*. São Paulo: RT, 2015.

WILLS, Amanda; LOVE, Alysha. All the President's tweets. Disponível em: <http://edition.cnn.com/interactive/2017/politics/trump-tweets/>. Acesso em: 13 jul. 2017.

ZAFFARONI, Eugenio Raúl. *Em busca das penas perdidas*: a perda de legitimidade do sistema penal. Trad. Vânia Romano Pedrosa e Amir Lopez da Conceição. Rio de Janeiro: Revan, 1991.

ZANETTI JR., Hermes. *A constitucionalização do processo*. São Paulo: Atlas, 2014.

ZUGAZA, Laura Alcaide; RAMOS, José María Larrú. Corrupción, ayuda al desarrollo, pobreza y desarrollo humano. *Boletín Económico de ICE*, n. 2917, 21 al 31 de jul. 2007.